新太子商

于石坪

明鏡出版社
www.mirrorbooks.com

Xin Taizi Shang

by

Yu Shiping

Published in 2010 by Mirror Books

Publisher: Pin Ho
Cover by Yi Hua

P. O. Box 366, Carle Place, NY11514-0366, U .S. A.

TEL:(516)338-6976

Web: //www.mirrorbooks.com

E-mail: mirrorpublishing@yahoo.com

目　錄

夫人張培莉是中國珠寶界"大姐大"

張培莉的第一桶金到底是從哪里來的?

台商爆料:溫太手上的戒指至少 200 萬

兒子是"隱形大亨",李澤楷是生意夥伴

溫雲松的優創公司是業界"老大"

平安保險大股東鄭建源就是溫雲松?

馬明哲與溫氏家族有何"業務"關係?

"溫如春夫婦異域打拼,自食其力"?

致溫家寶的公開信,為什麼沒有回應?

弟弟溫家宏是環保產業的龍頭老大

溫家宏打環保旗號,全面壟斷市場

恒大上市溫挨罵,與《蝸居》停播有關?

溫家宏與龔如心遺產繼承者合夥發大財?

溫家宏的手早就伸到節能和新能源領域

溫家寶大談風電,溫家宏大搞風電

張國寶撐腰,溫家宏"錢景"一片光明

江綿恒壟斷電訊

江綿康上海發財

"我父親是我父親,我是我"

江澤民訪美看望恩師,到兒子學校演講

顧毓琇晚年是這樣成了江澤民恩師的

回國後江綿恒成中國"電信大王"

平庸官僚保政權穩固有功

李鵬要出《六四日記》，未獲批准

父親聲名狼藉，女兒卻把他掛在嘴上

官媒吹捧李小琳，實在肉麻

當初讀的是電大，走後門進入清華

傳李鵬病重，李小琳含淚否認

李家"電力王國"，兄妹間的"競爭"

"亞洲電王""女電王"一直處於聚光燈下

李小鵬棄商從政，任山西副省長

網上出現呼籲罷免李小鵬的公開信

次子李小勇是京城惡少，隱姓新加坡

曾慶紅家族

弟弟是大亨

兒子是大款

曾慶淮不是省油的燈，愛和女星鬧緋聞

活躍在兩岸四地的"文化大亨"

曾慶紅派曾慶淮赴香港？

兒子曾偉與央視美女主播結婚

澳洲媒體披露曾偉蔣梅購買最貴豪宅

王震家族

王軍捲入美國"騙局門"
王之是中國 IT 業"教父"
長孫王京陽是中國 IT 貴族
長孫女王京京捲入中科環保案

長子王兵稱自己兼具父母共性
王兵膽大包天，指揮持槍綁架案？
鄧榕為王家三兄弟"兩肋插刀"
次子王軍從榮毅仁手中接管中信內幕
接手中信，公司帳面只有 200 萬元
賣掉中信泰富，王軍差點被撤職
退休後成資本巨鱷，投新疆 50 億
淡出中信系，轉身投向 PEM GROUP
王軍華麗變身的背後是官場商界通吃
王軍和美國投資夥伴捲入"騙局門"
王軍的美國投資夥伴涉嫌買兇殺妻
遭 FBI 逮捕，彭日成突然離奇死亡
三子王之是中國 IT 業的"教父"
長孫王京陽是中國 IT 貴族
王京陽的妻子葉靜子是葉劍英的孫女
長孫女王京京曾捲入香港中科環保案

中信是這樣進入孔丹時代的

中信新掌門人很有"紅衛兵"勁頭

"特務頭子"和他的兩個兒子大亨

文革時孔丹在北京中學圈大名鼎鼎

孔丹進光大，與他父親情報背景有關

孔丹告黑狀，朱小華"家破妻亡"

弟弟孔棟是牛人，也是紅頂商人

孔棟掌權一年，國航淨虧損91億

榮毅仁與中信

榮智健與中信泰富

鄧小平點將，榮毅仁創建中信公司

中信的情報背景與太子黨大本營

關鍵時期鄧小平出來為榮老闆說話

中信與官倒：炒匯和倒賣緊俏物資

從"榮老闆"到國家副主席

中信泰富巨虧事件讓榮智健在劫難逃

北京很不高興，榮智健赴京請罪

中信集團高層要求問責榮智健

中國的"皇室血統"和皇冠上的寶石

榮太子職業生涯畫上不光彩的句號

從"決不姑息"到"大快人心"

兒子年薪千萬美元

從"小木匠"到政協主席

爭議：李瑞環珍藏油畫拍出 2700 萬元

兄弟姐妹是官商，乾兒子作惡多端

乾兒子宋平順在中紀委調查期間自殺身亡

海歸女兒供出老爸，李瑞環舊部落馬

兒子李振智年薪一千萬美元

宗海仁披露李瑞環退休內情

李瑞環與江澤民的分歧由來已久

江澤民視李瑞環為最危險的政治對手

精心設計的要求李瑞環退休的佈局

逼李瑞環退休是權術或陰謀？

外孫女李茉莉成巴黎名媛

傳賈慶林兒子在澳洲洗黑錢

外孫女李茉莉參加巴黎成年舞會

周金伙工程包給賈慶林女兒？

賈慶林及家人與賴昌星的關係

林幼芳矢口為何否認認識賴昌星

賈慶林親信周良洛被判死緩

譚維克不但沒下台，反而又升官了

新 "太子商"
中國權貴階層的金字塔尖
（代序）

這幾年中共高幹子女曝光率最高的，當屬聲名狼藉的前總理李鵬之女、號稱中國 "女電王" 的李小琳。憑著與其年齡不太相符的還算 "漂亮" 的臉蛋，加上講究的頂級名牌時裝，還有官方媒體過於肉麻的追捧，她已儼然成為新 "太子商" 的代言人。

這幾年李小琳說了不少冠冕堂皇的話，旨在表白自己，比如說 "能力之外的資本等於零"，"只享受沒有 '背景' 的成功"，還有 "肩負起我們的社會職責"，"為子孫後代留下碧水藍天" 等等。

但她說的最 "有名" 最 "實在" 的一句話，還是那句 "在中國沒有太子，更沒有什麼黨派。" 她的這句斷言的根據是，"或許是中國的歷史比較長，以往還是一個封建的社會，因此一些人可能想這樣描繪，但我真的不認為中國有什麼所謂的太子黨。"

李小琳的這番話可能是中國所有高幹子女都想替自己辯解的，因為她還有他們，都認為自己的成功靠的是自己的努力。"我的成長歷程也是一步一步的，從大學畢業後在最基層工作，曾經做過技術員、工程師、科長、副處長、處長、副總、到總裁，與一般中國人一樣，一個台階也沒有漏，是我自己努力的成果。"

其實，李小琳所說的這些根本不值得一駁，"此地無銀三百兩"這個典故，誰都知道是怎麼回事，何況網上駁斥她的評論到處都有，甚至有人懷疑這位李家公主智商有問題。只所以說了這麼多的李小琳，歸根到底還是想借用一下她的那句"在中國沒有太子，更沒有什麼黨派""中國沒有什麼所謂的太子黨"，來說說"太子商"。

其實，"太子黨"這個政治名詞，只是對高幹家庭背景的子女的泛稱。不管他們承不承認自己是"太子黨"，當今中國存在"太子黨"這個具有特權的特殊階層，已是不爭的事實。中共十七大後，"太子黨"開始全面接班掌控實權，連西方媒體都驚歎不已，認為中國的未來將是"太子黨"的天下。

不過，李小琳所說的"中國沒有什麼所謂的太子黨"也許是對的，起碼從她自身角度看，她不屬於想掌控天下的"太子黨"，但她卻一直都在打造李氏"電力王國"，是想壟斷中國電力行業的"太子商"！

如果說，"太子黨"是靠著父蔭在仕途上圖謀發展，攫取高層政治職務的話，那麼，"太子商"則是靠著父蔭或家族的勢力在商界中"大顯身手"，攘奪最大的商業利益。

有意思的是，與新"太子黨"即將在中共十八大掌控"天下"相比，新"太子商"早已"捷足先登"，在二十一世紀到來時便"與時俱進"，以前所未有的規模和速度，打著科學發展觀的旗號，壟斷著中國的投資、電信、高科技、環保、再生能源等行業。

上個世紀八九十年代的"太子商"們，多是以"官倒"為主，在半官半私的倒買倒賣中，靠著“得天獨厚”的官場優勢和人脈資源，來完成他們個人的資本原始積累。而二十一世紀的新“太子商”們，則是以資本運作為主，在資產拍賣、企業兼併、募集資金等令人眼花繚亂的騰轉挪移中，靠著“與生俱來”的權力資本，巧取豪奪，成為中國權貴階層的金字塔尖。

北京科技大學管理學院教授趙曉撰文指出：中國社會科學院兩年前的《當代中國社會流動》研究報告曾有統計說，中國處於社會優勢地位的階層，高幹子女職業繼承性明顯增強，“幹部子女當幹部的機會比常人高 2.1 倍”。國務院研究室、中央黨校研究室、中宣部研究室、中國社會科學院等部門的最新一份關於社會經濟狀況的調查報告，較詳細地記錄了社會不同階層的經濟收入：

截至 2006 年 3 月底，中國內地私人擁有財產（不包括在境外、外國的財產）超過 5000 萬以上的有 27310 人，超過 1 億元以上的有 3220 人。超過 1 億元以上者，有 2932 人是高幹子女，他們擁有資產 20450 餘億元。而考證其資產來源，主要是依靠家庭背景的權力下的非法所得和合法下的非法所得。

官方研究機構的調查報告披露：在金融、外貿、國土開發、大型工程、證券 5 大領域中，擔任主要職務的基本上都是高幹子弟。中國的億萬富豪，9 成以上是高幹子女，其中有 2900 多名高幹子女，共擁有資產 2 萬億。

億萬富豪的資產來源，主要是依靠家庭背景的權力，有合法的，有非法的，有合法下的非法所得。主要有以下多個方面：
（一）以引進外資（包括駐外中資到內地投資）從中獲取回傭。
（二）進口、引進成套設備，一般比國際市場高出 60% 至 300%。

（三）操控國內資源、商品，出口獲利。（四）國土開發、地產倒賣，靠銀行借貸，無本獲暴利。（五）走私、逃稅，每年走私進入市場的日本、歐洲轎車 3 萬至 4 萬輛。（六）金融機構無抵押信貸，資金外流到個人口袋，這也是金融機構壞帳的主要因素之一。（七）獨家或霸佔大型工程承包。高速公路 85% 由私企承包，承包商是當地高幹親屬。一公里里程的高速公路，能獲利 700 萬至 1100 百萬。（八）抽逃資金到個人帳戶，一般通過金融機構、中資進行。（九）操控證券市場，製造假資訊勾結金融、傳媒造市，從中獲利。

調查報告還介紹了粵、滬、蘇等省市高幹子弟致富概況：

廣東省 12 家大地產商都是高幹子弟，其父親包括前政治局委員、人大副委員長、前政協主席、前省長等。

上海市 10 家大地產商，有 9 家是高幹子弟為老闆；15 家工程建築承包商，除 2 家屬于國企外，13 家都是高幹子弟

江蘇省有 22 家大地產商、15 家工程建築承包商，清一色由幹部子女操控，其父親包括現職副省長、省人大副主任、前省委副書記、前省法院院長等。

2009 年 8 月，人民網發表對《"高幹子女占超億元富豪人數 91%"新聞調查》一文，稱有關部門"根本沒有這份報告，這組資料是假的，兩年前曾在網上炒作過，最早來自海外某刊物"。

雖然人民網的新聞調查認為這是"一些拼湊捏造、以訛傳訛的虛假資料"，但同時也承認，"收入差距過大以及特權階層掌握了過多的社會財富"，"對貧富差距加大的憂慮、對反腐敗的期盼、對自己生存狀態的不滿"是這些資訊在網上迅速傳播並引起熱議的主要原因。

　　有學者指出，由於中國政府有關部門沒有進行相關統計，即使有也不會公開這樣的資料，在境內外民間機構和組織等發佈不實"資料"後，又沒有及時進行澄清，才是老百姓強烈關注這個話題的根本原因。

　　也有評論指出，億萬富豪各國都有，不過民主國家富豪，靠的是聰明才智、慘澹經營；而中國這些富豪，靠的是老子的權勢，這是平民百姓不能望其項背的。老子們打下來的"天下"，自然由他們的後代們來"坐天下""分天下"，這"天下"的財產不傳給子孫又傳給誰？！

　　這些分析和評論都很實際，都有一定的道理，但卻不是新"太子商"們的真實寫照。那麼，應該怎樣來概括和描述這群"笑傲天下""掠奪天下"的"紅色後代"呢？

　　一位資深政治評論家的所言極是：新"太子商"與過去的"太子商"最明顯的區別是，與其說他們是靠父蔭和權勢發財，不如說他們在靠投資賺錢，靠政治賺錢，靠政策賺大錢。像以鄧樸方和王軍為代表的那一代"太子商"的賺錢模式，早已被新"太子商"顛覆了。江家的"電信王國"，李家的"電力王國"，朱家的"金融王國"等早已形成，他們把資本和壟斷都玩出了新意。

　　但能把資本和壟斷玩到極致的，卻另有高人。誰是被海內外網友稱為中國政壇最會演戲的"影帝"？誰的妻兒腐敗醜聞早就不絕於耳？誰的弟弟是"隱藏"最深的"資本大鱷"？誰正以"科學發展"的名義在環保、節能和新能源領域大舉投資？誰是新"太子商"領軍人物？中國最大的腐敗者指的又是誰呢？

　　且看此書一一道來。

胡錦濤家族：
兒子"無辜"涉醜聞
女兒"碰巧"嫁富豪

2007 年 7 月 2 日人民網發表一篇題為《胡錦濤的領袖風采》的文章，從數個方面介紹了他的"風采"。在談到家庭和子女時，文章這樣描述稱：在律已上，他從我做起。在人民群眾中的傳聞裏，我們聽到這樣的話，胡錦濤的子女，沒有聽說過是領導職位，辦公司，謀好處。而且胡錦濤還在中紀委會上說過，請全黨和全國人民監督他的言行，總書記胡錦濤敢說這樣的話，這就是共產黨人最耀眼的風采！

文章最後很煽情地寫道：由此，雖然當今還有許多不盡人意的地方，但是，有這樣放心的領袖把舵領航，也就充滿信心和期待，也就相信黨有這個能力治理腐敗，掃除前進路上的障礙，並對中國有這樣的人民領袖而高聲喝采！

"太子妃"戴莎莎在香港參賽亞姐？

2007 年夏天，熱浪滾滾。一個名叫戴莎莎的北京姑娘在香港參選亞洲小姐。這位戴小姐以不刮腿毛聞名，她的理由很簡單，"身體髮膚受之父母"，被媒體戲稱為"毛腿黛林"（黛林系指大陸名模熊黛林，曾與天王郭富城傳出緋聞）。

　　"毛腿黛林"自稱胡海峰好友戴莎莎的出現，引起香港娛樂記者的追逐，原因並非她的美貌或毛腿，而是她與國家主席胡錦濤兒子胡海峰撲朔迷離的關係。

　　戴莎莎的友人對外放風說，莎莎與胡海峰是朋友關係，"其他不想講，因爲人家是大人物。"後來，戴莎莎接受亞洲電視節目《第一手真相》訪問，高調"公開"與胡海峰的"好朋友關係"，她用普通話說："我們是學系的同學，認識了兩年左右吧，他比我高一級，年齡也大很多。"

　　"他是個很有內涵的男人，素質各方面都不錯，我們現在是好朋友，順其自然吧。"戴莎莎在訪問中對小胡讚不絕口，自稱每次小胡返京，都會單獨約她吃飯，分別吃過泰國菜及日本菜。

　　戴莎莎還自爆曾經"朝聖"，與胡錦濤見過兩次面，其中一次更是隨小胡出席私密聚會，"那是一個私密聚會，聊的比較多。"胡錦濤給她的感覺是"很莊嚴"。由於參加亞姐比賽，勢必袒胸露臂，胡海峰是否反對她參賽？戴莎莎說，沒打算告訴胡海峰，而胡海峰現在人在美國，應該也不會知道她參賽。

　　不過，隨後有消息引述胡海峰在清華大學修讀工商管理的導師話說，戴莎莎聲稱她與胡海峰是北京大學工商管理的同學是荒謬的，因爲當時北大沒有任何企業管理碩士（EMBA）課程。

　　另外兩名胡海峰的朋友也否認戴莎莎是胡海峰的女友，據說，其中一人還與人在美國的胡海峰通過電話。胡海峰的友人說，胡海峰安排戴莎莎見胡錦濤的說法是編造的。而針對戴莎莎自稱曾得過全大陸的拉丁舞冠軍，也有消息稱，經查找過網上所有資料，都沒發現曾有叫戴莎莎的人得過拉丁舞冠軍。

　　"太子妃"來香港參賽亞姐？稍微有政治常識的人都會判斷這是戴莎莎藉胡太子抬高自己，自我炒作，增加知名度。相信遠在京城的胡海峰看到這宗煲水新聞，也會哭笑不得。香港一家週刊後來展開調查報導，發現一批兩年前戴莎莎在深圳布吉一個娛樂場所內陪尋歡客喝酒玩耍的照片，指出戴小姐疑似風塵女郎。

由於參賽期間新聞太多，戴莎莎未能入圍候選名單。評審稱基於三大原因淘汰戴莎莎：首先她在參選期間太多新聞，無論是她本人想出位，還是被人利用炒作新聞也好，這類新聞有損大會聲譽；其次她向傳媒披露與贊助商簽下合約，爲此事亞視接見過戴莎莎及其提名人，要求她將合約給大會過目，但她遲遲沒有交給大會瞭解合約內容，與參選造成抵觸。最後網上投票，戴莎莎的票數偏低，經評審委員會開會認爲她不符合參選條件，更不想她繼續利用亞姐選舉做宣傳。

戴莎莎

然而，國家主席之子被捲進這種八卦新聞，華文媒體自然不會放過這個炒作的好機會。

香港的《蘋果日報》、《東方日報》和《太陽報》等，都詳細報導戴莎莎的言論，並且嘗試追查其真實身份。

台灣的中央社、《中國時報》、TVBS、馬來西亞的《星洲日報》，以及一些受歡迎的海外華文網站也廣泛轉載香港報紙的報導。而親北京、立場相對嚴肅保守的香港《文匯報》在在報導亞姐活動時，也特別提到戴莎莎，不過並沒有談及認識胡海峰一事。

雖然關於戴莎莎和胡海峰關係的消息和評論，海外網頁已鬧得沸沸揚揚，但由於話題涉及敏感人物，中國大陸媒體在報導時則採取了特殊處理手法。羊城網引述香港媒體的報導時用的是："戴莎莎與國家領導人獨生兒子胡海峰的關係"。而搜狐娛樂網轉載青島新聞網的說法則是："大人物兒子的朋友"。

"太子妃"王珺是清華院長助理

胡海峰相當低調，幾近神秘，外界對他本人的生活狀況瞭解甚少。他結婚了嗎？真正的"太子妃"是誰呢？筆者幾經查證，終於掀開了胡海峰夫人的神秘面紗。

2009 年 6 月 24 日，由前總理朱鎔基擔任創院院長的清華大學經濟管理學院，在全體教職員工大會上公佈了學院新一屆黨政領導名單。行政班子中，錢穎一繼續擔任院長職務；陳國青、廖理、白重恩、夏冬林爲副院長。黨委班子中，楊斌繼續擔任黨委書記職務；朱岩、趙冬青爲黨委副書記。毛波、高建、王珺擔任院長助理。

新一屆黨政領導名單中，排名在最後、晉升爲院長助理的王珺，就是胡海峰的太太。據悉，與胡海峰一樣，王珺在學院相當低調，打扮非常樸素，不少人至今仍然不知道這位院長助理就是當今的"太子妃"。

王珺大約出生在 1973 年左右，是胡海峰的大學同窗，1995 年畢業於北方交通大學。下面這段後面已有，應可刪去！

知情者說，王珺很勤奮，在經管學院與胡海峰同在科學技術系，兩人當時就互生情愫，擦出火花。大學畢業之後，胡海峰進入中糧集團，王珺則考進北京大學讀研究生，1998 年獲得經濟學碩士。

隨著胡海峰加入清華控股旗下的清華同方威視股份公司，王珺也進入清華大學經濟管理學院國際貿易與金融系，一邊擔任講師，一邊攻讀博士學位。她的主要研究方向是公司財務、風險管理、保險學、金融市場。

在此期間，她還曾到美國賓夕法尼亞大學沃頓商學院擔任訪問學者。2008 年，經過幾年的努力，她終於獲得清華大學經濟學博士。知情者說：＂王珺雖然是胡錦濤的兒媳婦，但是她對自己要求很嚴格，導師對其也一視同仁，她這個博士是正兒八經讀回來的。＂

王珺很少拋頭露面，報紙上唯一涉及她的消息是 2005 年《法制早報》一篇有關社保制度的報導。報導說，中國人民大學社會學郭星華教授認為，失業保險不包括農民工，這是極不公平的。＂清華大學經濟管理學院王珺老師也支持這種觀點。因為，農民工大部分都是家庭主要勞動力、頂樑柱，他們的收入和人身安全往往系著全家的命運，因此，將農民工納入保障體系之內意義非常重大。＂

知情者說，王珺很勤奮，在經管學院與同事相處很好。2008 年取得博士學位之後，擁有多年教學經驗的她晉升為副教授，2009 年 6 月，更上一層樓，獲提拔為院長助理。

＂胡海峰夫婦最近都升官了！＂除了王珺擔任清華經管學院院長助理，胡海峰大約在 2009 年 10 月份也獲提拔為清華大學副秘書長，主要負責聯繫學校產業，＂老胡希望他逐步淡出商界，以免捲入不必要的麻煩。＂

胡海峰捲入醜聞，升官欲離開商界

1972 年 11 月出生的胡海峰，畢業於北方交通大學，後來入讀商界趨之若鶩的清華 EMBA 課程，取得碩士學位。完成 EMBA 課程之後，他擔任同方威視總經理。同方威視（Nuctech）是清華控股旗下的企業，主要生產港口和機場 X 光掃描器。Nuctech 就是

nuclear technology 的縮寫。

　　自從胡太子加入後，威視業務迅猛增長，不出六年已佔據內地同類產品市場份額九成，2008 年北京奧運場地所有監控儀器以及胡錦濤夫婦訪問印度的安全監控儀器都是威視產品。國際上，威視賣遍非洲之餘，還開發了馬其頓、菲律賓、愛爾蘭、英國等地市場，一單生意動輒過億美元，很多西方廠商都不是對手。

　　2008 年 1 月，時年 35 歲的胡海峰升任清華控股黨委書記，原黨委書記馬二恩爲他讓路，改任黨委副書記。

　　清華控股是清華大學在整合清華科技產業的基礎上，出資設立的國有獨資有限責任公司，資產數百億，主要從事科技成果產業化、高科技企業孵化、投資管理、資產運營和資本運作等業務，旗下上市企業包括同方股份、誠志股份、紫光股份和啓迪股份、紫光集團、博奧生物等，連續 5 年被列入中國最大 500 家企業集團。

　　按照清華控股管理層的排名，胡海峰排名僅次於董事長宋軍，在總裁周立業之上，但他刻意沒有進入集團的董事局，不參與商業運作。如今看來，這個安排還是頗有 "遠見" 的。

　　2009 年 7 月，英國《每日電訊報》發出一篇報導，清華同方威視傳出在納米比亞捲入詐騙和行賄調查，標題相當聳人聽聞——"胡錦濤兒子捲入非洲貪污調查"（Hu Jintao's son linked to African corruption probe）。

　　這宗黑幕簡單而言，是威視公司與納米比亞簽署一份價值 3,400 萬英鎊（約 3.8 億元人民幣）的合同，向該國海關提供透視掃描器等安檢產品，交易卻受到當地反貪污委員會的調查，指涉及詐騙和行賄。

胡海峰

《每日電訊報》說，兩名納米比亞人和威視在該國的中國籍代表已被控欺詐、腐敗和賄賂罪名。三人目前均被羈押。由於胡錦濤 38 歲的兒子胡海峰是清華控股的黨委書記，並在升任現職前曾是威視公司的總裁，因而使這宗賄賂醜聞更引入注目。

報導介紹說，根據合約，納米比亞政府需先向威視支付約 1,300 萬美元的頭期款，其餘部分由北京方面提供給納米比亞的貸款填平，而這個貸款的附帶條件是要花在中國公司頭上。該報引述納米比亞反腐敗委員會的消息說，該國財政部向威視付款的幾個星期中，威視和納米比亞一家名為 Teko 貿易的諮詢公司簽署了價值不菲的合同。納米比亞反腐機構說，政府付給威視的錢後來流進 Teko 的兩個老闆和威視在非洲的代表楊帆（Yang Fan）的口袋裏。納米比亞反腐委員會主任帕烏盧斯·努阿（Paulus Noah）說，從威視進出的款項引起他們的懷疑。他說他們懷疑其中可能牽涉腐敗行為。努阿還表示，他希望對包括胡海峰在內的管理層進行問話。他說，"如果他能抽身來，我當然會很高興。我想知道他們在中國是怎麼做生意的。"

威視捲入這椿弊案之前已經有麻煩纏身。它的歐洲競爭者 Smiths 指責說，威視利用中國政府提供的"軟性貸款"延攬客戶，以這類貸款購買其產品，因而有效地壓低了價格，讓 Smiths 喪失了競爭力。Smiths 表示，威視利用中國政府的強大資源壓低價格，在一定程度上扼殺了自由公平的競爭。該公司敦促歐洲委員會採取堅決的行動，恢復市場商業信譽。英國媒體指出，雖然這個調查案可能並不會對一向非常低調的胡海峰帶來什麼實際影響，可能也不至於影響到中國和這個西南部非洲國家的關係。但有非洲問題專家指出，中國在非洲日益活躍的經濟活動也伴生出許多問題，實際上與它一直自我描繪的形象不相符。

位於華盛頓的非洲事務研究機構非洲行動（Africa Action）的執行主任吉羅德·勒梅爾（Gerald LeMelle）說，越來越多關心非洲未來的人開始對中國在非洲經商的行為感到擔憂。

勒梅爾說：“事實上，非洲地下蘊藏的資源屬於那裡的十億人民。而他們中有 87% 的人還生活在每天不足兩美元的水準之下。中國在那裡的交易通常是基礎設施建設。所有的記錄顯示，腐敗對他們並不是什麼問題。他們所做的，顯然是花少量的錢來換取非洲人民的未來。這讓人很擔憂。”

非洲行動的執行主任勒梅爾說，在非洲這個腐敗猖獗的大陸上，長久以來就存在以賄賂換取合同的行為，西方公司當然也不例外。他說，這種行為對於非洲和非洲人的未來是不負責任的。

勒梅爾說：“腐敗一直存在。它們不是說要投資於人民、也不是投入到非洲人自己參與其中的有效管理、以及堅實的市場經濟，而是選擇老辦法，找地方官僚和武裝分子來保護投資。這就是腐敗。不能說非洲人希望這樣做。外部世界已經通過這種方式剝削非洲長達幾個世紀了。”

不過，有海外評論指出，客觀而言，胡海峰“捲入”此案相當無辜。

2008 年 5 月 13 日威視與納國簽訂相關合同，半年前胡海峰已經離開威視，當上母公司清華控股黨委書記。作爲清華控股第二把手，胡海峰十分低調，幾乎可以用"隱形人"來形容。

由於有著數百億元人民幣資產，加上擁有豐厚的技術力量，清華控股在內地高科技行業頗爲活躍，包括"一哥"清華控股董事長宋軍，總裁周立業都經常四出活動和見報。反觀"二哥"胡海峰似乎只專注內部事務，"默默無聞"，名字也很少在集團新聞出現，只有 6 月 18 日清華控股召開慶祝中國共產黨成立 88 周年暨表彰大會，才提到黨委書記胡海峰這名字。

但亦有人認爲，那麼大筆生意且涉及國家貸款的合同，構思及商討過程不會很短，很可能是在胡海峰於離開威視之前已經開始，那麼，胡海峰作爲威視總裁，不可能不知道合約及談判詳情；就算胡離開威視當了清華控股的黨委書記，威視的事他也不可能不清楚。

樹大招風。雖然這宗貪污案嚴格而言扯不上胡海峰，但客觀上亦令胡家相當困擾。知情者說，這亦堅定了胡海峰脫離商海的決心，於是就有了他出任清華大學副秘書長之舉。

清華大學副秘書長大約相當於副廳級幹部。知情者說，不排除小胡將來卸任清華控股黨委書記的職務，專心從事行政工作，甚至今後轉入仕途。據悉，胡海峰目前還兼任浙江清華長三角研究院院長。可以說，胡家都是清華人。

知情者還說，有關胡錦濤之子胡海峰捲入腐敗醜聞一事，不排除這是政治對手的幕後動作。"不少人都認爲小胡被冤枉了，此事一經媒體公佈，小胡的責任就被誇大了，因此也遭到一些誤解，也讓父親背了黑鍋。其實，清華控股的一些商業操作，跟小胡是沒有多大關係的。"知情者稱。

那麼，身爲國家主席的胡錦濤爲何對兒子的傳聞保持沉默，一聲不吱呢？有評論人士指出，這件事也不能怪別人，要怪只能怪胡自己，怪中共自己，怪他們不開放媒體，怪中國的政治不透明。即使胡錦濤想替兒子辯解一下，也需要適當機會，還要顧及這樣做的後果會不會打破"高層政治不宜公開"的中共潛規則。

胡海峰清明祭祖，泰州官員大拍馬屁

2005 年清明，胡錦濤兒子胡海峰曾返回胡錦濤長大的地方江蘇省泰州，為胡錦濤的父母掃墓。泰州方面以高規格接待了胡海峰，動用上千名警察沿途封路，警車前邊開道。為遮人耳目，泰州還對外佯稱是中央大員賀國強和毛澤東的孫兒毛新宇視察姜堰市。

4 月 5 日是中國傳統的節日——清明節。這天還是江蘇泰州姜堰市的"中國溱潼會船節"。毛澤東的孫子毛新宇來參與了盛會，泰州官方事前曾經說中共中央組織部部長賀國強也會出現，但賀國強當天人在北京，四天后才開始視察江蘇省。除了毛和傳說的賀外，當天泰州還有一個更神秘的人物是真正主角，他就是中國國家主席胡錦濤的長子胡海峰。

亞洲時報線上報導，30 多歲胡海峰此次還是第一次到泰州。按照有關大陸官場的級別，即使他是國家主席兒子，也不可能享受到警車開道沿途封路的高級官員的待遇的。不過，一貫以作秀和拍馬屁聞名的泰州地方官員，卻馬上想到了用移花接木、偷樑換柱的方法。

泰州的官員早在 10 天前就讓下面辦事的官員，"要大力抓好市容市貌的建設和管理，因為國家副主席曾慶紅要到泰州和姜堰視察"。直到 2005 年 4 月 6 日，在沿途公路上值勤的警察和其他人員才知道，其實根本不是什麼副主席，中央組織部部長也只是到了鄰埠揚州，實情是神秘的胡海峰來了。

有泰州和姜堰的目擊百姓指出，當天上午 7 時多，到姜堰市白米鎮 20 多公里長的公路上，開始佈滿了警察和警車。當時路上三米左右就站有一名警察，所有的車輛不得在路上隨意停留。據瞭解，泰州地方政府不但動用了下面所轄靖江、泰興、興化、高港、海陵、姜堰等縣市、區的近千名警察爲其站崗，而且 20 多公里的公路和姜堰市區硬是被封閉和半封閉了四個多小時，給當地的老百姓的出行帶來了一定的困難。多名從事長途客運的老闆因爲少拉了很多客，他們都對此紛紛抱怨："如果國家領導人公幹出行要封路，我們還可以理解，現在人家兒子回來掃墓，你政府又封的哪門子路？！"

當日上午 9 時許，有七八輛黑色的高級轎車，在前後八輛摩托車和兩輛警車的開道保護下，直奔姜堰白米鎮。兩個多小時後，該車隊又由原路返還。

爲了拍胡錦濤和胡海峰的馬屁，泰州當地政府還假借全國各地人氏的名義，給胡錦濤父母墳送了許多鮮花。胡海峰在一路上就曾經讓隨從打開攝像機對泰州和姜堰的市容進行了錄製，掃墓的情況更是一點不落地錄了下來。

有消息人士對亞洲時報線上指出，其實在胡海峰每次出門之前，一貫低調的胡錦濤總要不斷叮囑，要求他去地方不要太張揚並且不要太煩勞地方政府。有證據可查的就是，2003 年清明節前後，同樣是胡海峰代替自己的父親從上海去安徽績溪老家祭奠先人時，胡錦濤要求當地政府不要爲其兒子搞特殊，一直對外開放的胡氏宗祠還要對遊人開放。在胡海峰回鄉時，只有少數幾個人員陪同，甚至等胡海峰一行離開老家之後，家鄉的百姓才傳聞胡海峰回來過。

又據姜堰當地居民指出，為了接待好北京的貴客，市政府在兩天之間，還將姜堰東轉盤處的"影響市容"的百姓的舊房全部拆除，取而代之的是在這些房子的外面砌上了一道遮醜牆。

對於泰州官員"欺騙"國家主席兒子的手段，有泰州居民表示不滿："真的不知道那些北京的貴客知道自己坐在車裡所看到的，路兩邊長達五百米長的圍牆竟然是一夜之間砌起來的話，他們真的不知道會有什麼想法？"

關於胡錦濤父母的安葬問題，原來也有一個頗為長篇的故事。胡錦濤母親李文瑞在 1949 年去世後，被其父親葬在了原揚州泰縣白米鄉胡家店村（現泰州姜堰白米鎮腰莊村）。胡靜之一生對李文瑞的愛可謂矢志不移，李文瑞死後他也沒有續弦。

胡靜之在"文革"中曾蒙受冤案，他在 1978 年去世後，因為沒有得到平反，胡靜之只能孤單地一個人葬在泰縣當時人稱"亂墳葬"的泰縣城東荒灘上。據瞭解，為了避免在那"兩個凡是"的年代裏受到牽連，當時胡母親的娘家人反對將胡靜之和李文瑞合葬。據稱，胡錦濤因此有個心結，覺得母親娘家裡的人沒有在胡家最困難的時候站出來，反而選擇和被誣衊的胡靜之劃清界線。

關於胡靜之屍骨的安葬點，泰州民間也有不同說法。有一種說法指，胡靜之 1978 年病逝在泰縣後，正在甘肅工作的胡錦濤當時還請假專程趕回來辦理父親的喪事，其父骨灰帶回安徽績溪，埋在龍川。另一種說法則指出，胡錦濤當時將自己的父親，葬在了離自己母親墳 5 公里一個亂墳堆裡。

在姜堰城東的殯儀館旁的姜堰公墓裡，亞洲時報網上特約記者曾到過胡錦濤父母親胡靜之和李文瑞在泰州的墳墓現場採訪。據說，這兒只是胡靜之和李文瑞的衣冠塚。1997 年，也即胡錦濤已經是中國國家副主席的時候，胡的長妹胡錦蓉、小妹胡錦萊要求胡回家將父母二人合葬在一起。

當時胡錦濤就曾表態："還是維持現狀好,不過也可以將其母親的一些遺物放到父親的墳裏"。因為國事纏身,胡錦濤又要求一切事情由兩個妹妹代辦。按胡錦濤的要求,胡錦蓉和胡錦萊以三兄妹的名義,將父親的墳進行了修建,並在墳前豎起了內容為"先考胡靜之、先妣李文瑞,兒錦濤、女錦萊錦蓉立"的一塊大石碑。

胡錦濤父母墳墓

因為有胡錦濤的父親葬在這裏,所以現在很多人都都說這裡風水好,也將這裏墓穴的價格由原來的幾千元漲到了數萬,於是這個墓園現在是不斷的修建。

在離姜堰公墓三四公里的地方有一個叫做姜堰白米鎮腰莊村的地方,胡錦濤母親李文瑞原本的墳就在一個魚塘的後面。墳墓看起來很小,立的一個碑也只有墳主李文瑞的名字。

泰州姜堰的官員為了討好胡錦濤,竟在這個墳不遠處的一個地方再修了另一個給其父母的衣冠塚。爲了讓這個衣冠塚看上去更有派頭，當地政府更找來了一個上面雕刻著石獅的石柱。

　　有"識寶"的人士認爲，那個石柱最少也是明朝前後的東西。這些地方官員被質疑有沒有違反國家關於保護文物的規定；有當地百姓表示："文物是國家和人民的，地方官員有什麼權利動用？"

胡錦濤親口否認女兒在美國留學

　　眾所周知，胡錦濤和夫人劉永清都是清華的校友，胡錦濤的女兒、胡海峰的姐姐胡海清，1993 年畢業於清華大學工程學系。海外一度盛傳，胡海清在清華大學畢業後赴美留學攻讀碩士學位，爲避免因身份惹出麻煩，胡海清到美國後改名爲胡曉樺（Hu, Hsiao-Hwa）（又一說，在比利時短暫留學），曾在上市公司清華同方工作過，2004 年獲得上海中歐國際商學院的 MBA 學位。

　　不過，有關女兒在美國留學一事，胡錦濤曾親口否認。2002 年胡錦濤作爲國家副主席訪美，會晤紐約州長帕塔基時，州長表示閱讀前一天的《紐約時報》，獲知胡有一女兒在哥大念書，並且"攀關係"表示自己也是哥大校友。"我只有一個女兒，而且是在清華大學念書。"胡錦濤微笑打趣回答，"看來天下的媒體有時都一樣，喜歡亂寫。"

　　據認識她的人介紹，胡海清長的很像他父親，是個很規矩、很本分的人，一點不張揚，很低調。她讀研究生所在的大學，不論是導師還是同事，都不知道她就是中國的"公主"。

　　胡海清畢業之後幾乎沒有人知道她的動向，有傳言說她一度失業。但新加坡和香港媒體曾報導，在 1999 年前後，胡海清曾經試圖用 6 億元人民幣收購哈爾濱醫科大學的幾所附屬醫院，這 6 億元資金則全部由中國的國有銀行提供貸款。當時的黑龍江省長田鳳山為此大開綠燈。這筆交易後來因為哈醫大的前任校長與也是哈爾濱出身的中紀委書記尉健行溝通而不了了之。

直至 2003 年《亞洲華爾街日報》以"財富與權勢聯姻"為題，報導了胡海清與茅道臨的婚訊，人們才知道當朝公主下嫁給中國最大門戶網站新浪網的前任 CEO、科技富豪、"海歸"茅道臨。

《亞洲華爾街日報》報導說，中國國家主席的女兒秘密下嫁互聯網巨富，中國精英分子無不為之動容。據雙方的朋友介紹，胡的女兒胡海清與新浪網巨頭茅道臨在夏威夷完婚。但是，具體情況不詳，就連自稱是雙方朋友的人也說，之前誰也不知道有這麼一回事。

胡海清

報導指出，對於中國新興的上層——包括所謂"太子黨"的高幹子弟和迅速崛起的年輕、富有的一代企業精英——來說，這段婚姻成為熱門話題。一位和"太子黨"做生意的 30 來歲的投資人說，他是因爲茅道臨給他發短消息說在夏威夷度蜜月才知道有這件事。

他說：“內部人都在談這事。”另一位熟悉茅道臨的女士說，“他們當然不會到處宣傳，但他自己也不能完全靜默。”胡海清在透露具體情況方面表現得更謹慎。她的一個朋友9月底收到她從美國發出的電子郵件說自己結婚了，但沒說丈夫是誰。

傳統上，除了基本情況，中國領導人都避免公開個人生活，其配偶和子女都避開公眾視線。這段聯姻對作爲黨總書記和自稱人民公僕的胡來說有些不同尋常。上任以來，他一直在貧窮地區訪問疾苦，聽取人們對於貧富差異的訴說。

茅道臨確實有錢。茅道臨不久前是在納斯達克上市的新浪網首席執行官。根據資訊產業富人榜，茅道臨排第11位，財產估計在3500萬美元到6000萬美元之間。

《亞洲華爾街日報》介紹說，33歲的新娘1993年畢業於他父親的母校清華大學，工科學位，空調專業。同學們說她“隨和”、“爲人熱情”。她跟另外四個同學住一間寢室，週末騎一輛舊自行車回家看父母。畢業後她在上海上市的高科技公司清華同方工作。後來到比利時短暫學習，又在另外兩家外資企業做過。

文章指出，茅胡聯姻，標誌著經過四分之一世紀市場經濟改革後社會階層如何重新定義。高幹子弟以往聯姻，大多局限在自己圈子內，也就是所謂“光榮階級”的工農兵家庭。個體勞動者不被尊重，更不要說擠進高幹子弟階層了。

但一切都在改變。最近的三中全會表明，在稅收和貸款方面，私企和國企要待遇一致起來。私營企業迅速崛起，在稅收和就業方面貢獻日增。私人企業家入黨也增多。對中國新生代而言，這種界限早已經模糊。“那已經不是一個唯我獨尊的俱樂部了”，那個

30 來歲的投資人說。和報導中提及的其他人一樣，他要求不公開名字，以免打擾新人。"在年輕一代中，不管是嫁娶還是做生意，錢和權結合得更緊密。"他還知道其他一些高幹子弟跟成功人士談戀愛。他沒有透露具體人名，"因為她們交游甚廣，但早晚都會嫁一個象茅道臨一樣的人。"

茅胡如何相識、相愛，旁人無從得知。有個朋友回憶說，在大學時代，胡海清跟同學一樣，都認為理想的愛人應該是"高個，風趣，有責任心。"從這個意義上說，茅道臨贏得中國第一女兒的芳心也算一個異數。

女兒胡海清嫁給 IT 富豪茅道臨

根據新浪網介紹，茅道臨 1985 年從上海交大電腦科學專業畢業後，在斯坦福大學學習並獲得碩士學位。他在三藩市一家風險投資公司 Walden 做了幾年。這家公司在新浪有股份。茅道臨臉龐瘦削，禿髮，戴眼鏡，女同事都覺得他"毫無情趣"。

也有人認為他"十分精明"、"做事可靠"。其為人低調也許能和岳父有得一比。後者為人節制，歷經政壇的變幻風雲而痕跡不露。上海交大附中的一位老師回憶說，他的這位學生（茅道臨）"有條有理，活潑敏捷，好動"。當老師得知他結婚時，第一反應是："真的？怎麼爬得這麼高？"

茅道臨之前並不象現在這樣出名。做了兩年新浪首席執行官，後來在一片猜疑中離開。財經雜誌隨後報導說他是被新浪董事會辭退。

無論真相如何，茅道臨還算春風得意。他原來和新浪簽約為期四年，拿了 200 萬股期權，外加六位數的年薪。根據美國法律，內部人資料需要備案。茅道臨隨後來分三批拋售了新浪 37 萬 5 千股，目前至少還有新浪 90 萬股份，當時新浪股份每股 41.73 美元。

有些人敏銳地感覺到，茅道臨前程似錦。上海一個業內人士說，"茅道臨團隊以前最關心的就是和政府的關係。他肯定一開始就對胡的女兒窮追不捨。"

另外一些人認為這畢竟是好事情。"10 年前，這種事情想也不敢想，現在什麼都是可能的。"一家跨國公司的人士這樣評論。

在兩年的 CEO 任期中，茅道臨幫助新浪建立起了稱之為 " TMT " 的多元化事業體系，即 Technology，Media，Telecommunication，在互聯網最低潮時，帶領公司度過重難關，使公司的季度銷售收入從當初的 500 萬美元上升到 1800 多萬美元，為新浪今後的發展確定了明確的商業模式和發展思路。

訊龍的收購可算是茅在新浪最大的功績。2003 年 1 月併購無線運營商廣州訊龍後，新浪從低谷重返高峰，其增長速度開始反超網易和搜狐。到 2003 年四季度，新浪收入達到搜狐 1.6 倍，網易的 1.9 倍，並很快成為全國最大的 SP，重新執掌門戶網站老大的寶座。

不過，有報導稱，當初茅道臨離開新浪時並不是主動辭職，而是被迫辭職。中國財經媒體披露說，2003 年 5 月 11 日新浪董事會在美國矽谷召開了一次全體會議，雖然此時全球 SARS 疫情依然嚴峻，以姜豐年為首的七位董事還是悉數出席，未能到場的則通過電視電話參加了討論。

儘管在後來的公開報導中，茅的離職被描述為"功成身退、主動請辭"。但事實上，已經掌管新浪兩年之久的 CEO 在走近會場前根本沒有意識到，迎接自己的將是一次決定自己在新浪去留的會議。

會議開始後，董事會主席姜豐年就突然站起來發言，稱管理層對茅道臨不滿。在新浪董事會上，兩年前逼宮王志東的一幕重演，不過，這一回的主角是茅道臨。聽到指責，茅當時就跳起來，表示

茅道臨

"不可能"。就在幾星期前，他還與新浪的主要管理層交換過意見，在那次懇談中，並沒有聽到對自己不滿的聲音。

事態的變化令茅猝不及防。姜豐年當場拿起電話，一個一個向管理層徵詢意見。除了技術總監嚴援朝沒有表態，幾乎所有的管理層都做出了倒茅的表示。這樣，茅道臨已別無選擇。最後，董事會以四票對三票通過了對茅道臨辭職的決定。

新浪 CEO 再次易人。接替他的是原新浪網執行總裁、年僅 30 歲的汪延。在新浪一位消息人士提供的這一版本中，辭職當然不是出自茅道臨的意願。據說，茅原本打算幹到年底再請辭，會議的逆轉，使茅道臨失去了全身而退的機會。而親耳聽到眾多同事對自己

工作的批評，在任何當事人都不會是愉快的經歷。

離開新浪後，茅道臨彷彿是從“人間蒸發”一般，杳無音訊。有業內人士對此調侃說：“杳無音訊好，茅道臨此時最好的路子就應該是從‘人間蒸發’掉，慢慢地把這個熱點冷卻下來。”

或許只能用“事與願違”來形容當時的茅道臨，越想低調越低調不得。2003 年 5 月 20 日，搜狐網 IT 頻道一條不足三百字《茅道臨“連遭打擊”，不再擔任陽光文化執行董事》的消息，再次把茅道臨推到了浪尖上。搜狐網的消息稱：剛被換掉的新浪前 CEO 茅道臨再一次遭受打擊，陽光文化媒體集團有限公司已經正式宣佈，茅道臨不再擔任該公司執行董事職務，該卸任書從 5 月 16 日起正式生效，在由陽光文化媒體集團有限公司董事會主席楊瀾簽署的卸任書中，陽光文化僅僅給予了茅道臨 18 個字的外交辭令式的評價：“董事會就茅先生對本公司之貢獻深表謝意。”

陽光文化媒體集團公司的這一突然決定又是為了什麼呢？一週之內兩次離職，茅道臨到底怎麼了？

當時有業內人士分析說：“如果說茅道臨辭去新浪 CEO 職務是正常的人事變動時，那麼如果把這兩件事情聯繫起來看的話，其中肯定有內情。”

熟悉茅道臨的人士分析說，茅道臨是上海人，比較“小資”，原先也是華登投資的副總裁，身價不菲，不為衣食擔憂，工作是憑興趣，所以想走就走嘍！另有人士也分析道：“茅道臨的離開總是有點原因的，但可能不是大家想像的業績不好這一條。就算是業績不算好，也沒到董事會要‘開’他的程度。最可能的是他在新浪也就能做到這麼好了，但是要想讓新浪進一步贏利，大概他能力有限，而且需要付出更多的辛苦，他已經完成了自己的目標，為何要多受這份累呢。茅道臨原先是做風險投資的，就是要吃企業成長後的差價，人家就沒想過要承擔企業漫長成長過程的辛苦。"如此，我們最多能得出結論，茅道臨不是"功成身退"，而是"激流勇退"。

人們耿耿於懷的可能是茅道臨沒有像一個企業家那樣謝幕：並非業績不好，沒有和董事會產生"嚴重的經營思路的分歧"，他選擇離開的方式太職業了，以至於讓人不適應。

搜狐 IT 頻道的主編李學凌在署名文章中指出，茅道臨有三個方面必爲人所攻擊的：1、200 萬股股票期權問題，茅道臨獨得 86% 的期權，必爲眾人攻擊；2、陽光媒體的投資失誤，必爲眾人作謗；3、王志東離職的問題，必再成爲新的話題。由此看來，陽光媒體解除茅道臨董事職務事出有因。

不過，據知情者透露，茅道臨只所以在兩週內相繼離開新浪和陽光文化，主要還是來自胡家的施壓，胡家不想因未來女婿而遭到攻擊。所以，當時胡海清就跟茅道臨下了"最後通牒"，"只有淡出商界，我們才能結婚"。果然，在茅道臨退出新浪和陽光文化四個月後，兩人在夏威夷完婚。

婚後，據說兩人常居住在美國。茅道臨很少再公開露面。

溫家寶家族：
"溫太" "點石成金"
兒子化名成 "隱形大亨"
弟弟掌控 "冷門" 行業

2003 年 3 月 18 日，在十屆人大一次會議上當選爲國務院總理後，溫家寶在人民大會堂會見中外記者說，"大家普遍認爲我是一個溫和的人。但同時，我又是一個有信念、有主見、敢負責的人。" "全國 2500 多個縣（區），我跑遍了 1800 多個。這使我更深地瞭解國情和人民的狀況，深知人民的期待。我絕不辜負人民的期望，一定要以人民給我的信心、勇氣和力量，忠實地履行憲法賦予我的職責，殫精竭慮，鞠躬盡瘁，不負眾望。"

臉帶微笑並不時伸出右手食指或手掌，以強化他的語氣，在鎂光燈不斷閃爍中，溫家寶還大聲說道："我總記著一句古訓：生於憂患，死于安樂。要居安思危，有備無患。"

然而，幾年過後，溫家寶所強調的"殫精竭慮"、"不負眾望"、"居安思危"等"豪言壯語"，以及他長期以來一直刻意留下的勤儉樸素、憂國憂民的"平民總理"形象，卻因傳出其太太、子女還有弟弟"全家經商，獲取暴利"等負面消息，而大打折扣，甚至被稱爲"黨內高層最大的僞君子"。

因演技一流，不少海內外網友都稱溫家寶"影帝"。如果在海內外各大論壇看見有人在談論"影帝"，這個"影帝"指的就是本人“艱苦樸素”，妻兒“腰纏萬貫”的中國國家總理。

夫人張培莉是中國珠寶界“大姐大”

翻開溫家寶夫人張培莉的簡介，確實非同一般：中國著名地質學家，曾擔任中國珠寶協會副主席、中國寶玉石鑒定委員會主任、國家珠寶檢驗中心主任、北京戴夢得珠寶公司總裁，等等。外國媒體稱她是一位巾幗不讓鬚眉的女強人，而港台媒體則稱其爲中國珠寶業的“大姐大”。

溫家全家福

說起張培莉，不少傳聞認爲她的第一桶金來自由她一手打造的龐大的寶石王國。不過，知情者向作者透露，其實張培莉弄到的第一筆巨額資金，並非來自她的寶石王國，而是上個世紀九十後期倒賣了幾千畝土地，賺了幾千萬。

　　這個故事還得從溫家寶從甘肅調回北京說起。

　　1982 年，溫家寶上調北京，任地質礦產部政策法規研究室主任。當時張培莉並沒有隨溫家寶一起進京，獨自一人帶著兩個孩子留在大西北。1983 年溫家寶升任地質礦產部副部長後，張培莉才被調入地質礦產部，帶著一兒一女到北京與丈夫團聚。不過，官方媒體曾報導稱，1985 年在溫家寶調到中共中央辦公廳後，張培莉才借調到北京，溫家一家人分開近三年後才團聚。

　　實際上張培莉是 1983 年調到北京的，被安排在地質礦產部所轄的中國地質博物館，從事寶石礦物研究和鑒定，很快就開始主持和籌建了寶石存列室和寶石研究室。1988 年，寶石研究開始面向社會開展鑒定，諮詢服務；1990 年，她主持了第一次全國寶石展銷會；1991 年，她與其他專家共同發起成立了中國寶石協會，並擔任副會長，至今協會已有上千名會員；1992 年，她創辦了協會會刊《中國寶石》雜誌，每本雜誌售價 15 元，發行量居然超過萬冊。

　　1992 年，張培莉所領導的這個寶石礦物研究室，經中央機構編制委員會辦公室批准，正式成立地質礦產部寶石監測中心。1998 年，地質礦產部併入國土資源部，這個寶石監測中心就變成國土資源部寶石監測中心。

　　十多年時間，張培莉便從一名地質專家變成中國著名的寶石學專家，並成為中國贏得英國寶石協會寶石鑒定師證書（FGA）榮譽的第一人。吳潔撰寫的《張培莉：推動中國寶石鑒定業走向世界與未來的人》一文這樣描述說：

　　在地質礦產部，有個寶石監測中心，由這裏簽署的鑒定證書，在珠寶市場上"一言九鼎"。這個中心的頭頭應該是個何等仙風道骨火眼金睛的人物？見面後才發現：中心的主任張培莉原來是位熱情爽朗的高級工程師，大家都稱她「張工」。

張工告訴我：「我們這裏的鑒定人員，大多是學岩礦專業的，知識面比珠寶商寬得多。地球上有 3000 多種礦物，寶石只不過是其中的 56 種，只要是塊石頭，我們就能給它分類定名。」不久前，客戶送來一塊綠中帶藍的透明石頭，說別人都認不出是什麼礦物，寶石書上也查不到。中心做了兩三個小時的測試，判定為產於玻利維亞的藍鐵礦（含水磷酸鹽）。張工與客戶商量後，留下一小塊抵了鑒定費。大家都特高興：「中心又多了一種稀有標本！」顯然，那種師徒相傳、靠肉眼觀察、憑經驗判斷的傳統鑒定方法，是得不出這樣科學、精確的鑒定結果的。

1993 年元旦，寶石監測中心實行獨立核算，從地質博物館的 6 樓搬到臨街的一層自立了門戶。

身為我國著名的寶石學專家，張培莉並未將自己的視野局限在顯微鏡下五彩繽紛的寶石世界。早在 10 多年前，張培莉就執著地認為，國內珠寶消費市場將有廣闊的前景，並由此設想我國寶石業走向世界的藍圖。她憑藉著深厚的理論基礎和豐富的實踐經驗，身體力行，開始了 10 年的艱苦創業歷程。

提到將來，這位女高工滿腦子都是「我要幹……」，「我還要幹……」「要幹就幹好，要幹就幹出國際水準」。……可以這樣講，張培莉與她領銜的國家寶石鑒定中心，為我國寶石鑒定學的起步、發展，並真正走向世界，開創了前所未有的新局面。

由此可見，坊間稱張培莉是「中國珠寶界大亨」還是有根據的，正如有媒體評論那樣，作為中國著名地質學家，張培莉對珠寶玉石擁有「點石成金」的能力。評鑒鑽石和珠寶的等級，標售其零售價，是寶石監測中心的權力，張培莉作爲這些部門的主管，自然對中國珠寶鑽石市場起著重要作用。確定一顆鑽石的真僞和級別，價格可能有數萬元、甚至數十萬元之差！國際某知名珠寶經銷商駐北京的代表形容，張培莉在業界相當有影響力，並且是業內許多政策和法規的專家。

張培莉

張培莉的第一桶金到底是從哪里來的？

有官方媒體曾透露說，後來爲了協助溫家寶總理，張培莉就遠離了商界，但是地質界人士仍把她視爲業內“大姐大”。那麼，爲了協助溫家寶的工作，張培莉真的遠離商界，遠離寶石界了嗎？本書自會給出答案。但針對坊間所流傳的張培莉靠著寶石監測中心，早已賺得盆滿缽盈的說法，瞭解內情的消息人士披露說，其實張培莉靠著後來她一手打造的北京戴夢得珠寶公司所賺到的錢，跟她在九十年代後期倒賣土地所賺的相比，只是她所擁有的巨額資產的一個零頭。

現在一談到那些億萬富翁，人們都非常好奇地想知道他們的第一桶金來自何處。

比如說，八十年代初，榮毅仁派自己的兒子榮智健去香港闖天下，其實榮大公子的第一桶金並不是他做生意賺來的，而是北京給他 800 萬美元，這筆款是趙紫陽特批的。

有人在海外撰文指出，張培莉的第一桶金也是這樣，雖然不是哪位特批的，但的確是有人爲了巴結溫家寶，批給他老婆幾千畝土地，然後張培莉轉手一賣，就賺了幾千萬。

這真是事實嗎？

2009 年 11 月，中共省部級官員調整，最受關注的是"60 後"省委書記上位。46 歲的新任內蒙古書記胡春華、吉林省書記孫政才，是目前僅有的兩位"60 後"省區一把手，這將使他們成爲中共十八屆政治局委員的有力候選人。

媒體披露：孫政才據說獲總理溫家寶青睞，拔擢爲農業部長，43 歲的他成爲中國當時最年輕的部長；因爲比胡春華小 5 個月，他目前也成爲中國最年輕的省委書記。

孫政才爲何獲溫家寶青睞？知情者說，"溫太"是推手。"溫太"之名之威，只有中南海行走的人才知曉的。

有"農業專家"之稱的孫政才，八十年代後期至九十年代後期一直在北京農林科學院作物所搞研究，1997 年，根據中央人才選拔計畫安排，北京市決定派孫政才到順義縣政府任副職，沒多久就當上了當時還叫順義縣的縣長。

我們再來看看中共官方公開的孫政才：1963 年 9 月生，農學博士，研究員。1984 年本科畢業於山東萊陽農學院，研究生畢業於北京農林科學院（作物栽培與耕作學專業），師從著名玉米栽培界的帶頭人陳國平先生，獲碩士學位，後從中國農業大學獲得農學博士學位。自 1987 年 5 月參加工作以來，先後出任北京市農林科學院作物所研究室副主任、土肥所所長、所黨支部書記、副院長、院黨委副書記等職。1997 年離開北京市農林科學院，先後出任北京市順義縣副縣長、代縣長、縣長，北京市順義區區委副書記、區長。

據說，1997 年北京市決定派孫政才到郊區縣政府任副職，至於去哪個區縣，可以自己挑選。後來一位順義縣政府工作人員曾對官方媒體說，孫選中了順義縣，因為順義縣的特點是農業基礎好，這可以好好發揮他的專業特長，而且順義縣的工業很多，工業發展在整個北京市的區縣中也很靠前。

"他（孫政才）當時提出了加快順義縣資訊化建設的目標，並要求各級部門簡化審批手續，優化流程，利用現代化手段提高政府辦事效率。這實際上是他一貫的風格，辦事不拖泥帶水，效率很高。"這名工作人員回憶說。

當時，順義一些機關人員私下裏稱孫政才為"孫有才"。突出的成績和較好的口碑，讓孫政才在幾年的時間裏連連高升：從副縣長到區長，再到區委書記。2002 年，北京市委常委改選，按照差額一人的規定，市委將"年輕有為"的孫政才增為候選人。當時外界並不看好孫政才，認為他可能只是充當"差額票"的角色。因為孫政才當時只有 39 歲，而且當年 2 月他剛剛從區委副書記、區長晉升為區委書記，實在太"嫩"了。不成想，選舉結果大大出人意料，北京市的黨代表們"偏愛"高學歷和做事果敢的孫政才，竟然將一位原市委常委給"差額"掉了。據說，被差掉的人就是蔣效愚，既然已經落選市委常委，就必定不能再擔任北京市委宣傳部部長，還好當時北京申奧已經成功，蔣還可以轉任奧組委職務。半年後，也就是 2002 年 11 月，孫政才出任北京市委秘書長。2006 年 12 月，"機遇"再次青睞這位"有準備的人"，離開農業老本行近 10 年後，43 歲的孫政才再次回到農業領域，被任命爲農業部部長，成爲溫家寶內閣成員。

至於孫政才的一路晉升是否與溫家寶相助有關，知情人士笑而不答，只說答案就在溫家寶和孫政才的簡歷中。

孫政才

1998 年－2002 年，溫家寶擔任中央政治局委員、中央書記處書記，國務院副總理、黨組成員，中央金融工委書記。1997 年－2002 年，孫政才擔任中共順義縣委副書記、副縣長、代縣長、縣長，中共北京市順義區委副書記、區長。

2002 年－2003 年，溫家寶擔任中央政治局常委，國務院副總理、黨組成員，中央金融工委書記；2003 年至今，中央政治局常委，國務院總理、黨組書記。2002 年 11 月，孫政才任北京市市委常委、市委秘書長。2006 年 12 月任農業部黨組書記，2006 年 12 月任農業部部長。2009 年 11 月，任吉林省委書記。是第十七屆中央委員。

台商爆料：溫太手上的戒指至少 200 萬

早在 2003 年溫家寶出任中國國務院總理後，官方媒體便故意透露出 "為協助總理，張培莉已遠離寶石界" 的消息，欲以此來平息坊間愈傳愈甚的 "溫太亦官亦商早就壟斷中國珠寶業" 的傳聞。不過，官方媒體的 "謊言" 卻在 2007 年 11 月被港台珠寶界 "戳穿" 了。

2007 年 11 月 1 日至 5 日，由中國兩大權威珠寶機構——中國珠寶玉石首飾行業協會和國土資源部珠寶玉石首飾管理中心連袂親力打造的 2007 中國國際珠寶展北京中國國際展覽中心隆重開幕。

新華社報導說，中國珠寶玉石首飾行業協會會長孫文盛，中國珠寶玉石首飾行業協會常務副會長陳洲其參加開幕式並發表講話。

孫文盛在致辭中表示，中國珠寶產業成就輝煌，前景廣闊。2006 年，中國珠寶產業年產值超過 1600 億元，出口 68.7 億美元。中國玉石、翡翠、黃金、鉑金、鑽石等重要珠寶產品的消費均居世界前列，品牌建設碩果累累，首飾設計、加工、製造水準穩步提高。他說，不久的將來，中國必將成為世界矚目的珠寶製造、貿易中心之一。

北京媒體稱，這次珠寶展是歷屆珠寶展中規模最大的一次，在展覽面積、展位及國外參展團數量方面均創下歷史新高。面積 3 萬平方米，展位 1500 個，來自中國、美國、意大利、比利時、韓國、泰國、美國、波蘭、新加坡及中國香港、澳門、台灣等國家和地區的 500 家境內外客商參展。

據中寶協副秘書長史洪岳介紹，專業珠寶市場的廣泛參與是本次珠寶展的一個顯著特點。除了紅橋市場、愛家收藏市場、水貝珠寶交易中心、渭塘國際寶石城、華東珠寶城等珠寶市場將繼續組團參加展會外，2007 年新增了幾大珠寶市場和展團組團參與，鑽匯珠寶採購中心、華林國際珠寶城、官園珠寶市場、天雅珠寶市場均在新增名單之列。參展的珠寶市場突破了地域的界限，來自全國各地。

據瞭解，珠寶特色產業基地如新疆和田、雲南瑞麗、廣東四會、遼寧岫岩等地區的政府或地方行業協會也紛紛組織展團參展，帶來和田白玉、翡翠、岫玉等特色產品。每個市場和基地都佳品雲集，精彩紛呈，各有特色，看點多多。

據介紹，2007 年展會可謂精品薈萃、看點雲集。百年老店老鳳祥、萃華等帶來大師的典藏展品；盧金匠、巴林石、佳麗、東方金鈺等奧運產品指定生產商公司借展會的平台展出奧運產品；緣與美等公司在展會期間舉行新品發佈；拓寶公司帶來極富文化氣息的玉質民族樂器和現場表演；天工獎展示區中展出眾多玉雕大師的嘔血之作；先鋒獎展區內的作品更是體現了中國當代珠寶設計工藝的最高水準。

這樣一場國際珠寶界的盛會，參展人員，尤其是台灣珠寶商都在期盼著"寶石界大姐大"張培莉的出現。

此次珠寶展吸引了 80 多家台灣廠商參加。台灣媒體 11 月 3 日稱，珠寶展一開幕，台灣展區人氣最旺，來自台灣的頂級翡翠，最受大陸買家喜愛，甚至還吸引一位貴客上門採購，她就是溫家寶夫人張培莉。

　　中華民國寶石協會理事長、佳達珠寶有限公司負責人余忠達向台灣媒體透露說，去年（2006 年）珠寶展，溫家寶夫人曾選了兩件珠寶，今年又給溫夫人準備了天價的翡翠。余忠達對台灣 TVBS 電視台說：“溫夫人，她看了非常開心，她看了戒指耳環，非常好的，選了兩件，她手上戴的最少一個要 200 萬人民幣以上。”

　　為了證明自己沒有亂說，這名台商還秀出溫家寶夫人張培莉選購珠寶時的照片。台灣媒體稱，台灣的珠寶商很興奮，接到溫夫人告知今年還要來，特別準備了天價翡翠等著她。余忠達對 TVBS 說：“這個東西都是我們準備，今天給她再選購的，大概是 1500 萬人民幣左右。”

　　台商期待溫家寶夫人能再度光臨。台灣參展團長邱惟鐘表示，溫家寶的太太上次來展會是第三天才來，因前幾天人太多，顯然是不想驚動太多人。

　　台灣媒體說，張培莉能夠慧眼看中頂級翡翠並不意外，因為她本身就是個珠寶行家，不但曾經擔任大陸寶石品質監測中心的負責人，還當過鑽石公司的總裁，除了翡翠，張培莉對於有“台灣國寶”之稱的珊瑚也情有獨鐘。台灣參展團團長邱惟鐘：“他（溫家寶）的家人，有選一些台灣珊瑚作品，喜歡的也沒有現場拿走，事後隨從和他們的人，才來拿走。”

　　而在此次珠寶展上，除了價值連城玉石，10 名台灣設計師更合力設計出這一款名為“台灣之光”的作品，以整塊台灣玉雕出一座 101 大樓，千分之一的比例更見精巧，也成為大陸買家關注的焦點。

　　當天，“溫家寶夫人手戴至少價值 200 萬戒指”的新聞立即佔據港台媒體和海外中文媒體的頭版。隨後，海內外各大網站論壇都轉載了這條消息，並引發眾多網民的強調指責和憤怒抨擊。

　　一天后，台灣參展團團長邱惟鐘的女兒邱藝青在接受香港《明報》採訪時，特地澄清說：“並無此事。”邱藝青表示，張培莉去年不僅是參觀了台灣展廳，還去了其他展廳。對於溫太鉅資買珠寶傳聞，邱藝青稱沒有這麼回事，當時溫太只是到台商展位旁欣賞珠寶，並沒有購買。

　　邱惟鐘後來接受台灣報紙電話訪問時也變得非常低調，說“她（張培莉）是來視察的，她不可能在現場買，現場圍著她在走的人最少有三五十個人，現場不可能會有買東西。”“逛一下、看一下，詢問一下，沒有購買甚麼珊瑚”。邱藝青並稱，直到昨日（11月3日）為止，沒有看到張培莉過來台灣展廳參觀，但她非常歡迎溫夫人能再次光臨。

　　據悉，張培莉任總裁的北京戴夢得珠寶公司 2006 年曾參加珠寶展。但主辦此次展覽的北京中寶協展覽職員表示，戴夢得公司前幾年都有參展，今年卻沒參加，估計是該公司調整了經營策略。

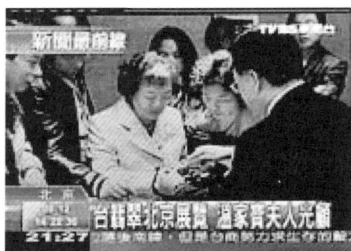

台 TVBS 電視台播出溫家寶太太張倍莉（左）挑選珠寶的照片

　　台灣《中國時報》指出，大陸總理溫家寶努力打造“平民總理”形象可能會被夫人一舉破功。台灣珠寶商在北京透露，溫家寶夫人張培莉愛珠寶個性至今不變，曾向台灣珠寶商買珠寶，一出手就超過台幣一千五百萬元。

大陸媒體常說，"溫總理一身樸實的服裝，一把黑雨傘，一雙黑布鞋，置身於老百姓中間，平易近人，和藹可親"。

張培莉幾年前曾擔任中國珠寶協會副主席、北京"戴夢得"（鑽石中文譯音）公司總裁。據瞭解，溫家寶當上總理後不久就要夫人張培莉辭去與珠寶業有關職務，以避瓜田李下之嫌。在辭去商業職務後，看來地質學家出身的總理夫人仍喜愛頂級珠寶。

最有意思還是台灣珠寶商後來（11月13日）在港台兩地報章刊登"致歉啓事"，稱總理溫家寶夫人張培莉並沒有出席今年的中國國際珠寶展，她更沒有用鉅款購買珠寶。他們稱，對事件令社會各界出現誤解表示遺憾及內疚。

事情真相到底如何？是珠寶商們起始信口開河以自抬身價說了假話？還是後來感受到壓力不得不三緘其口？

有評論稱，溫夫人張培莉對珠寶有著特殊的愛好。她識珠寶，懂珠寶，愛珠寶，收藏珠寶，對珠寶有著特殊的研究，品味高尚，絕對夠得上"一品夫人"級的。她旗下的"戴夢得"，是中國大陸赫赫有名的珠寶公司。溫夫人還從源頭上下手，一舉壟斷了全國所有品位最高的珠寶富礦。別的珠寶商根本無法和她競爭。被中國珠寶界視爲地位崇高的　"珠寶女王"。

那麼，"溫家寶夫人張培莉的貴重珠寶到底有多少？"這是網友提出的質問。還有網友說，總理夫人一出手就是200萬，與其家庭完全不符，然而至今溫家卻對這條新聞保持沉默不予表態，令人失望至極。

作者史蓋曾在一篇揭露《溫家寶的虛僞》文章中指出：家資巨富，出任總理，本來也不是問題。但是偏偏這個溫家寶喜歡作秀，僞裝簡樸，而且僞裝得非常變態。

2004 年到河南視察工作的時候，就讓工作人員提著一雙開了口的 "雙星牌" 旅遊鞋，大搖大擺地到鞋攤去修補。好事的記者們自然是大寫一筆，將他穿破鞋和毛澤東當年打過補丁的睡衣相提並論。

文章稱，時隔兩年，2006 年 7 月 15 日，他再次到河南考察，在河南省委書記，河南省長和上百人的簇擁之下，到了河南孟津縣送莊鎮。中午時分，他的工作人員又提著這雙旅遊鞋，眾目睽睽之下拿去修補。河南省眾多中共官員看在眼裏，不禁暗中對總理這一套偽裝水準十分佩服。只是在場的若干記者大發 "人來瘋"，抓住這個機會，大大寫了幾篇馬屁文章。

被指是張培莉所挑選的一對耳環

文章最後稱，但是真正知道實情的人，知道溫家輕輕一撈就是幾十億的高層人物，對於他這種作秀，唬弄年輕人和老百姓的做法，十分反感，甚至內心作嘔。

兒子是 "隱形大亨"，李澤楷是生意夥伴

與性格張揚，喜歡拋頭露面的母親張培莉相比，溫家寶的兒子溫雲松（Winston Wen）卻過於低調，低調得像百度等搜索引擎網站都把 "溫雲松" 三個名設為關鍵字給 "封殺" 了，2000 年以後，官方媒體根本就沒有提到過溫雲松的名字。

不過，有關溫家寶之子的傳言和爭議性報導在網上卻流傳廣泛，尤其是海外，只要在 Google 鍵入溫雲松的名字，至少有兩三

萬條結果。

　　網上資訊顯示，溫雲松曾留學於美國西北大學，歸國後欲求職於摩根士丹利但因身分敏感被拒，原因是外商擔心太子黨難駕馭。2000 年，溫雲松自行在北京創業，設立為銀行、證券公司提供網絡建設的優創科技有限公司（Unihub Global Network，簡稱Unihub），與國際知名廠商戴爾、北電和思科均有合作關係，並同時在深圳、上海和武漢設分公司。李澤楷的電訊盈科也投資該公司，持股達七成以上，成為 Unihub 的母公司。

　　一位海歸知情者曾向作者講過這樣一個故事：他的一位同學曾在 1999 年網絡最火時，找到一份 IT 工作，離開所留學的大學到華盛頓 DC。後來返回學校時問同學：你知道我到華盛頓是給誰打工麼？是給溫家寶的兒子溫雲松。

　　三年後，這位知情者海歸上海後，參加了一次同學聚會。其中，另一位在深圳工作的同學興奮地問大家：你們知道我在給誰打工麼？我在給總理的兒子溫雲松打工。隨後，就大談特談了一番溫雲松的"優創"公司。

　　從這個段子中可以看清這樣一個脈絡：溫雲松自留學美國後，就開始搞起了自己的 IT 公司。這在當時的美國是比較時髦的，最早的數家中文網站都是留學生們搞起來的。據知情者透露，比如說，當時海外最火的文學城網站，其創辦人就是一個留學生，當時此人也在華盛頓 DC，後來因各種變故，文學城"換"了主人，這位創辦人不得不海歸了。

　　但溫雲松海歸後，卻要比同期海歸者更有"作為"。據說，當時為了隱瞞身份，溫雲松便改名叫"陳松"，並以這個化名出現在公開場合，但圈中人都知道他是溫家寶公子，是位"隱形大亨"。

　　七十年代初出生的溫雲松，在美國留學後於九十年代末返回中國，就開始著手創辦自己的 IT 公司。香港媒體曾報導說，溫雲松於 1999 年創建 "優創" 公司。不過，該公司公佈的簡介顯示：Unihub "優創" 中國成立於 2000 年，致力於為證券、保險、銀行及電信等行業用戶和跨地區運營企業，提供包括網絡基礎服務、IT 基礎架構構建、企業應用集成及行業應用軟體（包括綜合銀行系統、投資管理系統、經紀人系統、壽險及財險核心系統、CRM 系統、客服系統及代理人客服系統）等全方位一體化服務。

簡介還稱：經過多年的精耕細作，Unihub "優創" 中國已獲得金融及電信行業客戶的廣泛認可，在中國市場上擁有一大批極具影響力的行業及企業客戶群體。在長期的業務實踐中，積累了豐富的網絡建設、系統集成服務經驗，並逐步形成了對證券、銀行、保險、電信等行業發展趨勢及應用需求的敏銳洞察，培養並鍛造了一支通曉行業業務的專家顧問團隊及專業技術服務隊伍。

曾有傳聞稱，Unihub 成立之初一直虧損，直到幾年後李嘉誠之子李澤楷注資，才發展壯大。另一種說法是，據香港傳媒披露，"小小超" 李澤楷早在 1999 年就認識了溫公子，便入股溫雲松創立的 Unihub，初期占 51% 股權，隨後又增至持股 76.4%，可能違反了中國關於合資公司之中外資不得超過五成股權的規定。

儘管這些法都未得到證實，但自 Unihub 成立以後，中國 IT 媒體對其進行了不少報導和介紹。雖然報導中都沒有提到溫雲松的名字，可一家初創的小公司能吸引媒體的關注，甚至 "吹捧"，當然與溫公子的後台背景有密切關係。

我們一起看看中國媒體對這家初創公司的初創階段是如何報導的。

2001 年 8 月 29 日，Chinabyte 以《攜手 Unihub，招商銀行加速發展網上銀行》為題報導說：日前，國內首家開展線上金融服務的商業銀行招商銀行，與提供專業化電信增值服務的網絡服務供應商（NSP）Unihub 公司簽署合作協定，正式採用 Unihub 的專業電信增值服務。

Unihub 將利用其在網絡資源、技術、服務等方面的多重優勢，為招商銀行提供包括主機託管在內的一系列增值服務，協助招商銀

溫雲松

行進一步拓展服務範圍、提高服務品質。雙方此次合作的成功，標誌著 Unihub 的專業級網絡服務正式被銀行業認可，將進一步鞏固 Unihub 在金融業網絡服務領域的領先地位。

Unihub 公司首席運營官陳杭先生認為："伴隨著電子商務的不斷延伸，與網絡接軌已經成為銀行業的發展方向。在未來幾年內，最具生命力和前途的將是網絡銀行。對於 Unihub 來說，銀行業蘊藏著巨大的商機。此次與招商銀行合作，只是一個開始。Unihub 將以此為契機，憑藉在技術、硬體等方面的多重優勢，為銀行業提供更加完善的服務。"

報導還說，作為專業的網絡服務商，Unihub 自 2000 年以來，

在金融證券行業取得了極大成功，截止到目前為止，已擁有包括海通證券、三峽證券、飛虎公司、長城證券、南方證券、平安保險 PA18 網等在內的多家金融證券業客戶。此次與招商銀行簽約，標誌著 Unihub 正式向銀行業進軍，同時也標誌著 Unihub 的業務範圍進一步拓展，服務能力也不斷完善成熟。隨著技術的不斷完善，科技含量和科技手段已經成為把傳統銀行向電子銀行推進的"發動機"。憑藉自身雄厚的 IDC 設施資源，以及將先進的技術轉化為成功服務的能力，Unihub 此次進軍銀行業，必將取得巨大的成功。

溫雲松的優創公司是業界"老大"

《電腦世界報》則在 2002 年 5 月 30 日發表文章稱，"Unihub 欲後來居上"：提起 Unihub 公司，業界的第一反應是：證券行業網絡服務的"老大"！的確，Unihub 在證券行業算是站住了腳、紮了根，尤其是在華南地區，Unihub 深圳分公司總經理鄧航說："深圳的券商都讓我們做盡了。"Unihub 認為，具備了深刻的行業影響力，"後面的事就好說了"，開展呼叫中心業務也是水到渠成。

據鄧航分析，Unihub 有兩大優勢：第一，Unihub 擁有全國佈點的網絡結構。Unihub 從進入網絡服務市場開始，就構建了一個全國性的網絡體系，從基礎 IDC 服務到視頻會議、CDN、呼叫中心等運營服務，都是基於其多節點的全國網絡。從今年第二季度開始，Unihub 網絡的節點將在原來的北京、上海、武漢、深圳等 4 個城市的基礎上新增昆山、杭州、合肥、東莞、廣州、長沙和瀋陽等 7 個城市。這種結構正好與券商的全國多營業部的經營模式相吻合，這是區域性集成商和服務商所難以達到的。

　　Unihub 的第二個優勢就是與電信盈科的聯手。電信盈科呼叫中心運營歷史較長，經驗豐富，在服務品質評估中，獲得了香港地區的金牌榮譽，並在亞太區排名第一。因此，在電信盈科的指導之下，Unihub 將直接將其成功的管理經驗應用到自己的呼叫中心業務中。

　　新浪科技 2003 年 1 月 15 日稱，"Unihub '短信服務平台' 引來三大行業垂青"：日前，記者從國內著名的專業化綜合網絡運營服務商 Unihub 公司獲悉，該公司最新開發的 "移動客戶服務平台" 新品，自 2002 年 11 月面世以來，短短一個月內，即已獲得市場的高度認可。尤其其核心子產品之一 "Unihub 短信服務平台"，一經誕生就已連中三元，先後被民生銀行、泰康人壽、漢唐證券三家公司選用，標誌著 "Unihub 短信服務平台" 在金融、證劵、保險三大行業全面開花。同時，這也表明 Unihub "移動客戶服務平台" 新產品，很好地契合了金融行業用戶的需求，是金融類服務企業在應對新一輪市場競爭中，拓展客戶服務深度與廣度、提升客戶服務價值的首選產品。

　　新浪科技稱，"Unihub 短信服務平台" 是 "Unihub 移動客戶服務平台" 的重要組成部分之一，主要面向金融、證劵、航空、旅遊、汽車服務/救援/租賃、物流等領域的移動商務應用而開發，旨在幫助那些業務覆蓋全國範圍、移動客戶數量大的企業用戶，建立起客戶溝通的新通道，最終幫助企業建立個性化的服務，提升競爭力。"Unihub 短信服務平台" 可為企業提供一個唯一的短信服務號碼，一點接入、多點傳送。所有資訊基於中國移動全網發送，凡是中國移動夢網覆蓋到的地區，均可享受到 Unihub 提供的高效、便捷、安全的企業級應用短信服務。

优创
UniHub

創優

　　Unihub 公司首席運營官陳杭表示：

　　"國內保險、證券、金融等行業面臨著巨大的競爭壓力。最大限度提升服務的價值和利潤空間，成為企業制勝的法寶。'Unihub 短信服務平台'作為 Unihub 整合傳統 IT 技術及電信增值服務的重要成果之一，正是致力於協助企業在急劇變化的市場中建立競爭優勢。"

　　短短的三年多時間，Unihub 就一舉變成中國 IT 界知名服務商，但令業界刮目相看的並不是其業績，而是其創辦人溫雲松的越來越"了不起"的背景和合作者。香港《壹週刊》披露，2003 年 3 月在溫家寶出任國務院總理後，溫公子與香港首富李嘉誠次子李澤楷合作，其 Unihub 獲李注資，占股權百分之五十一，後來更增加到七成。而此時溫雲松的公司已大舉發展，取得華廈銀行、平安保險、中信證券、上海證交所、南方證券及招商銀行等全國性金融公司作客戶，中國總理的公子和香港首富公子的合作是最顯赫的權錢結合。

　　2003 年 9 月，Unihub 宣佈，公司名稱變更為"優創科技（中國）有限公司"（Unihub Global Services China Limited，簡稱 Unihub "優創"）。Unihub "優創"新品牌寓意結合優秀精英，共同與客戶實現業務創新，定位于"融合電信與 IT 技術的服務商（IT&T）"，在保持原有的網絡集成等服務的基礎上，將服務領域進一步拓展至開發與生產企業應用集成及行業應用軟體、運維管理等領域，而主要服務對象仍專注在證券、保險、銀行及電信四個行業的用戶及跨地區運營企業。

同時，Unihub "優創"亦正式成為電訊盈科集團下屬的 IT 服務品牌，下設中國和香港兩個團隊，擁有 2000 多名電信與 IT 專才，將充分運用電訊盈科所提供的世界級技術及大型項目經驗，在豐富產品線的同時，大幅提升服務能力和服務的縱深度，最終實現 "成為亞洲行業市場上最具影響力的 IT&T 服務領導企業" 的業務目標。

當時，IDC 預測稱，到 2006 年，中國 IT 服務市場規模可望超過 101 億美元，2002 年—2006 年的年複合增長率為 23%。中國的 IT 服務市場一枝獨秀。因此，一些有遠見和實力的企業紛紛進入這一市場。

但最有遠見的，當屬當今的中國宰相溫家寶之子溫雲松，他在正確的時間（父親擔任副總理）創建了優創，又 "找" 到正確的合作者（香港首富之子），最後又選好正確的時機（父親出任總理）讓優創迅速發展壯大，現在已成為中國 IT 服務界的龍頭老大。

幾年前，對於與溫雲松的合作關係傳聞，李澤楷都沒有正面回應過，只證實電盈在 Unihub 中持股逾七成，其餘為區域性投資者。不過他強調說，電盈在中國的投資完全符合中國的規定。而且，Unihub 將與中國電信合組公司，將會 "如虎添翼"。

平安保險大股東鄭建源就是溫雲松？

2004 年 6 月 24 日，平安保險在香港上市。隨後，不少重磅新聞接踵而來。其中，誰是平安保險的第五大股東和第七大股東鄭建源，最受關注。

在《新財富》雜誌"2003 內地富豪排行榜"中，鄭建源因為控制著源信行投資有限公司和寶華集團（這兩公司分列平安保險第五和第七大股東），鄭的身價被估為 33 億人民幣，排在第三位。

平安保險上市當讓鄭建源身價倍增。上市後，源信行和寶華集團控制平安保險的股份為 7.13 億股，約占總股本的 11%。如果這兩公司還是為鄭建源所控制的話，那麼按照每股 10.33 港元的發行價計算，鄭建源的財富僅因平安保險就應達 73.6 億港幣。

然而，7 月 1 日《21 世紀經濟報導》發表該報記者邱偉的文章披露，鄭建源只不過是一個"傀儡"，徒有富豪之名，並無富豪之實。幕後操縱者另有其人。

那麼，鄭建源又是何方神聖呢？在平安，許多人似乎都比較熟悉這個名字，一致的說法是，"鄭裕彤的代表"。邱偉指出，事實上，鄭建源和鄭裕彤兩人確有關係。工商登記資料顯示，鄭建源於 1994 年 8 月——1997 年 5 月曾在鄭裕彤的新世界（中國）公司任經理。另據一位和鄭建源在新世界共事多年的陳姓同事透露，鄭建源神秘富翁的身份是一個誤會。實際上，寶華公司的性質是海外華人富豪以公司型基金的形式管理在內地的個人投資項目，鄭建源是投資基金管理人，作為自然人由投資者委託而持有股份。

甚至還有一種說法認為，鄭裕彤也不是鄭建源的最終控制人，鄭裕彤頂多是個"抬轎者"。那麼，最終的控制人到底是誰呢？根據來自多方管道的消息，對最終掌控者的描述是：30 來歲，常住北京，在美國留學歸來後在北京創立了一家公司，一直從事 IT 方面的工作，曾經幫助平安保險以及一些全國性的商業銀行、證券公司從事 IT 項目的建設與諮詢。

就在《二十一世紀經濟導報》披露鄭建源"只是一個傀儡富豪"後，2004 年 7 月，北京官場便盛傳溫家寶患病住院，而他的病是被兒子溫雲松收受"平安保險"大筆賄款的醜聞氣出來的。知情者說，此事對溫家寶是一生最大的打擊。

當時人民網、新華網、新浪網、搜狐網等主要網站都轉載了《二十一世紀經濟導報》的報導，但由於事情涉及到溫家寶的兒子，立即令"官方"強烈不滿，幾個小時後所有網站全都撤下了這篇文章。

不過，在《21世紀經濟報導》暗示鄭建源真正的幕後控制者就是溫家寶之子溫雲松後，美國《紐約時報》又根據香港媒體消息指出，在溫雲松獲得該股份後不久，平安保險即獲准到香港上市。

《紐約時報》稱，長期以來，胡錦濤和溫家寶一直被中共黨內元老和那些具有改革意識的官員看好，他們希望看到至少有溫和的政治開放，他們也一直維護官方的廉潔聲譽。不過，最近溫家寶已經看到自己的影響力正在減弱，儘管他已經對限制投資和解決腐敗問題展開一場強硬攻勢。

幾名北京官員對《紐約時報》說，《二十一世紀經濟導報》在7月初發表的一篇調查報告讓溫家寶的形象受損。這家有影響力的報紙暗示，溫家寶總理的在美國接受過教育的兒子溫雲松，在平安保險公司今年初在香港上市之前，就已控制了該公司的大量股權。《紐約時報》稱，該報並未點出溫家寶兒子的名字，但所提供的資訊則暗示溫雲松就是幕後控制平安保險公司的經營者。目前這家上市公司市值達10億美元。

不過，隨後香港《明報》發表一篇有關溫家寶的"內幕"消息，題目是《改革招怨溫家寶流言屢傳》。報導說："有傳媒指香港人士鄭建源是溫家寶之子溫雲松的化身，擁有平安保險公司的巨額股份，後來證實鄭建源與溫雲松根本是毫無關聯的兩個人，謠言純屬張冠李戴。7月5日，香港一份知名新聞週刊報導大連實德集團總裁徐明的消息,並在封面刊登照片,稱徐是'溫家寶總理女婿'。據查,這是一則一年多前已被澄清的傳聞。"

報導還說:鄭建源真正的幕後老闆就是鄭裕彤,鄭建源為香港寶華投資的董事長,本人是大陸移民,也一直是鄭裕彤的親信與代理,與溫雲松無關。報導表示,許多傳言均系有心人所編造。平安保險董事長馬明哲為此接受各大媒體訪問,澄清公司與中國領導人之間的關係。

當時,還有評論認為,《二十一世紀經濟導報》的文章能夠出籠,可能涉及中共高層權力鬥爭,在溫家寶宏觀調控政策下,上海

馬明哲

經濟受到打擊,上海幫拋此材料以對付溫家寶。平安保險獲溫家寶特批上市,令人懷疑是否有溫大公子從中疏通。

也有文章指出,自 2001 年,中國新聞界人士就曾披露,《《二

十一世紀經濟報導》以及其所屬的南方報業集團與首富馬明哲的平安公司同在廣東省境內。兩者關係曾因為 1100 萬廣告收買記者稿件而一度交情甚歡。廣東省委宣傳部長亦與平安保險公司高層人員禮尚往來，交情密切。因此，大凡有關首富馬明哲和平安保險公司的負面新聞，都能夠被及時地"隔離"。

而 7 月 1 日《二十一世紀經濟報導》居然公開披露首富馬明哲 73.6 億港幣股份腐敗交易，難免讓人摸不著頭腦。而有分析人士認為，不排除首富馬明哲主動要求《21 世紀經濟報導》刊登此內幕之可能。在反腐敗風聲日益趨緊，自己的腐敗醜聞不斷被海外媒體曝光，尤其是在香港上市後，更多來自資訊透明的壓力，首富馬明哲此時將與溫家寶家族交易的內幕公佈於眾，頗有當年遠華案主犯賴昌星的風格。當年，賴昌星在加拿大將其與中央高層官員的內幕主動披露，並透過海外民運人士盛雪出書，以換取不被加拿大引渡回中國。

但也有海外分析人士指出，7 月 5 日，《二十一世紀經濟報導》又用頭版頭條刊載溫總理三道批示，五部委再查商業地產的報導。並在第 20 頁的下半頁，刊出半版的中國平安保險公司的廣告。為什麼有這種前倨後恭的表現？分析人士認為，如果《二十一世紀經濟報導》的文章有針對性，沒有高層撐腰，是不可能刊出來的，尤其現在都是利益集團之間，拿經濟上的問題來互相敲打。

但無論如何，此次溫家寶將切身"享受"被首富馬明哲出賣的"乳酪"。也許溫家寶此次所將付出的政治代價，遠非 73.6 億港幣股份所可以衡量的了。

當時海外媒體披露稱，胡錦濤已經把馬明哲案的材料轉給溫家寶辦公室。7 月份中央政治局擴大會上，又有常委把網上有關馬明哲的報導列印大量散發。而曾慶紅、吳官正、羅幹、黃菊、回良玉，上海市委書記陳良宇等人也拿馬明哲的事提出質問。

報導又說，深圳當局接到中央通知 24 小時監控馬明哲，而溫家方面已經安排調查《二十一世紀經濟導報》刊出那篇文章的背景。南方報業集團與上海富豪郭廣昌有關，可能想通過《二十一世紀經濟導報》向溫家寶施壓力，也可能上海幫藉馬明哲案報復被揭發的上海首富周正毅案。

馬明哲與溫氏家族有何"業務"關係？

中國從來都是一個"富豪"頻出的國度，尤其是過去 20 多年，誕生了層出不窮的致富奇跡。馬明哲就是中國金融業在改革開放時勢下造就的一個披著"神話"色彩的"富豪"。

這個被美國《財富》雜誌稱作爲"原司機"的"富豪"，一直備受爭議。但無論如何，掌控著高達 1500 億國有資產的富豪，堪稱中國首富。

2003 年年底，在溫家寶總理即將訪問美國之際，海外媒體披露出中國首富馬明哲吹噓自己與溫家寶家族的交易。包括，馬明哲曾經給溫家大公子溫雲松的公司上億的生意，給溫家的大公主溫如春在上海買了棟別墅，免費給溫總理夫人張培莉的公司辦公場所等。

此時，馬明哲將如此重要的"國家機密"披露出來，海內外輿論一片譁然。這不僅給一向以民主、親民、溫和與廉潔的溫家寶總理抹了黑，也讓海內外輿論對中國未來的政治和經濟改革產生了疑慮。

在國內金融界，馬明哲一直以"中國首富"自居。據《新財富》2003 年初的統計資料顯示，馬明哲的個人財富高達 100 億人民幣以上。而其掌控的平安集團，資產則高達 1500 億。

關於馬明哲如何"發跡"的各種傳聞，在海內外也是日益流傳。尤其是關於馬明哲"結交"政府權貴，更是海內外關注的焦點。

根據《21 世紀經濟報導》的報導，2002 年年底，香港的滙豐控股參股平安公司時，給出的價格是每股 20 元港幣。如此計算，馬明哲實際持有的平安公司股份價值達 100 億人民幣以上。而《財富》最新的中國首富排行榜中，首富丁磊的資產最高也不過 91 億。

如此算來，馬明哲堪稱中國首富，當之無愧。雖然馬明哲在公開的報導中，極其"謙虛"的掩飾自己的真實資產。聲稱，新豪時公司和江南實業公司都是平安公司的員工持股。但根據《今日東方》2003 年 8 月份的報導，這些股份的絕大部分都合法或者以某種曲折的手段，被馬明哲所控制和擁有。

《人民日報》對馬明哲作了介紹，"馬明哲在保險圈內是一個傳奇人物。貨幣銀行學博士，歷經 12 年，從無到有領導建立了一個保險公司並將其發展成為全國第二大壽險公司，有無數精彩的商海故事，還是亞洲惟一的出任美國中央高科技保險公司的獨立董事。但據說馬明哲極少接受記者採訪，使他越發有一種神秘色彩。"

而美國《財富》雜誌最新的一期報導稱，"一位原司機掌握著方向盤，帶領平安沖向頂峰（With a former chauffeur at the wheel，Ping An is racing to the top）"。

中國保險監督管理委員會一位不願透露姓名的官員私下說，馬明哲早年曾供職於廣東湛江八甲水電廠和廣東湛江，後於八十年代初調到深圳蛇口工業區，擔任原蛇口工業區總經理袁庚的司機。八十年代中期，袁庚安排其參與到深圳蛇口社會保險公司和平安公司的組建工作。

在公司發展壯大之後，馬明哲極力包裝自己。原本只有初中學歷的馬明哲，通過"自學成才"，先後獲得了中南財經大學的碩士和博士學位。並擔任了中國北京大學保險系的專家指導成員和天津南開大學的兼職博士生導師。

而北京大學和南開大學的研究生辦公室有關負責人員在接受媒體採訪時稱，兩所學校都沒有馬明哲這個教授或者博士生導師。而在北京大學和南開大學的招生簡章上，也沒有能夠找到馬明哲的名字。

商業上的成功，並不一定就需要學術上的成功。而對於一個初中畢業"自學成才"的首富而言，政治上的地位才是真正需要努力的方向。與其他的中國富豪一樣，馬明哲擔任了廣東省的政協常委，並于 2002 年底，出任了中國政治協商會議的全國委員。有意思的是，馬明哲出任全國政協委員，並不是作為金融保險業的代表，而是作為中國民營企業家的代表當選。

而 2003 年 8 月，深圳市市委常委會議宣佈免去馬明哲的平安集團公司總經理職務。又顯示馬明哲是一個歸深圳市政府管理的共產黨幹部。究竟中國首富馬明哲是民營企業家，還是深圳市政府可以直接任免的共產黨幹部？至今也無法找到官方的答案。

後來，網上流傳一篇署名平安集團公司員工幹部代表的信。信中披露，馬明哲聲稱自己和溫家寶總理的夫人、兒女都保持了良好的關係和"生意"往來。

根據公開的報導，溫家寶總理確實有一兒一女。女兒名字叫溫如春。但平安集團員工幹部代表公開信反映的情況，說馬明哲吹噓溫家寶總理的女兒叫溫小萌。就此，一位曾經任職於中國國務院的退休幹部在接受媒體採訪時說，溫總理的女兒大名確實叫溫如春，但在溫家，都親切地稱之為"萌萌"。小萌是她的小名，只有非常熟悉溫家的人才可能知道。

　　而上海湯臣別墅的資料顯示，“湯臣高爾夫別墅是上海成熟的別墅區。希望集團劉永行在此擁有一套 3000 萬元人民幣的別墅，震旦集團、方正集團、平安保險公司等董事長級別的高層許多人都住在湯臣。”湯臣別墅區的一位銷售小姐曾不無自豪地表示，幾乎全中國的頂極富豪，都選擇了在此居住。這裏居住的人，非權即貴。

　　溫家寶的女兒是否如馬明哲吹噓的，住在此地，媒體並未得到任何證實。但馬明哲在此擁有價值上千萬的別墅卻得到了確認。一位深圳市政府管理的共產黨幹部居住在如此奢華的別墅裏，讓人們真實地感受到中國與國際接軌的趨勢。

　　此外，馬明哲在公司內外都吹噓，溫夫人能壟斷中國的珠寶行業，還多虧了他幫忙。有評論稱，張培莉發跡之前的確如此，“很勤儉”。“戴夢得”公司成立的時候在北京沒有辦公室。馬明哲把北京平安大廈的一層樓免費送給溫夫人的公司用。還送了一輛紅色的寶馬跑車給溫夫人當坐駕。溫夫人對他感激不盡。

　　溫夫人只要到深圳，肯定會到馬家做客。馬明哲自己住深圳銀湖金碧苑 17 號別墅，因為溫夫人喜歡，就又在旁邊買了一棟。溫夫人每次到深圳，都住在那裏。根本不去深圳市政府的招待所麒麟山莊，也不去五洲大酒店。

　　海外媒體稱，溫家寶的兒子溫雲松從美國回來後，成立了一家很不起眼的 IT 公司 Unihub（優創科技）。馬明哲事件後，傳溫雲松已退出寶華集團，但生意仍做得紅紅火火。

“溫如春夫婦異域打拼，自食其力” ？

　　幾年前，網上流傳一篇“海龜網友談溫總理女兒溫如春”的網文，稱溫女“沒有高幹子女的驕奢之氣”，這也是在溫家寶當上總理後網上對其女兒"最詳細"的介紹。在此前後，有關溫如春的傳聞也不少。

我們先來看看這篇海歸網友是怎樣介紹的這位溫公主的：

那還是 1997 年秋天的時候，我剛來到美國，在東部的這所大學做研究。我租的公寓離學校大約有 2 mile 左右，平常就坐校車去學校，可週末要去學校或去買菜什麼的，卻十分不方便。於是有了要先買一輛自行車的念頭。恰好這時中國學生網上有一個叫 Lily 的人說她有一輛自行車要賣。通過電話聯繫，發現她就住在我們這公寓裏，於是決定去看車。

在一個週六的下午，我敲開了 Lily 的 apartment 的門。來開門的是一個二十多歲的中國女孩。我說"是 Lily 嗎？"。她就喊"Lily，有人找！"。原來她是 Lily 的朋友。馬上從里間出來另外一個女孩，這就是 Lily 了。她大約也是二十多歲，一米六五左右，清秀的身材，很有氣質。她引著我去看躺在牆角的自行車。這是一輛山地車，大約六七成新，也沒有什麼破損。她的要價是三十塊，可我只想出十塊，然後她把要價降到二十五，並說連帶著那個鏈子鎖也歸我。看我還不想買，她說："十塊你先拿去騎吧！"算是租給我。我還是很猶豫，於是說我再考慮考慮。在交談過程中，從里間出來一位美國女孩。Lily 說是她的室友，她與美國女孩一起租的這一套兩室一廳的公寓。

那時我對買自行車十分猶豫。首先我想儘快買一輛汽車，自行車可能就用不了多長時間。最重要的，是覺得自行車不安全。就在我想買自行車的那會兒，加州就有一個新來的中國學生在騎自行車時被汽車撞死了。這兒不像在中國，到處是自行車道。在這兒騎車，很多時候就是騎在汽車道上，既要看著前面，又要想著後面，還要讓開車的人容易看見你。尤其是在天黑之後，更是危險。所以最後還是沒有買 Lily 的自行車，而是很快買了一輛汽車。

後來在與朋友談起買自行車的事來時，朋友說 Lily 是他的同學，真名叫溫如春，就是時任國務院副總理，現在國務院總理溫家寶的女兒。那時她是在那所大學念 MBA。當時這給我極大的震撼。因為她是溫家寶的女兒，因為從她身上看不到許多高幹子女的驕奢之氣，因為她還騎自行車，因為她還賣舊自行車。

後來就再也沒有見過 Lily。到第二年夏天時，朋友說 Lily 剛剛畢業且找到了工作，已經搬走了。

網上有關溫家寶女兒溫如春的介紹的確很少，甚至都無法查到她上學時所在的學校。據《溫家寶》一書稱，溫如春曾就讀于南京國際關係學院，其一位校友說她埋頭學習，平等待人，沒有高幹子弟的驕氣。

據說，溫如春留學畢業就回國了。香港媒體曾在 2005 年 9 月 3 日報導稱：擬於下月在港上市的中國建設銀行，將會委任瑞士信貸第一波士頓爲其中一家上市主承銷商，其他承銷團則包括摩根士丹利、大摩與建銀投資合組的中國國際金融。該報並引述知情人士透露，第一波士頓得以躋身其中，國務院總理溫家寶女兒溫如春發揮了積極作用。

該報又引述消息說，溫如春是在 2005 年 3 月才正式以 "顧問"身分與第一波士頓合作，但已改善該行在開拓中國業務上寸進的局面。由於她的身分敏感，故雙方選擇以顧問形式合作。

消息又指溫如春與第一波士頓合作的時間，剛好與花旗放棄建行生意的時間相若，結果助第一波士頓成功突圍。而第一波士頓爲爭取承銷商生意，也準備斥資五億美元入股建行。

　　一天后，中新社特別發稿澄清，稱此間可靠消息人士證實，上述報導純屬謠言，溫女士現在北京家中，她從未以"顧問"身分或以其他任何身分參與瑞士信貸第一波士頓的工作，也從未參與中國建設銀行在香港上市的相關事務。

　　香港《明報》曾在一篇介紹溫家寶和其家族的文章中稱，溫家寶出身平民，勤政親民，他為人謙和，而對子女要求一向甚嚴。溫家寶的女兒叫溫如春，在美國求學多年，讀書用功，為人刻苦而十分低調。她在 2001 年結婚，丈夫是一名留美多年的中國學生，兩人均已獲碩士學位。溫家寶的女婿曾是哈佛大學工商學院 2001 年度貝克學者獎（ Baker Scholar）唯一的華人得主。

　　文章還說，"溫如春夫婦倆在異域苦讀、打拼，自食其力，頗得友人欽佩。他們夫妻恩愛，並已有了孩子。"對於早前傳說的溫如春嫁給房地產大亨徐明的報導，文章稱，"徐明是遼寧的民營企業家，據說是內地最年輕的億萬富翁。他麾下的大連實德足球隊在中國足壇名頭甚響。今年 33 歲的徐明早有家室，太太姓張，出身農家，他們有一個孩子，今年已 7 歲。"

　　《溫家寶》一書也提到，溫如春已經和一位和自己一樣是留學生的普通人結婚了。她的丈夫不是一些八卦媒體所說的徐明。

　　對於"溫如春夫婦異域打拼，自食其力"的說法，不少網友持懷疑態度。有評論指出，即使有關溫家的傳聞再不真實，但溫如春的母親張培莉是中國的"珠寶第一人"這個事實是有目共睹的，母親通過買賣和鑒定珠寶賺錢無數，身價連城，怎麼能讓自己的寶貝女兒在異域打拼遭洋罪呢？

　　再說，哥哥溫雲松早已成為中國 IT 界的大亨，而且也在美國生活過，他怎麼能看著自己的妹妹靠著給人打工的年薪來持續生活呢？還有網友指出，說溫如春夫婦在美國"自食其力"的人根本就不瞭解實情，看看那些出來留學或移民到美國的幹部子弟，不用說是高幹，父母是個廳局級的幹部，他們的子女都不用打工，更別說那些高幹，那些貪官子弟了。

溫如春（左）和母親張倍莉（中）

至於有消息稱，溫如春和先生一直生活在美國，現在也令人生疑，因爲"奔走"在美中兩國間的高幹子弟也爲數不少。據知情者透露，這些人平時在美國居住生活，但在中國都有公司，都有幫手，當有了大項目和大賣買時，就會立即飛回中國，利用家族關係把生意搞定後，就再回美國。這些人都是在中國賺大錢，然後到國外享受。

2009 年 6 月 11 日，北京交通網發佈公告稱：軌道交通亦莊線國產 CBTC 示範工程信號系統採購合同簽訂。

公告指出：在市科委支援下，市交通委積極組織開展"北京軌道交通信號系統核心技術研發與工程示範"專項工程，在現有基於通信的列車控制系統(CBTC)研究成果基礎上，集成出一套完整的國產的、代表世界先進水準的軌道信號系統，並在亦莊線上示範應用，力爭形成一個高附加值的高新技術產業鏈。目前，國產信號系統亦莊線示範工程已取得階段性成果，完成了亦莊線國產信號系統合同的招投標工作，2009 年 6 月 10 日，"北京軌道交通亦莊線國產 CBTC 示範工程信號系統"採購合同簽訂，市軌道交通建設管理公司分別與示範工程信號系統總承單位卡斯柯信號公司、第三方安全評估承擔方勞氏公司簽訂了合同，卡斯柯信號公司與示範工程信號核心技術和裝備承擔單位北京交通大學簽訂了合同。

隨後，網上有傳聞稱，"溫家寶女兒溫如春北京地鐵項目發大財"。消息引述知情人的話說，溫家寶女兒溫如春是總老闆，她同學任負責人；而且，技術都是由法國引進的，包裝成自主創新。

傳聞畢竟是傳聞，沒有當事人或官方部門的澄清，這樣的傳聞還會有很多，就像有關溫家的傳聞一直不斷那樣。

致溫家寶的公開信，為什麼沒有回應？

自溫家寶當上總理上，尤其是在平安保險上市後，坊間和網絡出現不少傳聞和數份公開信，都是"揭露"溫太子溫雲松及溫家"醜聞"的。儘管不能排除這是政治對手攻擊溫家寶的可能，也有香港媒體稱，這與溫家寶擔任總理以來大膽推行新政、落力推進宏觀調控、嚴查腐敗高官，因而不可避免地觸及一些人的既得利益有關。

但無風不起浪，溫家與馬明哲到底有何關係，為什麼官方或溫家沒有公開澄清？為什麼溫家寶沒有像胡錦濤那樣公開否認自己女兒在美國留學？

　　此外，平時無論在記者會上碰到哪種棘手難題都從不迴避的溫家寶，爲何在溫家傳出如此之大醜聞後，卻隻字不提，卻一再沉默？難道溫家真的跟馬明哲有著千絲萬縷的利益關係？

　　因爲溫家寶和溫家沒有做出任何回應，因爲民眾沒有知情權，所以我們無法得知內情，無法確認這些公開指責的真實性，只好把幾封公開信收錄本書，相信讀者自會辨別：

附錄一、平安保險公司員工幹部代表給溫家寶的信

尊敬的溫家寶總理：

　　我們給您寫信，反映平安保險公司董事長馬明哲的腐敗問題。馬明哲經常在公司內部和社會上講，說他是您的人，有甚麼事情您都會保護他，因為他給您的家人和部下給了很多好處。我們都相信，馬明哲是在利用您，來保護他自己的腐敗行為。在此，我們向您和中央如實反映馬明哲的腐敗問題，請您和中央能夠嚴肅處理。

　　1、馬明哲說曾給溫總理兒子溫雲松巨大的商業利益。

　　馬明哲在公司內部會議上講：溫總理的兒子溫雲松，當年從美國讀書畢業後，到香港的摩根（Morgan Stanley）公司找工作。摩根公司在平安有股份，摩根派的董事和他是好朋友。但當時，摩根沒有錄取溫總理的兒子。後來，他知道這個消息後，說，他給摩根打個招呼就好了。可惜知道的太晚，於是，他就個人借錢，並安排溫雲松去開公司。成立了一家公司叫優創（Unihub）的公司。

　　馬明哲在公司內部會議上說，要不是他幫忙，溫雲松還不知道會流浪到哪里。沒有他，哪里有溫雲松的今天。現在，他給溫雲松的公司一年1個多億的諮詢業務。諮詢業務又不要甚麼本錢，等於

是給他送錢。馬明哲還吹噓，他現在讓溫雲松給他幹甚麼，溫雲松跑得比誰都快。

馬明哲還將與溫雲松公司合作的事情，專門放在公司網站上。到處宣揚自己對溫雲松的恩惠。您可以到 www.pa18.com 上看到。

2、馬明哲說給曾給溫總理女兒溫小萌在上海買了棟別墅。

馬明哲在公司會議上吹噓，說自己在上海湯臣別墅區有一棟別墅。別人都以為那是他的，其實，那是他用公司的錢買下來，送給了溫總理的女兒溫小萌的。馬明哲說，溫小萌以前在美國一家保險經紀公司 Aeon 工作，多虧他的照顧，把平安公司的業務給了這家公司，才讓溫小萌保住了飯碗。

馬明哲還說，看到溫小萌經常到上海，沒有地方住，只能住在酒店裏。就索性在上海湯臣買了棟別墅送給溫小萌住。他還吹噓，說溫小萌高興壞了。現在，他有甚麼事情，溫小萌可以幫他直接送到中央。

中央開會，有甚麼重大新聞，馬明哲說他都可以提前知道。說是溫雲松和溫小萌每天都要給他打電話來，把中央甚麼重要的事情告訴他。十六大之前，黨的常委班子人選，馬明哲在公司內部會議上都給我們了。我們開始還不信，以為他在吹牛。最後大會開完後，馬明哲說的名單居然和《人民日報》公佈的一樣。

3、馬明哲還說，溫總理的太太張工（馬明哲這麼叫，具體叫甚麼名字我們也不知道），和他關係最好。

馬明哲在公司內外都吹噓，說自己去總理家串門，比溫總理的親戚還方便。門衛的武警都認識他的賓士車了。就是因為，他和溫總理的太太關係最好。

馬明哲經常給一些高層送一些珠寶鑽石，他吹噓說是溫總理的太太張工給他的。他說，溫太壟斷中國的珠寶鑽石行業，還多虧了他幫忙。溫太的公司，叫戴夢得。成立的時候，在北京沒有辦公室。馬明哲說，他把北京平安大廈的一層樓免費送給溫太的公司用。還送了一輛紅色的寶馬跑車給溫太當坐駕。溫太對他感激不盡。

馬明哲還吹噓，溫太只要到深圳，肯定會到他家裏做客。馬明哲吹噓說，溫太很喜歡他在深圳銀湖金碧苑的房子。馬明哲自己住17號別墅，就又在旁邊買了一棟。說是，溫太每次到深圳，都住在那裏。根本不去深圳市政府的招待所麒麟山莊，也不去五洲大酒店。

4、馬明哲還吹噓自己和馬凱的關係好，在深圳送了塊地給馬凱。

馬明哲在公司內部會議上吹噓說，溫太對自己很好，專門還把原來溫總理的大秘書馬凱介紹給了他。說有些事情，溫總理不好出面的，就讓馬凱來幫他打招呼。馬明哲還吹噓，說自己和馬凱都姓馬，最後一查家譜，大家原來真的是一家人。老家都在吉林。他說，家譜上還有他們兩個的名字。我們也不知道馬明哲是不是自己在吹牛。

馬明哲說，在深圳帝王大廈對面有一塊地，是平安公司的。價值1個多億。後來，馬凱的一個朋友找到他，說想要這塊地來開發房地產。於是，他就一方面讓平安信託公司給他們擔保，並讓自己老婆給他們提供了1個多億的貸款。馬明哲的老婆陳元是廣東發展銀行深圳分行的行長。那塊地，就以1000萬的價格，給了馬凱的朋友。

馬明哲在公司內部經常說，大家好好幹，不要怕，出了甚麼事情都由溫總理頂著。去年，中紀委不是來查了嗎，最後不是也不了了之了嗎，怕甚麼。現在的中國，不是你貪污多少，而是你有沒有後台，後台硬不硬。

5、馬明哲的後台到底是誰?

熟悉馬明哲的人都知道,馬明哲早年是靠深圳蛇口的總經理袁庚。後來,在九十年代,又通過袁庚,邀請了田紀雲副總理和鄒家華副總理到深圳的公司總部參觀。於是,他就到處吹噓自己和田副總理的兒子田秉強和田秉剛關係多麼好,通過平安的香港公司給了他們多少好處等等。

現在,馬明哲又吹噓自己和朱總理的關係多麼好,自己給朱總理寫的信,朱總理每次都給他親筆回信。還拿出來給我們看。還說,朱總理女婿在香港的公司,多虧他給他們業務。等等。

現在,溫總理當選了,馬明哲又開始吹噓自己和溫總理的關係。

我們廣大員工和群眾的眼睛是雪亮的。我們知道,馬明哲這樣公開吹噓自己和國家領導人的關係,就是為了給自己找靠山。似乎這樣,他有再大的經濟腐敗問題,黨和政府也拿他沒有辦法。

但我們都相信,黨和國家領導人是不會和馬明哲這樣的腐敗分子勾結在一起的。

懇請溫總理認清馬明哲這樣的腐敗分子的真面目!

中國平安保險(集團)公司員工幹部代表

附錄二、就中國首富馬明哲給溫家寶總理的公開信

尊敬的溫家寶總理:

您在就職國家總理時的"就職演說"中有這麼一句話:"……我同時是一個敢於負責任的人!"這句話,擲地有聲,令我們感動不已,記憶猶新。一年來,每每在電視裏看到您在祖國大地走村訪

貧，為一個農婦丈夫討工錢的情景，看到您面對百姓深情的目光時，我們心情激動，我們想，這是真正的人民的總理！

然而有一個陰影始終在我們心頭揮之不去，抹之不掉。這就是在我們平安保險公司大部分 A 級管理人員，甚至在全國行業裏廣為議論的一件事情：您和平安保險董事長馬明哲的特殊關係。

議論（1）：您的女兒曾經接受了馬總贈送的一幢高級別墅；

議論（2）：前幾年按我國保險法規定保險公司不能混業經營，平安保險關於由集團控股的方案一直得不到監管部門的批准，但最後中國保監會還是違背原則按平安上報的方案給批了。曾有媒體評論說："平安馬明哲通天，可以和法律對抗八年……"

業內普遍議論說，馬明哲和法律以及監管部門"對抗"的後台就是您（或是您身邊的秘書）！

關於這一點，馬明哲並沒有回避，他在成立集團控股公司前 3 個月，就讓全國分支機構的老總向 B 級幹部宣導說："我們總公司混業經營的方案保監會沒批，但馬總已托人將報告和方案送溫家寶那裏了，估計可以批下來。"後來的事實證明，靈驗了！

尊敬的溫總理，您當時是國務院副總理，分管農村和金融工作，您是最大的實權者呀！

長期以來，這個陰影令我們許多金融、保險界的人士，特別是平安保險公司裏對馬明哲各種嚴重違法犯罪，侵吞國資行為憤恨的員工痛心疾首！

每每這個陰影在我們腦海裡與您在電視裡令人感動的鏡頭重疊在一起的時候，我們在痛苦中茫然！

我們強烈地希祈這個陰影是假的！溫總理，您能幫助我們嗎？就像您關心農婦熊德明那樣？！

據我們所知，公司裡已經有人將平安馬明哲的犯罪行為得不到查處，以及和您的可能存在的"特殊關係"告訴了國外的記者，有人準備在"人大"以後，由中央電視台實況轉播的"新聞發佈會"上向您提問。我們還是出於對您的尊敬和信賴，將此告訴您，好有個準備。

我們衷心祈望您能在 2004 年大力推動您最熟悉的行業——金融。保險業的反腐敗風暴！

祝您不負民望！

中國平安保險（集團）股份有限公司員工

附錄三：網友致溫家寶的信：您的馬崽太腐敗

溫家寶總理：

您好！看到您在記者招待會上的精彩表演，我老淚縱橫。是呀！現在中國最需要穩定，穩定的任務甚至比反腐敗還要重要。

但您是否知道，對於一個年輕的生命，可以住院開刀，來去除毒瘤；但對於一個病入膏肓的腐朽之軀體，也許穩定最重要，不必動大手術來去除毒瘤。

也許，您的話暗示我們，中國已經病入膏肓，如果對腐敗動大手術，無疑會加速這個腐敗軀體的滅亡。所以，寧可穩定第一，也不要去反腐敗。

看著您在記者招待會上動人的演講，看著您身上穿了數年的西裝，看著電視上您手握農夫的手那麼自然，我們簡直無法想像您是如何與您的家人，以及中國首富馬明哲相容的。

現在，您特批中國首富馬明哲的公司在香港上市，我們理解，也許您是出於對家人的愛護，出於對家人的考慮。畢竟，首富馬明哲聲稱給您的太太張工、您的兒子雲松、您的女兒萌萌，您的辦公室主任兼大秘書馬凱，等等，都給了別墅和上千萬的"生意"。

但是您是否知道，上樑不正下樑歪。您的家人和身邊的工作人員如此迎合"團結"在中國首富身邊，無疑使得他更加囂張。

看過《西遊記》的都知道，那些妖魔鬼怪無非都是"神聖"身邊的工作人員下凡來騷擾人間。而中國首富馬明哲無疑就是您身邊的"妖魔鬼怪"。您和您的家人不早日與這樣的腐敗分子劃清界限，中國談何反腐，GCD 如何廉政，毛主席和千千萬萬烈士們打下來的江山，就要葬送在您的手上。

共和國歷史上的總理們，從周恩來、趙紫陽、楊尚昆、李鵬、朱鎔基，還沒有一個總理具有您這樣兩面的性格與形象。

一方面，在公眾電視上和新聞宣傳上，是那麼的親民、民主、隨和；另一方面，您的家人卻恣意您的馬崽，大肆欺壓百姓，貪污受賄。

我想問您一句，"您是總理，整個中國都幾乎是您的了，您和您的家人為什麼還要貪圖那些錢財？"而如果由於恣意腐敗，導致亡黨、亡國，您家人再多的錢財都會瞬間化為烏有；您和您的家人甚至還要遭到清算。

總理，醒醒吧！

弟弟溫家宏是環保產業的龍頭老大

自溫家寶 2003 年當上總理後，有關溫家的腐敗傳聞多集中在夫人張培莉和兒子溫雲松身上，而同樣也在商界大做生意的弟弟溫家宏，雖然也被指打著哥哥的旗號大發橫財，但卻沒有像張培莉和溫雲松那樣被輿論"窮追猛打"。

據知情人士向作者透露，溫家宏之所現在還沒有被海內外輿論揭出來，一是此人極爲低調，自經商以來極少拋頭露面；二是此人性格內向，道行較深，很少插足那些被人盯著的熱門領域，只在"冷門"行業下功夫；三是溫家宏相信"悶聲大發財"這句話對他最實用，從不張揚，主要依靠兄長的人脈關係和國家宏觀政策發財，而且始終是先人一步。

至於溫家宏的年齡，有的說是 1959 年生，有的說 1960 年生，要比兄長溫家寶小十七八歲，因此曾有消息稱溫家宏不是溫家寶的胞弟，因爲兩人年齡相差太懸殊。但瞭解溫家的天津人士指出，他們的確是親哥倆，弟弟出生時正是溫家寶高中畢業那一年。至於兄弟倆人的年齡差距，知情者說，解放前家中最大的孩子比最小的相差 10 到 20 歲是很正常的。

據消息人士說，溫家宏的學習成績沒有兄長溫家寶好，恢復高考後考了好幾年也沒考上大學，最後在八十年代初就讀職業大學，有工作經驗的大專班。這一點從溫家宏的簡介便可以看出：畢業於天津大學冶金分校。該校 1958 年始建，名叫天津市第一鋼鐵工業學校，1961 年易名冶金局幹部學校，1962 年改稱冶金工業學校，1979 年歸屬天津大學，爲專科學校。

1983 年溫家宏從天津大學冶金分校畢業後，被分配到天津水利局，幹了兩年後開始下海經商。此時，胞兄溫家寶已從地質礦產部調到中共中央辦公廳當副主任。許昭寧是溫家宏的大學同學和好友，目前擔任天津聖孚科技發展有限公司董事長。該公司的簡介就提到了溫家宏和張培莉，還提到了下海經商：

我公司系以經營聖孚（CHAMPION）珠寶連鎖店爲主並且作進出口貿易。董事長許昭寧先生原系天津稅務系統官員後下海。與溫家宏先生是同學好友。1994-1999 年曾受國家珠寶質檢中心主任張培莉女士（溫家寶總理夫人）提攜，在北京戴夢得公司天津大區及環渤海地區做兼職總經理。有極強的社會關係和資源整合能力。願與志同道合的朋友一同共謀發展大業。

這位原溫家宏的同學好友，據說還是個虔誠的佛教徒。2008年 8 月，許昭寧曾在"網上禮佛"時留下如下個人資料：善男許昭寧，今年 47 歲，來自天津北辰區……

由此可見，出生在 1960 年的溫家宏和溫家寶的關係，他與嫂子張培莉的關係也非常密切，如果關係不好的話，張培莉不會在九十年代提攜溫家宏的同學許昭寧，更不會讓許兼任戴夢得天津地區的總經理。

在胞兄溫家寶升任中共中央辦公廳主任後，南下經商的胞弟溫家宏也開始在深圳站穩了腳跟，先後成立多家公司，後來又擔任多家上市的董事，目前仍是深圳京山工貿實業公司總經理；深圳漢氏環境技術有限公司董事長；深圳市瀚洋投資控股（集團）有限公司董事長。

據知情人士透露，早前港台和海外在談到溫家腐敗時，與溫夫人張培莉和公子溫雲松相比，弟弟溫家宏的腐敗問題好像較少一些，除了指責他的瀚洋公司"包攬了全國十多個城市的醫療廢物處理工程，財源滾滾而來"，沒有涉及更多的問題。瞭解溫家的知情人士稱，其實這恰恰表明外界對溫家宏的生意知之甚少，先不談他的手早已伸向一個更龐大更有"錢景"的領域，僅醫療廢物處理工程這一項，溫家宏就賺了幾十個億，因為他的公司早已壟斷這個別人想不到，也看不起的的市場，而且還打著"推進中國環保事業"，"推進公用事業產業化運作"等旗子，既得到了經濟效益，還大談社會效益和環境效益。

　　知情人士感慨說，"這就是溫家宏的高明之處。從這一點看，溫家寶和溫家宏不愧爲一奶同胞呀！甚至，弟弟要比哥哥還更具宏觀意識，要不然，溫家宏怎麼能成爲中國環保產業的龍頭老大呢！"

溫家宏打環保旗號，全面壟斷市場

　　這一點我們從溫家宏的深圳瀚洋投資公司的簡介便可略見一斑：

　　深圳市瀚洋投資控股（集團）有限公司是專注環保產業投資的大型企業，公司註冊資本 2 億元人民幣，投資領域主要涉及市政基礎設施及公用環保產業，投資地域以直轄市、省會中心城市以及經濟發達城市爲主導，涵蓋長江三角洲、珠江三角洲以及華南、西南、西北、東北等地。公司通過 BOT、TOT 等多種模式成功運營的項目包括：城市汙水處理項目、自來水項目、醫療垃圾處置項目、生活垃圾處理發電項目以及工業危廢處理項目等。

　　瀚洋控股自成立以來，緊隨國家推進公用事業產業化運作、市場化經營的改革步伐，奉行"專注環保、慎重投資、規範管理、穩健發展"的企業宗旨，憑藉日漸增強的投資─建設─運營三位一體的綜合經營能力，積極參與市場競爭。瀚洋控股投資策略明確，始終以"實現人與自然的和諧共榮"爲神聖使命，奉行"以人爲本，合作共贏"的經營理念，致力於與各方合作夥伴一道不斷推進中國環保事業的發展，以期共同實現經濟效益、社會效益及環境效益的和諧增長。

　　瀚洋控股在其簡介中還特意強調：目前，公司各項業務進展順利,已在汙水處理和固體廢物處理兩大業務板塊形成規模優勢並保持良好發展態勢,並在國內市政環保領域,尤其是在固體廢物處置、汙水處理行業發揮著越來越重要的作用。

相關資料顯示,瀚洋控股已在全國各地設立的控股、參股公司20多家,其中包括:深圳市瀚洋汙水處理有限公司(橫崗污水廠)、深圳瀚洋環保設施運營有限公司(觀瀾污水廠)、深圳市瀚洋水質淨化有限公司(固戌污水廠)、深圳市益盛環保技術有限公司、武漢漢氏環保工程有限公司、鄭州瀚洋天辰危險廢物處置有限公司、濟南瀚洋固廢處置有限公司等,在業界產生的形象愈來愈大。

那麼,瀚洋控股的環保項目又是靠著什麼樣的模式來運營和投融資呢?瀚洋控股稱,該公司採用的環保項目 BOT 模式。該模式

深圳固戌汙水處理廠主體竣工

是國際近十幾年來在大型基礎設施建設領域逐漸興起的新型投融資模式。項目投資人集項目的融資、建設、運營、維護於一體,並承擔項目從啟動到建成以及移交政府過程中所面臨的金融、技術、管理、政策等風險。

瀚洋控股強調，它是中國環保領域率先引入 BOT 模式，已成功操作並建設和運行汙水處理、垃圾發電以及醫療垃圾焚燒等市政環保項目，爲業界矚目。瀚洋還擁有強大可靠的融資優勢，各家銀行對公司的信賴和支持不僅方便了公司業務的拓展，也成爲公司重大投資的強力金融後盾。

汙水處理系統——採用漢氏 SBR 汙水處理技術。該技術爲瀚洋的關聯公司—深圳漢氏環境技術工程有限公司的自主知識產權。漢氏 SBR 工藝是在常規 SBR 法基礎上針對脫磷除氧要求加以改進，極其適合於有脫磷除氧要求的城市污水及部分工業廢物處理，具有工藝控制簡化、佔地面積節約、自動化水準高、實際能耗小及具備生物選擇流程等優勢。

醫療垃圾焚燒系統——採用 LXRF 系列立式旋轉熱解氣化焚燒技術。該技術爲瀚洋的子公司——深圳市漢氏固體廢物處理設備有限公司的自主知識產權。該技術已於 2001 年 9 月通過國家建設部科技成果評估並獲專利保護，被國家環境保護總局確認爲國家重點環境保護實用技術（環發[2003]32 號），並被列入醫療廢物焚燒爐生產廠家推薦名錄（環函[2003]134 號），專家認定其在國內處於領先地位，並已達到國際水準。

此外，瀚洋控股還有 "豐富的工程設計及建設經驗優勢：隨著公司項目的成功建設和運行，在醫療垃圾處置、工業危廢處理、城市生活廢水處理、工業廢水處理等領域，公司已在工程設計、建設、施工、設備安裝調試等方面累計了相當經驗，使公司對項目的工程建設管理不斷得以優化，對項目建設風險的控制能力不斷增強，爲項目的成功運營奠定了基礎。"

瀚洋控股還有兩家漢氏專業公司：深圳市漢氏固體廢物處理設備有限公司，是專業從事固體廢物處理設備的研發、生產、銷售以及垃圾處理廠建設運營的高新技術企業；深圳漢氏環境技術工程有限公司，是中國環保領域第一家中美合資企業，主要從事城市及工業汙水處理工藝設計、配套設施的定位及運營業務。

　　以下是深圳市漢氏固體廢物處理設備有限公司工程業績表（部分）

　　醫療廢物類別

　　深圳市醫療垃圾集中處置中心

　　瀋陽醫療廢物集中處置中心

　　南昌市醫療廢物處置中心

　　大連市瀚洋固廢處置有限公司

　　鄭州有害廢物處理中心

　　西安危險廢物處理中心

　　濟南市危險廢物處理廠

　　武漢有害廢物處理中心

　　工業危廢類別

　　廣州番禺綠由危害廢物處理園

　　生活垃圾類別

　　濟南生活垃圾焚燒處理廠

　　從上述資料不難看出溫家宏所掌控的瀚洋控股公司的專業和投資實力。知情人士說，“溫家宏最亮的一塊牌子就是，自己搞的都是環保項目，無論是汙水處理、垃圾發電，還是處理醫療垃圾，都是為了構建和諧社會，符合中央精神。但在大談瀚洋集團的各種優勢時，溫家宏卻沒提到他有強大後台的優勢和後盾，這個優勢和後盾讓他可以先到地方政府批項目，然後再去融資，也就是從銀行拿到貸款，最後才去搞這些所謂的環保項目。”

　　“說白了，溫家宏所搞的這些，都是拿著國家的錢搞自己的項目。據說，他打算在幾年內讓瀚洋佔領全國市場。"分析人士說。

恒大上市溫挨罵，與《蝸居》停播有關？

2009 年 11 月 5 日，中國房地產企業十強之一恒大地產在香港掛牌上市，轟動一時。以當日收盤價計算，恒大董事局主席許家印的資產達到 479.494 億港元（折合人民幣：422 億元），對比當天公佈的福布斯中國富豪榜，許家印超越王傳福成爲中國新首富。而恒大地產總市值達 705 億港元，超過碧桂園成爲內地目前在港上市民營地產股中市值最大的一隻。

廣州媒體稱，2009 年可以說是地產界的"恒大年"。 恒大在廣東七大香港上市地產集團中，脫穎而出，成爲內地最大的房地產商。恒大上市六天后，恒大地產排球俱樂部又宣佈成立，恒大與"鐵榔頭"合作，享譽世界排壇的傳奇人物郎平組建的恒大女排，在廣州隆重舉行"啓航"儀式。

恒大創辦人許家印是全國勞動模範、中國十大慈善家，他在 1997 年創立的恒大地產集團，現已躋身於中國房地產企業 10 強、中國民營企業 20 強、中國企業 500 強。在房地產領域，恒大擁有一流的人才團隊，強大的開發建設能力和充足的土地儲備。

然而，恒大火了，許家印發了，卻讓對中國居高不下的房價居越來越不滿的網民們憤怒了，並把矛頭直接指向溫家宏，因爲有傳聞稱，總理溫家寶的弟弟是剛剛在港上市的恒大地產的高層管理人員，網民因此痛批："原來溫家寶的弟弟是大房地產商溫家宏，難怪中國的房價降不了。"

不過，恒大地產網站所列的"管理團隊"名單，並沒有溫家宏。網上資料顯示，溫家宏曾在 2001 年擔任恒大董事，但翌年已辭職；此外，溫家宏還曾擔任在深圳上市的綠景地產的法人代表，但 2009 年 5 月已被余斌取代。

從網上檢索到的"恒大地產股份有限公司 2002 年年度報告"顯示：報告期內，因股東股權變更及工作變動的原因，原董事時慶林先生、夏衛平先生、溫家宏先生、蒲皆禧先生請求辭去公司董事職務；公司董事會提名張傑先生、王家廉先生為獨立董事候選人，經 2002 年 6 月 30 日 2002 第一次臨時股東大會審議通過，有關決議公告刊登於 2002 年 5 月 31 日、7 月 2 日《中國證券報》。

不過，從另外一份檢索到的"恒大地產股份有限公司 2003 年年度報告—綠景地產(000502)—公告正文"顯示，法定代表人：溫家宏；註冊資本：5000 萬元；經營範圍：城市給排水、環境治理工程投資、施工、環保設備製造、銷售、環保新技術……

綠景地產股份有限公司（曾用名：海南新能源股份有限公司、恒大地產股份有限公司），於 1991 年 5 月經海南省人民政府辦公廳批准，在海口新能源有限公司基礎上改組設立的股份有限公司。2005 年 9 月 4 日從海南省海口市遷至廣東省廣州市，並在廣東省工商行政管理局變更登記註冊。2007 年 10 月 19 日變更登記註冊，註冊地址：廣州市天河區林和中路 136 號天譽花園二期四樓 D 區。法定代表人：余斌；經營範圍：房地產開發經營，室內外裝飾裝修工程，花木園林工程設計，旅遊項目開發，高新科技產業開發，工農業項目開發，交通項目開發。

從這些資料來看，表面上溫家宏已經跟恒大地產和綠景地產沒有關係，至於他是否還持有這兩家上市的股份，是否早就從前台轉移到了幕後，現已無法從這些資料中得以證實。但唯一可以肯定的，溫家寶的弟弟溫家宏的確涉足了房地產業，不但出任過董事，而且還是法人代表。用網民的話說，"搞房地產的有幾個不發的，溫家宏早就是億萬富翁了……"

　　有意思的是，在網民大罵溫家宏之際，正在國產熱播的電視連續劇《蝸居》被停播了，北京電視台一位不願具名的內部人士向媒體透露說，停播的原因"是因為房地產商的公關"。此話一出，立即引爆網上輿情，有網友稱"能有這麼大影響力的，肯定與高層關係密切的房地產商有關"。

　　北京電視台人士告訴媒體，因《蝸居》對房地產商的形象刻畫

《蝸居》海報

　　"過於負面"，有房地產公司"出手"，說服電視台停播此劇。該人士還說，"現在房地產商的能量，比你想像的要強大。

　　但輿論對此事卻有另一番解讀。有說法稱，因為《蝸居》對中國房價節節攀升造成的房奴生活的描寫"太過寫實"，對社會有不好的導向，被監管部門召回重審。

　　不過隨後又傳聞稱，《蝸居》被停播的原因是台詞太黃太超前，

已被評爲“史上台詞最淫蕩劇”，超過了所有在電視台播出電視劇的底線。但有網民反駁說，現在很多小說、電影的台詞都比《蝸居》露骨得多，《色・戒》這樣的電影都能獲批，《蝸居》實在不算什麼。

王強在一篇評論中指出，《蝸居》停播事件最根本原因不在於內容偏黃，兒童不宜等原因。根本原因在於毫無保留的揭露了房地產行業的利益輸送鏈條。尤其是宋思明這個人物，敏感的政治身份市長秘書，對開發商呼風喚雨，開路虎、奧迪，可以出入高檔場所，對心儀女子處處留情。他所擁有這些都是靠錢權交易來實現，尤其是房地產商的利益輸送。而這一切在和海萍一家子買房子時候的悲慘無助的境況兩相比較之下，太過刺眼！這一點才是該劇被禁播的真正原因。

眼下全國的房價又陷入新一輪的瘋狂上漲之中，這會導致的貧富差距社會問題更加嚴重。其實無房族資產至少爲正，只需要管住自己的衣食住行，如果背著幾十萬上百萬的負資產房貸，一旦失業或者有其他的家庭變故發生，後果不堪設想。

《蝸居》揭露這些問題會引發大眾的仇官、仇富情緒。其劇情以及台詞更是將這些尖銳的問題露骨的揭露出來，傳播給龐大的觀眾群體，容易加劇社會的仇官仇富情緒，這是任何人都不願意看到的。

文章最後指出，觀眾在看完《蝸居》之後，自然就會將矛頭直接指向“高房價才是原罪”。而高房價的形成，是政府利益和開發商利益相結合形成的結果，而普通老百姓則成爲高房價買單的替罪羔羊。那麼，政府政策、通貨膨脹、經濟增長、房價大幅度上漲，這一切走向何方？

還有網友撰文稱，《蝸居》被停播的根本原因就是，它點到了中國房事的“痛處”、揭開了“高房價”背後的遮羞布，露出了部分官商在房地產項目運作過程中的斑斑劣跡，才引得利益集團神經緊張、渾身不爽！

　　但知情者指出，有網民把恒大地產上市和《蝸居》停播都跟溫家宏連在一起，使他挨了不少罵。溫家宏的確有點冤枉了，可以說是代哥哥溫家寶"受罪"。人們把對政府政策，對通貨膨脹，對高房價的不滿，還有對總理溫家寶的不滿，只能"發洩"在虛擬的網絡世界裡，因為在現實生活裡，中國老百姓還沒有這樣的權利。

溫家宏與龔如心遺產繼承者合夥發大財？

　　2007 年 4 月，香港第一女富豪，被稱為"小甜甜"的龔如心逝世，留下上千億港元遺產，她的生前男性好友、風水師陳振聰聲稱龔如心寫有遺囑，將千億財產留給他，隨後龔家與陳振聰展開一場世紀遺產爭奪戰。

　　後來這場世紀遺產爭奪戰之所以引起內地網民的關注，是因為在香港媒體鋪天蓋地的報導中，又把溫家寶的弟弟溫家宏也扯進此案，溫家宏則是風水師陳振聰的朋友和合作拍檔。

　　香港媒體指出，神秘風水師陳振聰非出身富裕家庭，對外聲稱靠炒樓致富，但"小甜甜"龔如心的朋友指出，陳振聰是認識龔之後才富起來。知情人士稱，陳振聰過往經常跟隨龔如心到內地或在港接待中國高官，因而認識了不少中國高官及高幹子弟，包括國務院總理溫家寶胞弟溫家宏、全國政協副主席劉延東、最高人民檢察院檢察長賈春旺等人。

　　陳振聰擁有一艘非常豪華的遊艇，會用來接待內地高官，帶他們海上暢遊。香港媒體稱，陳振聰平日行事低調，但在中、港、澳三地人面廣泛，與溫家寶胞弟溫家宏更有交情。兩人除了合作做生

意，溫家宏每次訪港均由陳振聰親自接待，2007 年 2 月，溫家宏
蒞臨陳振聰旗下公司舉辦的春茗，並擔任抽獎嘉賓，可見二人交情
甚好。　。

香港壹週刊報導說，陳振聰近年不單以商人身份外出交際，而
且在龔如心的協助下，亦發展了不少國內高幹及政界的人脈。2006
年 8 月，陳振聰拉攏到深圳航空、深圳宏聚達和另一國內公司國民
信託投資。

香港媒體還披露，陳振聰在北京註冊的國民信託投資，跟溫家
宏關係密切，而深圳宏聚達亦由溫家宏任監事。亞聯的合作，更令
二人一拍即合，齊齊在港合組漢氏峰明環保集團，公司董事還包括
曾任趙紫陽秘書的趙小貽。據悉，八、九十年代時，溫家寶與趙小
貽同在國務院辦公廳工作，當時溫家寶任辦公廳主任，負責管轄秘
書局，而秘書局副局長就是趙小貽。2006 年底，漢氏峰明環保集
團的幕後班底，在深圳成立另一家叫漢氏峰明環保產業的港資公
司，做汙水處理等環保業務。寫字樓位於深圳國際商會中心，由趙
小貽以 2.6 萬元月租，並免費借予漢氏使用。

陳振聰生意拍檔猛人雲集，根據公司註冊處資料，陳振聰現時
為三間私人公司的董事，包括漢氏峰明環保集團有限公司及
BAAFlightServicesLimited 及 BAAJetManagementLimited。其中漢氏
峰明的公司董事名單中，包括溫家宏及何厚鏘。

《蘋果日報》爆料稱，年約 47 歲的溫家宏，在國內任職“深
圳漢氏環境技術有限公司”董事長，去年 5 月 15 日出任陳振聰名
下“華都亞洲集團有限公司”董事，後者同年 6 月 12 日易名為“漢
氏峰明環保集團有限公司”。澳門特首何厚鏵之堂弟何厚鏘，也出
任這家公司董事。

　　《東方日報》報導說，陳振聰一直非常低調，但早前罕有地在
內地留下生意足跡。清華大學在 2000 年 3 月的內部通訊中，出現
過“陳振聰”的名字，當時陳以香港宏圖控股有限公司總裁兼董事
長的身份訪問該校，商討在生物科技及傳媒方面與該校合作、予以
投資及參觀，當時介紹該公司背景時，指其為以香港作基地的全球
控股公司，控制資產市值更逾 20 億港元，主要參與互聯網相關業
務。另外，成都高新區技術創新服務中心的網頁，亦出現“陳振聰”
的名字，顯示陳 2004 年以香港宏霸數碼集團（控股）有限公司主
席的身份到訪，商討投資發展。

龔如心與陳振聰

　　除了被指與陳振聰合夥發大財外，溫家宏還與臭名昭著的漢唐
證券也關係密切，香港媒體稱他是幕後老闆，曾被揭鍋為漢唐證券
副董事長，但因中國證監會“有異議”而作罷。

　　中國證監會 2001 年 7 月 9 日《關於核准漢唐證券有限不勝任

公司開業的批復》則證實，溫家宏的確被提名爲副董事長，但未被證監會批准。

中國證監機構字〔2001〕113號文件第四條稱：我會對你公司擬任董事長兼總經理吳克齡，擬聘副總經理宋建生、李安民、周衛軍、蔡向武，擬聘稽核部負責人周衛軍、財務部負責人王貴芳無異議。你公司擬任副董事長溫家宏、馬桂花、黃小平因兼任其他企事業單位高級管理人員，我們對其擔任你公司副董事長持有異議；擬聘副總經理平建偉因從業經歷不符合《證券經營機構高級管理人員任職資格管理暫行辦法》的規定，我們對其擔任你公司副總經理持有異議。吳克齡應在半年內解決兼任董事長並總經理問題。

漢唐證券曾風光一時，由貴州證券公司和湛江證券有限責任公司合併而成，其創始人和董事長爲吳克齡。成立之初的漢唐成績斐然，2003年券商年度排行榜顯示，漢唐的業務綜合價值量排名由2002年的32位上升到2003年的第16位，在註冊資本10億元以下的綜合類券中排名第二。當時一度有"小中金"（中國國際金融有限公司簡稱，老闆爲朱鎔基兒子朱雲來）之稱。

2000年吳克齡與南方證券合作炒作由溫家宏擔任董事的海南能源，獲得利潤6000萬元。隨後，漢唐證券又炒作的股票包括從南方證券高位接來的恒大地產、南紡股份、銅峰電子、紅星發展、鄭州煤電等，除了常林股份，其他的股票均被套牢，動用資金高達幾十億元。

2004年8月，債主追討漢唐證券，一幫委託理財的債權人在漢唐證券上海總部總經理顧翠華的帶領下，衝到了華能聯合大廈，將吳克齡圍在辦公室，要求解除委託理財合同。隨後的幾天，漢唐證券8億元的國債遭遇拋售。

2004年9月，中國證監會發佈託管公告，託管組——國有信達資產管理公司迅速入駐漢唐證券，託管小組的成員來自深圳證監局、宏源證券副總、律師事務所等共計 100 多人，種種跡象都向人們表明了信達重組漢唐證券的強烈意願。

2005 年 3 月，證監會稱對已託管券商殺無赦，漢唐證券被破產清算。2007 年 6 月，漢唐董事長吳克齡、總裁宋建生、財務總監劉家明和基金管理中心總經理金斌則等 4 人，因涉嫌非法吸收公眾存款罪，被深圳市公安局經濟犯罪偵查局刑事拘留。

2007 年 12 月 29 日，深圳市中級人民法院發佈公告，宣告漢唐證券因嚴重資不抵債，已於 12 月 26 日破產清算。公告稱，據審計師出具的報告，截至 2004 年 9 月 3 日，漢唐證券被行政託管經營日止，漢唐證券賬內外的匯總資產清查值總額爲人民幣 59.75 億元，負債清查值總額爲人民幣 91.21 億元，淨資產爲人民幣-31.46 億元，已不能清償到期債務且嚴重資不抵債，符合破產清算條件。

至此，轟動一時的漢唐證券醜聞落幕。據說，逃過此劫的溫家宏曾對深圳好友講，如果當初證監會未提出異議否決他出任漢唐副董事長的話，自己肯定也得受到牽連，就會使問題變得更加複雜。

看來，溫家宏真應該感謝一下中國證監會，要不然 2007 年就會變成溫家宏的 "醜聞年"，要不然那一年的兩大案他一個都沒落下——龔如心遺產爭奪案和漢唐證券破產案。

溫家宏的手早就伸到節能和新能源領域

"溫家宏的大手筆，並不是港台或海外媒體所指的在環保和房地產領域大顯身手，撈錢無數，相反，溫家宏正在做的超大生意迄今爲止還不被外界所知，只有北京高層和圈內人士有些議論，但他們對溫的具體情況也知之不多。"這是不久前到香港旅行的前高層官員向筆者透露的內幕。

　　另一位曾與溫家宏打過交道的知情者在接受作者訪問時證實說，"溫家宏早就把手伸到了國家的節能項目和新能源項目上，這應該是北京正在談論的溫家宏的大手筆。" "簡而言之，溫家宏正在搞的節能項目指的是內蒙古的煤變氣，而新能源項目則是指他在內蒙和東北所搞的風力發電，據說這兩年他已經投資至少幾十個億了，而且還要追加投資。"

　　"因為溫家宏對中央的宏觀經濟政策瞭若指掌，早就知道中央要對未來幾年的經濟工作進行大的調整，北京要進一步落實科學發展觀，要加強可持續發展的力度，尤其是要繼續實施西部大開發和振興東北老工業基地。從政策方面看，溫家宏現在搞的項目都與科學發展觀和可持續發展觀密切相關；從發展區域看，他的項目既為西部大開發做貢獻，又支援振興東北老工業基地。所以，未來幾年溫家宏肯定會大筆追加投資的。" 知情人士指出。

　　2009 年 12 月初召開的中央經濟會議，對 2010 年提出的幾個主要任務，其中第二大任務談的就是加大經濟結構調整力度，提高經濟發展品質和效益。其中：要強化節能減排目標責任制，加強節能減排重點工程建設，開展低碳經濟試點，努力控制溫室氣體排放，加強生態保護和環境治理，加快建設資源節約型、環境友好型社會。可以說，溫家宏的"煤變氣"項目和風力發電項目與國家政策完全合拍。

　　"與其說這就是溫家宏的高明之處，不如說他有一個比他更加高明的哥哥！" 知情者感歎道。

　　那麼，"煤變氣"到底是怎麼回事呢？《科技日報》的《煤變氣：節能環保怎兼得？》一文解釋說，"把煤變成清潔可用的氣"是指煤的氣化——在高溫和高壓下，煤與氧氣、水蒸氣化學反應，獲得清潔可用的合成氣。合成氣可用來發電、供熱、生產液體和氣體燃料、化肥、甲醇、丙烯等系列石油類化工產品。

可以說，傳統上用原油生產的產品完全可由煤合成氣來獲得；通過該技術生產的合成氣有效成分（CO＋H2）高達 89%—93%，其燃燒率高達 98%—99%，比現在煤炭的約 80%的燃燒率大大提高；在合成天然氣過程中，灰渣等雜質經過水冷卻、洗滌等方法排除，用於生產建築等材料，而洗滌水中不含輕油、焦油等，可循環利用。

"煤變氣" 比天然氣更便宜

先進煤氣化合成氣技術已成為高效、清潔利用煤炭資源，發展現代煤化工，實現 "以煤代石油" 的龍頭技術，為從根本上解決中國石油緊缺、能源利用率低下和環境污染嚴重等問題帶來了曙光。

據悉，國家已經將以煤氣化為基礎的多聯產示範工程列入中長期科技發展戰略規劃，作為重大專項進行研究、開發。

在國家開始對“煤變氣”進行研究和開發之際，溫家宏就開始行動了。據知情者透露，內蒙古赤峰大唐發電的“煤變氣”工程就有溫家宏幕後運作的影子。

據《上海證券報》2008年4月14日在題為《大唐發電：投鉅資內蒙掘金“煤變氣”》報導中寫道：大唐發電今天公告稱，公司與北京市燃氣集團有限責任公司、中國大唐集團及新天域資本顧問有限公司于4月11日簽署投資協議，擬組建內蒙古大唐國際克旗煤製天然氣有限公司（“克旗煤製氣公司”），以籌備、建設及運營內蒙古克什克騰旗生產天然氣40億方/年工程。

根據協定，克旗煤製氣工程的總投資額約為187.8億元，註冊資本金約為工程總投資的30%，即約為56.34億元。大唐發電、北京燃氣集團、大唐集團和新天域資本分別出資 28.7334 億元、18.5922億元、3.3804億元和5.634億元，占比分別為51%、33%、6%和10%。大唐集團為大唐發電最大股東，持股比例33.74%。

報導還說，克旗煤製氣工程位於內蒙古赤峰市克什克騰旗，該工程利用內蒙古錫林浩特西北 5 公里處的勝利煤田的褐煤作為原料和燃料，並使用成熟可靠的煤氣化技術，投產後生產的產品為合成天然氣40億方/年及其他副產品。主產品天然氣採用長輸管道輸送，管線由項目廠址（克什克騰旗站）至末站北京密雲，輸氣管線全長440公里。克旗煤製氣工程計畫分三期建設，該項目2012年可望全部建成，投產後可生產天然氣40億方/年。

業內人士分析認為，中國富煤少氣，將煤轉化為天然氣，是將相對富餘資源轉為稀缺資源的過程，增值效應明顯。而且，褐煤煤質相對較差，作為動力煤價格便宜，但是，卻非常適合氣化，屬國有支持項目。據介紹，克旗煤製氣工程所在地有豐富的煤炭資源，能充分保證該項目的原料及燃料供應,同時克旗煤製氣工程所在地有較豐富的水源和通暢的交通條件,有利於降低克旗煤製氣項目的運營成本。

除了大唐集團和其下屬的大唐發電外，另外兩家分別是北京燃氣集團，成立於 1999 年，爲一家在北京註冊成立的有限責任公司，經營範圍爲從事城市天然氣管道業務。而新天域資本爲一家於 2007 年 5 月在香港成立的基金公司，基金規模爲 5 億美元。投資領域主要包括製造業、新能源、消費品、生物醫藥及汽車零配件等產業。

從這些文字中並沒有看到溫家宏和他所掌控的深圳瀚洋控制公司，但知情者指出，該項目由四家公司投資，其中三家均爲國有企業，還有一家投資公司，"而這家投資公司好像與溫家宏沒多大關係，但實際上卻是溫家宏的投資代理。"

新天域資本官方網站簡介稱：新天域資本（New Horizon）成立於 2007 年 5 月，基金的投資人由 20 多家國際知名的機構組成，基金規模爲 5 億美元。

簡介稱：基金以實現投資人價值增值爲目的，以中國經濟騰飛爲背景，分享中國經濟快速增長的成果。基金由經驗豐富、價值判斷敏銳的專業人士進行管理，投資領域主要包括：製造業、新能源、消費品、生物醫藥及汽車零配件等產業，重點投向上述行業中具有市場領導地位、良好增長性、高效能管理團隊的成長型公司。

網上資料顯示，于劍鳴是新宏遠創基金（從第二期基金起更名爲新天域資本）共同創始人兼總裁，生於 1971 年，籍貫湖南，畢業於清華大學生物系，出國後獲得哈佛大學生物學博士學位。隨後，去西北大學商學院讀了 MBA。在互聯網高峰期，創立過一家網絡公司，也同風險投資接洽過。2000 年，進入了美國洛杉磯的麥肯錫公司，給美國一些大企業做醫藥、生物、醫療保險方面的諮詢。期間也為美國矽谷的 VC（風險投資）、PE（私募股權投資）提供生物諮詢。2002 年和一些朋友回國創業，2005 年創立新天域資本。

到目前為止，新天域資本共進行了三期基金募集。首期基金（新宏遠創基金）規模為 1 億美元，投資方為新加坡淡馬錫控股（TEM.UL）和日本軟銀集團。第二期基金（新天域資本）成立於 2007 年 5 月，規模為 5 億美元，新增投資人包括摩根大通、德意志銀行等。2008 年 8 月開始募集第三期 10 億美元基金。

新天域資本董事總經理郭子德 2009 年 1 月在接受路透社專訪時表示，該公司第三期美元基金到去年 11 月時已募集到三億美元。人民幣 PE 基金方興未艾，新天域旗下首支人民幣基金也已募集完成，規模 10 億元。

但郭子德沒有透露該三期基金的投資方，只透露在這支基金中，公司原有的大的、主要的投資方仍將追加投資。此外，還會增加一些新的投資人。

那麼，誰是新天域資本的共同創始人？誰是新天域資本還沒有公開的投資人？誰又是新天域資本不肯透露的新增加的投資人？據知情人士說，到目前為止新天域資本所募集的 16 億美元基金和 10 億人民幣基金，其中應該有溫家宏的不少投資！

"因為這幾年出現不少傳聞，為避免負責影響，溫家宏早就不再親自出馬去談生意了，而是讓資本公司和投資顧問公司代其行事。此外，溫家宏的旗下也有好幾家新的投資公司，玩的正是資本大挪移！"知情人士透露說。

據說，這個"煤變氣"工程的目標就是取代山西，成為北京所需能源的最大供應商，將佔有其 70%—80% 的市場份額。此外，幾個知情者都指出，赤峰"煤變氣"工程的投資方正籌劃在三四年內上市。"一旦上市成功，這個項目必將成為該領域的龍頭老大。"前文提到的那位前高層官員強調說。

至於溫家宏（據說他侄子溫雲松亦有參與）為什麼在內蒙古投以鉅資，知情人士指出，國土資源部公佈的消息說，內蒙古自治區已經查明和預查煤炭資源儲量達到 6583.4 億噸，超過山西省，居全國第一位。

目前內蒙古儲量在 10 億噸以上的大煤田有 15 個，其中儲量100 億噸以上的煤田有六個。國家"七五"期間新開採的一大露天煤礦，有四個在內蒙古。石油天然氣的蘊藏量也十分可觀，全區已探明 13 個大油氣田，預測石油總資源量為 2030 億噸，天然氣的最高遠景儲量可達 10000 億立方米，世界級的大油氣田陝甘寧油氣田的主體就在內蒙古的鄂爾多斯盆地。

溫家寶大談風電，溫家宏大搞風電

前文已數次提到，溫家宏除了在內蒙古投下鉅資大搞"煤變氣"工程外，還搶下了另一塊"肥肉"——風力發電，在內蒙古和東北搞起風力發電，業界知情者稱，其投資額絕不小於"煤變氣"項目。

我們再來看看世界和中國風力發電現狀和前景。世界風能委員會秘書長史蒂夫·索亞爾 2009 年說，"世界風能市場正在繼續以驚人的速度成長，每年新增風力發電量達 20GW，風能市場的發展令我們難以估計"，"在未來五年，北美和亞洲的風能市場將發展得最快，特別是中國和美國"他們調整他們的預測是基於兩個原因：

第一，中國和美國的風能市場已經在發展，而且未來還會比預期發展得更快。

　　第二，中國製造能力的提升對世界市場的發展將會產生深刻的影響，因為未來製造業的供不應求仍將是世界市場發展的限制因素，印有“中國製造”的產品對世界市場供應緊張的形勢起到了一定的緩解作用。

　　2008 年，美國趕超德國成為了風力發電裝置總量全球之首，中國的總裝機容量也增加了一倍，位居世界第四，新的風電裝置領軍市場正是美國和中國。2008 年中國新增風電裝機容量達到 7190 兆瓦，新增裝機容量增長率達到 108%，累計裝機容量躍過 13000 兆瓦大關。內蒙古、新疆、遼寧、山東、廣東等地風能資源豐富，風電產業發展較快。

　　中投顧問在《2009-2012 年中國風力發電行業投資分析及前景預測報告》中指出，進入 2008 年下半年以來，受國際宏觀形勢影響，中國經濟發展速度趨緩。為有力拉動內需，保持經濟社會平穩較快發展，政府加大了對交通、能源領域的固定資產投資力度，支持和鼓勵可再生能源發展。作為節能環保的新能源，風電產業贏得歷史性發展機遇，在金融危機肆虐的不利環境中逆市上揚，發展勢頭迅猛，截止到 2009 年初，全國已有 25 個省份、直轄市、自治區具有風電裝機。

　　報告還指出，中國風力等新能源發電行業的發展前景十分廣闊，預計未來很長一段時間都將保持高速發展，同時盈利能力也將隨著技術的逐漸成熟穩步提升。隨著中國風電裝機的國產化和發電的規模化，風電成本可望再降。因此風電開始成為越來越多投資者的逐金之地。風電場建設、併網發電、風電設備製造等領域成為投資熱點，市場前景看好。2009 年風電行業的利潤總額仍將保持高速增長，經過 2009 年的高速增長，預計 2010、2011 年增速會稍有回落，但增長速度也將達到 60%以上。2010 年全國累計風電裝機容量有望突破 20000 兆瓦，提前實現 2020 年的規劃目標。

業界人士指出，在全球能源趨緊和節能減排雙重壓力下，中國風電產業近兩年呈現出爆發性的增長，已經出現過熱苗頭。據官方媒體報導，國家能源局將於 2010 年年初組建完成風能行業標準化領導小組，制訂出颱風能行業標準，以規範目前無序且已經出現過熱苗頭的風能產業。

溫家寶在吉林明陽大通風力發電技術有限公司考察

值得關注的是，國務院總理溫家寶 2009 年 7 月 25 日至 27 日赴吉林省處理通鋼事件時，曾考察了吉林市明陽大通風電技術有限公司，並就發展風能發電提出七點意見，其中包括要限制規模，不能一哄而上。

溫家寶的七點意見是：一是發展潔淨能源和可再生能源是世界的潮流；二是我國具備發展風能的自然條件；三是我們具備發展風能的工業基礎和研發力量；四是要進一步研究能源發展佈局和比

重，制定能源發展總體規劃；五是電力行業總裝機容量必須和市場相適應，要防止發電設備產能過剩；六是要集中力量開展風電併入電網的技術攻關；七是風電發展的規模要合理，保證風電製造業的可持續，不能一哄而起。

業界知情者指出，從溫家寶就風電提出的七點意見，到國家能源局擬出臺風能行業標準，要規範風能產業，都是向目前火熱風電的市場發出國家要整頓該這個新興產業的信號。知情人士強調說，這對那些剛涉足這個領域，還有那些正打算搶灘風電市場的企業，無疑是個不小的打擊。不過，知情人士強調說，即使國家再提高進入風電產業的門檻，溫家宏也不會受到影響，相反，早就拿到"准入證"的他，會從國家對風電產業的整頓和限制中獲得更多的好處，更好的效益。

溫家宏進入風電市場和電力產業已有數年時間。相關資料顯示，2002 年溫家宏就對生產風力發電機的實體有過投資。1997 年成立的西安金辰四合安全印章有限公司，主要是"研製開發安全防偽印章系列及印章治安管理資訊防偽系統軟體的開發推廣"，但在 2002 年 12 月該公司與溫家宏合作，成立了西安漢金科技發展有限公司，其主營行業已變成：風力發電機、風葉和印章治安管理系統等。

知情人士還透露說，其實溫家宏早就涉足發電產業，他的瀚洋投資和漢氏固體廢物處理公司已在不少城市設有拉圾處理公司，其主要方式就將拉圾焚燒發電，所用設備就是溫家宏旗下的深圳市漢氏固體廢物處理設備有限公司所研製的 LXRF 系列立式熱解氣化焚燒爐，據說，焚燒爐的操作已全部實現機械化、自動化，處國內領先地位。

"收拉圾賺錢，處理拉圾也賺錢，把拉圾焚燒發電更賺錢，而且都是'利國利民'的環保和節能項目，因此，溫家宏每到一地考察，當地政府官員都爭著搶著跟他合作。"知情人士對作者說。

張國寶撑腰，溫家宏"錢景"一片光明

"不過，與風力發電這道大餐相比，垃圾焚燒發電真的小菜一碟。據說，溫家宏、溫雲松已在內蒙古和東北投了幾十個億，他的合作夥伴有內蒙古的大唐發電，還有大連的華銳風電。其實，對業界來說，溫家宏進軍風電產業大家早就心照不宣，畢竟人家身後有國家能源局撑腰，項目也是國家發改委批的，再說國家發改委副主任、國家能源局局長張國寶跟溫家宏的關係又非同一般……"知情人士說。

根據知情者和業界人士的爆料，作者經查閱和檢索到的資料顯示，有些與事實相符，如大唐發電（指的是赤峰風力發電和赤峰新能源）和華銳風電都是風能產業的重量級選手，但有些線索目前還無法得到證實，如溫家宏對風力發電的投資額，還有他與張國寶的私人關係等等。

據大唐集團官方網站介紹：大唐赤峰賽罕壩風力發電有限責任公司於 2004 年 9 月 23 日成立，現與中國大唐集團公司內蒙古赤峰電源項目籌建處、大唐（赤峰）新能源有限公司合署辦公，註冊資本 2.1 億元，是中國大唐集團公司成立的第一個風電公司。

中國電力網 2009 年 7 月 15 日以"大唐新能源公司百萬千瓦風電項目再現赤峰"為題報導說：近日，中國大唐集團新能源公司在赤峰第二個百萬千瓦風電基地示範項目的前期工作獲國家能源局批准並全面啟動。大唐新能源公司是集團公司在整合大唐赤峰賽罕壩風電公司的基礎上成立的專業化公司。

　　從 2004 年 9 月 23 日賽罕壩風電公司成立，到 2009 年 3 月 26 日新能源公司成立，該公司已經走過了五年的創業歷程，積累了豐富的風電建設經驗。截至目前，該公司風電裝機規模達 93 萬千瓦，已投產的項目分佈在內蒙四個盟市及山東煙台、遼寧朝陽等地，其中在赤峰市的裝機容量達 67 萬千瓦。

風力發電

　　2009 年，該公司成立了赤峰百萬千瓦風電場建設指揮部，全力推進赤峰百萬風電基地建設。目前，赤峰地區新開工風電項目正在加班加點建設之中，廣大建設者眾志成城、攻堅克難，力爭在年底實現赤峰第一個百萬風電場的建設目標。

　　在此基礎上，大唐新能源公司將積極推進在赤峰建設第二個百萬風電場項目的前期工作，成立項目領導小組和示範項目前期工作組，制訂合理的建設方案，進一步與內蒙古自治區發改委、地方發改委密切溝通協調，力爭早日在赤峰建成科技含量高、經濟效益好的第二個百萬千瓦風電場。

華銳風電科技有限公司簡介稱，該公司是從事風電機組開發、設計、生產、銷售的高新技術企業，是大連重工.起重集團為了加快產業結構調整、進軍風電領域而成立的全方位、專業化的風電公司。

公司總部位於北京中關村黃金地段。公司獨家引進國際先進的FL1500 系列風機全套技術，並取得國內唯一的製造許可證資格，率先成為國內唯一能夠製造兆瓦級以上風機的專業廠家。與此同時，通過公開招聘等形式引進國內風電行業專業人才及抽調公司各類專業技術人員，對引進技術進行消化吸收，全力推進FL1500風機國產化配套供應鏈的打造，風機國產化率達70%以上。公司目前已先後承攬了吉林長嶺、山東威海、江蘇東台以及內蒙古輝騰錫勒等項目的風電機組供貨合同。生產基地設在大連、內蒙古、江蘇等地。

華銳風電科技股份有限公司副總裁李樂成2009 年9 月在接受媒體採訪時表示，華銳風電今年的產量預計是1.5 兆瓦的風機2000台，3 兆瓦的風機100 台，總體產能將達到330 萬千瓦，預計這將使華銳風電進入世界前五名。公司的目標是要在未來三年內進軍世界前三。

中投顧問新能源行業首席研究員姜謙指出，雖然華銳風電發展初期與國內多數企業類似，也是採取購買國外風機公司生產許可證的方式，但其成功之處在于並非完全照搬國外企業的技術，而是在技術創新、國產化、規模化、大型化、國際化發展戰略的推動下，積極開發具有自主知識產權的大型風電機組，並形成了規模化生產。由此產生的結果是，華銳風電2006 年成立，2008 年已成為中國最大的風電設備企業，行業排名中國第一、全球第七。

中投顧問最新發佈的《2009-2012 年中國電力行業投資分析及

前景預測報告》顯示，2008 年華銳風電新增裝機 1.5MW 風電機組935 台(140.25 萬千瓦)。而在當年國內新增風電市場份額中，華銳風電的份額最大，佔新增總裝機的 22.45%，領先于金風科技的18.12%和東方電氣的 16.86%，居全國首位。

至於知情人士經常提到的國家發改委副主任、國家能源局局長張國寶，其個人簡歷為：1944 年 11 月 19 日出生，浙江人。研究生文化程度，西安交通大學機械工程系工學碩士，高級工程師。

中國國家發改委副主任、國家能源局局長張國寶

畢業後先後擔任陝西汽車齒輪廠技術員、工程師、高級工程師，機械工業部汽車局技術處科長，國務院外國專家局、國家計劃委員會機械電子局機械處、綜合處處長，國家機電輕紡投資公司擔任處長，並于 1982－1983 年幫助教育部外事局籌建專家聘請處。

1987 年－1988 年曾在日本研究國際金融貿易一年，能說日語、英語、俄語。1991 年起先後擔任國家計劃委員會投資司工業處處長、國家計劃委員會投資司副司長、國家計劃委員會副秘書長，副主任等職，首都規劃建設委員會委員、協助主任分管固定資產投資、外資、重大項目審批等工作。

從張國寶的簡歷看，在國家計委工作了 12 年後，59 歲那年才在溫家寶出任國務院總理後，也就是 2003 年 4 月升為剛改名為國家發展和改革委員會的副主任，黨組成員。一年後，開始兼任國務院振興東北地區等老工業基地領導小組辦公室主任（正部級）。2008年 3 月起，兼任國家能源局局長。

當上國家能源局局長後，張國寶發表過不少講話，但 2009 年9 月 25 日，他對中國風力發電所發表的言論，引起業界的廣泛關注。張國寶當天在國新辦新聞發佈會上坦言：現在中國煤炭發電佔比仍然很高，占中國電力總裝機容量的 78%，發電量的 83%，而在那剩下的 17%中，核電占的比例很低。現在中國核電只有 910 萬千瓦在運轉，占中國總發電量 1.9%。

但張國寶接著強調說，這幾年，中國加快了風能、太陽能等可再生能源的發展步伐。已經連續三年風電裝機容量翻番增長。裝機容量達到 1200 多萬千瓦，在世界上排名第四。張國寶說，"我有信心，在不久的將來，中國在風能的裝機容量將處於世界第一、第二位。"

由此看來，溫家宏對風力發電的投資，無論是前景還是"錢景"都一片光明。

江澤民家族：

江綿恒壟斷電訊
江綿康上海發財

2001 年 8 月 13 日，江澤民接受《紐約時報》採訪時，是這樣回答反腐敗的：腐敗作為一種社會歷史現象，古今中外許多社會都有。現在世界上沒有哪一個國家能說已經完全消滅了腐敗現象，只有程度的不同。中國正處於由計劃經濟體制向社會主義市場經濟體制轉變的時期，各方面的制度還不完善，再加上中國幾千年封建社會的殘餘思想仍然存在，這就使腐敗現象仍有滋生蔓延的條件，也加大了反腐敗的難度。

江澤民稱，我們在反腐敗問題上的態度是：堅定不移，堅持不懈，絕不姑息，絕不手軟。反腐倡廉，既要治標，更要治本。要通過深化改革，不斷剷除腐敗現象孳生蔓延的土壤。

2002 年 11 月，江澤民在中共十六大上強調說：領導幹部特別是高級幹部，必須以身作則，正確行使手中的權力，始終做到清正廉潔，自覺地與各種腐敗現象作堅決鬥爭。對任何腐敗分子都必須徹底查處、嚴懲不貸。

有意思的是，江澤民執政期間曾多次談到反腐敗，但卻沒有談到反高幹子弟的腐敗。有評論稱，江澤民執政期間的確改變了中國，但也使中國變得更加腐敗，他對腐敗監管的放鬆導致腐敗更加嚴重。

有這樣一則政治笑話，用江家的腐敗問題來諷刺中國高層的權鬥：

當初胡錦濤決定抓陳良宇這隻 "大老虎"，可江澤民遲遲不表態。後來，胡錦濤派專案組與江澤民攤牌。專案組人員拿出兩卷案宗：一案是陳良宇的，涉嫌貪污受賄數百萬；另一個是江澤民長子江綿恒的，與台灣第一富公子聯手撈錢，化公為私數十億。

專案組："上海的貪腐太厲害，必須抓一隻大老虎出來，以平民憤。你看，抓哪一隻好！"

江澤民："陳良宇驕傲自大，目中無人，罪有應得！"

"我父親是我父親，我是我"

江綿恒，1952 年出生時，父親江澤民剛好從調任一機部所屬上海第二設計分局任電氣專業科科長。1949 年 12 月，江澤民同王冶坪結婚。據說，江綿恒的父母為長子取名 "綿恒"，意在 "綿和恒久"。

1954 年，弟弟江綿康出生，綿康，意為 "綿和建康"。同年 11 月，江澤民被調往長春第一汽車製造廠，當時王冶坪帶著兩個兒子住在上海。1955 年，江澤民被派往蘇聯學習，1956 年才回國。回國後不久，江澤民就回揚州探親。

美國人庫恩撰寫的《他改變了中國——江澤民傳》一書中，曾對這段歷史有如下介紹：江澤民回揚州探親後，王冶坪和兩個年幼的兒子也搬到了長春。她在同一座工廠的黨委辦公室裏找到了一份工作。江一家分到了一套位於四層的單元房，三室一廳，包括江的母親和岳父母在內一共住了七口人。儘管如此，這房子與當時中國許多家庭的住房比起來還是很舒適的，有中央供暖系統、煤氣灶、自家用的衛生間，以及能將東北平原多天的嚴寒阻隔在外的雙層玻璃窗。

　　從小在江南長大的江綿恒和江綿康，開始時很不適應東北的寒冷天氣。等到兩個兒子剛適應東北生活時，江家又不得不搬遷了。1962 年，江澤民被調回上海，任一機部上海電器科學研究所副所長。那一年江綿恒九歲。

　　在談到"文革"經歷時，庫恩在《江澤民傳》中寫道：江澤民的兩個兒子，江綿恒和江綿康也成了那個時代的受害者。他們的學業，同 30 年前江本人的學業一樣，被政治動盪打斷了。江是被入侵中國的日本人，他的兩個兒子則是被"文化大革命"耽誤了。

江綿恒

　　當時，儘管江在武漢"靠邊站"的時候，兩個兒子有時能來看父親，但"文化大革命"改變了他們的生活。14 歲的綿恒剛剛初中畢業就被送到農村，他同其他許許多多的知識青年一起接受農村的教育改造。綿恒在糧庫工作，成天背大袋麵粉。弟弟綿康在 1968

年初中畢業後參了軍。直到 1979 年，兩個孩子才得到了完成學業的機會。

在官方公佈的簡歷中，江綿恒是 1977 年畢業於復旦大學，也就是說，他是工農兵大學生。因為"文革"一開始，高考就都取消了。直到 1971 年，大學才重新開始招生。但當時所招的新生都是直接從工人、農民和士兵中推薦產生，而不是通過高考。報名者必須當過三年以上工人、農民或士兵。

從復旦大學畢業後，江綿恒 1982 年在中國科學院半導體研究所獲得碩士學位，後到中國科學院上海冶金所從事科研工作。1986年 9 月赴美國留學，從事高溫超導材料和半導體物理方面的研究工作，1991 年 6 月在美國費城德雷克塞爾大學獲得電機工程學博士學位，後在美國惠普公司工作。

在江綿恒赴美國留學時，正值江澤民擔任上海市委書記期間。據《江澤民傳》說：江澤民的孫子和孫女的出生，給他在上海的那些歲月帶來了喜悅。1986 年綿恒生了一個兒子，叫志成；1988 年綿康生了個女兒，叫志雲。跟江澤民這一代一樣，他們的名字的第一個字也是同樣的。"志"的意思是"志向"或"抱負"。"志成"的意思就是"有抱負就會成功"；志雲的名字綜合了抱負與雲的意象（出典於一首唐朝的詩）。志成小時候頭髮很少，所以被昵稱"毛頭"，意思是"沒有頭髮的小孩"（從字面上說，它的意思是"毛茸茸的頭"，一個跟實際情況相反的滑稽名字）；志雲的昵稱是"妹妹"。

他們的祖父一見他們就眉開眼笑。他常常見到他們，因為整個家庭就在一個大單元房裡同吃同住。當他們的兒子帶著妻兒去國外學習和工作時，江和他的妻子就尤其感到難過——綿恒在兒子出生後不久就出國了。"三哥和他的妻子非常想念他們的孩子和孫子孫女。"江澤慧回憶道。

1989 年六四事件後，江澤民升任中共中央總書記時，大兒子江綿恒一家都在美國。當兒子得知父親成爲中國最高領導人的消息時，兒子會想些什麼呢？庫恩在《江澤民傳》中有著較詳細的描寫：

這個消息對其家庭中的其他成員也是一個負擔。當時，江的長子，37 歲的江綿恒，正在費城的德雷克塞爾大學電氣和電腦工程系讀研究生。儘管學業被"文化大革命"耽誤了，他還是從上海著名的復旦大學畢業，並獲得放射能化學學士學位。在通過國家考試之後，他在中國科學院獲得碩士學位，並於 1986 年進入德雷克塞爾大學攻讀博士。

綿恒在 1985 年就被錄取了，但一直付不起學費。他父親的老同學王軍孫（音譯）移民美國，已是德雷克塞爾大學的教授，第二年給綿恒弄到了一份助教的差事，他才得以就讀。綿恒、他妻子和剛出生的兒子一月只有 800 美元的生活費，住在一棟整潔的聯排房屋的三層樓。他工作勤奮，從不招搖。"如果你不知道他是誰，你根本猜不出來。"他的導師之一科文。斯科爾斯說。在老師們的記憶中，他是個"極爲聰明的研究人員"。

在六四事件之前的這段時間裏，綿恒一直專注於學習，避開校園內的集會。在六四事件之後，他幾乎完全隱居。他不知道在中國他父親發生了什麼事，但他知道他跟江澤民的父子關係在德雷克塞爾大學已盡人皆知，尤其是對那些中國學生來說。他們攔住他，對他當面嚇唬，或是給他打懷有敵意的電話。綿恒知道他父親在北京，但不知道爲什麼。他跟家庭的電話聯繫，平時是很有限的（因爲當時線路有限，費用昂貴），這時已斷絕數週。也許，綿恒也在猜想（正如他後來告訴朋友的）他父親可能會得到提升，也許是擔任政治局常委，甚至是總理。但是，政局動盪不定，任何事都可能發生。

1989 年 6 月 24 日，綿恒收到了系主任布魯斯·艾森斯坦的緊急資訊，後者是一個優秀的工程師，後來成為電力電子學院的院長。他讓綿恒馬上去他的辦公室。

"你聽說了北京的消息嗎？"艾森斯坦教授問。

綿恒搖了搖頭：他還沒聽說。他的心急速跳動起來：有事發生了。

"你父親是新任的共產黨總書記。"

"總書記？"綿說，他的臉漲紅了。跟許多中國人一樣，他也許以為自然的提升步驟是從總理提升為總書記，在六四以後看來尤其是這樣。

"我有兩件事要告訴你，"艾森斯坦教授說，"首先，聯邦調查局和地方警察局已和我們聯繫過，他們願意 24 小時保護你。我們不需要他們——我們會保護你。其次，我們會繼續把你當一個普通學生對待。"

"這就是我需要的一切。"綿恒說。他的態度"贏得了所有同事的尊敬"。在他回到自己窄小的公寓的時候，電話已經在了。一個來自美聯社的記者想要知道綿恒對他父親的任命、他父親的政策和"天安門事件的反應。綿恒措手不及，作出了一個有名的機智回答："我父親是我父親，我是我。"

綿恒希望他的"美國式"答覆會結束新聞界的刨根問底，保證他的默默無聞。他的答覆既體現了個人獨立，又機智而模棱兩可。但他接受了有關美國媒體行為方式的初次教訓：幾家大報抓住他的話，編出了無數不朽的故事。他突然成了一個公眾人物，這讓他感到十分惱火。綿恒更決心保護他自己的隱私。他禮貌地拒絕其他採訪。正如他對一個記者解釋的那樣：“我不想在公眾前出名。”當對方強要他發表意見時，他補充說：“我真的不想談論我自己、我的父親和我的家庭，所以希望你能理解我的處境。”

更糟的是，綿恒的一些同學繼續尋找他。他們主要是為六四事件激怒的中國學生。他收到令人不快的信件。

為了逃脫對他死纏的新聞界，和對他咄咄逼人的同學，綿恒到他父親的老師、 著名的老教授顧毓琇家避難，當時顧已年近90。顧教授在賓夕法尼亞大學工作出色，此時已退休，生活在費城。儘管顧教授和他的兒子當時住在一套窄小的只有一間臥室的公寓裏。在綿恒父親晉升之後開頭的那些困難日子裏，他們還是高興地接受綿恒與他們家合住。艾森斯坦教授信守承諾，在大學保護了綿恒，使年輕的綿恒經受住了暴風雨，寫完了論文，並獲得博士學位。

江澤民訪美看望恩師，到兒子學校演講

兒子江綿恒在“走投無路”時到父親江澤民的老師顧毓琇家避難，雖然不被外界所知，但八年後在江澤民訪美時，特意趕到費城，不但到兒子所留學的大學發表演講，還去拜訪了自己的恩師。江澤民的這一舉動曾在海外引起不小的轟動。

1997 年 10 月 28 日下午，江澤民率龐大的代表團離開華盛頓前往費城。庫恩在《江澤民傳》中，對這段歷史也有詳細交待。當時江澤民在費城只停留四個小時，隨後將前往紐約。但他在這幾個小時中非常忙碌：他將在兩個大學發表演講，會見地方官員和三位大學校長，具有高度象徵意義地訪問費城獨立廳，並以私身份探望一位老朋友和一位他很尊敬的老師。

當時，一名記者描述了美國人在看到這位中國領導人時的驚訝

表現："這座城市從江身上得到了沒有料到的感受——與其他許多受到邀請預計要進行這三項時間緊湊的活動的政治家相比,江澤民更加美國化、氣宇不凡而且懂英語。"

　　第一站位於費城西區的德雷克塞爾大學,江的長子江綿恒六年前在這裏獲得電腦和電子工程博士學位。德雷克塞爾大學校長康斯坦丁·帕帕達基斯在江澤民剛宣佈要訪問美國時就向他發出了邀請,名義是邀請"一位德雷克塞爾校友的父親",帕帕達基斯在後來的講話中對江主席竭盡讚美之辭。

　　在江澤民的車隊到達大學之前,警方徵用了三輛空的大巴,停在示威者聚集的路邊。一名記者稱無意中聽到一個警察說:"江澤民的隨從不希望江看到任何一個示威者。"

　　"中國人要求我們將所有的示威者轉移,那樣主席就看不到他們了,"在江澤民訪問費城期間陪伴他的費城市長愛德華·倫德爾回憶說,"我們儘量耐心地向他們解釋我們不可以強迫那些人離開公共街道。"

　　快到下午 5 點 30 分時,江澤民在 140 餘名陪同人員的伴隨下到達德雷克塞爾大學一個有 900 個座位的禮堂。此刻,禮堂內已坐滿了官員和公司領導人——他們剛剛參加完以如何在中國進行商業活動為主題的研討會。禮堂裏還站了數百名教職員工和學生。在主席台上與江主席坐在一起的政要有賓夕法尼亞州州長湯姆·里奇等人。

　　美國記者描述說,江的風釆讓聽眾著迷。遠離了激烈的政治辯論,置身于友好的學術環境裏,江很放鬆。"我要向德雷克塞爾大學領導和所有教授表示由衷的感謝,特別是對那教育過我孩子的老師表示感謝,"他使用英語講話,聽眾反應熱烈,"我想感謝他們教授他專業課程,使他獲得了博士學位。"

他還補充說：“我們家現在有個博士了，可我只是一個學士。”人們熱烈地鼓起掌來。

國會議員科特・韋爾登贈給貴賓一件紅白兩色的費城“飛人隊”的球衣，球衣背面印有他的姓氏“JIANG”，這樣，這位中國席就成爲全美職業冰球聯合會的名譽隊員了。

江笑著站起來，拉著球衣的袖子，好在仔細端詳，然後拿起麥克風。他說，自己心愛的孫子已跟他父親江綿恒在費城住了三年了，小孫子一定非常喜歡這件禮物。“他很喜歡橄欖球。”江澤民用英語說道。他對美國體育運動的喜愛引來了觀眾的掌聲和笑聲。

江澤民和顧毓琇

在費城，江澤民還特別探望了自己的老師，當時已 95 歲高齡的顧毓琇教授。顧教授在美國爲人所知的名字是“Yu Hsiu Ku”，使用的是西方的姓名順序以及不同的音譯方式。江不顧安全人員的勸阻，堅持要到顧教授的家中探訪，這反映出他尊師重教的儒家信條。

江澤民和夫人王冶坪來到顧教授家裏做客。顧教授的家位於費城音樂學院後面，在一棟普通公寓樓中。江在那裏停留了半個小時，期間他們在一起邊吃飯邊敍舊。此時，他的態度立刻從高級領導人轉變成執禮謙恭的學生。這個當天早上勇敢地與 50 名不友好的國會議員舌戰的領導人神奇的轉變過程，可能會令西方人感到困惑，但卻不會使中國人驚訝。這意料之中的，如果不這樣就不符合中國傳統了。

當時的中國外交部副部長李肇星回憶說："中國國家主席和顧教授在一起的場面令人難忘：他彬彬有禮，像任何一個普通學生來拜見尊敬的老師一樣。"

江送給顧一本中國文化方面的書，這時注意到顧教授把自己作的一首詩自豪地掛在他書房的牆上。詩曰："重教尊師新地天，艱辛攻讀憶華年。微分運算功無比，耄耋恢恢鄉國篇"。這首詩表達了師生 50 多年的情誼，如今重溫此詩，江感慨地說道："尊師重教是中華民族的傳統美德。能有機會拜訪您，我覺得特別高興。"江跟他革命的父親一樣崇信傳統價值觀在現代社會中的重要位置。

顧教授一家，包括他的夫人、三個孩子和許多孫子，用蓮子湯和豆沙湯圓等上海小吃來招待江和他的夫人王冶坪。江回憶說，以前顧教授上課從來不帶教材，要講的東西他都記在腦子裏。同樣，顧也回憶說年輕的江澤民當時坐在前排看起來很認真，做了很多筆記。

晚飯後，江起身告辭。他對顧說："無論是作爲一個電子機械工程方面的教授，還是作爲劇作家和詩人，您都是非常傑出的。"

但顧教授強調說，江澤民來訪完全是私人性質的，沒有任何政治議程。"他希望過來放鬆一下，"顧說，"就我們兩個人。但是他傾聽了我的建議，他會對此進行思考。我認爲與世界和平相比，所有的事情都是小事。而大學都是爲了世界和平而教學，不是嗎？"

"我不問政治，"他接著說，"我雖然有自己的觀點，但我只是一個退休教授。我只享受生活。我不會試圖去影響任何人。"在過去的 10 年中，顧有時會就政治和國際事務給江寫信。

"當我 1998 年成爲駐美大使時，"李肇星繼續回憶道，"我拜訪過顧教授。他是一個令人傾倒的人，對曾經與江主席聯絡感到非常自豪。當顧教授到奧克拉荷馬州時，江主席要我國駐休士頓的總領事去探望過他。"

因爲時間很緊，江有許多事要做，他乘車來到賓法尼亞大學考古和人類學博物館。在很快地參觀過中國藏品後，江發表了簡短講話，對該校沃頓商學院爲中國政府官員和國有企業的管理人員設立現代管理課程表示讚賞。江聯繫到自己與賓夕法尼亞大學的顧教授的重逢，說道，"這使我回憶起自己的大學時代，大學時代是人一生中的黃金歲月——應該倍加惜。"他還引用了一句中國古詩："人生何處不相逢。"

接下來是參觀獨立廳，由於觀光時間有限，江一行直接到達會議廳，一名導遊向大家介紹了這裏的輝煌歷史。而此時，江主席坐在一張舊橡木桌旁，《獨立宣言》就是在這張舊橡木桌上於 1776 年簽署的。

江澤民參觀獨立廳完全出自他本人的願望。從青年時代起，江就開始學習湯瑪斯・傑弗遜的思想和言行。當時中國正處在日本侵略者的鐵蹄下，傑弗遜所說的"生存權、自由權和追求幸福的權利"給了他希望與啓示——對他來說，親眼看一看這些有象徵意義的實物，意義重大。此外，江覺得他與這些美國革命家一脈相承，那些人所趕走的英國殖民者正是當年從中國的領土上奪走香港的殖民者。這些革命者的行動都是出於愛國主義，這可能是凌駕於任何目的之上的。而江自視為愛國者。他對獨立廳的訪問不是一個政治姿態，而是他的個人追求。

在費城，儘管有一些抗議的聲音，但總的來說江在那裡受到了熱烈歡迎。

顧毓琇晚年是這樣成了江澤民恩師的

2002 年 9 月 9 日被譽為 "文理大師" 的顧毓琇在美國俄克拉荷馬市逝世。江澤民給顧老夫人王婉靖女士發了唁電說："驚悉顧老師不幸逝世，深表沉痛哀悼，我謹向您及您的家人表示深切慰問。顧老師博古通今，學貫中西，教書育人，師表天下。畢生孜孜好學，且心系祖國統一，獻計獻策，為眾所敬仰。顧老師的崇高精神，將永遠激勵後人。顧毓琇老師永垂不朽。"

中國國務院總理朱鎔基也給王婉靖女士發了唁電，對顧老師的逝世表示沉痛哀悼，並向王婉靖女士及其家人表示深切慰問。

雖然江澤民當年拜訪恩師顧毓琇是其訪美期間最動情的故事，不過，這個被稱為 "恩師" 的人，卻是曾屬於國民黨 CC 派的顧毓琇（顧自稱無黨派人士），正是當年參加中共地下黨的江澤民要革命的對象。

黃琨撰文指出，歷史的吊詭還不止于此，顧毓琇為什麼被江澤民稱為 "恩師" 呢？為什麼這對師生到 1985 年才第一次正式談話呢？時任《中國時報》主筆何頻先於江澤民登門採訪，發掘了幕後的故事，與當時各媒體大作 "顧江師生情" 之類的文章形成對比。

當時美國方面曾試圖勸阻江澤民不要去顧毓琇住處。顧住一房一廳公寓套房，堆放的書刊和傢俱使能容納客人的空間有限，三張布面沙發已很破舊，安全工作難度頗大。但江澤民決意在 10 月 30 日上門拜訪了他所稱的恩師。據分析，這個尊師重道的故事，當然可以塑造江澤民良好的形象。這位年逾古稀的中共領導人地位正日益鞏固，現在更需要的是建立他的威望。所以當時 96 歲的顧毓琇的就有了發揮"餘熱"之處。

何頻在對顧毓琇的採訪中寫道："細究起來，江澤民與顧毓琇的師生關係並不容易追溯，顧不是江的啓蒙老師，也不是一般意義上的中學或大學老師。當江四十年代末期是上海交通大學電機系一名普通學生時，顧則是剛從民國政府教育部政務次長轉任上海市教育局長，又是麻省理工學院第一位華裔科學博士，在政界、學界都很有地位，只是利用週六的時間到上海交通大學兼課而已，帶著兩位助教，坐轎車來去，不與學生接觸，也不回答學生問題。"

顧毓琇竟知道聽他課的 100 多個學生中有一個叫江澤民，記憶力堪稱驚人。當時江澤民是中共地下黨員，顧則是民國政府要員，屬於陳立夫系的 CC 派，極力主張"聯俄治匪"，正是江澤民的鬥爭對象。

平心而論，如果說早在上個世紀三十年代即活躍於文學界和戲劇界的顧毓琇，會對這樣並不高明、甚至有不通之句的詩也會看重，未免太小瞧他的鑒賞口味。但是他仍然掛起來，以表示對貴客的尊敬。

在文理學識上的追求，同是江蘇人的顧毓琇和江澤民有相似之處。顧是理工科出身，是麻省理工學院的第一個華裔物理博士，卻喜歡創作詩詞、戲劇，出版過詩集，他所寫的兩個劇本在抗戰時期也曾上演；江澤民也是理工科出身，亦喜歡吟詩彈琴。

江澤民與顧毓琇的第一次正式談話，始於 1985 年。剛出任上海市長的江澤民，用家鄉揚州的點心款待了從費城到上海旅行的顧毓琇。

顧毓琇雖然是美國賓州大學的退休教授，但在北京、台北和海外人脈甚廣，早在 1973 年就從美國到北京見過周恩來。

顧毓琇對何頻說，他與周恩來在抗戰期間即有過接觸，他當時是國民政府教育部政務次長，周恩來則是國民政府軍事委員會政治部副部長。幾十年後，周恩來在北京人民大會堂熱情接待了他，兩人深談了三個多小時。

顧毓琇

知情人士透露，顧毓琇回到大陸面見中共要員的消息令蔣介石暴跳如雷，他在陳立夫轉來的一張賀年卡上批下"無恥"兩字。也因此，顧毓琇被禁止入境台灣，直到 1992 年。

文革之後，顧毓琇更為正極力尋找海外關係的中共高層所倚重。由於中共對海外的資訊瞭解太有限，當時就連不少在海外並無真正學術和政治地位的華裔也可以見到中共最高層成員。顧毓琇在學術上頗有成就，與台灣有深厚關係，自被中共視為高級統戰對象。鄧小平在 1983 年即與顧毓琇會談了 45 分鐘，又親筆題字送給顧一本《鄧小平文選》。

江澤民這時認顧毓琇作恩師，也就有了多層意義。政界耳語，顧毓琇在中共元老那裏的美言，對江澤民的仕途起了積極推動作用。果真如此，顧毓琇當然稱得上是江澤民的大恩師。

顧毓琇與江澤民近年往來密切，江澤民曾在中南海宴請顧毓琇一家。後來江澤民到聯合國參加慶典，兩人在紐約見了面。

顧毓琇在接受何頻採訪時，一直試圖迴避他與江澤民交往的問題。他後來曾對人說：江澤民那次來，我贈給他的就是四個字："世界和平"。而他露出幾句沒有前因後果的資訊，更加添了他的份量和神秘性。他說他幫過方勵之的忙，沒有他，方勵之可能還得待在美國駐北京大使館不能動彈；他甚至說幫過李登輝兩個忙，但是不願透露具體內容。

何頻在採訪時問他：房間原掛著一幅李登輝的題字怎麼不見了，他說那是李登輝 1992 年送給他祝壽的，他"可以掛也可以不掛"。後來聽說他與友人提起對媒體關注此一題字不滿說："那只是（李登輝）一種禮貌性的表示，並不是他自己寫的，我也是禮貌性地掛一掛。"

中國改革開放以後，雖然顧毓琇年事已高，但他樂意幫北京的忙。他透露，1983 年與鄧小平會談時，提的一項建議是北京應注意與華盛頓進行元首外交，因為白宮的權力非常大，許多問題只有兩個元首交往才容易解決。鄧小平採納了他的意見，趙紫陽於 1984 年 1 月訪美，並邀請里根總統於同年 4 月訪華，使中美關係一直穩定到六四事件發生。

1989 年六四事件後，顧毓琇不顧壓力又率團前往北京，給了正處於困難時期的北京政權及時支持。他後來對記者說，趙紫陽根本不懂學運，我是學運出身的人，江澤民也有學運經驗。如果學運不處理，中國就成了美國殖民地。

他還說，中國絕不能買美國的武器裝備。國民黨爲什麼敗給共產黨呢？因爲國民黨是美式裝備，美國卻沒有及時提供彈藥。現在也一樣，你花昂貴的價錢買美國裝備，一是淘汰快，二是到時他不給你彈藥怎麼辦？

在那次採訪中，顧毓琇對兩岸關係很樂觀，說台獨現在越來越不行了，理由無他，"台灣的經濟只有依靠大陸才會發展"。另外，他說，李登輝宣佈他不再連任，這是一個好事情。等李登輝 2000 年下台了，兩岸關係就好談多了。

他對台灣看好蕭萬長，稱此人學外交出身，但看出台灣外交沒有希望，轉而從事經濟工作，表現很不錯，很快就當了行政院長，前途無可限量；對大陸看好朱鎔基，說朱應得諾貝爾經濟學獎。對江澤民，他反而不願作出太多評價。

江澤民喜歡背誦文章詩詞已是舉世皆知，顧毓琇則是喜歡考問別人的知識。他甚至對前去採訪的中共的記者提問，你們知道江澤民在中共十五大上作的政治報告講了一些什麼？中共的記者不知道怎麼回答好。這不像是一個海外教授的提問，而像一個中共元老的口吻。

當然，顧毓琇最喜歡問的還是，朱鎔基是那所學校畢業的？黃菊、吳邦國呢？如果回答是清華大學，他很高興，他會告訴你他做過清華大學的工學院院長；吳健雄在哪里讀過書？最好回答是中央大學，因爲他曾在 1945 年擔任過中央大學校長；他也問到蕭萬長、胡志強在哪所大學讀的書，張京育又做哪所大學校長？如果你不能告訴是政治大學，他會批評你程度不夠，因爲他是政治大學首任校長。他還會告訴你，他擔任過國立音樂學院首任院長，也是上海戲劇學院的創辦人。

資格太老，桃李太多，顧毓琇到晚年得藉助花名冊才能弄清自己的學生。有一次他在接受記者採訪時，花了許多時間介紹他與當年剛獲得諾貝爾物理學獎的華裔學者朱棣文一家的關係，朱棣文及其父親都曾是中央研究院院士，顧毓琇亦曾是中央研究院院士。人稱他爲“文理大師”，應該不是過譽。

回國後江綿恒成中國“電信大王”

1992 年 10 月，江澤民在中共十四屆一中全會上當選爲中央政治局委員、常委、中央委員會總書記，出任中央軍事委員會主席。五個月後，江澤民又在第八屆全國人民代表大會第一次會議上當選爲中華人民共和國主席、中華人民共和國中央軍事委員會主席。此時，江澤民已掌握黨政軍大權。

1993 年 1 月，江綿恒帶著全家從美國返回上海，在中科院上海冶金所擔任研究員。四年後的 1997 年，升任該所所長。正是在此期間，江綿恒一邊從事學術研究，一邊投入商海。

江綿恒回國一年後，便在上海灘嶄露頭角。有關江綿恒的第一桶金，不少相關資訊都提到，1994 年江綿恒用數百萬人民幣“貸款”買下上海市經委價值上億元的上海聯合投資公司，隨後通過這家投資公司開始“打造”他的“電信王國”。

據說，上聯是由一位姓黃的上海市經委副主任策劃創辦，並爲此而付出了大量心血。但是成立和運作了三個月之後，黃突然被調回經委，然後“空降”而來誰也不認識的江綿恒，並且自任董事長兼總經理而成“電信大王”。

　　江綿恒以上聯爲個人事業的旗艦，坐鎮上海，很快就成爲上海灘風雲人物。由於他的特殊身份，海外華裔和西方商人包括雅虎掌門人楊致遠等都紛紛上門拜訪或投靠。

　　鄧小平去世後，美國《華爾街日報》曾發表一篇文章介紹 "中國第一太子" 江綿恒，稱其身份是上海聯合投資股份有限公司的法人代表、總裁和董事長，已成功地擴展了他的事業王國。據稱，他在爲中國大陸建造一套完整先進的電訊系統。他的計畫一旦成功，將可讓更多的大陸人撥打更便宜的國際電話和更快速的上網。

　　《華爾街日報》的文章還引用美國一些跨國公司老闆的話，吹捧江綿恒作風大膽、直接、開放，而且行事低調。文章還故意透露江澤民擔心兒子經商，希望江綿恒能離開上海到北京的中國科學院做學術研究。

　　就在這篇文章發表一個月後，也就是 1999 年 12 月 2 日，在國務院宣佈的任免名單中，出現了江綿恒的大名，他被任命爲中國科學院的副院長。其後多家西方傳媒都大肆報導江綿恒，他儼然成了炙手可熱的人物。江澤民去香港出席 "財富論壇" 會議時，帶著坐著火箭成爲中共國家領導人的兒子去會見那些世界級大富豪。據說，那一次江綿恒簽了不少訂單。

幾年時間江綿恒已建立起他的龐大電信王國。1999 年，江綿恒找來原先在美國創立亞信公司的田溯寧出任首席執行官，斥資百億元在中國鋪設長達 9000 公里的光纖網絡，在 2001 年 2 月一次對外集資 3 億美元的活動中，更吸引美資高盛、傳媒大亨梅鐸的新聞集團入股，但江綿恒在網通集團並沒有任何職位。

　　2001 年上聯和上聯控股的公司已有十餘家，如上海資訊網絡、上海有線網絡、中國網通等。業務相當廣泛，如電纜、電子出版、光碟生產、電子商務的全寬頻網絡等。

　　上海商界人士稱，江綿恒的董事頭銜多得數不清，上海若干重
要經濟領域他都染指。甚至上海過江隧道、上海地鐵的董事會，他
也有份。這時的江綿恒，既是中國"電信大王"，也是上海灘的"大
哥大"。據稱，在香港上市的鳳凰衛視，也引入江綿恒做策略股東，
佔有部份乾股股權。就是一分錢也不投入，但分錢的時候一分錢不
能少。

江綿恒

　　江綿恒走的不是官商勾結的路，而是亦官亦商。在江綿恒升任
中科院副院長後，港台媒體引述北京政壇的消息說，江綿恒升任中
科院副院長，是江澤民大總管曾慶紅在掌管中組部大權後對江澤民
作出的報恩行為。本來在曾慶紅擬出的第一批人事名單已將江綿恒
擺到副部級的中科院副院長位上，只因顧慮黨內反彈，才拖延到年
底。

　　但也有人認為這是一宗針對江澤民的陰謀，江綿恒只是一個普
通博士，科學上毫無建樹，擺到如此尊榮顯貴的學術位子上，只能

顯示江澤民父子的不智，不但有損江澤民的形象，也會引起黨內的不滿。

在沒有"中國網通"之前，江綿恒是"網通"老闆，據說他曾揚言說要吞併"北方電信"，其實此時的"網通"根本沒有能力收購"北方電信"，但很快中國電信就一分為二。中國政府在 2001年決定分拆原中國電信集團為南北兩大公司，"北方電信"十省則併入網通。2002 年 5 月網通集團成立，旗下三家分公司為"網通南方"、"網通北方"及"網通國際"。當時網通集團由張春江出任董事長，田溯寧仍出任網通集團副總經理，兼網通南方及網通國際總裁。

2004 年 9 月，作為內地四大電信商最後一個沒有上市的公司，"網通"的上市時間表一拖再拖，10 月是最後期限。為何四大電信商中的三個都有上市實力，而江綿恒卻在得到北方電信十個省固定資產後還是沒有資產？錢哪里去了？

據報導，那段時間，江綿恒把網通三次整合後又統統撤銷，在令人眼花繚亂的整合、撤銷把戲中他把國家電信資產都收集到自己手中。江綿恒親自選來的中國網通總裁張春江曾毫不隱諱的說：這一切就是"為了股票上市"。說白了就是把國有資產掏空了化為己有，讓買"網通"股票的人買單。

六年後的 2009 年年末，正是這位江綿恒當初最得意的助手張春江，因嚴重違紀被中紀委雙規了。據傳，此案可能和網通上市有關。跟網通有關，也就意謂著跟網通幕後老闆江綿恒有關。由此看來，此案的好戲還在後面。

傳江綿恒曾給張春江購買一套別墅

　　2004 年 11 月，中國網通在紐約和香港同時上市。新浪科技報
導說，北京時間 11 月 17 日上午 10 點，中國網通（HK-0906）在
香港聯交所掛牌交易，當日成交金額 27.7 億港元。中國網通在 11
月 16 日晚在美國紐約證券交易所掛牌交易，首日交易收盤大漲 14%
至 24.9 美元，成交量達 788 萬股。

　　中國媒體報導說，網通此次上市的資產包括北京、天津、山東、
河北、河南、遼寧六個北方省市和上海、廣東兩地的通信網絡，以
及網通國際和亞洲網通，這些都是網通最優良的資產。

張春江

　　中國網通集團將全球發售 10.46 億股股份，當中 9508.9 萬股爲
舊股，而發售股份當中的 1.046 億股爲在香港發售，其餘爲國際配
售，每股發售價在 7.8 元至 8.91 元之間，以中位數每股 8.36 元計
算，預期集資淨額 75.21 億元。

　　《中國經營報》稱，上市後的中國網通，也形成了一個中西管
理文化融合交匯的全新管理架構。分析人士指出：網通的新管理層
是一個來自不同背景的精英組合。其中，董事長張春江曾經長期擔

任國家資訊產業部副部長，具有豐富的電信產業監管經驗；CEO田溯甯作為公認的"海歸"精英，具有豐富的創業者經驗，是一位有激情、有經驗的開拓型的管理專家。

而港台媒體指出，網通成功上市，高層持股惹人關注。根據網通招股說明書，由九名人士組成的網通董事層將獲得 6,840,000 股期權，公司的 7 名高層將獲得 5,170,000 股期權，其他 440 名管理人員將獲得總共為 146,630,000 股期權。

張春江出任執行主席兼執行董事，冷榮泉任副主席兼非執行董事，田溯甯出任執行董事兼首席執行官，上述三人均獲得 920,000 股期權。

但海外媒體披露說，當初，江綿恒為了網羅張春江，除了優厚待遇外，江還在北京給張買了一套別墅。江綿恒看中了專業是電信監管的張春江，所以在張春江遭排擠後將其拉入網通。2003 年 5 月張被任命為中國網絡通信集團公司黨組書記、總經理。

中國網通上市前，香港《明報》2004 年 10 月 15 日報導說，市場消息透露，由前中共中央軍委主席江澤民的兒子江綿恒創辦的中國網通，已口頭通過港交所上市聆訊，預計在 11 月中在港美兩地上市，集資額 10 億美元（約 78 億港元），保薦人為高盛證券、中國國際金融及花旗集團。有市場人士認為，根據和記電訊國際（2332）招股反應冷淡的經驗，中國網通勢必要提高派息比率及以較低市盈率定價，才能吸引投資者重投電訊股懷抱。

《北京晨報》2004 年 9 月 13 日報導，作為內地四大電信商最後一個沒有上市的公司，網通的上市時間表已經一拖再拖，下個月是最後期限，在香港、美國的"造勢運動"也已進入倒計時。收購電訊盈科旗下的香港電話公司，無疑是網通上市之前的最大賣點。

當時有海外媒體指出，電訊盈科的老闆是李澤楷，他是香港首富李嘉誠的小兒子，江綿恒的中國網通集團根本就是個空殼，他想在美國打著香港首富李嘉誠的旗號上市，但終因收購價格問題使談判"觸礁"。

網通的第一次整合應該算是 2002 年整合吉通，第二次網通的整合就是 2003 年底北方、南方和國際三家股份公司成立。第三次整合最駭人，2004 年 7 月初，把剛剛整合的網通北方、網通南方和網通國際三大子公司全部登出。與此同時，網通集團南方公司下屬的西南和西北分公司和四川等六個股份公司也同時撤銷，成立六個省通信公司，網通控股的所有分公司也一併撤銷。今後網通所有省公司的管理和運營職能收歸集團總部！

在三大子公司註銷後，網通成立統一的中國網絡通信股份公司，一切動作都爲達到完成網通的"上市"工作。

張春江在 2003 年 11 月網通南方國際公司掛牌的成立儀式上透露，網通三大子公司主要是臨時過渡性公司，其主要目的是爲了整合網通集團內部的各項資產，並最終在整合完成後合併成立股份公司，在香港或美國上市，而網通股份將通過向母公司網通集團回購未上市部份的資產，最終實現網通集團業務的整體上市。

張春江涉電信系統 30 年最大腐敗案

張春江終於出事了！他是 2009 年最後落馬的部級高官？這是在張春江被雙規消息傳出後，網民的一致反應和疑問。

經濟觀察網 2009 年 12 月 26 日訊：張春江涉嫌嚴重違紀的消息來得十分突然。一個月前，張春江還出現在媒體上，對"中國移動堅決切斷黃色網站"發表感言。即使現在，其簡歷仍赫然保留在中國移動的官方網站上。

據新華社 12 月 26 日消息，“經中央紀委負責人證實，中國移動通信集團公司黨組書記、副總裁張春江因涉嫌嚴重違紀，目前正在接受組織調查。”這可能是近三十年來，中國電信系統的最大涉腐案件。

消息人士透露，張春江被調查，應該與中國移動沒有關係，“他 2008 年 5 月才來移動上班，並沒有分管具體業務。”2008 年 5 月 26 日，國資委和中組部曾宣佈，張春江在中國移動的主要工作是主持集團公司黨組全面工作，並分管人力資源部。

2008 年 5 月，由於中國運營商大重組，張春江從中國網通集團總經理和董事長職位上調任中國移動二把手，任中國移動執行董事、副董事長、集團公司副總裁和黨組書記。他在中國移動的新職位月薪爲 10 萬元，每年董事袍金 18 萬元。

張也是中國運營商高管系統中，較爲年輕的一位，但是他在中國郵電系統資歷頗深，有超過 26 年的電信行業管理經驗。曾歷任遼寧省郵電局副局長、郵電部移動通信局局長、電信總局副局長、資訊產業部副部長等。2003 年 5 月開始擔任中國網通集團總經理。張春江一直被冠以中國通信業改革派的強硬人物，其作風雷厲風行。

關於張春江的職務方向，電信運營商圈內早有各種傳言。在 2004 年，中國網通在香港上市期間就有消息傳張春江在 IPO 完成後將調往黑龍江省任副省長，但此後再無下文。

也曾有消息稱，中國移動集團總裁王建宙已經 59 歲，離國資委規定的央企領導人 60 歲退休年齡只有半年時間了，而張春江出生於 1958 年 7 月，顯然是爲接班而來，因爲中移動此前並沒有設副董事長一職。

2009 年 2 月，又有消息指出，張春江可能會離開中國移動到 中國聯通任職，但數月過去，未見動靜。

香港《明報》12月28日報導，港股休市三日期間，突然爆出中移動（0941）副董事長、兼中移動集團黨組書記及副總裁張春江被調查的消息，證券業人士認為，事態尚在發展，是否涉及上市公司以至哪一家上市公司都未明朗，中移動等中資電訊股可能受壓。中移動在恒指佔比甚重，分析普遍認為，港股難免受波及，恒指短期走勢不太樂觀；惟亦有指中資電訊股一向跑輸大市，港股淡靜主要受成交量低影響。

張春江

中移27日晚發通告表示，前日（25日）獲悉張春江因涉嫌個人嚴重違紀，目前正接受有關部門調查，董事會將密切跟進情況並在適當時候作出進一步公佈。

星展唯高達證券董事黎永良形容，張春江被查是近年內地電訊業最大的醜聞，"張氏是次被查，是否涉及中移動業務還是未知之數"。

其實張春江先後任職多家內地電訊公司，真正曾由他掌舵的是已併入聯通的中國網通，調任中移動後反而不是領軍人物。內地因而有很多揣測，在事情未明朗前，其他中資電訊公司也可能被傳捲入其中。內地媒體 IT 商業新聞網引述電訊評論家、飛象網總裁項立剛稱，中國網通併入聯通除了是業務上的合併，更是財務上的合併，或因當中財務審計等環節出了問題，張春江等原網通高管因而接受調查。

《明報》指出，已確認正在接受調查的張春江，除了官運亨通外，在香港也薄有名氣。主要是因為他擔任網通香港董事長期間，曾帶領網通以 79 億元代價，入股電訊盈科 19.9% 股權。不過，李澤楷在一年後即籌畫出售電盈資產，對此，張春江曾多次公開表態，反對電盈出售資產和不再增持電盈。至此，張、李兩人從入股初期的互相吹捧，急降溫至貌合神離。

張春江非常懂得營造積極的媒體形象。任職網通董事長時，張春江的幽默風趣和坦率的對答，深得香港媒體喜愛。2007 年，張春江曾在記者會上形容網通和電盈的關係如同寫"章回小說"。他出席網通業績記者會時，都會有問必答。

不僅如此，張春江還深諳內地的宣傳政策。2008 年 5 月任職網通董事長時，曾連夜趕赴四川地震區指揮工作。就任移動集團黨組書記後，也曾代表公司前往新疆看望受 2009 年"7·5 事件"影響的員工。

張春江為何被雙規，劍指江綿恒？

張春江被雙規後，有媒體報導稱，張被雙規的起因源自前段時間創業板上市的神州泰岳，中國移動內部已經審查了一批與神州泰岳關聯的中高層幹部。神州泰岳是中移動飛信業務的合作夥伴。中移動飛信業務的很多軟體都是由神州泰岳開發提供，中移動飛信機房就放在神州泰岳公司。

有意思的是，此報導剛一出來，就立即遭到神州泰岳的否認。神州泰岳 12 月 28 日發表公告澄清，並表示公司的各項業務均是通過正常而嚴格的招投標等合法程式，不存在違法違規的行為。言外之意，張春江被雙規與其完全無關。

據《財經》12 月 30 日報導稱，中證監發審委高度關注張春江案，有發審委員表示，對中移動的紅籌回歸感到憂慮，若張春江案件涉及中移動業務或財務問題，中移動或不能成為首批在上交所國際板掛牌的公司。

既然，神州泰岳稱張春江落馬與其無關，因中移動落馬的嫌疑也不大，那麼，張到底因何被中紀委雙規的呢？

我們來看看人民網 12 月 28 日發表的分析文章是如何解疑的：

讀到張春江被雙規的新聞後，人們一定都會產生疑惑，也不禁要問，張春江究竟犯了啥事？像張春江這樣領著高薪的高管，咋還要涉嫌經濟問題？還要去貪污受賄？張春江是否也因女人而落馬？等等，都是人們待解的疑問。

其實，人們對貪官落馬是司空見慣的事了，因為，貪官落馬說到底都是與錢和女人有關。所以，不管張春江，還是陳同海，還是康日新，儘管他們都是國企老總高管，領著高薪，一樣跳不出“錢與女人”的怪圈，而走上犯罪的道路。可以說，張春江他們的落馬，揭示了一個真理，就是“高薪既不能養廉，也不會防腐”。

那張春江究竟因何落馬？換句話說，張春江落馬的“導火索”是什麼？

其實，關注時政的人們都知道，張春江是去年 5 月才擔任中國移動集團黨組書記、副總裁一職的。從公開報導看，張春江是個頭面人物，12 月 17 日，他最後一次出席公開活動，在“祝福祖國”

文明公益短信傳遞活動啓動儀式上致辭。12 月 3 日，張春江就遏制手機黃色信息表態。

　　而從經歷來看，今年 51 歲的張春江畢業於北京郵電大學，此後長期在電信領域工作。2000 年，42 歲的張春江出任資訊產業部副部長，是當時較爲年輕的副部級幹部。2003 年 5 月，張春江出任電信重組分拆後的中國網通集團黨組書記，總經理。2008 年，中國電信業體制改革，中國網通併入中國聯通，由中國聯通董事長常小兵擔任重組後的中國聯通董事長，張春江五月調入中國移動擔任黨組書記和副總裁。2008 年 6 月，張春江擔任中國移動（香港）有限公司執行董事、董事長。

江綿恒

　　實際上，細心的人還會發現，張春江犯事的“導火索”，就是中國電信業體制改革，中國網通併入中國聯通。因爲，有人曾舉報，張春江“虛報網通財務”。有消息人士證實：“這次事情和重組有關，聯通和網通的合併中，網通的帳面是盈利的，但重組後，聯通發現有大量的虧損，有關部門早就有介入，這不是一天兩天的事情了。”

　　從以上事實來看，張春江就是利用"虛報網通財務"，將國企資產變成"壞賬"，再利用企業改制、合併之際，對"壞賬"進行核消，將"公產"轉爲"私產"，而達到貪污腐敗的目的。這既是國有資產"無聲無息"流失的重要途經，也是張春江落馬的原因所在。

　　此外，新浪博客的一篇文章也指出：張春江這幾年只幹了一件事，就是整合網通。網通從當年整合小網通開始就有一大把歷史包袱，張春江鐵腕整治了小網通、吉通，但整合了後的網通並沒有順利走上盈利的道路，網通的業績也因爲整合而一路艱險。

　　如果說張春江等一批網通財務高管虛報網通業績，目的是在聯通重組網通後，張春江希望有機會出任聯通一把手。那麼現在東窗事發，頂多也就是違紀，算不上嚴重違紀。如今被定位嚴重，大概是這造假後面，還有更深的文章。

　　網通財務造假只是個表像，如果揭開這個表像的蓋子，大概下面是漩渦。當年網通整合的時候，北方十省老電信公司員工怨聲載道。當年張春江調任移動的時候，網通基層員工對他評價並不高。

　　可惜這位曾被譽爲電信改革強硬派的人物，一個被許多人看好的年輕幹部，網通整合成了他仕途的轉捩點。

　　讀完這兩篇分析文章，有關張春江爲何被雙規的疑問也差不多解開了。正如海外媒體早在中國網通在美國上市後所揭露的那樣：把網通三次整合後又統統撤銷，在令人眼花繚亂的整合、撤銷把戲中使國家電信資產集中在自己手上。張春江毫不隱諱的說："爲了股票上市"。也就是自己把家敗了，讓別人募捐。

　　在三大子公司註銷後，網通成立統一的中國網絡通信股份公司，一切動作都爲達到完成網通的"上市"工作。可以認爲，江綿恒把掏空了的國有公司扔給美國和香港的商人們去輸血。

這就是人民網的文章所說的"國有資產'無聲無息'流失"，"是張春江落馬的原因所在"。也是新浪博客所說的"如果揭開這個表像的蓋子，大概下面是漩渦"，"還有更深的文章"。

那麼，這些國有資產"無聲無息"地流失到了哪里？誰又是下麵的"漩渦"？"更深的文章"指的又是誰？

恐怕答案只有一個！

包養多位情婦，造假賬隱瞞 200 億虧空

2009 年最後一天，中央組織部有關負責人證實，張春江因涉嫌嚴重經濟問題，中央已決定免去其中國移動通信集團公司黨組書記、副總經理職務。

2010 年元旦過後，中央紀委通過新華網證實，張春江因涉嫌嚴重違紀，目前正在接受組織調查。

中國共產黨新聞網的消息稱，據中央組織部有關負責人證實，中國移動通信集團公司黨組書記、副總經理張春江涉嫌嚴重經濟問題，中央已決定免去其現任職務。

2010 年 1 月 7 日晚，中國移動香港上市公司發佈"董事免職"公告，稱董事會通過決議，免去張春江在上市公司中擔任的副董事長兼執行董事的職務。

公告稱，因張春江先生涉嫌嚴重經濟問題，並經本公司之控股股東中國移動通信集團公司建議，董事會決議通過免去張春江先生于本公司的副董事長兼執行董事的職務，並向張春江先生送遞一份書面通知，其免職自 2010 年 1 月 7 日起生效。

公告還指出，"據本公司所知，董事會與張春江先生並沒有持不同意見，除本公司於 2009 年 12 月 27 日、2009 年 12 月 31 日所

作出之公告及本公告所披露者外，並沒有關於張春江先生被免職的事項需提請本公司股東注意。本公司確認免職一事將不會對本集團的業務和運營有任何重要影響。"

對於張春江緣何落馬，資本市場的猜測版本頗多。據《財經》記者調查，目前查證張春江的經濟問題與中國移動無關，主要發生於中國網通集團（有限）公司（下稱網通集團）的任期內，可能涉及 2008 年 5 月網通與聯通合併前，虛造網通盈利、隱瞞巨額虧空等事項。

據介紹，先于張春江，原網通集團財務共用中心副經理王暉等張氏舊部，均已被查。此外，張春江個人生活腐化墮落，包養多名情婦的問題也漸次曝光。

《財經》指出，現年 51 歲的張春江，身材魁梧，與人交往時常現 "作風強勢，思路開闊" 的形象。但在下屬眼裏，張爲人粗魯，嗜酒如命，"近年來身體很差，患有高血壓、糖尿病"。

作爲電信改革的先行者，張春江親歷了過去十年的兩次重大改革，其中一次是 2001 年國務院批復的《電信體制改革方案》，中國電信集團公司、網通集團相繼掛牌。張春江 2003 年開始執掌網通集團；另一次改革在 2008 年，網通順應 3G 發展與中國聯通的 G 網合併成新聯通集團，張春江調任中國移動。

據知情者介紹，正是 2008 年這輪改革，使得張春江執掌網通時期的灰賬得以曝光。組建於 2002 年 5 月的網通集團主要包括三部分：成立於 1999 年的中國網路通信控股公司（下稱 "小網通"）；從中國電信拆分出的北方十公司（北京、天津、山西、山東、內蒙古、河北、河南、遼寧、吉林、黑龍江）；成立於 1994 年、重組於 2000 年的吉通網路通信股份有限公司（下稱 "吉通"）。人員共計 22 萬名。

　　張春江對此採取了鐵腕政策大力裁員，並積極推進旗下控股公司中國網路通信集團(香港)有限公司(下稱香港網通)的上市。2004年11月，香港網通相繼在香港、紐約掛牌上市。

　　根據香港網通的年報和財務報表，2003年公司巨虧111.1億元，其原因是進行了257.78億元的固定資產減值。上市首年公司實現淨利潤92.48億元，此後逐年增加，營業收入保持在800億元至900億元之間，淨利潤超過百億元。

　　在併入聯通前的2008年1月至6月，香港網通公告的收入是411.25億元，淨利潤58.77億元，與此前正常水準相當。

　　不過，消息人士向《財經》介紹，聯通接手後，發現網通存在巨大的虛報業績行為，“實際虧空可能達200億元。”該人士分析，網通高管虛報業績的目的，是寄望于張春江執掌新聯通。但事與願違，張轉任中國移動副手，其早年灰賬亦被新聯通發現。

　　這位人士進一步證實，張春江案的調查組一直駐紮在聯通總部，而包括原網通集團共用中心副經理王暉，已事先捲入了調查。

　　《財經》獲知，王暉被查不久，張春江與妻子離婚，有關資產已轉至其妻名下。此外，張春江還被查實個人生活腐化，包養多位情婦，“張在資訊產業部副部長任上時，就曾與一位女下屬王某關係親密。該女子後與在財政部工作的丈夫離婚，隨後被張調至某下屬公司任副總經理。”知情人士說。

　　還有消息指，張春江至少有三個情婦，而且都是他的部下，都是在工作中勾搭成奸的，這些女子先後經他的安排，分別進入網通、聯通、中移動三大公司任職。消息還稱，中紀委2009年底先從王暉入手調查，她頂不住壓力才供出了張。而王暉被拘後，張春江自知不保，即與妻離婚，並將所有財產轉到妻子名下。

　　但也有業界人士指出，張春江等一批財務高管虛報網通業績，目的是，在聯通重組網通後，張春江希望有機會出任聯通一把手。但結果事與願違，張春江出任了中移動二把手，常小兵出任聯通一把手，新聯通重新審查網通財務時發現作假問題，以常小兵爲首的新聯通等不想背上原網通債務包袱，從而激化了矛盾。

此外，更有消息稱，張春江是只替罪羊。關於他的調查，中紀委早就秘密開始了。初步可以判斷，張春江出事是到移動之前的事情。只是沒有找到合適的時機發佈消息而已。原因是，中移動是上市公司，怕影響股價。網通從當年整合小網通開始就有一大把歷史包袱，張春江鐵腕整治了小網通、吉通，但整合了後的網通並沒有順利走上盈利的道路，網通的業績也因爲整合而一路艱險。

也有評論指出，當時小網通田溯寧的離職，換來了網通表像下的順利，但爲什麼會爲今天埋下巨大的炸彈，誰從中獲利了，相信明眼人都知道張春江只是某個利益群體的替罪羔羊，當然張自己也肯定會有問題，只是相對那些狼來說，他是一隻羊。

兩岸公子聯手，上海打造新半導體王國

2000 年 11 月 18 日上午 10 時 30 分，由中國國家主席江澤民之子江綿恒、台灣著名企業家王永慶之子王文洋，被稱爲 "兩位物理學博士攜手合作的高科技項目" ——上海宏力集團半導體製造有限公司，在浦東張江高科技園區，舉行開工慶典。

新公司的總投資額，如果包括流動資金在內，將超過 16 億美元，註冊資本額爲 7 億美元，公司計畫分兩次融資，而第一期資金的 4 億美元，已經全數被認購，據說投資者有來自東南亞、美國科技股市和國際專業公司。

新加坡《聯合早報》說，據瞭解，江綿恒和王文洋在新公司內，

分別擔任副董事長和總經理之職，董事長由美籍華人蔡瑞珍出任。目前，中國進口半導體的需求強勁，以 1999 年為例為 75 億美元，2000 年估計超過 100 億美元，國內生產數量有限，因此，市場需求潛能很大。

《聯合早報》說，北京方面對此項目非常支援，一般外資項目的稅務優惠是"兩（年）免（稅）三（年）減半"，此項目則是"五免五減半"，這也是中國對於發展高新技術產業的有力支援。

江王二人興建的這家八英寸晶圓廠，可說是兩位年輕企業家"志同道合"的結果。據王文洋告訴《亞洲週刊》，他和江綿恒是好朋友，兩人都有投資晶圓廠的夢想，故一拍即合，共同為實現願望而努力。

王文洋說，他和江綿恒，一個是留英的物理博士，一個是留美的物理博士，而且是同年同月出生，兩人都是 47 歲，他們是通過王文洋姐夫的介紹而認識，並成為好友。他們是在日本參觀半導體企業後，萌生創辦中國首個八英寸晶圓廠的念頭。

王文洋對江綿恒的看法是，"做事認真卻低調，雖貴為國家主席之子，不但沒有傲氣，還很謙虛，是個難得的領導和專家，他不為私利，考慮的都是國家利益"。因此，王文洋說，"我以有這樣的好朋友為榮"。

據瞭解，晶圓廠落戶的張江高科技園區，是屬於國家級高新技術園區，區內的三大基地的建設分別是，國家資訊產業基地、國家科技創業基地和國家上海生物醫藥科技產業基地，園區 1999 年的年產值為人民幣 50 億元。

2000 年 5 月 13 日，中國國家主席江澤民曾經到園區視察，全國政協主席李瑞環和副總理李嵐清，也分別在 5 月 3 日和 7 月 23 日，到張江高科技園區參觀訪問，顯示出中國的中央領導，對這個高科技園區的高度重視。

　　看完這些報導，如果真以為這家合資企業的投資來自兩位公子，或者說投資者來自海外的話，那就大錯特錯了。用港台媒體的話說，江綿恒和台商王永慶的兒子合作搞宏力微電子公司，總投資64美元，雖然號稱合資，但據王文洋透露，實際上他一分錢沒出，全是江綿恒從銀行弄出來的錢。

江綿恒和王文洋

　　兩岸最有權和最有錢的公子合作建廠一事，在當時引起港台和海外媒體的密切關注。有評論指出，兩位公子合作，大陸官方自然大開綠燈，上海市政府保證全力支持，大陸的國家銀行已同意慷慨貸款 25 億美元，政府並且還會向這個特殊的工程提供最優惠待遇，包括五年免稅等。

　　這項投資大手筆使中國第一太子炙手可熱的江綿恒繼 1999 年11 月突然擔任中國科學院副院長之學術高位後，再次成為新聞熱點人物，也使中共"太子黨"縱橫商海又成新聞話題。

　　而江綿恒與日後合作的王文洋也是他在美國讀書時相識而建

立的交情。當時王文洋因在台灣鬧緋聞後遠走美國，在加州柏克萊大學任客座教授。一個貴公子，一個富公子，一拍即合，成爲至交。王文洋能夠脫離台塑及他在台創建的南亞集團到大陸去拓展商機，甚至可以說是借助了江綿恒的交情。

王文洋 1996 年到大陸創建的宏仁集團，江綿恒已是股東之一，據悉，參股權約百分之十。最初宏仁在廣州設廠，但成績欠佳，在江綿恒幫助下，2000 年初將總部遷往上海浦東，兩人並共組宏力集團生產半導體晶圓。

據宏仁內部的人員說，兩公子門當戶對，王文洋常到江綿恒北京家中作客，並見過江澤民。而且江綿恒還多次出席宏仁集團一些正式場合，並與王文洋的生母王廖楊嬌、妹妹王雪齡寒暄聊天，關係甚爲親密。

不過，王永慶在回答有關兒子在大陸投資晶圓廠的問題時，強調那是王文洋的事情，他不知情，但他也說，王文洋會作出相關的投資決定，應是"有自己的算盤"，也應是對於這一投資的可行性有把握才會去投資。

王永慶與王文洋的父子關係因爲王文洋數年前及兩年前發生的兩起緋聞而淡化，王文洋也因此離開台塑集團，自行創業。

據知情者說，王文洋因爲可以在大陸通天，代人傳個話的事是有的，但未必是甚麼正式密使。不過大陸在這方面卻並非如此簡單。北京消息人士說，江綿恒與王文洋合作不排除是在父親授意下的政治考慮，有意結交王文洋，以便通過他影響其父王永慶，再影響台灣的兩岸經貿決策。消息人士說，有點來頭的台灣商人到上海做生意，許多人都會走江綿恒的路子，而江都樂意應酬，似乎有心做統戰工作。台灣民進黨主席謝長廷原擬當年 8 月到廈門訪問，外傳是江綿恒牽線，謝長廷雖否認，但很多人認爲絕非空穴來風。

　　2001 年 5 月 21 日《時代》週刊亞洲版以陳水扁爲封面，刊出有關專題報導。在報導中並且分析台灣產業出走大陸的問題。它說，台灣最著名的企業家之一王永慶相處不睦的兒子王文洋最近與中共國家主席江澤民的兒子江綿恒在上海展開了一項總投資額達到 16 億美元的八吋晶圓廠合作案，這項合作案彰顯了最令台灣陳水扁總統憂慮的經濟趨勢。

　　《時代》週刊說，台灣兩項最大的資產是晶圓和人才，但這兩項資產都正逐漸出走到中國大陸。台灣生產全世界百分之十的積體電路、超過百分之六十的主機板和大部份的筆記型電腦。現在所有這些產業都在中國大陸找到了未來，因爲中國大陸工資低廉，專門技術人才不僅薪資較低而且已能充份供應。同時，台灣本身的工作人員也喜歡選擇中國大陸，這不只是因爲中國大陸值得投資，而且因爲它居住環境良好。大約有 30 萬台灣人，其中大多數是經理階層，已經出走到中國大陸，而上海就是最熱門的地點。

　　《時代》週刊還說，台灣政府官員私下承認，他們也擔心台灣積體電路公司最後會移到中國大陸生產。在五年以內，中國大陸可能會讓台灣失去技術優勢，並且吸走台灣的優秀人才。

落選院士，中科院對江綿恒說 "不"

　　兩年一度的中國科學院院士選舉結果 2009 年 12 月 4 日揭曉。江澤民長子、中國科學院副院長江綿恒落選。而江綿恆的姑姑，即江澤民的妹妹江澤慧是前中國林業科學院院長，曾經兩度參選中國工程院院士，最終也未能中選。

　　兩位 "王室" 成員落選院士，應該是競爭劇烈，強中更有強中手。對此，中科院院長路甬祥表示，此次增選堅持 "科學、客觀、公正、公平的原則"，"力求評審和選舉結果能夠經得起實踐、社會和歷史的檢驗"，看來並非虛言，而且做到寧缺勿濫。院士每次增選總名額不超過 60 名，但今年中科院只選出 35 名。

這 35 名院士是從最初的 296 名候選人，到通過通信評審的 145 名初步候選人的基礎上嚴格遴選產生。江綿恒進入 145 名初步候選人名單。

媒體報導稱，今年 58 歲的江綿恒，復旦大學畢業，中國科學院研究生院碩士，是美國費城德雷塞爾大學電機工程學博士，研究領域為凝聚態物理。取得博士學位 8 年之後，他在 1999 年就出任中科院副院長，目前還兼任上海分院院長。

江綿恆堪稱"全才"。官方資料顯示，他參與多個國家科研計畫的領導工作，包括載人航太工程副總指揮，探月工程副總指揮，上海光源工程總指揮；主持多個研究項目，包括燃料電池和氫能、煤基合成油、通訊小衛星、無線傳感網等項目；同時亦縱橫商場，擔任中國網通、上海汽車工業（集團）總公司、上海機場集團董事。

也許是這個原因，在他參選中科院士期間，海外網站出現了一篇題為"對江副院長選院士的一些看法"文章，署名"科院機關一工作人員"，認為江綿恆這幾年對中科院貢獻巨大，爭取到很多經費，發揮的作用"任何人所不可替代的"。

這位"工作人員"認為，江綿恆回國後很快走上領導崗位，幾乎沒有科研的經歷，主要主持和協調重大工程技術項目，因此他適合去參選中國工程院管理學部院士。

文章指出："近期，確實機關裏有人不斷議論有幾個主要的院領導暗示或者直接向院士們打招呼推動江院長選院士成功，以及田靜局長組織高技術口的所長以及專家們幫江院長整理申報材料。我認為，任何部門或者系統都有各自的私利，這是正常的，這點大家不用迴避。因此，我覺得院領導和局長所長們幫著推動江院長選院士的行為，是非常合情的，是知恩圖報的人性表現。"

文章接著寫道："只是從國家層面上講，這種合情的助選就不是很合理了。因為院士稱號不是科學院系統內的資源，它是全國意義上的院士。如果有人說，全國其他單位也都幫著自己的人通過公關活動來助選，但是科學院作為院士增選工作的操作單位，又是科研機構的全國老大，應該作表率，作為當事人的院級領導，更應該迴避這類事情。"

海外媒體評論說，一直以來，江綿恒被吹捧是電信大王、科技精英、商界奇才、政治明星於一身，一度可謂權勢最大的"太子黨"、"紅頂商人"。隨著胡溫的權力鞏固，幾年前周正毅案、劉金寶案、黃菊前秘書王維工案分別東窗事發。這些案件都涉及到天文數字的貪污受賄、侵吞公款，且據傳都與江澤民的兒子江綿恒有關。

在江綿恒落選後，大陸網民議論說："江綿恒是副院長，還沒評上院士麼？這事主要說明他爹的勢力不如前了。"

江綿康捲入西門子公司巨額賄賂醜聞

前文在介紹江家大公子江綿恒時，已提到次子江綿康的一些情況。網上不少資料在介紹江綿康時，都說他是在 1957 出生的，其實江綿康的出生年份應該是 1954 年。《他改變了中國——江澤民傳》中提到江綿康的出生：1954 年生於上海，1956 年在江澤民赴蘇聯學習返回長春第一汽車廠後，母親王冶坪帶著兩個兒子從上海去了長春。

此外，還有不少媒體稱江綿康是現任解放軍總政治部組織部部長、少將軍銜等，但事實證明此說有誤，江綿康的確當過兵，但早就退伍了，根本沒有獲得過任何軍銜。曾有傳聞稱，在江澤民離開軍委後，江綿康被破格提拔成少將軍銜。此說明顯是誤傳，因為直到目前，江綿康仍然是上海市建交委巡視員、市城市發展資訊研究中心主任，有關其活動的消息也經常見諸報端。

與高調的兄長江綿恒相比，弟弟江綿康還算是很低調的。李健撰寫的《江澤民在上海時的生活》一文，在談到江家的兩個兒子時說：江澤民有兩個兒子，長子江綿恒、次子江綿康。兩個孩子生在上海，長在上海。最讓王冶坪欣慰的是，兩個兒子很有出息，很爭氣。老大"文革"期間服從組織，上山下鄉，不僅表現好而且刻苦讀書，後來恢復高考，考上了大學，以後又考上了研究生，後又赴美留學；老二江綿康參軍，退伍後進了工廠當了一名普通工人，通過自學考入職工大學，並到德國西門子公司進修學習，期滿後回國。

對江綿康退伍後進了工廠當普通工人後考入職工大學這段經歷，網上也有一些說法。《陳良宇傳》稱：當時，江澤民的小兒子江綿康從部隊退伍回上海，正在一個工廠當工人。江澤民當時正在北京過著一張床、一張桌子、一個暖水瓶的日子，正在表現自己，所以照顧不暇。陳良宇得知以後，立即將江綿康調入上海電器科學研究所，調入之後，馬上又讓研究所出資，讓江綿康到上海市業餘工人大學讀書。俗話說，奶奶疼愛大孫子，媽媽最喜歡小兒子。江綿康正是王冶坪的心頭之肉。陳良宇傾力把江綿康從沒有文化的工人，調入研究所，並且培養成大學生，對於很愛面子的王冶坪來說，的確是非常實在的幫助。

雖然這一說法一直未有證實，但由此可以從中看出，江綿康退伍後的確當過普通工人，而且沒能考上大學，只能讀職工夜校。

關於江綿康讀夜大，六四後曾傳出幾位上海教授跟學生的爆料，稱江澤民曾為兒子江綿康上大學走過"後門"。教授們說，自文化革命結束，高考制度恢復後，當時的上海市長江澤民的次子江綿康因考分太低而入不了大學，於是市政府派人到該校找學校負責招生的教導主任，要求學校把還沒有發出的入學通知掉包換成江澤民的幼子江綿康。也就是說給一個考上大學的學生發一份不錄取通知書，把他的位置讓給市長的兒子。

這個傳聞還說：這一公然違反全國高教制度的無理要求，遭到該校原教導主任的斷然拒絕。更令人氣憤的是，不久這位堅持正義的教導主任被撤職了。市裡派來的新教導主任馬上掉包換名單，發入學通知給這個不合格入學的江綿康。後來聽說這個成績不怎麼樣的市長兒子江綿康畢業後又通過什麼路道去德國留學了。

這個傳聞也漏洞不少。最明顯的就是這所學校顯然是所正規名牌大學，但江綿康簡歷上一直寫著職工大學，並沒有讀過正規大學。可以說，從當兵到轉業，再到讀職工大學這些經歷，可以證實在讀書和學習方面，江澤康並不像哥哥江綿恒那樣聰明，可謂天資平平。這時的江綿康應該是"本分"的。

但，此後赴德國留學，然後又加入西門子公司，則是他的一個轉捩點。後來鬧出的西門子公司在中國巨額賄賂醜聞，都跟其留學德國有關。

江綿康是在上個世紀九十年代初留學德國的。據知情者說，由於江的背景和特殊身份，不久就被西門子公司錄用，在設在慕尼黑的西門子公司總部上班。西門子用江綿康主要是想讓他開展中國業務，而且江也在很短時間內便幫助西門子打了中國市場。在當時激烈的外商訂單爭奪戰中，西門子由於江綿康的關係順利拿到了訂單。從此，嘗到了甜頭的西門子就一發不可收拾了，據說江綿康的"租金"更是行情上漲。

　　有評論稱，和哥哥江綿恒比起來，江綿康更符合江澤民的家訓："悶聲大發財"，網民們極少看到他在哪里發財的消息。

　　據說，西門子第一次拿到中國訂單後，嘗到了甜頭的公司主管經常通過賄賂獲取商業合同，90%以上的中國業務是通過江綿康為首的"中間人"成交的。中國是西門子公司的第三大市場，僅次於德國和美國，但在行賄額方面，中國是西門子公司的第一大市場。西門子中國有限公司在中國設立了 70 個分公司，另設 60 個地區性機構，共有雇員 4.3 萬多名。

江綿康

　　江綿康到底得到多少錢？先看看西門子公司在意大利、德國、美國和其他國家的行賄額，心裏就能有點數兒。

　　調查表明，西門子公司投資印尼電訊部門的項目中發現大約 9 億多歐元的"不明支出"，而對意大利、德國、美國和其他國家的客戶商業賄賂的金額初步調查出 是 4 億 2 千萬歐元，還有記錄顯示，西門子公司曾經在德國賄賂工會官員，平息勞資糾紛。僅僅初步公佈的西門子公司行賄資金已經高達 14 億歐元。

　　在西門子賄賂醜聞曝光後，西門子中國有限公司總裁理查·霍斯曼 2007 年秋曾在上海表示，公司內部進行的調查顯示，西門子公司在中國的經營存在一些"不適當的商業行為"，西門子公司不能容忍這種行為，公司已經解雇了 20 名與這些"不適當行為"有關的雇員。

2008 年 12 月 17 日，上海《第一財經日報》報導，美國司法部文件披露，西門子中國公司在中國大陸涉嫌行賄，涉及合同金額約 20 億美元。

美國哥倫比亞特區地方法院公佈的訴訟書顯示，2002 至 2007 年間，西門子 TS 支付了約 2200 萬美元，給設在香港的商業諮詢公司和相關機構，並且透過這些機構對中國官員行賄，以得到總額逾 10 億美元的 7 個地鐵列車和訊號設備項目。涉案的包括西門子交通（TRANSPORTATIONS SYSTEM，簡稱"西門子 TS"），中國方面涉案人是江澤民的兒子江綿康。

訴訟書還顯示，2002 至 2003 年間，西門子 PTD 透過支付約 2500 萬美元給商業諮詢公司，用以行賄江綿康等中國官員。涉案的西門子中國輸變電集團（簡稱西門子 PTD）得到了華南地區兩個總價值約為 8.38 億美元的電力高壓傳輸線項目。

鄭恩寵：江澤民兩個兒子都涉周正毅案

江的兩個兒子，據傳也都捲入周正毅案，就得先來介紹一下曾揭露過江家腐敗的上海律師鄭恩寵。1950 年出生的鄭恩寵，曾代理上海的一些拆遷糾紛案件，並向上級政府告發上海高層的一些貪污案件，涉及周正毅、黃菊、陳良宇、韓正等人。2003 年 10 月 28 日，上海市第二中級人民法院以"為境外非法提供國家秘密罪"，判處鄭恩寵有期徒刑三年、剝奪政治權利一年。

在鄭恩寵入獄後，上海的主要媒體，比如《新民晚報》、《解放日報》和《文匯報》發表了《“桂冠”背後的真相——鄭恩寵其人其事》的文章，文中稱，“大庭廣眾面前，鄭恩寵以一副正人君子的模樣招搖撞騙；在陰暗角落裏，他卻從事著坑、蒙、騙的勾當”。

鄭恩寵向海外的“中國人權”組織，提供過兩份信件，一份內容是數百名“益民食品一廠”被裁員的工人前往上海市政府請願，造成交通堵塞，後被數百名警察驅散的經過；另一份信件內容是 2003 年 4 月 30 日新華社《內參選編》(第 17 期)刊登的新華社記者黃庭鈞寫的稿件《強行拆遷引發衝突，記者採訪遭遇圍攻》。上海市國家保密局將兩份信件，均鑒定爲“機密級國家秘密”，法庭認爲鄭恩寵的洩密行爲具有危害性，進而對其判刑。

鄭案的辯護律師認爲這兩份資料根據《保守國家秘密法》都不應歸爲國家機密。有人認爲，這兩份信件內容，都是社會上發生的公開事件，不應屬於秘密，國家將社會公開的事情作爲國家機密來進行封鎖，本身是荒謬的。德國柏林律師公會認爲，“一個律師爲了維護自己委託人的利益，經於委託人協商，有權訴諸公眾，這個律師權利是不容剝奪的。”

2006 年 6 月 5 日，鄭恩寵出獄，後在接受媒體採訪時表示，自己不但無罪而且有功，並言及在獄中曾多次遭受虐待，包括毆打等。

2007 年 11 月 30 日，前上海首富周正毅被判 16 年。據香港媒體稱，周正毅曾在宣判當天寫下“報復”兩字，而周的姐姐又在庭上喊弟弟是“替罪羊”。轟動一時的周正毅案背後的內幕再次引起外界關注。

那麼，到底周正毅爲誰替罪呢？隨後港台和海外媒體連續爆出，江澤民的兩個兒子江綿恒和江綿康都捲入周正毅案。據一直關注周正毅案的上海維權律師鄭恩寵透露，他看過可靠的舉報材料，以周正毅名義騙下的"東八塊"土地，有兩塊分別歸江澤民的大兒子江綿恒和次子江綿康。

江綿恒和周正毅

　　鄭恩寵表示，周正毅其實是江綿恒、江綿康的借錢工具，兩者關係是非常緊密勾結的犯罪集團。"江家幫"透過周正毅到香港圈錢，到各地銀行借錢，然後分給"江家幫"。當年周正毅案事發，並不完全是東八塊居民告狀有功，實際是因爲借錢太多驚動胡溫，胡溫追查下來才發現問題，實際周正毅是"江家幫"的替罪羊。

　　在周正毅案宣判時，香港人權民運資訊中心連發兩條江綿恒涉周正毅案的消息，引起外界極大關注。資訊中心稱周正毅 2003 年 5 月 26 日第一次被捕前，最後見的人是江綿恒，對方向他透露了"黨和國家的機密"，包括前香港中國銀行總裁劉金寶的一些事情。資訊中心其後又爆出：江綿恒曾與周正毅用非法手段向上海農信社借貸人民幣 50 億元，這筆借貸造成的 50 億壞帳已由上海市政府出資填補。在上述借貸中，江綿恒的上海聯合投資有限公司等涉及其中 2.4 億元的借貸。

　　上海維權律師鄭恩寵表示，據他瞭解，資訊中心的資料是可靠的。"一個我親眼看到的，第二他講出去的事情，和方方面面的事情是吻合的。"據鄭恩寵透露，2006 年 6 月 5 日出獄後，陳良宇倒台之前，由上海市民秘密送到他手中的舉報材料中，他曾經看過 20 多份有品質的舉報材料，包括三名以上退休局級以上幹部，以及市政府法制辦的官員提供的，都談到江澤民的兩兒子涉及周正毅案的內容。

　　鄭恩寵說，"上海幫"安排周正毅以自己的名義拿下"東八塊"土地到香港圈錢，但實際周只取得其中兩塊，陳良宇弟弟陳良軍有一塊，李嘉誠屬下公司有一塊，有兩塊屬靜安區政府屬下公司掌握，江澤民的大兒子江綿恒以上海聯合投資有限公司名義取得一塊，另一塊則被江澤民的次子江綿康以上海市政府建設委員會名義佔有。

　　鄭恩寵剖析江綿恒、江綿康和周正毅的關係。"他們的關係是非常緊密勾結的犯罪集團。但江的借錢，不是以個人名義借錢。周正毅私人可以借多少都行，但江綿恒、江綿康要搞項目，就不能隨便借，不能以國家幹部名義借，必然要以周的名義借，我和你合作，項目是我的。實際上周正毅是受害者。周正毅只是上海幫公開的橡皮章，是個騙子，他到香港借錢，然後分給江綿恒他們。"

　　資訊中心指，周正毅和江綿恒的借貸都被虧空，其中兩人用非法手段向上海農信社借貸人民幣 50 億元造成的壞帳，由上海市政府出資填補。鄭恩寵指其中 32 億，是周正毅以重整爛尾樓名義借的，另外 18 億，是陳良宇準備給周正毅在上海南匯區搞 2 條高速公路，以這個名義借的。

　　2003 年 5 月 26 日晚上，前上海首富周正毅突然被上海警方實施監視居住，揭開了上海首富和中國最有權勢的政金集團官商勾結貪腐的黑幕。很多人都把周正毅案的揭露歸功於被周正毅強遷的東八塊居民和維權律師鄭恩寵上。

　　不過，鄭恩寵認為，其實周正毅案發不僅僅是東八塊居民的功勞。鄭恩寵說，周正毅借到錢後，匯到北京炒股票，給國家證監會發現，他們在追究這個責任。同時周正毅到處在借錢，引起當局的注意，是周正毅案爆發的一個主要原因。

沈婷出書揭上海幫黑幕促重審周正毅案

　　"當時有兩個方向，一個是 2003 年 4 月 29 日，在 24 小時之內，周正毅向上海交通銀行騙貸 6.5 億元，當天又向上海農業發展信用總社騙貸 3.5 億元。突然之間一個人可以動用這麼資金，出現資金重大流向不明，引起當局的注意，後來查到中國銀行劉金寶借了周正毅 23 億，轉到證券公司，另外，我們正好在追查東八塊的責任，陳良宇就不許周正毅的消息向外放，我們第一時間向全世界公佈了，就瞞不住了。"

　　據香港媒體報導，江綿恒等和周正毅以香港上市圈錢和四處借錢的做法騙走了大筆資金。光已被揭露出來的材料看，周正毅就向銀行借了 100 億。其中中國銀行 30 多億，建設銀行約 20 多億，興業銀行 30 多億。另外，農業銀行、工商銀行、交通銀行都有錢借給周正毅。

而周正毅案爆發後，以江綿恒等還在繼續借錢。鄭恩寵說，"我出獄後，看到一份材料，2003 年 6 到 8 月他們都有借，9 月 5 日，中央對中國銀行的一份報告批的字，查清楚劉金寶如何借錢給周正毅，然後高層對上海借錢非常敏感。2003 年 9 月後就剎住了。"

其後，2004 年胡溫直接派了中國銀行副行長親自到上海，對上海的借錢嚴格控制，導致陳良宇於 2004 年 7 月在政治局會議上發難，指摘總理溫家寶推行的宏觀調控已嚴重傷害長三角。

周正毅案、鄭恩寵案一直被認爲是胡江權鬥的風向標。在鄭恩寵入獄的三年中，江澤民下台，出獄後，陳良宇等高官陸續落馬，上海幫的潰敗超出鄭恩寵的預期。

鄭恩寵感歎道：這幾年的鬥爭非常驚心動魄。他坦言，沒有料到江綿恒等江家幫直接涉及周正毅案。"我當時想，周正毅就是周正毅，最多他們小小的包庇一下，但沒有想到他們親自陷入到裡面，爲什麼點到黃菊？主要是考慮周正毅作爲商人，沒有上海市領導的扶持不可能出現這樣的局面，所以他們要負責。但是我沒有想到陳良宇的弟弟陳良軍親自陷進去，而江綿恒在裏裡面，我更沒有想到。"

鄭恩寵強調，自己案子至今不平反就是因爲江綿恒等人。"我的事情如果僅僅陳良宇整我的，我今天應該平反。東八塊的事情，已經超出了陳良宇的範圍，所以我至今不能平反，就是因爲東八塊的事情可能涉及到江綿恒這些人。"

朱鎔基家族：

兒子億萬富翁
女兒也是老總

朱鎔基曾經說："我自己所做的工作是有限的。我只希望在我卸任以後，全國人民能說一句，我朱鎔基是一個清官，不是貪官，我就很滿意了。如果他們再慷慨一點，說朱鎔基還是辦了一點實事，我就謝天謝地了。"

朱鎔基在最後一次政府工作報告中，從九個方面總結這一屆政府的工作，贏得 11 次掌聲。這些政績是非常明顯的，但卻掩蓋不了中國經濟面臨的困境和問題：財政債台高築、金融系統出現危機、內需嚴重不足、失業或半失業人數不斷增加、貧富懸殊加劇、城鄉差別和東西部差距不斷拉大等等。

尤其是金融界的腐敗，可以說是朱鎔基任期內最大敗筆。鐘潔錦在《朱鎔基金融腐敗集團浮出水面》一文中指出：

朱鎔基總理當年提攜的一批人馬正是這一涉外金融集團的核心，如今遍佈於中國各金融要位和海內外金融機構，共同擁戴朱鎔基總理的兒子朱雲來，成為主導和影響中國經濟尤其是中國金融業的最有組織的力量，並且其個體和總體都成為中國改革開放的最大實際受益者。

朱鎔基總理當年可能是無心插柳柳成蔭吧，其執掌中國金融和經濟政策大權後，所推行的一系列金融和經濟政策，例如雷厲風行的國企海外和國內上市、疾風暴雨般的國企兼併破產、成千上萬工人的下崗分流等等，在企業和民眾忍受巨大痛苦之時，實際上為包括自己兒子朱雲來在內的涉外金融集團提供了獲得天文數字般個人利益的機會、基礎和環境。人們說，朱鎔基總理個人可能做到了清廉，但是其公子朱雲來卻是中國依靠國家和特權、官倒和幫派而成就的名符其實的億萬富翁！

兒子朱雲來為何從外資公司辭職？

1957 年，朱鎔基和勞安的兒子朱雲來在湖南長沙出生。兒子出生時，朱鎔基在剛成立的國家計畫燃動局任組長。兒子一歲時，朱鎔基因反對過毛澤東的"大躍進"政策被打成右派，發配到國家計委業餘學校任教員。1962 年摘去右派帽子，分配至國家計委國民經濟綜合局任工程師。

"文化大革命"期間，朱鎔基又再次被整肅，下放到"五七"幹校勞動改造。1975 年，任石油化學工業部管道局電力通訊工程公司辦公室副主任，不久被安排在生產部門擔任副主任工程師。

1978 年，鄧小平開始經濟改革，朱鎔基和許多右派一道得到正式平反，恢復了黨籍，並調入剛剛成立的中國社會科學院工業經濟研究所。據悉，鄧小平曾經表示讚賞朱鎔基"一切向前看"的精神和大膽的經濟改革理念，他曾稱讚朱鎔基："有主見，敢實踐，懂經濟。"

也許是鄧小平的賞識和提攜，朱鎔基得以快速晉升。不過，也有人認為，像朱鎔基這樣級別的幹部，只是在進入高層才可能獲得鄧小平的注意。他於 1979 年調任國家經委任燃動局處長，1980 年升任為副局長，並獲高級工程師職稱。1982 年 5 月 24 日被任命為國家經委委員兼技術改革局局長，1983 年 8 月升任爲國家經委副主任兼國家經委黨組成員。

　　1977 年恢復高考後，他的兒子朱雲來考入南京氣象學院（現南京資訊工程大學）大氣物理學專業，1984 年畢業後進入中國氣象局工作，後赴美國深造，1994 年，朱雲來獲得美國威斯康辛大學博士學位後轉向商業，在安達信會計師事務所的芝加哥分店任會計師。1996 年到 1998 年，他在紐約的瑞士信貸第一波士頓公司擔任一名投資銀行雇員，開始了投資銀行家的生涯。

　　1998 年，在父親朱鎔基升任總理後，兒子朱雲來從瑞士信貸第一波士頓公司辭職，在王岐山的引薦下，到中國國際金融有限公司（簡稱“中金”）香港辦公室工作。

朱雲來

　　至於朱雲來爲何辭職，有種說法是，1998 年中共中央發佈命令，禁止高層幹部子女任職外資公司。於是朱雲來就回到香港，到王歧山任董事長的中金公司香港分部工作。

至於姚依林的女婿王岐山，外界普遍認爲他是朱鎔基的得意門生。王岐山憑藉其在銀行金融領域的能力和經驗脫穎而出，贏得了1993年3月接替姚依林出任副總理的朱鎔基的賞識。這年6月，時年45歲的王岐山被任命爲中國人民銀行的副行長，朱鎔基也在此前開始兼任央行行長。

王岐山升任央行副行長期間，正是朱鎔基主導中國金融改革，他被視爲是朱鎔基的得力助手，加上他行事作風似朱鎔基，也被譽爲"翻版朱鎔基"。

坊間有評論稱，朱鎔基欣賞王岐山，除了特別愛懂金融之才，另一個重要原因，是他們兩人太"像"。 王確實像朱，不是指相貌，而是風格。兩人最相似的是語言風格，王岐山只要不用講稿，說話跟朱鎔基一樣幽默；他到哪里，官場上都愛聽他作報告。王還有一點像朱，就是鐵腕——說歸說、笑歸笑，只要心裡定下的事，一定要辦成。

官方媒體也曾這樣評價說，當時作爲朱鎔基麾下的一員得力幹將，王岐山不僅經受了考驗，更首次向世人展示了他做事果敢、雷厲風行的風格。

1994年，又是在朱鎔基的推薦和提拔下，王岐山回到中國人民建設銀行擔任行長兼黨委書記。隨後，經多方奔走，他最終說服政府高層同意與國際上最知名的投資銀行之一摩根士丹利（Morgan Stanley）合資組建中國第一家投資銀行——中金公司，並親任董事長。

在此過程中，王岐山結識了包括前任美國財長保爾森在內的一大批國際著名金融機構的領袖，積累了大量的人脈資源，爲他日後面對諸多金融問題挑戰，打下了基礎，也使他不論在哪個崗位上，都讓人看到一位金融幹將的影子。

今天，註冊資本已達 1.25 億美元，由朱雲來掌管的中金公司已成爲國內最負盛名和最具實力的投資銀行，並成功舉薦了一大批巨型中資公司在海外上市，爲中國企業海外融資和走向世界發揮重要作用。

朱雲來是這樣成爲中金老闆的

可以說，是朱鎔基一手提攜了王岐山，作爲回報，王岐山在離開建行前又把朱鎔基之子朱雲來引薦到中金公司。也可以說，王岐山后來的仕途暢通無阻，離不開朱鎔基這個"伯樂"，而朱雲來能有今天的名利雙收，自然也離不開王岐山當初在中金公司打下的基礎。

1998 年 1 月，王岐山被任命爲廣東省副省長，處理那裡發生的重大金融醜聞。中金公司的繼任者周小川，後來的中國人民銀行行長，決定讓中金公司副總裁方風雷走人。方風雷拒絕了摩根士丹利讓他去哈佛大學學習 EMBA 的提議，因爲這其中包含了不競爭條款。相反，他去了香港中銀國際，開始與中金公司競爭。

九十年代曾擔任過華爾街日報駐北京總編的麥健陸（James McGrego）2005 年出版《十億消費者——來自中國商界第一線的教訓》（One Billion Customers: Lessons From the Front Lines of Doing Business in China）一書，披露了中金公司的許多內幕，其中包括朱雲來是如何接手中金公司的：

早在方風雷離開之前，公司內部就已經有了一項重大的人事安排。幾個月後，這個大人物出現了，他就是朱雲來，中國新任總理朱鎔基的兒子。

進入中金公司後，朱雲來一開始努力保持謙和低調。他看上去很喜歡自己的工作，不厭其煩地編寫關於國有企業財務細節的報告。但是中金公司的中方員工很快就開始利用朱雲來的存在。他們在各種場合都加入他的名字，拉他參加各種會議來獲取承銷業務。由於總理兒子的存在，中金公司的內部政治很快就退回到帝皇時代的風格。中國員工自動向朱雲來效忠，就像他們對任何中國皇帝的兒子一樣。

方風雷離開後，朱雲來成為中金公司事實上的老闆。朱雲來是個很怪僻的人。他通常下午才來上班，然後一直待到凌晨。他不回覆郵件。他在自己的辦公室裡制定自己的時間安排，通過秘書與其他人溝通。中金公司的銀行家或分析師如果想要見朱雲來，必須在辦公室待到很晚，在自己的桌前不斷喝咖啡，希望能在後半夜與他見上一面。但不管如何，朱雲來理解西方的體系，瞭解他們的價值。

2000 年 6 月，中金公司轉由一個管理委員會負責。當然，這個委員會在決策是遵從朱雲來的意見。在中國人看來，中金公司從方風雷的公司變成了朱雲來的公司。

雖然管理嚴重缺失，但是中金公司彼時已取得了巨大成功。如果你是市場上唯一的玩家，管理好不好並不重要。中金公司擁有的特權是：它是中國唯一的投資銀行。如果有海外上市，中金公司就要參與其中。摩根士丹利竭力想要在公司建立控制和機制的努力最終只是一場空。合資公司可以處理國內上市業務，方風雷和他的團隊在業務發展上取得了令人矚目的成功。

而更為重要的是，中金公司可以很好的與國際投行合作，共同處理海外上市的業務。公司成立幾年中，每年均盈虧平衡後，2000年中金的毛營業額達到了 1.7 億美元。公司把原先的一億美元全額還給了最初的投資人，中方員工還意外獲得了上百萬美元的獎金。2000 年被迫離開公司的方風雷，一分獎金也沒有拿到。

方風雷離開中金公司後，又在一些投資銀行幹過，然後創立了他自己的投資銀行，並和他在高盛的老朋友合資成立了一家新的證券公司。

朱雲來今天依然是中金公司的領導人。他自己做決策，很少徵求他人的意見。他有著他父親一樣的頑固的自信。不同意朱雲來意見的人被冷藏。中金公司的決策堆積在一起，因爲很難找到朱雲來。但他也是一個勤奮的人。他把中金打造成一家相對來說管理較好的國有企業。公司把自己定位成受中國公司信任的合作者，保護他們免收外國投行大鯊魚的吞噬。朱雲來賦予中金公司的使命是改造中國的國有產業。

2002 年，摩根士丹利終於舉旗認輸，把公司的絕對控制權交還給中方。中金公司成爲摩根士丹利的"投資組合"之一，每年收取分紅，也許未來等到中金上市時還能獲得不菲的資本回報。正如一名摩根士丹利的經理人所說："我們向他們的遠景投降。"摩根士丹利投降後，它在中金公司運作的最賺錢的幾筆中國公司海外上市業務，指定中金公司爲聯合承銷商。

麥健陸還在書中介紹了朱雲來，稱其是新生一代，受過西方的教育，但是和王岐山一樣，他也顯示出一種政治恐懼症，這種恐懼主導了中國官員及其家人的行爲方式。在很多方面，作爲中國高層領導人的子女就像遭到了詛咒。朱雲來從小就被教導要對別人心懷警惕。早在朱雲來上小學之前，他的父親在毛澤東迫害知識份子的運動中被打成"右派"。長大的朱雲來在此後二十多年的大部分時間裡都籠罩在政治恥辱的陰影之下。一直到七十年代末"文化大革命"結束後，他才得以出頭。九十年代，隨著經濟改革以及父親的快速升遷，朱雲來對爲了討好其父親而對自己友好的人極其警覺。雖然他現在已經很富有很成功了，這種恐懼依然左右著他。

朱雲來和他在中金公司的高層管理人員有著他父親一樣的恐懼，不過這種恐懼是現代版的。他們和西方投行家們一樣勤奮工作，有著很好的收入，但是他們總是擔心，如果北京的政治風向發生轉變，他們就會成爲新一輪政治運動的目標，被指控爲通過實際上的國有資產私有化而牟取百萬美元暴利的人。"他們擔心被曝光，最後因爲誠實工作而身陷囹圄，所以他們行事都很隱秘。"一名中金公司內部人士在拒絕探訪朱雲來和其他高層管理的要求時如是說。

王岐山和朱雲來對中外合資公司的態度是非常典型的中國政府的態度。中國政府往往並不是真的在意打造真正的合作關係。他們需要的只是一個載體，能夠獲得外國的技術、資金和專業知識，同時又保持中國人對公司的控制。這也說明了爲什麼在一些關鍵領域，如金融，保險，汽車和電信等，中國法律要求必須通過合資方式組建公司。

中金迷局，朱雲來靠父蔭一年賺一億

2008 年 1 月，當中金公司在豪華的曼谷素可泰酒店（Sukhothai Hotel）召開季度董事會時，會上的氣氛遠遠談不上融洽。

摩根士丹利持有中金 34% 股權，它決意將股權出售。當時，該投行正遭受與美國次貸危機相關的逾 90 億美元減記。而且只有當摩根士丹利出售中金股權後，中國監管機構才會允許它在華進一步開拓新的業務；另外，摩根士丹利也需要一切可能得到的現金。

英國《金融時報》發表文章指出，與此同時，以中國前國務院總理朱鎔基之子朱雲來爲首的中金公司中方管理層，則決定在與摩根士丹利分手前達成最有利的交易。

　　中金前雇員、現任里昂證券亞洲分部（CLSA）的分析師侯偉（Fraser Howie）表示，自 1995 年中金公司在北京釣魚台國賓館宣佈成立以來，"中金公司一直是中國自身的一個縮影"，"它是觀察中國的一個鏡頭"。在中國，將商業和政治區分開，通常是不太可能的。

　　《金融時報》說，在中國逐漸告別共產黨控制一切的時代之際，圍繞中金的爭執反映出中國傳統價值的韌力——與政府的關係至關重要，儘管它也表現出資本主義的一面，但它巧妙地運用複雜融資，有時還是用來針對其外國合作夥伴。朱雲來和其他人的關係網，幫助中金強大起來，而這些關係現在正成為摩根士丹利面臨的阻礙。

　　在中金成立之初，摩根士丹利的高管十分高興。在幫助中國企業在當地上市方面，中金當時幾乎享有壟斷地位，這使摩根士丹利獲得了相對於其他外國競爭對手的優勢。中方，即當時王岐山領導下的中國建設銀行（王岐山如今擔任主管中國金融的副總理）也同樣高興，因為建行也獲得了相對於其銀行業競爭對手的類似優勢。

　　文章披露說，朱雲來於 1998 年加盟中金，多年來一直保持低調。儘管在早期，摩根士丹利方面為中金引進高管，但後來形成了一個非正式的管理層，它越過了摩根士丹利，直接由朱雲來控制。在 2008 年 1 月份的董事會召開前，中金管理層幾乎完全由中方控制。隨著時間的推移，中方管理層逐漸積累了大約 20% 的股權。

　　他們都得到了不錯的報償：在前面提到的 20% 股權中，朱雲來持有多少尚屬未知。但據悉，2007 年他賺了 1700 萬美元，高於前年的 1000 萬美元。相比之下，中國高層政府官員每年薪酬只有區區 1 萬美元。中國知名本土券商中信證券（Citic Securities）董事長王東明的收入，也遠低於 100 萬美元。

在素可泰酒店召開的董事會上，中金管理層利用摩根士丹利希望退出中金之機，要求獲得更多股份，以提高持股比例。幾位與會者表示，朱雲來在會上保持沈默，但董事李弘（Susan Li）提出了一項股權激勵計畫。她警告，如果該計畫得不到董事會的批准，可

朱雲來接受採訪

能導致大批高管離職。

在她發言後，中金投資銀行部門主管丁瑋激動地指出，中金是建立在管理層的血汗之上的。與會者表示，丁瑋尖銳地問道，至於公司所有者，"他們為中金做了什麼？"此言激怒了香港股東查懋聲。

就摩根士丹利出售中金股權的努力而言，中金管理層的要求不是個好兆頭。摩根士丹利一直在與一些希望收購其所持中金股權的美國私人股本公司進行談判，其中包括貝恩資本（Bain Capital）、凱雷（Carlyle）、CV Starr、JC Flowers 和 TPG。一位考慮收購中金這部分股權的私人股本公司負責人表示，這些潛在買家在擔心"中

金是個好公司，但裡面存在著一些泡沫"。中國內地股市曾大幅飆升，但已經開始下跌，這些收購集團都不希望支付最高水準的價格。如今他們還擔心，任何買家都將面對股權立即被稀釋的危險。

朱雲來和中金管理團隊也向潛在買家表達自己的要求，不過方式更為委婉。在與其中一個買家談判時，朱雲來闡明了他的看法：在大多數經紀公司，半數股權由管理層持有，同時50%的收入作為薪酬。這個第二位潛在買家回憶道："他表示，這是該行業通常的運作方式，有鑒於此，讓我們談一談合理的方案，因為 20% 的比例過低。"

這位買家補充道，作為盡職調查程序的一部分，當他所供職的集團與中金管理層會面時，在原計劃的四小時時間內，（中金）管理層花費了一個多小時，來陳述他們提高股權比例的要求。

除了要求得到更多股權以外，中金的高管還表示，他們希望與至少一家本土券商合併，同時稱，馬上上市可能是個難題。第二位潛在買家表示："他們希望達成另一筆交易，這樣一來薪酬在收入中所占的比例將會降低。"

在得知管理層不願上市後，一家初期參與競購的公司退出了競爭。私人股本公司很少在沒有明確退出方案的情況下進行投資，而最明顯的退出方案就是將中金上市。

"朱雲來在這個體系中玩得轉"

《金融時報》認為，摩根士丹利通過這些股權籌資 10 億美元的希望似乎落空了。以朱雲來為首的管理層擁有相當大的議價能力，這不僅僅是因為只有出售了這些股權，摩根士丹利才能在中國採取新的行動。此外，正是朱雲來的關係，使得中金公司如此值錢。

　　代表第二家私人股本公司瞭解中金的合夥人表示：“中金是
‘一招鮮’。”這一招就是將國有企業上市。要想贏得這些企業的
承銷及保薦委託，最重要的是與關鍵的政府及黨內官員建立關
係——而朱雲來擁有大量的此類關係。一位中金前員工表示：“他

朱鎔基

去見省領導人時，見的是曾為他父親工作過的官員。他是靠著父蔭
賺錢的。”

　　文章稱，無可否認，朱雲來建立了一項業務，並為包括摩根士
丹利在內的股東賺到了錢。摩根士丹利的初始投資為 3500 萬美
元，現在至少增長兩倍，獲得了豐厚的回報。朱雲來不僅能贏得授
權，還知道如何行使這些權力。對如何從國有企業僵死的軀殼中締
造出贏利的公司，朱雲來已是一個專家。

　　“他在這個體系中玩得轉，”朱雲來一位前下屬表示，“如果
說這種情況不公平，那是因為這個體系不公平。”

　　據說，朱雲來 44 歲時還尚未結婚，他煙不離手，喜歡穿白襯
衣和藍西裝，非常樸素。朱雲來的低調工作習慣也反映在他的外表

上，他的同事們一個個西裝革履，小朱則叼著雪茄，穿著便服，像一位退休人員。

網上有文章描述說，幾年前，中國石化開了一個酒會，慶祝上市一事，酒會上最矚目的卻是一個衣著普通、中等身材的男士——朱雲來，面對著記者不斷的提問，朱雲來全部報以沈默，連他自己是否姓朱也不講，對記者提問全部封口，後來在中銀國際行政總裁方風雷解圍下，他才得以脫身。

也有官方媒體披露說，朱鎔基於 1998 年出任總理後，曾經特意把兒女召集起來作出訓示，大意是說："父親如今當了總理，對你們來說不知是福是禍，你們要好自為之。"加上朱鎔基不願意子女從商或出國工作，這可能是朱雲來對媒體"沉默"原因。

據說，1998 年朱雲來到中金香港公司後不久，他的同事們就見識到小朱的個人風格，比如，他喜歡連篇累牘地寫研究報告。有一年，中金向一家擁有 70 家子公司的中國國有企業提供諮詢，朱雲來提交了 500 頁的報告。

還有評論稱，朱雲來非常厭惡利用父親的影響做生意。他一直很刻意避免外界的注意，例如當下屬有事約見，他一般會約在下班後，或者是在辦公室以外見面。他的辦公室也很簡單，沒有和他父親的照片。在中金推出的五周年紀念刊物中，朱雲來也是唯一沒有刊出照片的高層。

2004 年 7 月，美國《財富》雜誌選出"亞洲最具影響力商界領袖"，共有六名中國內地企業家入選，人數超過了韓國、日本、印度和中國香港。名列第 15 位是中國國際金融公司總裁朱雲來，他是中國唯一的國際投資銀行總裁。

《財富》雜誌是這樣介紹朱雲來的：沒有人能像朱雲來那樣，橫跨環球金融界和中國的政府主導的經濟體。朱雲來是中國唯一的國際級投資銀行中金公司的主管，他有芝加哥 DePaul 大學的會計學學位，曾在紐約的瑞士信貸第一波士頓銀行任職，被認為是一位能幹而勤奮的交易人。中金公司在他的領導下，已經成為中國企業向海外發行股票的核心經紀人。2003 年，中金公司依靠兩筆大單——中國人壽和人保財險的IPO——在全球IPO承銷商中居第14位。

朱燕來曾是香港中銀集團"女朱總"

有關朱鎔基女兒朱燕來的資料很少，網上能檢索到的資料只有寥寥數條：朱鎔基夫婦育有一雙兒女，女兒叫朱燕來，兒子叫朱雲來，均曾赴國外深造。朱燕來曾在香港任職，身邊極少有人知道她是朱鎔基的女兒。

2006 年朱鎔基的同窗好友歐陽鶴在接受媒體採訪時，透露了一些朱鎔基退休後的生活，以及他的家人。歐陽鶴說，為了趕上2004 年 5 月 2 日的清華電機系畢業 55 周年的同學聚會，朱鎔基特意提早結束了福建之行，轉道上海，再至北京。相較五年前的聚會，退休後的前總理顯然更加重視同窗敘舊，不僅攜夫人出席，連女兒朱燕來、兒子朱雲來都來了。

歐陽鶴透露說，"幾十個同學裡，攜全家到場的只是個別，可見他很重視。"席間的餘興表演中，老同學們競相登台朗誦詩歌、清唱京劇，歐陽鶴之前也試圖勸朱鎔基來一個節目，但前總理寧願做一位稱職的觀眾，"不停地鼓掌"。

歐陽鶴還談到了有關朱燕來結婚的"假新聞"。他說，朱鎔基提及了香港一媒體關於其女兒結婚的不實報導，當時的這篇新聞繪聲繪色地描述了前總理女兒在河北香河"天下第一城"大宴親朋的場面，事後證明子虛烏有，該媒體公開致歉。

　　"燕來都 50 歲的人了，這謠言簡直不堪一擊。"歐陽鶴說。

　　從"燕來都 50 歲的人了"這句話中可以推算出她的出生年份，應該是 1955 或 1956 年，她應該是朱雲來的姐姐。

　　有關資料介紹說，朱燕來畢業中國人民大學，先後獲得學士和碩士學位。八十年代後期，朱燕來赴加拿大留學，並獲薩斯喀徹爾省雷吉那大學頒發的社會學碩士學位。

朱燕來和父母

　　1993 年 5 月，時任副總理朱鎔基出訪加拿大時，曾參加了中國銀行加拿大分行的開幕式並致辭。朱鎔基說："中國政府有 200 億美元的儲備金在這家銀行，中銀本身也有超過 300 億美元的儲備金，所以這家銀行是不會倒閉的。"這番話立即引來一陣笑聲。朱鎔基接著說：　"若大家對這家銀行服務感到不滿意，可以寫信給我，我將撤掉這個行長。"接著朱鎔基話鋒一轉："不過，如果大家覺得銀行的服務好，也要寫信給我，好讓我及時提升他。"聽眾報以更熱烈的掌聲。

據說，當時正在加拿大留學的朱燕來也曾在父親訪問期間露過面。也就是在中國銀行加拿大分行成立後，朱燕來從雷吉那搬到溫哥華，開始在中銀加拿大分行工作，後來擔任業務發展部主管。

曾有網友透露說，朱燕來當時住在溫哥華，其夫是北京人，多年前移民加拿大，曾在加拿大政府部門工作。與朱燕來相熟的人都說，"燕燕（乳名）沒有一點高幹子女那種慣有的居高臨下的架子，完完全全是一個普通的留學生。"

1997 年香港回歸後，朱燕來調到中銀港澳管理處工作，仍然保持低調，據說連其同事都不知道她是朱鎔基的女兒。不久，朱燕來便升任中銀香港分行助理總經理。2001 年朱鎔基的愛將劉金寶主持中銀重組，朱燕來連升兩級，升任香港中銀發展規劃部總經理。

在中銀集團重組記者會上，朱燕來首次公開露面。當時香港媒體描述說，這位"女朱總"一身雪白套裝，典型行政人員打扮，她的樣子很像她的父親"鐵面宰相"。

從此之後，香港媒體開始關注朱燕來的一言一行。比如說，2003年 9 月 19 日，朱燕來在聽了中聯辦副主任劉山在對香港前瞻性的演講後，讚揚他是出色的外派官員。其間，朱燕來還透露父親現居北京，關於搬家傳言實屬子虛烏有。她又說，香港的上海榮較"原產地"更勝一籌，原因是榮肴工夫精緻！

不過，2005 年 10 日香港《文匯報》報出的《"天下第一城"擺喜宴，朱鎔基嫁女》的新聞，曾給朱燕來帶來"不小"的打擊。該報報導說，中國前總理朱鎔基之女，中國銀行（香港）發展規劃部總經理朱燕來日前在位於河北香河的“天下第一城”舉行了婚禮，朱鎔基親往參加婚禮儀式，爲女兒祝福。

報導稱，朱燕來的婚禮是在 10 月 20 日於“天下第一城”內五星級賓館——正安宮酒店東廳舉辦的。朱燕來婚慶儀式可謂賓客滿座，華冠雲集，國家發改委等政府部門高官前來捧場，“天下第一城”的大老闆——中信集團老總王軍也到場祝賀。工作人員說，當天還看到演藝界名流。

《文匯報》還說，據估計，參加朱燕來婚禮的共有 500 多名賓客，共有十余輛大巴載著賓客來到“天下第一城”。據瞭解，朱鎔基是於 20 日上午乘大巴來到“天下第一城”的，在參加完女兒的結婚慶典後，於下午 3 點左右離開。

該城的工作人員向《文匯報》記者披露了朱燕來舉辦婚禮的細節。據稱，朱燕來婚禮安排得喜慶、熱烈、富有特色。新郎、新娘分別包了三間古色古香的四合院。更有趣是，新郎第二天清晨騎著電單車前來迎親，帶著新娘繞著“天下第一城”轉了一圈。據工作人員稱，整個婚禮場面隆重、熱烈，但不奢華。

根據“天下第一城”提供的價格表，正安宮酒店東廳的每桌餐費標準爲 800 元，而實際費用可以打折，這個標準對於許多北京城人來說，並不算高。

不過，這條新聞登報後，香港《文匯報》便刊登“鄭重更正”，聲稱：經過查證，發現有關報導內容與事實完全不符，特此向朱鎔基及其家人道歉。當時有媒體評論說，《文匯報》與北京關係密切，報風也以嚴肅正派見稱，出現這樣的錯誤是十分罕見的。

據說，此事搞得朱鎔基也是哭笑不得，幽默地說，如果右派傳媒搞我，我可以站出來反擊。香港左派報紙這麼搞，我有什麼話好說呢？

"朱镕基嫁女"的新聞，曾在網上引起很大轟動。"豪華婚禮"也招致很多網友指出，加上兒子朱雲來掌控中金公司，有關朱家腐敗的傳聞已成網上話題，雖然後來有了"更正"和"道歉"，但朱镕基在老百姓中"清官"形像已大打折扣。面對輿論壓力，朱燕來只能變得更低調了。

後來有關朱家的爆料和傳聞也不少，但都無法得到證實。至於有網友傳朱燕來已升爲香港中銀集團高管的傳聞，看來也不屬實。中國銀行（香港）官方網站顯示，在其 13 名董事會成員中，沒有朱燕來的名字；在其八名高級管理人員名單中，也無此人。

女婿梁青是五礦香港公司總經理

據說，在"朱镕基嫁女"假新聞之後，一名香港《文匯報》高層曾手持鮮花，到中銀總部向朱燕來當面道歉，但朱女卻怨氣難消。據知情者說，朱燕來對此事一直耿耿於懷，她的先生梁青也曾多次談論此事，說這是有人在整朱家。

其實，朱燕來和梁青已經結婚多年。前文曾引述網友的爆料，說兩人早在加拿大溫哥華居住時就已結婚。1997 年後，梁青隨朱燕來來到香港，朱燕來調到中銀集團，梁青則進入五礦香港公司。

五礦香港是世界 500 強企業中國五礦集團在境外設立的第一家全資公司。該公司簡介稱，其前身是企榮貿易有限公司，成立於 1981 年 11 月。1996 年，爲了進一步推動區域業務發展，中國五礦整合了香港、紐西蘭及澳大利亞的分支機構，在此基礎上成立了中國五礦香港控股有限公司。

2003 年 10 月 15 日及 2004 年 1 月 12 日，五礦香港先後完成了對原中國有色工貿集團在港兩上市公司——東方有色及東方鑫源的收購工作。2005 年 10 月，中國五礦將部分優質資產注入東方鑫源，成功開展了國際配售活動，籌集了大量資金，並將東方鑫源更名爲五礦資源有限公司。

據說，1953 年 5 月出生的梁青剛到香港五礦時，先從部門負責人做起，幾年後升任公司副總經理。現在他已是五礦香港公司的總經理。因此，香港媒體稱其爲"紅色大班"。

據五礦香港公司的簡介稱：五礦香港內設財務和秘書兩個部門，共有企榮貿易有限公司、企榮財務有限公司、新榮國際商貿有限公司、五礦資源有限公司、東方有色集團公司、中國金信投資公司、中拓發展有限公司、澳洲盡飛有限公司、紐西蘭五礦有限公司等九家下屬子公司。五礦香港實行董事會領導下的總經理負責制，董事會由集團公司主要領導、相關職能部門總經理及在港管理層組成。

五礦的主要業務已從傳統的鋼鐵、有色金屬貿易，逐步向多元化拓展，建立了商品貿易、房地產和資本經營三大主業。

2002 年 5 月，香港《壹週刊》爆料，中國國務院屬下的中國五金礦產進出口總公司（中國五礦），秘密接收了兩間香港上市公司，東方有色及東方鑫源。堂堂一個國務院機構，竟視香港證監會如無物，接收兩間上市公司，既沒向外公佈，又無依照收購合併守則，向所有小股東全面收購，實在過分！事件曝光後，香港證監會仍充耳不聞，讓事件不了了之。直至 2006 年，中國五礦終於有所行動。5 月底，中國五礦正式洽購東方有色及東方鑫源，然而未有公佈詳情。但獲悉，五礦只打算以賤價 3 億元，攫取兩間於三年前資產淨值達 15 億的上市公司。

東方有色及東方鑫源的直屬控股股東，中國有色（香港）。有色系公司，原屬中國有色金屬工業總公司所有，並一直由鄧小平大女婿吳建常掌舵任總經理。1992 年，吳建常率領有色總公司，來港成立中國有色（香港），準備大展拳腳涉足地產，並借殼羅氏地

2006 年 11 月 2 日，五礦集團公司總裁助理、香港控股梁青總經理率香港控股代表團訪問了廣西壯族自治區柳州市，出席了捐資建設"中國五礦企榮孟田希望小學"的簽約和奠基儀式。

產上市，易名為東方有色。至 1994 年，再將從事礦砂及其他有色金屬進出口生意，分拆成東方鑫源上市。

1997 年 2 月，鄧小平病逝，吳建常從此失勢。翌年 2 月，吳突然被調任為冶金工業部副部長，而一星期後冶金部整個被撤掉；不久連他的頭馬方大成，亦因經濟犯罪在北京被捕。

吳建常下台後，總理朱鎔基馬上派遣前甘肅省省長，國家經貿委常務副主任張吾樂，出任有色總公司總經理一職。至 1998 年 5 月，有色總公司改組成國家有色金屬工業局，而張亦一直出任有色工業局局長。張吾樂掌管有色工業局期間，曾計畫重組有色業務，

但最終沒被朱總接納，張更被拉下馬，而有色工業局亦於 2001 年被撤銷。

而有色工業局解散前，中國五礦已接收所有有色系公司。事緣國務院於 2000 年 7 月，把有色系資產，撥歸中國五礦所有。而根據一名中國有色屬下公司股東，所提供的中國五礦第 202 號文件，裡面清楚下達國務院的指令："中國有色金屬工業貿易集團公司（本部），中國礦業國際有限公司和中國有色金屬（香港）集團有限公司劃歸中國五金礦產進出口總公司管理。將中國有色金屬（香港）集團有限公司持有的東方鑫源（集團）公司和東方有色集團有限公司的國有股權，轉由中國五金礦產進出口總公司持有。"

據知情人士透露，當國務院政令一下，中國五礦高層隨即下達文件到香港的有色系統，指令不同數額的審核，必須改由五礦不同級數的人來簽署。

《壹週刊》說，中國五礦在秘密接管兩間上市公司的三年間，已在賬目上動手腳，狂撇賬 10 多億，即使可有現金回籠的公路項目，亦被撇至一文不值。東方鑫源因此變成負資產；而東方有色雖沒那麼慘，但仍大縮水，五礦順理成章計畫執平貨，有損害小股東利益之嫌。而背後有份參與策劃的，據悉，有前總理朱鎔基的女婿梁青。

這兩家上市公司，之所以在短短兩、三年內，業績由盈轉虧，資產由正變負，原來都是五礦香港的"傑作"。

東方有色及東方鑫源，以及其母公司——中國有色（香港），原隸屬於國家有色工業局，該局於 2001 年被國務院解散。而解散前，國務院更早於 2000 年 6 月 26 日，已下達指令，把有色系撥歸五礦總公司接管。五礦總公司的老總是苗耕書，而旗下在香港成立的五礦香港，總經理為林錫忠，林氏原亦擔任第一太銀副主席。至於五礦香港的副總經理梁青，現年 50 歲，是朱鎔基的女兒朱燕來的夫婿，國務院把有色系撥歸五礦，令人質疑朱總理是否讓利自己人。

《壹週刊》披露說，五礦接手有色後，便馬上部署行動。首先五礦把中國有色（香港）的核數師畢馬域撤換，改聘安達信。據畢馬域於 2000 年 8 月底，即中國五礦接手後不久，爲中國有色（香港）審核的賬目顯示，公司資產淨值 9 億。但三個月後新聘任的安達信，初部核數報告，卻指公司的資產淨值只得 8000 萬。再過幾個月，安達信正式核實中國有色（香港）負債累累，負資產高達 16 億。

爆料稱，安達信與五礦關係一直友好，皆因朱鎔基兒子朱雲來，曾在美國安達信任職多年，其後才加入中國國際金融。當中國有色（香港）淪爲負資產後，五礦便可名正言順，向財務部申請 16 億補貼。據悉，出面遊說錢的就是梁青，但財務部拒絕"伸出援手"。五礦撈錢不遂，唯有再想辦法，向中國有色（香港）旗下兩間上市公司埋手。五礦人人接收上市公司，瞞天過海後，再將公司弄至虧損及負資產。當兩間公司變成爛殼後，才公佈平價收購。

鐘潔錦：朱鎔基金融腐敗集團浮出水面

以下是鐘潔錦於 2008 年 10 月在網上發表的《朱鎔基金融腐敗集團浮出水面》一文，其中談到了其子朱雲來和他的中金公司。此文不但披露了中國金融腐敗的背景，還指出"眾心捧月的朱鎔基總理的兒子朱雲來是這一利益集團的核心。"

隨著中國反腐敗工作的進一步深化，最近中共政府陸續雙規了包括國家開發銀行前副行長並中國證監委（證監委）前副主席王益、商務部條法司前正司級調研員郭京毅等在內的一批金融界和涉外經濟涉貪高官。中國經濟與全球經濟越來越一損俱損，金融在現代經濟中又牽一髮而動全身，因此，及時揭開中國涉外金融利益集團的黑幕，對於中國金融和經濟的平穩運行和政治與社會的健康發展，至關重要。

在中國三十年經濟開放過程中，形形色色和大大小小的利益集團，在不同的層面上，以不同的手段，在攫取著改革的成果，危害著民眾的利益，孕育著社會動盪，侵蝕著政權的基礎。而其中，得利最巨大、手段最隱蔽、勾結最緊密、持續最長久的莫過於中國的涉外金融利益集團。目前中國所有被斃、被抓、被雙規的貪官，其金額和罪責加起來，恐怕都難以與這一利益集團相比擬。

更為重要的是，在重大和長遠利益的驅動下，這一涉外金融利益集團長期經營、盤根錯結、相互提攜、內外呼應、朝野相隨、利益均沾，成為左右中國經濟，危害國家安全，影響中國政局，在國際上有能量呼風喚雨的一股重大勢力。

一、涉外金融利益集團的滋生和壯大於朱鎔基總理當政

這一涉外金融利益集團形成於上世紀九十年代初中國開始大規模參與國際金融業之時。在此之前，中國尚未進行大規模的商業銀行改革和全面的企業股份制改造，涉外金融業主要包括小規模和零散的外匯結算等業務。當時中國的外資業務也主要是吸引外國廠商企業直接投資。國際金融業包括全球性投資銀行和金融仲介還沒有什麼中國業務，也不大能插上手，在國際投行打工的中國籍雇員不僅職位低微而且數目不多。

在朱鎔基副總理讓李鵬總理賦閒，而於九二年實際掌握中國金融和經濟政策主導權並後來繼任總理後，伴隨著股份制改造的推進，國企開始海外上市，銀行開始商業化運行，國內股市也開始活躍，外國投資銀行開始大規模介入中國業務，這一切，為這一涉外金融集團營造了滋生土壤，使其如脫韁的野馬般一發不可收拾。朱鎔基總理當年提攜的一批人馬正是這一涉外金融集團的核心，如今遍佈於中國各金融要位和海內外金融機構，共同擁戴朱鎔基總理的兒子朱雲來，成為主導和影響中國經濟尤其是中國金融業的最有組織的力量，並且其個體和總體都成為中國改革開放的最大實際受益者。

朱鎔基總理當年可能是無心插柳柳成蔭吧，其執掌中國金融和經濟政策大權後，所推行的一系列金融和經濟政策，例如雷屬風行的國企海外和國內上市、疾風暴雨般的國企兼併破產、成千上萬工人的下崗分流等等，在企業和民眾忍受巨大痛苦之時，實際上為包括自己兒子朱雲來在內的涉外金融集團提供了獲得天文數字般個人利益的機會、基礎和環境。人們說，朱鎔基總理個人可能做到了清廉，但是其公子朱雲來卻是中國依靠國家和特權、官倒和幫派而成就的名符其實的億萬富翁！

朱鎔基總理當年就有不循照舊規，內舉不避嫌，重用其班底的美名，不僅在其主管的金融領域，更影響著海外金融機構。綜觀中國歷史和當前，恐怕沒有一個領導人有朱鎔基總理般的高瞻遠矚並顧及實際，不僅確保其班底長期掌控中國金融和財政大權，並且構築百年大計使得其班底能夠實際擁戴幼主，長期保持實權和共用利益。朱鎔基總理深明現代治國最重要的是掌握金融和財權的道理。就這一點相比起來，毛、鄧、江、胡，無一有朱鎔基總理的謀略和務實。朱鎔基總理當年所用之人，雖然醜聞不斷，折將不少，如愛將朱小華、王雪冰等被捕於朱鎔基總理任內，但仍然是前仆後繼，碩果多存，其班底不僅在本屆政府仍然執掌金融和經濟要津，而且極可能會延續下去。在一定程度上可以說，鄧小平可能完成了隔代任命政治領導人，但是朱鎔基總理卻是實現了隔代乃至多代掌控金融和經濟權力的宏偉大志。

這一涉外金融利益集團的核心人員，分別控制著中國金融和經濟的命脈部門和要害崗位，並且涉及到外國的機構。這些部門和機構包括：1、掌管著至少2000億美元規模，最有能力投資海外的中國投資公司（中投公司），實際掌握了中國外匯儲備的投資決策權；2、對中國所有的重要金融機構實行控股和參股，並直接控制著中國的金融業包括銀行業所有重要實體的中投公司下屬的中央匯金公司（中央匯金），實際掌握了中國金融機構的決策權、人事任免和話語權，進而直接影響銀行系統的運作；3、由朱雲來作為個人企業來掌控的，在朱鎔基總理任內特批設立並獲得所有經營特許，佔有通過建行出面的國家出資，與摩根士丹利投資銀行（摩根士丹利）和個別香港人士構築了戰略利益關係，有著便捷資金出入推出機制的中國國際金融公司（中金公司）；4、在中國長期投機，包括從中國各類企業收取上億美元費用、在中國房地產市場上吞雲吐霧、去年將中投幾十億美元投資化為泡沫、並且在當前美國金融危機中又企圖設計誆騙中投公司為其買單、作為中金公司外方股東的摩根士丹利及其為代表的外國投機機構；5、由周小川掌控的中國人民銀行（人總行）操持著國家的貨幣政策和國家外匯的投資，包括附和美國利益和壓力讓人民幣快速增值，影響中國企業出口競爭力；在美元不斷貶值之時，讓中國持有巨額面臨貶值的美國國債。

這一涉外金融利益集團的代表人物包括：

1、中投公司董事長樓繼偉，是朱鎔基總理在上海時就重用，並且在退出總理位置之前專門安排去財政部"盯著錢袋子"的嫡系。中投公司依賴國家的外匯儲備，不僅是中國最大投資者，而且是世界最大的主權基金之一。西方評價他是中國最有權勢之人、對中國改革最具貢獻之人。

2、中投公司總經理高西慶，當年由朱鎔基總理跨過正常程序，由王雪冰手下的子公司負責人一舉提拔到證監委當副部級副主席。雖然各種告狀信一籮筐，涉及他超生（至少3個）重婚（至少2次）、生活作風、經濟犯罪等，但卻能得到該利益集團的搭救和重用，屢屢化險為夷。

3、境外人士如摩根士丹利中國區主席孫瑋女士和因醜聞而下台的香港前財政司司長、目前擔任美國黑石集團（黑石）中國區主席的梁錦松等。他們合夥安排中投公司以總計80多億美元對黑石和摩根士丹利逆時入資，使國家損失過半。對黑石的投資是孫瑋代表摩根士丹利作為財務顧問、朱雲來從中牽線搭橋、梁錦松名義上得到功勞和好處、中投公司（並先前的中央匯金）樓繼偉、周小川、高西慶和汪健熙共同搞定的。對摩根士丹利的巨額投資損失也是同樣由這幾個人以相同的手法密謀定案的。

4、朱鎔基總理的前秘書李劍閣，目前擔任著中央匯金副董事長，同時還擔任著朱雲來當總經理的中金公司的董事長，年收入以千萬計。

5、人總行行長周小川，在金融政策的制定和執行方面屢敗屢戰，應當對中國證券市場和貨幣政策近年來的重大失誤承擔責任，他與美國財長保爾森等遙相呼應，強買美國國債，強逼人民幣升值，強把中國直接牢牢綁在美國經濟戰車上，使中國失去應對自由度。周小川也是由朱鎔基總理主要提拔，他曾經在六四後流亡美國，回國幾年之內，即被安排擔任中行副行長、建行行長、中國證監委主席，直至中國人民銀行行長。

6、中投公司副總經理汪建熙，據說是從小與周小川同院長大的玩伴，雖然劣跡斑斑，卻一直就受到周兄弟般的關照，一直帶著到中國銀行、證監委、到建行、擔任中央匯金副董事長、中金公司董事長（後傳給李劍閣）、擔任中投公司副總經理。國內外市場上廣泛認為，這些天之驕子，哪里有錢上哪里，哪里熱門到哪里，哪里有權在哪里。

7、眾心捧月的朱鎔基總理的兒子朱雲來是這一利益集團的核心。朱雲來在朱鎔基總理任內轉行到金融領域，在美國的無名大學短暫留學鍍金後，由美國一家投資銀行最低層次的職員，在九十年代後期一舉被安排成為中金公司的總經理。中金公司的背景是建行、摩根士丹利以及香港查史美倫家族作為股東，在中國特批的第一家合資投資銀行。當時中金公司的董事長是後來被判刑的建行行長並曾任中行行長的王雪冰，中金公司的董事包括摩根士丹利的總裁、現今仍然擔任摩根士丹利首席執行官麥晉桁，此人去年在摩根士丹利走下坡路時從中投公司拿走中國 56 億美元，目前已經虧損過半。港人史美倫當時被朱鎔基總理直接任命為中國證監委副部長級副主席，在中國證券市場引起廣泛爭議，留下長遠隱患，後來不得不黯然掛冠離去。

二、涉外金融利益集團的基礎和核心在於小集團利益均沾

這一涉外金融利益集團長期經營、盤根錯結、相互提攜、內外呼應、朝野相隨、利益均沾，其組織之嚴密，運作之順暢，古今中外，難有其上者。

1、長期經營、盤根錯結

該利益集團起始於九十年代初，歷經兩屆政府，橫跨近二十年，並且強勁不衰，大有繼續傳呈之勢。當年朱鎔基總理以副總理之名掌總理之權，進而擔綱總理之位，前後達七、八年之久，牢牢掌控金融和經濟各口，使其能夠廣獵班底，遍插親信，充分鍛煉，羽翼豐滿。其他派系的後備幹部，難以有機會真正涉獵金融財經實務，造成直到今天也只能經驗斷代，隔靴搔癢，望洋興嘆。朱鎔基總理的班底，幾乎都在其任內就實現了積累閱歷，掌握經驗，實現卡位的歷程，確保能夠在繼任政府中擔任重任。

樓繼偉在朱政府中，實現了由上海市政府局級，掛職到雲南省副省長，到財政部常務副部長的過程。現在建設銀行董事長郭樹清也走了掛職雲南省副省長的路子。高西慶在朱政府中，實現了由中銀國際總裁，到證監委副主席，到社保理事會副理事長的過程。李劍閣在朱政府中，實現了從經貿委司長兼朱的兼職秘書，到證監委常務副主席的過程。周小川在朱政府中，實現了從中行副行長，到建行行長，到證監委主席的過程，為擔任人民銀行行長奠定了基礎。朱雲來在朱政府期間，則實現了從美國無名大學的普通留學生，到中國最重要的和當時唯一合資的投資銀行中金公司總經理和實際掌控人的飛躍。要說朱鎔基總理"清廉"，看來還是需要事實來說話。

該利益集團還相互盤根錯結，相互依存。朱雲來執掌中金公司十來年，幾乎壟斷了中國企業在海外的股票上市、企業融資、財務顧問的高端市場，其所得個人利益保守計算也達數十億元人民幣，這完全是在這一涉外金融利益集團的庇護之下非法取得的。在朱雲來執掌和大肆利用中金公司大發其財的起始和大部分時間裡，為父的是當朝總理，為子的是最大合資投資銀行的總裁和實際控制人，靠的是吃國企改革和金融改革飯，發得是個人的億萬橫財，並且沒有任何迴避和遮掩。

事實情況還是，眾多跨國公司、投資銀行和金融機構的老闆到中國訪問，都把會見朱雲來（英文名字為 Levin Zhu）視為最重要行程，以見到 Levin 為榮，而朱雲來在國外的行程安排規格，不低於一個王子，相信從這些年朱雲來的工作行程中不難找到相關答案。朱雲來執掌和運營中金公司，獲取幾乎所有重要國內金融和海外涉華高端業務，並破例獲取國內券商牌照時，高西慶和史美倫是證監委副主席、周小川是證監委主席。朱雲來執掌和運營中金公司介入中投公司對黑石和摩根士丹利的巨額海外投資時，樓繼偉、高西慶和汪建熙是中投的決策人，而外方則是與他們私人關係密切的麥晉桁、孫瑋和梁錦松。朱雲來執掌中金公司，總是由該小圈子的人為朱雲來擔任保駕護航的中金公司董事長，他們是：王雪冰（被判刑）、周小川、張恩照（被判刑）、汪建熙、和當前的李劍閣。該涉外金融利益集團成為一個真正的嚴密的獨立王國，水潑不進，針插不入。業內外和海內外廣大人士迫於這一利益集團的權力之壓，只能敢怒不敢言，仰歎人家彼此抱團，利益攸關。

2、相互提攜、內外呼應

該利益集團可能是所有政治經濟組織中最能顯得志同道合，相互提攜且不大遮掩的。當年朱鎔基總理在涉及人事問題時，就往往獨斷專行力排眾議。可能是由於共擁其主或利益相關之因，其班底都相當團結，相互照應。樓繼偉在組建中投公司班子時，就力主排除其本身所出之財政部的力量，而強求安排其同屬一夥的高西慶和汪建熙進入班子，實際集中了對中投公司的絕對控制，結果才會出現像黑石和摩根士丹利這樣靠私人朋友做事，讓國家蒙受巨額損失的重大投資失誤。

中投公司 40 億美元入資美國高盛投資銀行所關聯的

J.C.Flowers 私人直接投資基金，就指派周小川在當證監委主席時安排在證監委後又安排到建行的親信宣昌能前去擔任高管，又是自家人作自家的生意。當前中投公司又在全球招兵買馬，提攜親信和知己，又是其建築跨代班底結幫結派的佳機。周小川當證監委主席時，排擠異己，安排親信，把他帶到中國銀行的高西慶和汪建熙分別安排當副主席和主席助理，港人史美倫當副主席，港人梁定邦當顧問，把中國的證券市場搞得烏煙瘴氣，消極影響至今難以消除。周小川到人民銀行當行長，繼而當上銀行股份制改革領導小組組長後，更是大肆培植個人勢力，不僅直接插手商業銀行的股改、上市、並購，而且親自大肆安排自己的人，在銀行上下引起了公憤。

他把汪建熙安排成建銀董事長兼中央匯金副董事長兼中金董事長，一時間成為舉世無雙的"三環董事長"。他把為其做盡壞事，飛揚跋扈，道德敗壞和人稱"人總行惡霸"的秘書李超短短幾年裡一路安排為人民銀行總行辦公廳主任、發言人和行長助理。該利益集團的相互提攜還是跨境跨國的。周小川等把在香港因為觸犯法律和道德而被迫下台，以年輕的中國跳水皇后伏明霞為妻的前財政司長梁錦松安排為交通銀行董事，使其得以東山再起後所做的第一件事就是仲介中投公司投資於黑石，犯有詐騙、誤導和傳播虛假資訊罪責之嫌。李劍閣的女兒就是由梁定邦親自安排到美國最難進入的私立貴族學校留學。本身沒有國內背景，自己嫁給外國人的孫瑋女士更是照顧一大批國內高官的子女，或就學，或進入摩根士丹利等投行，進行利益輸送，其中就有已被雙規的落入國內"情婦門"的前中石化董事長陳同海的公子，換取了中石化的眾多業務單子。難怪人們說，所謂前財長金人慶因之下台的李蔚的國內"情婦門"比起"國際情婦門"來，簡直就是小巫見大巫。

該利益集團的網絡遠不是局限於國內，而是遍佈全球各重要金融機構和投資銀行，其佈局之廣泛和嚴密，令人震驚。在美國追查其投資銀行興風作浪引發金融危機的犯罪行為的今天，著實有必要徹查該利益集團多年來主要通過境內外投資銀行等機構進行利益輸送、內外呼應的犯罪事實。眾所周知，所有的金融、銀行和投資業務，都是有一定比例的仲介費用和成本的。在這些業務競爭的過程中，除非依靠明顯的業務優勢和綜合效益取勝，否則一定會有灰色利益的輸送，或是赤裸裸的金錢交易，或是冠冕堂皇的權力關照，這是商業的基本規律。

周小川在人民銀行任內，在與保爾森唱雙簧，讓人民幣快速升值造成中國經濟內傷的同時，卻在美元大幅貶值之時促使中國大量購買美國國債，達到近六千億美元，造成中共政府和國民巨大損失，更為重要的是，造成中國不得不在美國金融危機之時為避免所持有的美國國債的繼續貶值，而不得已可能再行購買美國國債，造成"美國救市，中國買單"的被動局面。試問，美國國債的買賣和交易都是有仲介交易的，中共政府是如何挑選和使用這些仲介的？這一過程透明和清廉嗎？樓繼偉、高西慶、汪建熙等操持中投公司與孫瑋、麥晉桁、梁錦松等在巨額虧損的美國黑石和摩根士丹利投資中的相互關係，超出一般的商業邏輯和投資規則。

試問，他們相互間的利益如何？究竟誰遭受了損失？誰得到了好處？摩根士丹利多年來在中國業務中，呼風喚雨，享盡特權，去年在自己走下坡路時能夠讓中投公司逆勢投入鉅資蒙受幾十億的損失，用國家的錢去救摩根士丹利董事會眼看就要罷免的麥晉桁，今年在美國金融危機的關頭還竟然在美國政府最後通牒摩根士丹利要麼關門要麼轉業的關鍵時刻，差點讓中投提高摩根士丹利已經遭損的投資比例，並且由高西慶和孫瑋在美國進行了秘密談判。試問，都是哪些人得到了好處？孫瑋女士是否就是外面廣為傳說中的那種經濟間諜？高西慶等人是否就是外面廣為稱之的那種金融買辦？

3、朝野相隨、利益均沾

該利益集團的重要特點還在於其在體制內外遙相呼應，亦官亦商，定時換位，利益均沾，享盡體制內外的優勢，當官賺錢兩不誤，更使得巨大個人利益國際化和形式上的合法化。人們說，該利益集團沒有一個人不是隱形支持著一個或者幾個境內外金融機構的運作並得利其中，就像賈府門前的獅子一樣不乾淨。例如，李劍閣在體制內外的角色變換，成為年收入幾千萬人民幣的中金公司董事長；高西慶在體制內外的進進出出，利益所得難以估價；汪建熙在機關和金融機構之間的來回跳躍，由中金公司董事長變換為中投公司副總經理，遊弋於名義收入和“投資收益”之間；港人梁錦松醜聞下台後憑藉與國內的關係得到黑石投資和年薪幾百萬美元並加獎勵；被稱為可能是國際“情婦門”的摩根士丹利中國區主席孫瑋多年來依靠中國“業務”收取了幾千萬美元的工資和獎金；朱雲來實際上將國家持股的中金公司據為己有，每年個人收入上億，十來年積累個人財富幾十億，尚不算其佔有和隱藏的股份和資產，王侯將相寧有種乎？

朱雲來單憑自己是朱鎔基總理的兒子，多年來掌握和控制中國第一個中外合資的投資銀行中金公司，攫取巨額利益，成為中國金融和經濟界一個高衙內式的惡霸的事實，將作為古今中外最大的官倒，載入史冊，而朱鎔基總理也要避免因為縱容朱雲來官倒而可能被當成中國歷史上的高俅，嚴重影響他個人的聲望，特別是國家的榮譽。更為重要的是，朱雲來憑藉朱鎔基總理成為中國最大的金融大鱷和官倒，將遺憾地成為中國改革的重要註腳，永遠地為中國的改革開放事業和中國的全體人民抹黑。中金公司是中國第一個中外合資的投資銀行，由建行代表國家持有大股，其餘股東包括摩根士丹利投資和香港查史美倫家族等。

朱鎔基總理的兒子朱雲來，本不是學習金融和經濟的，他放著環境保護本行專業不做，在美國的無名大學留學鍍金後，由美國一家投資銀行最低層次的職員，在九十年代末一舉由後來被判刑的建行行長王雪冰經請示朱鎔基總理後，安排成為中金公司的總經理，實際掌控了這一國家投資的平台並據為已有。自此之後的十幾年中，中金公司成為在中國享受最大特權、拿到最多投行業務、取得最多牌照、個人收入最高的證券公司和投資銀行。

首先，朱雲來一直把國家持有股份的中金公司作為個人公司來經營。早在近十年前，華爾街日報就有整版文章揭露說朱雲來如何象黑社會老大一樣把持中金公司，並把股權和資產偷偷摸摸往海外轉移。

第二、以擁護朱雲來作為幼主的涉外金融利益集團，拱手將中金公司實際上轉讓給朱雲來，並且保駕護航，分享利益，成為中國歷來國有資產流失的最惡性和最典型的案例。中金公司的董事長由該利益集團與朱雲來商定，由朱雲來拍板，已經成為慣例。自朱雲來以來的中金公司董事長分別是：王雪冰（被判刑）、周小川、張恩照（被判刑）、汪建熙、李劍閣。

第三、其官倒性質造成了中國金融業的變相壟斷，破壞了金融業的正常競爭機制，造成了以國企為主的廣大客戶企業不得已而支付壟斷價格，其對中國金融秩序的破壞，對中國企業文化的糟蹋，對中國大眾不滿心理的壓迫，進而對中國政治和經濟穩定的影響，難以估量。

第四、朱雲來數年來已經從中金公司攫取了巨額財富。美國投資銀行垮台的重要原因之一是管理層無限的貪婪和巨額的報酬。中金公司就是以美國投資銀行的模式建立的，在依靠父蔭和涉外金融利益集團的基礎上，朱雲來的中金公司拿到了中國涉外和國內投行、券商和財務顧問最多和最優厚的業務和收益。特別是中金公司一直採取比照外國同行的分配方式和規模，朱雲來十來年從中金公司所得到的收益，已經達到數十億元人民幣。換言之，朱雲來依靠官倒，用國家投入的平台做個人的生意，發個人的大財，並且披著合法的外衣，實乃曠世未聞。

　　第五、朱雲來一直在盤算和實施著將國家在中金的投入，以貌似合法的方式，例如個人持股激勵、個人持有關聯業務乃至最終上市，徹底歸為己有。這種赤裸裸地瓜分國有資產，必須予以堅決制止和懲戒。國家用國有資產建立、用特批執照增值、用國企業務餵養的中金公司，如果讓朱雲來私有，將是最大犯罪和醜聞。在此過程中，朱雲來與作為中金公司股東的摩根士丹利首席執行官麥晉桁和中國區主席孫瑋之間，就摩根士丹利所謂的自願減持中金股份的勾結，如果放在朱雲來與涉外利益集團有意或無意在投資黑石和摩根士丹利過程中使國家遭受巨大損失的背景中，其相互勾結就不難理解了。在美國都認定獨立投資銀行模式是當前金融危機的禍首之一而開始調查其管理層犯罪事實的今天，完全有必要爭取主動，儘快徹查和取締中金公司、徹查和懲治朱雲來和該涉外金融利益集團的種種犯罪行為、沒收不法財產和所得。這就如同打老虎運動，懲處了這個涉外金融利益集團，整個金融和經濟界就會振奮，就有正氣，就能立威！否則中國金融和經濟就會另有決策中心，中國金融危機的隱患就永遠難以得到消除，胡溫的和諧社會目標就難以真正服眾和實現，社會的公信力也就長期得不到建立。

　　綜觀中共歷史，沒有哪個領導人的子女能夠有朱雲來的"膽識"，能夠公開傲視一切，高調巨額攫取利益，壟斷市場破壞金融秩序，內外勾結損害國家安全。毛澤東不能、鄧小平不能、江澤民和李鵬也只是在體制內根據孩子們的特長低調漸進地往前培養。胡溫就更是循規蹈矩大氣不出。父親在前面當清廉的總理搞經濟改革，兒子在後面掌控並試圖將中國最大和最早的合資投資銀行居為己有，做國家的生意，直接成為億萬富翁，曠世未聞，簡直就是對國家的諷刺和對人民的嘲弄。

三、涉外金融利益集團的危害性在於內外勾結危害國家經濟安全

這一涉外金融利益集團攫取巨大利益，破壞金融秩序，左右金融政策，損害國家利益，危害國家的經濟安全，影響政治社會安定。首先，他們攫取巨大利益，中飽私囊，個體和整體都成為中國改革過程中最大的收益者，將成為中國社會動盪的最大定時炸彈。例如，他們操持國家購買幾千億美元的美國國債，好處費是多少？他們合夥大量壟斷企業上市的承銷和顧問，好處費由多少？他們將大批銀行賤賣給外國人，好處費有多少？他們逆勢向海外投資於貶值企業，好處費有多少？人們都知道，改革開放後最大的官倒是朱雲來，最大的利益集團是這一涉外金融利益集團。

第二、他們破壞金融秩序，壟斷金融市場、資本市場、貨幣市場、外匯市場、投資領域的高額和高端業務，嚴重破壞了市場競爭，扭曲了市場價格，妨礙了資源配置，壓制了市場人才，減低了市場效率，犯下了破壞國家金融、經濟和市場秩序的嚴重罪行。

第三、他們左右金融政策，內外勾結，掌控了中國的金融決策、貨幣政策、對外投資、金融機構，他們恃主傲人，以其他人包括其他領導人不懂金融和業務為名，獨斷專行，危害了正常決策程序。雖然當前中國能夠在國際金融危機中暫未受波及，但是他們要

對中國經濟的內傷和金融風險的隱患負責。

　　第四、他們已經對國家利益造成了明顯的和未知的巨大的損失，他們主導的對黑石和摩根士丹利的巨額投資虧損、將國家外匯儲備的巨大部分錯誤地購買美國國債實際為美國金融危機買單、讓國家大型金融機構以海外上市的名義賤賣給外國人等等，已經遠遠超過了決策失誤，而是嚴重瀆職。加上其內外勾結，利益輸送，已經成為百惡不赦。

　　第五、他們的行為已經嚴重危害國家經濟和政治安全，其長期以來內外勾結，損害了國家的貨幣政策、金融政策、外匯政策、國企改革等重大決策，與外商一起損害國家現實和長期的經濟利益，其性質就是裡通外國。

　　第六、他們長期掌控金融和經濟，破壞了國家政治、組織和思想工作在金融和經濟領域的正常開展，其對國家命運和前途的影響力，由於其國內外相勾結和掌握金融命脈，在國家的政治生活中起到了比掌握軍隊和警察等國家機器都有效的權力，與中央存異心，欺上瞞下，干擾中央決策，短路政策實施，嚴重危害了中國政局的穩定和政府的運轉。第七、在中國以穩定壓倒一切，強調和諧社會，優先解決農民和工人疾苦問題的今天，如果不儘早和乾淨地剔除這塊毒瘤，將有可能引起廣泛民憤，使得國將難有寧日。

　　當然，也有網民認為，鍾潔錦這篇文章火力甚猛，多少有一種當年的大批判氣氛，文章裡的分析只是一家之言，姑妄聽之，未可全部相信。

李鵬家族：
兒子"亞洲電王"
女兒"女電王"

　　維基百科稱：李鵬是以計劃經濟為基本意識形態的傳統勢力的代表，時常以"社會主義衛道士"的面目自居，但是李鵬的家族卻是出董事長和總經理，且牽扯進不少腐敗大案，其家族在中國電力行業中具有極大的影響力。

　　李鵬被中共元老批評"把電力部門當作自己家後院"，把李小鵬、李小琳塞入電力部門。李鵬本人曾擔任電力工業部部長，並且在擔任國務院總理後大力推動了三峽水電站的建設，更引來很多爭議。他的夫人朱琳曾擔任大亞灣核電站駐京辦事處的掛名要職。

　　兒子李小鵬曾經擔任亞洲規模最大的獨立發電企業——中國華能集團公司的總經理。李小鵬捲入多起電力系統腐敗案件。1999年，在時任國務院總理朱鎔基指示下，審計署破天荒地公佈國務院53個部門財政違規報告，當中，華能國際（水電部）被查出挪用南水北調工程費約6500萬元。李小鵬於2008年5月12日，棄商從政，轉任中共山西省委常委、省政府副省長（排名第二）。

　　女兒李小琳畢業後考不上大學，被李鵬送去清華大學讀了碩士學位。李小琳目前擔任中國五大獨立發電企業之一的中國電力投資集團公司的總經理，2008年兼任香港上市公司中國電力國際發展有限公司董事長，是電力行業所有這個級別（中管幹部，副部級）

的官員中年紀最輕的，被中國媒體稱爲"女電王"，也因此被質疑其任命是否是由於父親的官位所至。

李鵬的次子李小勇，曾是上校級武警，已經移居新加坡。李小勇曾捲入 1998 年名噪一時的超大腐敗貪污案"新國大公司"詐騙案，引發千人抗議。

平庸官僚保政權穩固有功

2003 年 3 月 4 日，中國召開人大會議的時候，主持人不再是李鵬了。前委員長李鵬在人民大會堂正式卸下了官職，從政治的第一線退下。用官方媒體的話說，李鵬宣佈"我的任務已經完成"，然後在掌聲中向台下的代表鞠躬。

新華社的報導稱讚說，李鵬在擔任九屆人大委員長期間使得人大在推進依法治國和加強監督方面取得了許多重要成績，並使得人大制度在過去五年前進了一大步。

不過，報導沒有提李鵬在 1989 年六四事件中扮演的關鍵角色以及其家族成員所牽涉到的種種弊案傳聞。對不少中國人來說，李鵬是中國的政壇中比較具有爭議性的人物，六四事件的一些直接受害者更是充滿反感。

政治觀察家對於由於六四事件而極具爭議的李鵬，在接受美國之音探訪時發表了看法。

當年天安門絕食的"四君子"之一高新，現在是居住在美國的作者和自由評論員。高新說，由於李鵬在進入中共中央領導層之前沒有過基層的黨第一把手或行政第一把手的經驗，因此不論是在行政的角度還是站在現代社會領導的角度，李鵬都不能說是領導擁有 13 億人口的中國的合適人選。

　　高新說："從他當總理不久就發生了六四，一直到 1998 年朱鎔基接任總理這前前後後總共 11 年擔任總理和代總理期間，他的政績可以說是乏善可陳，但是由於他不是決策人，他只是一個執行者，如果說那時候的經濟有多麼大的功勞，不能全歸在他身上，如果說有失誤，也不是他李鵬本人的失誤。"

　　資深媒體工作者、明鏡出版社創辦人何頻指出，儘管由於李鵬在六四事件中的表現和他的不擅言詞，使得李鵬在一般人民心目中的印象是十分強硬和醜陋的，但是根據一些接近李鵬的人的看法，李鵬本人對待下屬比較親切和友善，不象朱鎔基比較直率和強硬，因此他在國務院期間還是受到了許多幹部的擁護。

　　何頻認為，李鵬是典型的平庸型、缺乏創造性的官僚，在他任內改革的步伐比較慢，但他還是逐步的做出了一些改革措施。此外，李鵬與江澤民之間長期保持的友好合作關係，也為中共高層領導的穩固做出的貢獻。

　　何頻說："李鵬出身於烈士家庭，和中南海的關係非常密切，長期在國務院工作，因此他的權力基礎比江澤民要強很多，因此中共高層權力很長一段時間沒有出現激烈的權力鬥爭，維持了穩定性，在很大的程度上是和李鵬與江澤民的合作有很大的關係。"

　　美國之音說，李鵬在 1998 年 3 月開始擔任九屆全國人大委員長之前，曾經擔任過國務院總理等要職。在 2002 年 11 月召開的中共十六大之前，李鵬是中共第二號領導人。他留學過蘇聯，是水電工程師出身。李鵬的父親參加共產黨革命，在 30 年代被國民黨所殺。很多人認為，李鵬對六四事件具有不可推卸的責任，但是政治評論員高新認為，李鵬在六四事件的責任問題仍然有爭議，因為目前還不清楚他是否就是當時的決策人。

　　高新說："外界對李鵬的評價基本上是臉譜化和漫畫化的，我想呢，李鵬無論是基於何種原因，六四的時候他在中共中央政治局常委裡起到的惡劣作用這是外界人所共知的，但是外界把李鵬說成是六四的屠夫我覺得也欠妥，道理很簡單，因爲李鵬不是決策者，他可能是對當時的決策者起到重要影響或傳遞重要資訊的人，他與趙紫陽相比態度當然是相反的，但這並不表示他是六四的決策人。假設有一天，像海外民運人士宣稱的那樣要對六四重新評價，那時候可能事情就會真相大白，李鵬就可能會在他是不是決策人的問題上有所澄清。"

李鵬和江澤民

　　高新認爲，由於六四的問題不是李鵬個人的問題，而是攸關整個共產黨政權的問題，因此很難想像李鵬在下台之後會發生單單就李鵬個人的六四責任問題進行批判，成爲政治替罪羊的情形。

　　至於李鵬的家人所牽涉到的弊案醜聞是否會在李鵬下台之後遭到調查，高新認爲，目前很難對消息的準確性做出評斷。但是由於現在幾乎是大多數在位或退位的高官都曾傳出類似的問題，李鵬的案子和其他人比起來實在是沒有什麼份量，在李鵬並沒有對江澤民或胡錦濤構成任何挑戰或威脅的情況下，應該是不會出現整肅李鵬的問題。不過值得注意的是，李鵬的兒子李小鵬已經被安排進入十屆人大主席團。父親告退，子襲餘蔭。

2004 年 8 月，李鵬在紀念已故中共領導人鄧小平誕辰一百周年發表的文章中暗示，他擔任總理期間政府當局做出的三個最有爭議的決定，都是鄧小平的主意，其中包括對六四的鎮壓。

2004 年 8 月 22 日是鄧小平誕辰一百周年紀念日。李鵬在中共機關刊物《求是》雜誌上發表了題為《紀念鄧小平同志》的文章。李鵬在文章中說，是鄧小平堅決支持鎮壓 1989 年的所謂政治風波，堅持修三峽大壩和建造廣東大亞灣核電站。

很少直接提及六四事件的李鵬在文章中說，“1989 年春夏之交在中國發生了一場嚴重的政治風波，鄧小平同志以一個偉大的革命家和政治家的氣魄，和其他老同志一道堅決有力及時支持黨和政府採取果斷措施，平息了那場政治風波，保證了國家的長期穩定，為以後中國的發展與進步提供了必不可少的條件。”

除了六四事件以外，人們還把李鵬與引起很大爭議的三峽工程聯繫起來。但是李鵬在文章中說，眾所周知，鄧小平是三峽工程建設的主要決策者。

李鵬還在文章中說，在 1986 年發生了切爾諾貝利核電站洩露事故之後，在廣東大亞灣修建核電站的工作遭到香港人的反對，一時鬧得沸沸揚揚。李鵬說：“在這緊要關頭，鄧小平同志發出明確指示，中央對建設大亞灣核電站的決心沒有改變，才使大亞灣核電站建設得以按進度繼續進行。”

其他中共領導人也在《求是》雜誌上發表了紀念鄧小平誕辰一百周年的文章，但是李鵬的文章是唯一直接提及 89 年六四鎮壓事件的。

當時有海外媒體指出，李鵬此舉似乎是有意將鎮壓六四事件的責任推卸給鄧小平和其他中共元老。

李鵬在這篇文章中還罕見的透露了他的一些個人感受。他在文章中說，他在 1988 年擔任總理，不久又擔任中央外事工作領導小組組長，深感自己的能力和資力都難當此任。針對他的這種畏難情緒，李鵬在文章中寫道：“小平同志說，我就擔心你不敢大膽工作，要努力學習，在工作中鍛煉自己，使自己成熟起來。”這似乎印證了中國民眾所認為的李鵬是一個缺乏魄力、沒有主見的領導人的看法。

李鵬要出《六四日記》，未獲批准

此外，2004 年早些時候有報導說，李鵬完成了有關六四事件等方面的書稿，希望澄清他在六四事件中扮演的角色，但是他出版書稿的要求沒有得到中共中央的批准。

據報導，李鵬退休後於 2003 年秋天寫成 30 萬字的六四日記及書稿《關鍵時刻》，要求中共中央同意出版不果。該書以日記方式回溯六四前後決策的來龍去脈，承認中南海高層對處置學運存在明確分歧，並特別透露 1989 年 4 月 22 日 10 萬學生在人民大會堂外“下跪請願”，要他出來接請願書，他當時並不知情而非失信沒露面。有讀過這部書稿的人認為，李鵬在肯定當年中共一系列重大決策的同時，也在為自己“平反”。

知情者向《亞洲週刊》披露，李鵬的這部書稿標明是“徵求意見稿”，配有數十幅照片，以成書樣式於 2003 年秋天分送在京的 10 多位中共中央政治局委員。書稿發出兩個月後，李鵬沒有獲得任何回音，於是打了多個電話給拿到書稿的政治局委員，一再詢問讀後想法，強調書的內容可以修改，但希望中央准許出版。不久，胡溫新政府給李鵬明確答復表示，經中央研究，此書暫時不公開出版爲妥。

　　該書前半部分是六四前幾個月的日記，詳細記載中央從各管道獲知學生運動和社會民主運動的進程，哪位中央領導當時說了什麼、做了什麼，回憶了許多重要措施出籠的前因後果。李鵬在文中時而明確、時而隱晦地表示，六四期間一些重要決策並非出於他手，許多重要判斷也非外界一再誤會那樣是他所言。

　　耐人尋味的是，書中特別提到六四前的"歷史的分水嶺"，即4月22日中午前後，那是當局與學生矛盾由可調和轉向對抗的"分水嶺"。當日上午，官方爲下台後逝世的中共前總書記胡耀邦舉行追悼會，天安門廣場上聚集了10萬名學生，學生代表先提出三項要求，繼而要求向時任總理的李鵬面呈"七條"請願書，與政府對話。

李鵬

　　李鵬在書中表示，他身在大會堂內，並不完全知道廣場上那麼大的風波，也沒有表示過像胡耀邦治喪委員會人士所說的，他會在上午 11 時 45 分會見廣場上的學生。正是由於當時傳言李鵬"失信"沒出來，導致後來三名學生在大會堂台階上長跪不起，引發現場群情憤怒，人們相擁而哭，學生與政府的矛盾衝突由此無法緩和。

《亞洲週刊》引述讀過《關鍵時刻》的人士說，李鵬在書中透露當年中南海高層對如何處置天安門學運存在明確分歧，也有意撇清自己在六四事件的主要責任。不過，追究最終責任，是否都落在已經作古的實際最高領導人鄧小平身上，由於該書內容並未公開，外界不得而知。

報導還指出，六四事件後，李鵬被指是鎮壓六四的重要人物。2000 年 8 月至 9 月，他出訪美國，在紐約參加國際議長會議。這是他自 1989 年後第二次到美國，面臨"侵犯人權"的民事訴訟。六四死難者和他們家屬尋求沒有特別指定的賠償。家屬認為，當時擔任國務院總理的李鵬，以及他的政府需要為這場鎮壓負責。已經移居美國的一些"天安門孩子"認為，這場法律訴訟雖是象徵性的，卻是平反六四的開始。

有北京政治學者認為，這些年來，中共政壇仍活著的老人，或者已經去世的政壇老人的家屬，都在透過各種管道，以各種方式，撇清他們在當年六四事件的責任，他們似乎都感覺到總有一天會真相畢露。他們在意自己歷史上的地位，對歷史事件中自己曾經扮演過的角色，顯出一種難言的焦慮感。

也許正是這種歷史的焦慮感，使李鵬極力爭取著書寫六四，要為自己撇清責任。歷史的罪責，成為當時每一位參與決策者都不能不耿耿於懷的心頭大石。李鵬於 2002 年中共十六大退出中央政治局常委，次年卸任人大委員長之職。

父親聲名狼藉，女兒卻把他掛在嘴上

在中國發展迅速的電力行業，李小琳也許算得上是曝光率最高的領導者了。雖然她更願意因為自己的成績而為人所知，但她的聲名卻更多地來自於她的父親。

《華爾街日報》2006 年 5 月 12 日發表文章稱，李小琳是中國最大的獨立電力公司之一中國電力國際發展有限公司（China Power International Development Ltd., 簡稱：中國電力）的首席執行長。中國高幹子弟越來越多地進入商界，李小琳也是其中之一。

這些人被稱作中國的太子黨，其中許多人像李小琳一樣，不再追隨父輩的足跡在政壇發展，而是棄政從商.李小琳說，生在什麼樣的家庭是無法改變的。她的父親是前總理、掌管中國電力行業的李鵬。李鵬因為力主修建世界最大的水利樞紐工程三峽大壩而聞名，這項工程導致上百萬人被迫搬遷。他也因為在 1989 年天安門學生民主示威時發佈戒嚴令而聲名狼藉。

李小琳的哥哥李小鵬同樣出名。他領導著華能國際電力股份有限公司（Huaneng Power International Inc.），華能國際是五家在香港上市的獨立電力企業中最大的一個。有分析師預計，李氏家族企業和其關聯的國有公司控制著中國總發電能力的 15%。

45 歲的李小琳和其他太子黨不同，她從不迴避媒體，對於家庭背景也毫不避諱。她說，我從沒有否認過家庭的影響，不論這是一種壓力還是一種自豪。只有將家庭影響轉化為推動自己的動力，你才能成功。

李小琳經常出入社交場合，並得到了大陸媒體的追捧，不過她也很受股票分析師的歡迎。她的聲名來自時尚的裝扮、大號的項鏈、幽默感，當然還有她吸引投資者的能力。

　　雖然中國電力的規模小於哥哥李小鵬的企業，但它仍然獲得了許多關注。同在香港上市的中國電力 2005 年的業績超出預期，淨利潤增長了 4%，雖然煤炭價格——也是這家公司最主要的成本——大幅上漲，但利潤率仍保持在 15% 左右。從短期來看，許多分析師對中國電力的前景表現冷淡，因爲煤炭成本較高，另外在某些地區還存在著電能過剩的情況。不過，由於中國經濟飛速增長，中國每年要新增的電能相當於義大利一年的用電量。

　　有分析師看好中國電力的長期發展。里昂證券亞太市場（CLSA Asia-Pacific Markets）能源業分析師 Manop Sangiambut 說，"她的家族背景無疑是個優勢。"

李小琳

　　《華爾街日報》指出，李小琳和李小鵬並不是商界唯一的太子黨。人們無從知道這些人在中國蓬勃發展的經濟中佔據怎樣重要的地位，不過可以確定的是，顯赫的背景和成長經歷爲太子黨們創造了更多機會。

　　中國前國家主席江澤民的兒子江綿恒是中國科學院副院長，也擔任了多家高科技公司的董事。前總理朱鎔基的兒子朱雲來是中國國際金融有限公司總裁，摩根士丹利是這家投資銀行的主要股東。國務院下屬的投資公司中國中信集團公司董事長王軍是已故副主席王震的兒子。分析師表示，中國現任領導人的子女也和商界有關聯，不過為了避免前幾代太子黨們所遭受的詬病，他們行事更為低調。

太子黨在中國現代歷史上曾幾度浮沉。20世紀90年代末，各種醜聞迫使中國政府嚴厲打擊了普遍存在的裙帶關係。分析師稱，過去共產黨由於害怕引發公眾不滿，曾禁止政府高層領導的子女擔任私營企業的重要職位。

不過最近，有兩方面的情況發生了變化：一方面，人們對私營企業中的太子黨態度更為寬容，另一方面，競爭環境相對更加公平，這令他們因特殊地位帶來的影響有所減弱。

事實上，有些人認為，中國與西方日益增多的接觸也讓人們認識到，得到家族扶持並不只是中國的專利。紐約哈密爾頓學院研究中國問題的李成教授說，"在中國有批評的聲音，不過大多數人對此也表示接受。"中國人"在其他國家也看到了類似情況。他們發現在美國這種裙帶關係也很常見。"

儘管如此，外國投資者通常希望認識這些人，從而建立起所謂的"關係"。這些投資者願意追隨太子黨。以中國電力為例，購買該公司股票的大多是境外投資者。來自北京的研究員、政治評論家李凡說，"追逐中國電力股票的不是國內投資者，而是外國資金。"

不難理解的是，和那些在文化大革命中失去受教育權利的同齡人相比，受過良好教育並有大量機會赴海外留學的太子黨們當然更有可能獲得高層職位。這跟美國和歐洲的情況一樣，精英階層的子女比貧民階層的孩子們擁有更多的機會。

　　李小琳的辦公室位於北京高科技園區一幢現代化建築裡，從中也可以看出她顯赫的出身。會客廳擺設著鑲金家俱。她的辦公室擺有少量中國古董和幾卷佛經，最顯眼的是一把類似於古代君王寶座的椅子。

　　《華爾街日報》指出，和許多太子黨一樣，李小琳有海外留學經歷，曾在麻省理工學院（MIT）斯隆商學院（Sloan Business School）學習，她稱波士頓是她的第二故鄉。李小琳在 1988 年獲得清華大學工程碩士學位後，又在北京大學學習了一年的佛學。

　　李小琳說，和父親到各地考察電站讓她獲益匪淺，她很敬佩父親的工作。年輕時看到有人借著油燈看書讓她感到非常吃驚。李小琳曾在幾家國有能源單位工作，1994 年她加入了一家新組建的公司，它就是中國電力的前身。

　　中國電力 2004 年 10 月的上市成了香港股市的一個轉捩點。它的首次公開募股獲得了散戶投資者 300 倍的超額認購，共籌得資金 3.2 億美元。股價在上市交易首日即上漲了 17%。

　　中國政府最近考慮上調電價以抵消煤價上漲的影響。人們預計，中國電力有幾項電費是最低的，因此將成為最大的受益者。以後，中國電力母公司、國有企業中國電力投資集團公司也會把更多有價值的資產注入中國電力。

　　李小琳的公司也有過一些失誤。2005 年 10 月中國電力撤銷了入股兩家可再生能源公司的計畫，當時其中一家公司的主席被香港政府以涉嫌挪用數百萬美元的罪名拘捕。更錯綜複雜的是，涉嫌挪用的資金來自一家同樣和太子黨有關聯的公司。李小琳表示，她的公司當年將繼續投資可再生能源項目。

　　文章最後說，李小琳還必須接受這樣一個事實：幾乎每一篇寫中國電力的文章都要提起她的父親。她和父親關係親密。李小琳和丈夫、女兒就住在父母家樓上，距離她的辦公室不遠。

　　她說，隨著公司不斷發展這種情況會有所好轉，最近她看到有越來越多的報導提到的是李小琳，而不是她父親。李小琳認為，太子黨的身份只能帶她走到今天的地步。她說，如果沒有真才實學，即便得到了外界的許多幫助，你也會一事無成。

官媒吹捧李小琳，實在肉麻

　　與眾多高幹子弟極為低調相比，李鵬的女兒李小琳卻十分高調，除了每次接受媒體採訪必大談一番父親外，還極力為自己的出身和經歷"擦胭抹粉"。翻開中國官方媒體對李小琳的採訪，肉麻的吹捧比比皆是。《環球人物》2009年的一篇特寫，便是最好的實例。

　　文章稱，身為中國電力國際發展公司首席執行官，又是中國國家領導人李鵬的女兒，李小琳走到哪里都備受矚目，她開誠佈公地表示："能力之外的資本等於零。"

　　2009年5月底，"氣候變化問題全球商業峰會"在丹麥首都哥本哈根舉行，800多位全球工商界巨頭出席了大會。聯合國秘書長潘基文致了開幕詞。在這些精英當中，有一位氣質出眾的中國女性格外引人注目。她，就是李小琳，中國電力投資集團副總經理、中國電力國際發展有限公司董事長。

　　李小琳在中國電力市場被稱為"一姐"，還曾榮登美國《財富》雜誌全球商界女強人榜，被媒體稱為"女電王"、"站在國際資本肩上的美女CEO"。記者眼前的她，溫文爾雅、自信淡定。坦誠的交流中，讓人感受到她話語背後的獨特個性。

　　李小琳之所以備受關注，還因為她有位當過中國國務院總理的父親。媒體採訪幾乎都離不開這樣的問題：你認為是什麼原因讓你坐到今天這個位置？這其中有家庭的因素嗎？

李小琳並不迴避，坦率地回答："我的成長是自己一步一步努力的成果。從大學畢業到去基層工作，從最初的技術員、工程師、科長、副處長、處長、副總裁、到總裁，我一個台階也沒有漏。一個人出生在比較好的家庭，如果沒有自己的努力，只靠父輩的影響，即使給了你這個位置，你也是扶不起的阿斗！"

文章還說，在李小琳心目中，"前輩的榮譽和業績永遠屬於前輩。它可以讓你感到幸福和自豪，但不會成為靠山。"每每有人提及父親李鵬，李小琳的言語中總是充滿尊敬，她眼中的父親"意志堅定，生活有目標，做事認真，總是朝目標不斷努力。"李小琳說，父母親並沒有刻意去教兒女應該怎樣，但在家庭的薰陶下，他們都繼承了父母的意志與品格。

如果說，李小琳想用美好的語言來美化自己的父親和她個人的經歷，那麼，不少官方媒體都在起著誤導讀者和推波助瀾的作用。再看看這段李小琳"自吹自擂"的描寫，就可以看出中國官方媒體的虛偽和不負責任：

李小琳 1961 年出生於北京，她自稱小時候是父親的"跟班"，十幾歲起就跟著父親去很多電站考察。"當時中國較大的水電站、火電站我都看過，非常熟悉。"父親頭戴安全帽指揮工程技術人員施工的情景，李小琳至今歷歷在目。"小時候，看到父親為中國的電力業四處奔跑，我從那時起就萌生了一個念頭，長大後像父親那樣，頭戴著安全帽下一線，指揮千軍萬馬。"

李小琳跟著父親下基層訪問時，李鵬經常有意帶她去當地的特困戶家，指著在煤油燈下刻苦學習的孩子給女兒看，教育她要珍惜良好的學習環境，努力學習。

　　"父親的良苦用心沒有白費，我從小學習就非常刻苦。"李小琳從少年時期就表現出良好的組織和管理能力，學習成績優異，一直在學校擔任班長、大隊長、團支部書記等職務。"那時候父母工作忙，我 13 歲就開始當家裡的帳房先生，父母的工資都交到我手裡，我來管一日三餐。"李小琳開心地回憶。

　　可能連李鵬也沒有想到，他帶著女兒看貧困孩子學習的情景，點燃了女兒的夢想。"那時候農村還沒有電燈，用一個鐵皮罐頭殼和一綹延伸在外的棉線做成的煤油燈來照明。就是這盞破舊的煤油燈，讓我產生一種強烈的使命感，長大以後要把光明撒播到每一個黑暗的角落。這也是我後來學習電力專業，從事電力事業的初衷。"

媒體追捧李小琳

　　文章還稱，李小琳是個懂得內外兼修的知性女性。對於人們將她看成是標準的"女強人"，李小琳說："'女強人'首先是'女人'。是女人，就要重視女性美。"

之前，記者曾聽很多人描述過李小琳，年輕、漂亮、愛美，從首飾、服裝到手袋，都十分考究。李小琳笑著解釋她對"美麗"的理解："我覺得美麗應該是美麗加能力，也就是'美力'。女性能否擁有'美力'，最終還要依靠自己。其實我的衣服沒有什麼名牌。我平時工作很忙，經常在開會的時候看到住的酒店裡有合適的衣服，就買下來。說到化妝，我平時基本上都會化妝。保養其實沒有什麼秘訣，我相信'相由心生'。"

李小琳對女強人的"強"，也有自己的理解，她說那不只是剛強之"強"，還應該是柔韌之"強"。"正如水的屈伸、水的剛柔之道，百折不撓。人的一生當中，沒有誰能保證一帆風順，都可能起起伏伏，我們要學會微笑地去接受每一件事情。我一直認為女性在尊重人、理解人、寬容人、溝通與悟性幾個方面有獨特優勢，韓國女子大學就有'用溫柔改變世界'的信條。而這些，恰恰是一切優秀的管理者不可或缺的素質。"

李小琳有個業餘愛好是登山，她說，做工作、幹事業也像是登山，不過那是無形之山，征服它們需要更大的勇氣和毅力，遠比登自然之山艱難得多。

針對李小琳的這番言論，海外有評論稱：見過自戀的，但從未見過像李小琳這樣自戀得不知天高地厚的！

當初讀的是電大，走後門進入清華

那麼，如此出色的李小琳一定是天資聰穎的好學生，一定接受過最好高等教育吧？遺憾的是，《環球人物》的文章只用一句話概括了：1988 年，李小琳獲得清華大學電力系統自動化專業碩士學位。李小琳的官方簡歷也是如此。

　　文章接著對李小琳後來的經歷進行一番介紹：她在電力技術學院當過老師，在華北電力公司當過調度員、技術員、工程師，之後又調入了能源部。身爲能源部國際司經貿處副處長，她有機會和世界各地的優秀管理者接觸。"從一個單純的技術型工程師轉變成懂技術善管理的複合型人才，我發現自己急需'充電'和知識更新。"

　　第二年，李小琳有機會考入了聯合國一個援助項目，去美國麻省理工大學斯隆商學院學習管理。據資料記載，斯隆商學院的名氣和影響力一度超過了哈佛商學院，克林頓在擔任美國總統期間所倚靠的經管智囊團成員，多半出自這裡。"我倍加珍惜這次學習的機會，那兩年成爲我企業管理的新起點。"兩年後，李小琳感歎自己如同脫胎換骨，後到電力部工作的她，做了經貿處處長。

　　"海歸"後不久，李小琳從一個文件中發現，境外有人想利用中國電力行業的概念做基金。這種在國外投資領域俗稱"炒概念"的伎倆，被李小琳識破了。她馬上給當時的電力部長呈報告："國家發展需要電力先行，但尙缺資金，資金缺口至少 2000 個億，建議在境外成立一個受法律保護的規範的公司，即成立'正規軍'，把國際上大的基金、財團吸引到我們這裡，參與中國的電力建設。"李小琳的建議得到了電力部的肯定，她被抽調組建中國電力國際有限公司，並擔任籌備組組長。

　　回顧那段經歷，李小琳坦言："當時有獨上高樓的茫然，你去做，卻不知道怎麼做，在未知中尋找出路。"她沒有想到，這條路自己闖了整整 10 年，經歷了"一波三折"。"一波"是在成立公司時，雖說建議被採納了，但從和國家各個部委打交道，到最後確立去香港成立公司，差不多用了兩年時間。而所謂"三折"，是之後找境外資金投入電力市場，中間有三次時機，卻都因爲觀念、政策等因素一次次錯過。第一個上市的時機是 1997 年。那年香港回歸，香港股市上的中國概念紅籌股很火。但資產 "零利潤" 注入，卻讓上市成了沒有依託的幻想。錯失機會，李小琳立刻尋找第二次時機。她提出引進戰略投資夥伴，然後再上市。從做好方案到報批，轉眼到了 1998 年，一場金融風暴，又讓上市泡湯了。李小琳說："當時，我們的資產負債率已達到 96%，這是個非常危險的財務狀況。" 她與同事們一起穿梭於香港各大銀行之間，調整債務結構，化險爲夷。眼看第三次機會到了，然而又因爲企業根基不牢，還是沒能上市。

直到 2004 年 10 月 15 日，中電國際旗下中國電力終於在香港主板市場上市交易。那時，香港各大媒體刊登的一幅照片中，被暱稱爲 "紅衣美人" 的李小琳正在接電話。接電話的那一刻，正是李小琳進入香港聯交所的前一分鐘。電話裡說，李總，今天大市不好。李小琳鎮定自若地回答，"基於我國的經濟形勢，基於我們電力的形勢，基於我們母公司強有力的支援，我們一定會給股東一個滿意的合理的回報！" 說著，李小琳舉起了手。香港報紙把她這個手勢解讀爲 "股市升" 的好彩頭。那天在大盤唱跌的情況下，中國電力升了 17%。

……

那麼，爲什麼這篇文章只提到 1988 年她獲得清華大學電力系統自動化專業碩士學位，卻沒說她的大學學歷，以及她是怎麼上清華讀碩士的。用網友的話說，學習成績不好的李小琳是不會把自己的電視大學學歷說出來的，更不會把她到底如何進清華大學的經過說出來，中國媒體也絕對不會去問這些，更不會把這些實情寫出來。

網上資料稱，七十年代末，在學校學習成績較差的李小琳，參加高考了，可分數卻不夠進正規大學的，就連進電視大學也不夠。後來還是通過走後門，才被電大錄取，當時李鵬在電力工業部當副部長。在電大學了三年後，拿到大專文憑的李小琳，通過父親的關係，才進入北京電力技術學校。1985 年，已是國務院副總理兼國家教委主任的李鵬，又把女兒送到清華大學讀碩士。

1988 年，李小琳獲得清華大學電力系統自動化專業碩士學位時，父親李鵬已當上國務院總理。於是，李鵬把李小琳安排到電力系統，在華北電力公司工作。隨後，在父親李鵬的安排下，李小琳才有了出國學習的機會。

可以說，如果沒有父親李鵬出面，李小琳根本不可能有資格進清華大學讀碩士；如果沒有父親的權力，李小琳也根本不可能到國外"充電"，更不可能成為什麼"女電王"。

李小琳曾多次談論父親工作作風如何嚴謹，她說"我特別怕父親問我問題。為什麼？因為他是一個非常嚴謹的人。還記得大學剛畢業後，我參與電力調度的工作。父親也是名電力專家，回到家後，他會問我今天的調度情況，有時候我想打個小埋伏，隨便把個數字說了就算。"

"他會順著這個數字一點一點地刨根問底，問到我顯然對這個問題不是很清楚，最後更感到難為情。我小時候想蒙混過去好幾次，但都沒成功，因此我是挺怕他問我問題的。"

"若他知道我說錯了，他會不斷地問，讓我知道自己不是準備得很好。他不會一下子（把錯誤）指出來，他較希望我將來會改正。也因為這樣，我現在做事都很認真，這是因他嚴謹的工作作風而形成的。" ……

有網友評論說，李小琳本來是想替李鵬說幾句好話，誇自己父親如何嚴謹，可她的這番解釋，卻恰恰證明了自己的無知和無能，因為她根本就不知道，還說什麼想打個小埋伏，她真是低估了讀者的智商，高估了自己的智商！

還有網友寫道：準確地說，李小琳與李小鵬一樣，能力為零，其父的安排就是升官發財的唯一資本。在中國升官發財，全靠人脈關係，所有的高幹子女與富豪，無一例外，這就是中國特色。

之所以說"李小琳的能力為零"，是針對她的"成功宣言"而定義的。在她的一路升遷中，她能力水準的參考值為零，即使有一點能力才華，在這裡也是忽略不計的。這是因為：不管她在幹什麼，也不管她幹得好壞，她總能按照高層事先設計好的時間表"一步一個台階"地、毫無阻力地平步青雲，換句話說，李小琳的所謂"成功"與她自詡的"能力"毫無關係。

傳李鵬病重，李小琳含淚否認

2008 年 2 月底 3 月初，海外中文媒體傳出李鵬重病的消息，稱可靠內部消息來源證實了李鵬患病屬實。

關於李鵬的病，媒體卻傳出兩種不同的版本：一是說李鵬於 2 月 5 日中風，送醫院搶救已脫離生命危險，但留下了後遺症，"口眼已經歪斜"；一是說李鵬在元旦腦血栓發作，經搶救病情已基本穩定。

但對於這兩種版本，李鵬之女李小琳一概否認。兩會期間，2008 年首次出任全國政協委員的李小琳，在接受採訪時矢口否認了李鵬患重病的傳聞，她說："老人家有點毛病很正常，就像大家會傷風感冒一樣。"但多個媒體的記者注意到，說到這裡時，一直很能保持平靜的李小琳情緒突然失控，眼淚奪眶而出。

曾節明撰文指出，這是一個很有意思的重要的細節，兒女對親生父親一般是有真感情的，特別是女兒對父親，如果李鵬的身體真的僅有小毛病，做女兒的怎麼會忽然悲從中來，淒然淚下？出面否認李鵬生病可以由"黨組織"安排，但在否認父親患病的時候，一個人的眼淚是不可能撒謊的，如果李鵬身體沒問題，其女兒的自然表情應該是愉快或輕鬆的，顯然，李小琳奪眶而出的淚水就是李鵬患病的真實告白，而且流露了李鵬病得不輕。

李小琳談父親

李鵬的患病，對其漸趨沒落的腐敗家族無疑是雪上加霜。李鵬的權術手段，對付較為君子做派的趙紫陽還可以，對付權謀大師江澤民則處處捉襟見肘，因此在鄧小平死後，江澤民大權獨攬、呼風喚雨，而在中央比老江資格更老、六四"平暴"功勞更大、正宗太子黨出身的李鵬總理，卻反而退居人大委員長、其權勢僅夠自保。十六大退休後，比起江澤民，李鵬權勢衰退得厲害，最近幾年，中共中央越來越不買他的帳：

首先是三峽工程日益遭受冷落。三峽工程是李鵬任總理期間，動用專制權力強行上馬的巨型工程，1997 年 11 月 6 日三峽工程在大壩截流時，江澤民時代的部分常委親自捧場，鞭炮、禮炮齊鳴、信號彈升空、五彩繽紛的氣球飛舞，媒體鋪天蓋地一邊倒地發出歌頌譽美之詞，此後，江澤民也不止一次親赴視察，大力捧場；可是在 2006 年 5 月 20 日三峽大壩封頂時，中共最高領導層出人意料地整體缺席慶賀典禮，當年截流時的風光蕩然無存。

李鵬在任時，在中共中央的默許下，掩蓋已久的三峽工程的品質問題、移民安置的腐敗問題接連被官員披露。對李鵬更為直接的挑戰是：在兩會上，10 多名由水利、環保專家組成的人大代表提案小組向政府提交了關於三峽工程的提案，要求中央政府對三峽工程生態與社會後果進行檢討，其問責的矛頭直指李鵬。

對於李鵬動用權力營造的家族電力腐敗王國，現今中共當權派也越來越不客氣：

曾被吹成是李鵬“德政”的湖北清江水電開發工程已遭中共中央否定，李鵬親信、工程負責人汪定國在對外投資與擔保中的巨額貪腐行為，於 2007 年下半年已受到中紀委的調查。

2007 年年底，副總理吳儀視察全國電力行業，故意不去李鵬家族華能集團所屬的北京熱電廠，而是赴中電投下屬的南昌熱電廠視察，明顯不給李鵬面子。

2009 年 3 月 9 日，參加的兩會的李小琳又再次主動談到父親李鵬近況。她說，“今年父親八十大壽時和一些老同志歡聚，談到中國改革開放取得的成果和後續的實施狀況。他希望自己能夠健康，能夠看到未來改革開放的新成果。”

當天下午在接受媒體集體採訪時，李小琳再次拿父親“說事兒”，稱自己在父親身上學到的是一種對理想、對信念的堅定和對工作負責任的態度；從母親身上則學到了慈悲、善良和關愛。

官方通訊社還說，李小琳最近也愛上了寫書。除採訪中談到的《女人的"美力"》，她還向現場記者贈送了自己所著的《靜水深流》。

說起這本《靜水深流》，我們不妨看看官方媒體是如何評論和吹捧的。有報導稱，《靜水深流》是李小琳女士闡述管理哲學和人生理念的新書。還說"靜水深流""源自中國優秀傳統文化、寓意深刻的企業文化"。

李小琳在書中寫道：有一段時間，朋友們紛紛打來電話祝賀我入選商界"全球 50 大女強人"排行榜，並且是僅有的六名上榜華人之一。當時，我對此毫不知情，遂找來資料並上網查看，才得知：美國《財富》雜誌公佈 2007 年度的商界女強人排行榜，在全球 50 大女強人中，有六名華人上榜。

能夠入選，我自當高興。不爲別的，只爲"華人"二字。這說明，華商在國際經濟大舞台上，在企業管理界，越來越受世人矚目，在全球有了一定位置，這實在是一件令人振奮的事情。但是，說到"女強人"這個名號，我有一些自己的觀點。這幾年，因爲擔任香港兩家上市公司的董事會主席，爲了工作的計畫安排，出席一些諸如業績發佈會、股東會這樣的法定活動，受到境外媒體尤其是香港媒體的關注，在這樣的會後接受一些訪談。在這種時候大家幾乎都會談到一個問題，那就是"女強人"……

李家"電力王國"，兄妹間的"競爭"

下面這段官方媒體的報導，是介紹李小琳笑談與哥哥李小鵬如何"競爭"的：

作爲國家五大電力集團旗下，唯一的女性 CEO，中國電力副董事長兼首席執行官李小琳坦言，父親李鵬出身於水力發電工程（工程師）、哥哥李小鵬是現任華能國際董事長，因此自己選讀這個專業的機會也較大，不知不覺間便進入電力行業。她更笑言，在華北局調度所工作時，總被父親問及：本週的周波如何、當地電力供應穩定不穩定、正常不正常。

問及會否與哥哥李小鵬旗下的，華能國際出現直接競爭，李小琳說，根據國家規定，單一電力公司不能在某一省份擁有超過百分之二十的市場佔有率；加上兩家電力公司被分配為不同省份服務，這說明兩兄妹真正遇到"紅臉"的機會很少。她說，與哥哥的關係密切，無所不談，例如兩大集團也曾在華南地區共同發展華能煤礦。

李小琳的父親李鵬任總理期間，對推動核電不遺餘力，但目前中國電力旗下仍沒有核電廠，李小琳表示，當年中國在廣東大亞灣建立首座核電廠時，受到不少人反對，但以法國為例，核能發電的比重占百分之五十至七十；不過發展核電的投資較大，也須要衡量國民經濟的能力。她說，隨著國家經濟發展，國民對環保的要求愈高，屆時對核電的需求也將提高。

今年是中國電力供應最緊張的一年，全國二十四個省份須限制用電量。她說，中國經濟於過去十年高速增長，平均增幅達百分之七至八，電力供應也應配合國民經濟；但國家的電力供應彈性係數是介乎百分之零點八至百分之一，顯示不足以應付國家需要。

她不諱言，有幾年中國的電力發展比較緩慢，所以出現今年的電荒；另一方面，市場估計二〇〇六年卻可能出現電力供過於求，無疑當時的電力供求將比較平衡，但經濟不斷發展，每年的裝機容量應保持在約三千萬兆瓦。

至於近年缺電的原因，她認為，從宏觀經濟角度，正是計劃經濟與市場經濟的接合點，國家經濟發展的步伐是適度的，但當時沒有批出新的電力項目，可能是缺電的原因。畢竟每個政策都須不斷調整，相信這幾年當局已持續完善電力發展的政策。

　　再來看看香港媒體是如何看待和評論李家所壟斷的"電力王國"的：

　　受內地傳媒潛規則的"共同呵護"，在大陸傳媒筆下，李小琳被打造成靠自己實力闖天下的極品女人，但一些海外傳媒披露，李在背地裡實在不簡單。史文煥撰文說：大家長李鵬當時任水電部長，爲李家"電力王國"奠基。

李小鵬

　　1999 年朱鎔基指示下，審計署破天荒地公佈國務院 53 個部門財政違規報告，引起全國震動。當時李小鵬的華能國際（隸屬於水電部）爲其中嚴重個案，查出挪用南水北調工程費約 6500 萬元。李小鵬當時驚惶失措，立刻遠走美國避風。據中共紐約領事館的人透露，李小鵬躲在他在紐約長島自置的豪宅好長一段時間，直到風聲平息才回國。

　　而 2004 年的消息說，中國五大電力公司當時為了獲得水電開發的豐厚利潤，爭相在中國各大河流上跑馬圈地，李小鵬的華能國際準備在雲南第一灣的世界級景點虎跳峽建大壩，引起全國環保人士和當地 10 萬農民的奮力抗爭。雖然此工程國家當時尚未批准，但華能國際已迫不及待偷偷開工。當地住民誓言將抗爭到底，網上文章將此稱為"知識界和農民力抗李鵬之子。"

　　2001 年 11 月，中國《證券市場週刊》發表題為"神奇的華能國際"一文，揭露李鵬夫人朱琳和兒子李小鵬，將華能國際集團變成家族公司，並利用特權使之成為中國唯一能在美國、香港、大陸同時上市的公司，總股本達 60 億元。

　　文章披露，華能集團當月 15 日上市售股，16 日當局即宣佈中國證券交易印花稅下調，這裡有幕後默契。作者認為，華能集團大舉售股圈錢，並非為了發展，而是為了償還李小鵬的債務。此文觸怒李鵬，雜誌被整頓，500 萬份刊物被勒令收回，並逮捕了作者馬海林。主編（王炳南之子王波明）經反復作檢查，才免受懲罰。

　　據瞭解，李鵬家族控制國家電力系統，有三部曲：首先，安插親信為部長、副部長、董事長等要職；然後，由親信授李家成員以重權；最後，李家成員各顯其能，將國家資產變家族所有。

　　2002 年 1 月，國家電力公司總經理高嚴代表中央宣讀對李小鵬的任命，大誇李小鵬講政治，"李小鵬同志政治立場堅定，始終與以江澤民同志為核心的黨中央保持高度一致。有較高的政策理論水準，良好的專業理論基礎，較好的外語水準，熟悉融資和資本運營工作，有較強經營管理能力和組織協調能力，改革創新意識強。在華能工作期間，華能的各項工作都取得了顯著成績，促進了華能的持續快速健康發展。"

幾個月後，高嚴因涉嫌經濟案，畏罪潛逃。僅因高嚴腐敗案，就使國家蒙受經濟損失 45 億。中央為其定性："背叛黨和國家，生活腐化，侵吞巨額國家財產"。高嚴原由李鵬調到北京，安插為水電部副部長。李小鵬則擔任高嚴的副手，國家電力公司副總經理。北京官場有人認為，高嚴潛逃乃是李鵬家族的安排，目的是自保。

2004 年，高嚴之子、上海國電投資公司總經理高新元被武漢中級法院以行賄罪審判處有期徒刑五年。

有人撰文指，朱琳任華能集團董事長，代李鵬為子撐腰。員工稱朱琳是華能的船長，李小鵬是舵手。朱琳出身貧民，以虛榮和嗜財著稱。1993 年北京長城機電公司 10 億詐騙案曝光，總經理沈太福被處死，朱琳身為董事長竟安然無恙。97 年廣西成克傑案發，案宗記錄成曾贈送朱琳六粒名貴鑽石。1998 年廣東海關扣押一批走私物資，卻被朱琳提走，此事上報朱鎔基。

香港媒體指出，中國水電系統有五大集團，李小鵬、李小琳兄妹各占其一。李小琳的中國電力國際公司在香港上市時，她利用中共在港喉舌《文匯報》、《大公報》、鳳凰衛視等，輪番接受採訪，大肆炒作，董建華也親自出馬站台。李小琳公司認購超額 300 倍，資產高達百億。她本人則在香港出盡風頭，珠光寶氣，一身行頭幾萬美金。《文匯報》捧她"亮麗令人難忘"。她向媒體吹噓，她和哥哥"奉獻"中國電力事業，父親給他們極大支持。有人嘲諷，李鵬給了他們"半個電力部"。

"亞洲電王""女電王"一直處於聚光燈下

中國國際貿易網 2007 年 3 月 20 日發表文章，對李小鵬是如何成爲“亞洲電王”進行了一番高調的介紹，其中有不少“水分”：

　　李小鵬是李鵬的長子，正因爲這個關係，他長期以來一直保持低調，不喜歡曝光自己的生活。在網上記者沒有搜索到一張李小鵬的照片。香港 2000 年 7 月時曾有媒體對李小鵬有過報導，報導說：1959 年出生的李小鵬，由於父親年輕時學習電力工程的關係，他和妹妹李小琳上大學時同樣選擇了電力工程爲專業，而且懂得英語。李小琳現爲中國電力投資公司的高層管理人員，李小鵬則於 1999 年 4 月接替黃金凱，成爲華能國際董事長。

　　根據公開的報刊資料顯示，李小鵬 1982 年畢業於華北電子學院，曾任能源部工程師。他曾在加拿大馬尼托巴大學就讀，在 2000 年初華能集團的改組中，他放棄了兼任華能國際總經理一職，只保留董事長職位，但升任華能集團的總經理，在大型國企的編制中，屬中央副部級幹部。

　　當時新上任的李小鵬已強調，華能集團這次管理層的調整，是國家電力公司對華能集團進行內部重組的“重大步驟”。新管理層將華能集團全面重組，將華能建成一個以電力產業爲核心的綜合企業。

　　李小鵬積極提高華能的國際形象，2000 年 2 月，他就專程出席紐約市一個投資者午餐會，并發表演說，介紹華能的發展及重組大計。

　　其實，這次不是李小鵬在美國的首次公開活動，1995 年 6 月，他就已經以華能國際副董事長的身份，率領一個代表團在美國與投資界進行交流，增加投資者信心以及加深金融界對華能的認識。

　　2000 年 7 月中，在香港掛牌的華能國際宣佈，以 57 億 6800 萬港元收購在紐約上市的山東華能，在收購完成後，華能國際將成爲亞洲地區的獨立發電公司。該公司董事長李小鵬，也就可成爲

"亞洲電王"。

華能是首批赴美上市的國企，不過於 1994 年底到紐約上市後，股價表現及成交一直欠佳，其後終於在 1998 年 1 月 "回流" 香港，以介紹形式上市，其成交才逐漸變得活躍。

華能國際收購山東華能，成為首宗中國海外上市公司的購併個案，由於李小鵬的身份獨特，引來市場揣測這宗交易別具意義，就是要為其他國企股的收購和兼併活動，樹立 "榜樣"。

華能國際董事長李小鵬表示："此次購併交易完成後，華能國際將擁有 1 萬零 813 兆瓦的運行容量和 5520 兆瓦的在建及擬開發容量，進一步鞏固了作為中國乃至亞洲地區地區的獨立發電公司的地位。"李小鵬又指出，通過這次合併，將能更有效利用兩家公司的內部資源，通過技術和管理方面的交流，進一步提高山東華能原有電廠的效益。他又希望公司合併之後，山東華能的管理層和員工能夠繼續留下來為新公司服務。

不過，李小鵬強調，這次購並成功，是公司上下和多方面努力的成果，並不是靠他一個人來穿針引線，他只是 "做了應該做的工作"，"這次收購完全符合國企的發展，不是我一個人的關係。"他說。

文章還稱，李小鵬棄政從商，選擇發展的行業，正是其父親李鵬所熟習的電力業。不知是巧合，還是命運的安排，在電訊業的競爭上，有過 "雙李之爭"，即李嘉誠的小兒子李澤楷和新加坡李光耀的兒子李顯揚；在電力工業方面，同時出現 "雙李之爭"，那是李嘉誠的大兒子李澤鉅和李鵬之子李小鵬。

就在這篇吹捧 "亞洲電王" 的文章發表一年後，棄政從商的李小鵬又選擇了 "棄商從政"：2008 年 6 月 2 日，李小鵬告別華能集團——中國最大的發電企業，赴山西任省委常委、副省長。

　　那麼，這個執掌中國最大能源集團九年、曾有"亞洲電王"之譽的央企董事長，怎樣走上從政之路？這是中國官方媒體再次畫個"自作多情"的問題，然後又煽情地"大作文章"：

　　2008年6月2日下午，北京海澱區學院南路40號院，49歲的李小鵬告別了他掌舵多年的中國最大發電企業——華能集團。華能一內部人士說李小鵬的離開非常低調：2日上午以書面的形式向集團提出辭職，下午就離開了公司。

李小鵬

　　2日16時左右，身著白色襯衣的李小鵬走出了他工作了八年的董事長辦公室。上百名臨時得知消息的機關工作人員自發爲他送行，有人打出了臨時手寫的"歡送董事長"標語。站在院子裡，李小鵬微笑著跟大家一一握手。"送別場面很簡單，沒有任何豪言壯語，但很多人還是哭了。"一位參與送行的集團工作人員回憶。

　　簡短的告別後，山西省政府派人接走了李小鵬。李小鵬將赴山西任省委常委、副省長。

　　6 月 2 日晚，華能集團下屬企業——華能國際電力股份有限公司以董事會公告的形式，向外界公佈了李小鵬離開華能的消息。這則公告非常簡單，甚至沒有透露他的去向。

　　事實上，在李小鵬離開之前不到一月，兼任華能國際董事長的他屆滿後，剛剛獲得連任。在汶川大地震抗震救災期間，李小鵬趕到一線，多次表示"不放棄每一個被困的職工"。作為四川成都人，李小鵬還對災區的其他電力企業投入了關注。5 月 24 日，華能集團與東方電氣集團在四川成都簽訂了價值約 45 億元的發電機組設備訂單，這是地震後東方電氣獲得的最大訂單。

　　文章還介紹稱，1999 年起，李小鵬出任華能集團總經理、黨組書記，正式執掌華能。2000 年 7 月，在香港上市的華能國際收購了在紐約上市的山東華能。此後，華能國際成為亞洲最大的獨立發電公司。李小鵬因此被譽為"亞洲電王"。

　　在國家實行電力改革之後，李小鵬果斷實施一系列擴張計畫：除新建大量發電機組外，還先後收購了海南、澳大利亞、內蒙古、廣東、新加坡等地的電力企業。2008 年 4 月 30 日，華能國際獲得新加坡大士能源 100%的控股權，其總價值為 42.35 億新元（約合人民幣 215.3 億元），是中國電力企業在海外最大的收購案。

　　在報導李小鵬"棄商從政"的消息時，只有上海的《東方早報》提到了李鵬和其子女：

　　2008 年上半年，中國國務院前總理李鵬的子女一直處於聚光燈下，半年之間職務均有變動。

　　1 月 3 日，中國電力公告，1 月 1 日起，王炳華因工作調動已辭任該公司董事長及非執行董事職務，現任副董事長李小琳已被委任為董事長。

　　3 月，全國兩會期間，作為全國政協委員的李小琳談及父親李鵬的身體狀況。她透露，李鵬早前曾到醫院做檢查，健康情況良好，"身體只是有些老年人的正常小毛病"。

6月，中共中央決定：因工作調動，李小鵬同志不再擔任華能集團黨組書記、總經理職務。3日下午，有關部門已經宣佈任命李小鵬爲山西省委常委，但具體分管工作還未確定。

《東方早報》最後強調：在中國的電力行業，李小鵬的父親、前國務院總理李鵬有著舉足輕重的地位。

李小鵬棄商從政，任山西副省長

2008年六四事件19周年剛過，中國官方通訊社新華社於6月13日發出如下報導：李小鵬同志現任山西省委常委、省政府黨組成員。在12日舉行的山西省十一屆人大常委會第三次會議上，李小鵬被任命爲爲山西省副省長。

新華社還發表了李小鵬簡歷：

李小鵬，男，漢族，1959年6月生，四川省成都市人，大學學歷，工學學士學位，高級工程師，1982年8月參加工作，1985年5月加入中國共產黨。現任山西省委常委、省政府黨組成員。

1978年在華北電力學院電力工程系發電廠及電力系統專業學習；參加工作後歷任電力科學研究院系統所技術員、助理工程師、工程師、研究院計畫經營處副處長、電力技術經濟研究所所長；

1991年後任華能國際電力開發公司總經理助理、副總經理、分黨組成員，華能國際電力股份有限公司副總經理；

1995年任華能國際電力開發公司副董事長、總經理、分黨組成員兼華能國際電力股份有限公司副董事長、總經理；

1996年任華能國際電力開發公司副董事長、總經理、黨組副書記兼華能國際電力股份有限公司總經理；

1999 年 3 月任華能國際電力開發公司董事長、總經理、黨組書記兼華能國際電力股份有限公司總經理，同年 12 月任中國華能集團公司董事、總經理、黨組書記兼華能國際電力開發公司董事長、總經理，華能國際電力股份有限公司董事長、黨組書記；

2001 年任國家電力公司副總經理、黨組成員兼中國華能集團公司董事長、總經理，華能國際電力開發公司董事長、總經理、黨組書記，華能國際電力股份有限公司董事長、黨組書記；

2002 年任中國華能集團公司總經理、黨組書記兼華能國際電力開發公司董事長、總經理，華能國際電力股份有限公司董事長、黨組書記；2008 年 5 月任現職。是第十一屆全國人大代表。

儘管新華社沒提李小鵬的父親是誰，但看完報導的人幾乎都知道李鵬的長子棄商從政了。李小鵬任命消息公佈後，遭到大陸網民的聲討。中央下令禁止議論此事，可禁而不絕。有評論說，新華社竭盡文筆所能，僅能羅列出李小鵬在華能各公司內一長串經歷，卻沒有一條能顯示出這位太子黨有何政績。

還有網上文章指出，如果官方公開李小鵬赫赫業績，足以顯示出其賢能卓越，即便以後接他父親的班當上人大委員長，又何不可？有何不可？

"真是老子'英雄'兒好悍啊！"

"從商是爲了取得，從政是爲了保護取得的。對六四一代，這是公然的挑釁！"

"老傢伙們開始擔心自己一手打下來的江山，放到誰手裡都不放心，所以還是傳給自己的子孫踏實。"

"老鳥也好，小鳥也好，偷來的一定要連本帶利地還，吃下去的連骨頭渣都要吐出來！"

　　還有評論說：“李鵬到底是愚蠢。到了凡官就貪就搶的地步，說明這個政權已到了絕境，馬上就將完結。李鵬在這個時候，還讓兒子去搶官，這是讓他送命。”

　　海外媒體披露說，李小鵬辭去華能老總職務，走馬上任山西省副省長一職，這一決定是李鵬 2008 年初提出的，並且在其一再要求下，經過政治局決定達成的。據知情人透露，李鵬要求政治局要把李小鵬當“自己人培養”，意思就是要培養成中國第五代黨和國家領導人之一。

　　更有分析和網評指出，發生 19 年前的六四屠殺後，雖然李鵬一直表面上對共產黨的領導堅定不移，但內心深處實則非常恐慌。六四後不久，他開始傾向認為資本主義和自由民主遲早要來到中國，所以，他和老婆商量，讓兒女們遠離政治，最好能夠每人都有外國護照和身份證（後來都有了），並且要兒女抓緊時間積累資產，等到共產黨倒台後可以繼續當大資本家。

　　所以，發生了中國最大四家電力公司就有兩家是李鵬的子女掌管的奇特現象，迄今為止，李鵬家族控制的資產在 500 億以上，兒子在新加坡以及香港的私人存款超過 25 億人民幣。

　　然而，李鵬也有損失，當他看到其他領導人的子女都在政界如魚得水，輕易升到高位，李鵬非常後悔當初做出的讓子女遠離政治的決定，決定立即讓大兒子李小鵬棄商從政。

　　李鵬通過江澤民等一起對現政治局施壓，經過一番討價還價，選定了最能夠出人才山西省做起。李鵬說，他雖然身體不好，但一定要看到兒子能夠繼承父稱的事業，他還說，當初自己的父親（義父）周恩來沒有能夠親眼看到自己走上管理國家的領導高位，實在是遺憾。

　　李鵬前一段時間身體不好，最近身體開始好轉，日前連續三天宴請朋友，對他們說，政權還是交到自己兒子手裡放心。

也有內部消息稱，江澤民的兒子和李鵬的兒子都將在胡溫政權之後的黨和國家領導人中肩負重任。不排除佔有總理或者國家主席的職位。最近江澤民和李鵬開始對胡溫施壓，希望也採取鄧小平的策略，能夠隔代指定領導班子。他們的目的就是要把自己的子女放進去。

網上出現呼籲罷免李小鵬的公開信

一石激起千層浪。海內外仍殘存良知的中國人迅速被李鵬長子棄商從政的消息激怒。

李鵬之子李小鵬棄商從政，從中國電力大王的寶座挪開，來到產煤大省山西擔任常務副省長。

這意味什麼呢？

一篇網文寫道：選在 2008 年 6 月 4 日這個特殊的日子提拔重用。今年 49 歲的李小鵬棄商從政，宣告六四的鎮壓是正確的。中共高層不會因李小鵬是屠夫李鵬的兒子而忽略和放棄他。

李小鵬進軍政壇意味著從此和習近平、江綿恒、王歧山、俞正聲等太子黨一樣，正式成為中共第五代接班人；意味著李小鵬空降山西任副省長只是鍍金，不出幾年便迅速高升回北京國務院。然後任國務委員等要職。

總之，意味著六四屠城是正確的。參與屠城的領導者指揮者都是有功之臣。中共將獎勵有功之臣的兒子。

還有網文指出，作為電力大王、華能的董事長李小鵬、其妹李小琳兩人撈的錢已恒河沙數，富可敵國。曾有傳聞李鵬中風，顯然已老態龍鐘，奄奄一息。但仍關心李小鵬、李小琳兩人的身家性命和今後李家的前程。

於是李鵬趁自己餘威猶在，樹大根深，給中共高層施壓，一定要把自己的兒子李小鵬安插在中國政壇，進入第五代接班人的序列。李鵬也曾從六四大屠殺及四川大地震中得到啟示，中國人特別懦弱。災難越深，壓迫越重，中國人愈依賴共產黨。共產黨愈殘暴，中國人愈離不開共產黨。

李小鵬進入政壇之後，其家族通過殺學生殺民眾賺來的無數金銀財寶便可漂白和合法化。電霸王變煤老大，他們家族的日子過得好滋潤啊。

但值得欣慰的是，中國還有一群暴怒的網民已聯合簽名，抵制李小鵬擔任山西付省長。

呼籲罷免李小鵬山西省副省長的公開信

我們驚悉，六四屠城的元兇之一李鵬犬子李小鵬，在六四 19 周年前夕被中共任命為山西省副省長。

李鵬和朱琳夫婦二人，狼狽為奸，還夥同其子李小鵬、其女李小琳，不僅攫取國家最高權力，還掌握國家電力這一國家經濟命脈，一手抓權，一手抓錢，左右通吃，上下其手，打造了中國最大的權貴家族。這個李氏家族的張揚、跋扈，是對法制社會的公然嘲諷，是對胡溫新政的公然挑戰！

李鵬是 1989 年六四鎮壓的主要責任人，事隔 19 年，李鵬也已經變成古稀老人，但是這個時日無多的老人從未自我反省、自我懺悔、從未良心發現，反而出書為六四鎮壓辯解。六四 19 周年前夕，居然冒天下之大不韙，利用關係調遣其子李小鵬任山西省副省長，以彰顯其政治影響力，彰顯其家族的政治地位，這種張狂的行徑，我們認為這是對六四英靈的公然褻瀆、是對六四難屬的公然挑釁！

　　我們強烈呼籲胡溫當局，如果真的要堅持以人為本的施政綱領，真的要做一個平民政府，應當斷然阻止這種世襲貴族的惡劣人事任免行徑！同時呼籲司法當局全面清查李氏家族的經濟問題，將涉及貪污腐敗的李氏家族繩之以法！

　　一群憤怒的中國公民

次子李小勇是京城惡少，隱姓新加坡

　　李鵬的幼子、名列"京城四少"的李小勇讓父母傷透腦筋。1998年，他捲進"新國大"五億元期貨詐騙案，鬧得滿城風雨。就在那段期間，他和妻子、葉挺將軍的孫女葉小燕取得新加坡居留權，以數百萬元人民幣在香港和新加坡置業

　　李小鵬和妹妹李小琳，名字分別繼承了父母李鵬和朱琳名字中各一個字。有人就說："那他們的的弟弟李小勇的名字，是繼承了誰？"

　　李小鵬和李小琳不管怎麼說，沒有給為父的丟臉，但是他們的弟弟讓父母傷透腦筋。李小勇名列"京城四少"——其他三個是陳小同（陳希同的兒子，後被判刑）、喬石的兒子蔣小明（賽博投資有限公司董事長及興港集團董事）、李瑞環之子之子李振智（瑞士銀行亞洲投資總經理）——是三兄妹中唯一沒有進入電力行業的。他出生於1963年，讀書讀不進，1978年15歲時，被父母送去參軍——高幹家庭最沒有出息的子弟，一般都送去參軍，軍隊裡講究服從命令，上級一道命令，說提拔誰就提拔誰。他擔任過武警安亞技術開發公司董事長、武警水電指揮部政治部副主任，有上校軍銜。

　　其妻葉小燕任香港滑冰總會會長，她是解放軍創始人之一、北

伐和抗戰期間威名遠揚的葉挺將軍的孫女，葉挺有九個兒女，葉小燕的父親是其次子葉正明。1992 年，李小勇、葉小燕夫婦作爲家屬，到葉挺故鄉惠陽縣秋長鎮出席紀念葉挺的"將軍路"開工典禮。

2002 年海外媒體報導，李鵬家族"在海外鋪後路"，指的就是李小勇夫婦，從 1994 年起已在香港和新加坡買入豪宅物業，有頗長時間留在新加坡。當時香港《壹週刊》更具體地說，在新加坡期間他以名店"阿一鮑魚"當飯堂，生活逍遙。

"阿一鮑魚"在新加坡有兩間分店，總店裝修富麗，店內掛了一幅李鵬及老闆楊貫一（阿一）1995 年攝於中山的照片，另一合照則是李鵬夫婦與"阿一"三人。

李鵬的夫人朱琳和孩子，傳多年來牽涉不少貪污醜聞，但都船過水無痕。不過李小勇捲進"新國大"五億元期貨詐騙案，鬧得滿城風雨。

1998 年初，新國大期貨經紀公司以超高月息 10－30%，吸引了四千多名客戶投入資金，同年 8 月五億元資金不翼而飛，公司倒閉，被揭發巨額詐騙，最後主謀四人遭處決，但只追回四千萬元人民幣。

時年 39 歲的李小勇究竟捲入這件事有多深？官方與當事人都諱莫如深。被詐騙的"新國大"苦主們曾十多次到北京新華門外抗議，大呼"李鵬替兒子還錢"，警衛人員在旁監視，並不阻止，中央也一直未有正式說法。事件敗露時，李小勇沒在北京拋頭露面。這件事不僅對他，而且對李鵬的形象也有影響。

據瞭解，李小勇早於香港回歸之前化名"朱峰"，和妻子葉小燕及獨女，透過特別管道取得香港單程證，後來又取得新加坡居留權。有消息人士透露，李小勇夫婦以數百萬元人民幣先後在香港和新加坡置業，正是"新國大"成立至倒閉期間。

據一名在新加坡從事大陸生意的商人向香港《壹週刊》透露，李小勇移居新加坡後，曾在當地商店 Courts 添置傢俱及影音器材。他平日多以商人身分出現，行事十分低調，卻不脫大吃大喝本色，出手闊綽。

據"阿一飽魚"林經理介紹，李小勇是該店的常客，但他從不在員工面前主動透露身分，反而一些和李同來吃飯的朋友主動對經理炫耀"他是李鵬個細仔"（他是李鵬的小兒子）。

據說，李小勇若在新加坡，每個月總會前來四至五次，若貴賓房沒有空出，他就與其他食客一樣坐在大堂。林經理說，"他最喜歡食我們秘制的鮑魚、魚翅和燕窩，另外會蒸條魚，加幾碟小菜，酒不是經常飲。"通常他們夫婦及一些朋友去吃飯，五、六個人埋單最少五千五百港幣；"最令我們印象深刻的是，每到農曆新年，會每個員工派一封大利是，幾多錢不好講，總之都幾重手"。

李小勇夫婦在新加坡以東近郊地區，擁有一套兩房一廳住宅，香港媒體記者發揚"狗仔隊"精神，甚至查出地址為丹戎禺路（Tanjong Rhu Road）的海灣園，是以葉小燕名義，於 1996 年 5 月以 59 萬新加坡幣（港幣約 280 萬）購入。當地地產經紀指出，該樓盤座落豪宅區，擁有私家泳池及網球場，而葉小燕的這個住宅單位更可遠眺海景，檔次更高。

香港《壹週刊》還調查出，李鵬的兒媳葉小燕在香港的文件中還報住另一新加坡地址：市中心的 Valley Park 頂樓，但該單位的業主並非葉小燕。

根據香港土地註冊處紀錄，"朱峰"（李小勇）在 1994 至 1998 年間，曾與葉小燕以聯名方式及公司名義大量購買豪宅，其中 1994 年以四千萬港元買入的山頂種植道獨立屋，1996 年蝕讓賣出。在

1998 年至 1999 間"新國大"成立至倒閉前後，共斥資約 3400 萬
港幣買入灣仔會景閣及陽明山莊兩住宅。

　　另據《中國新權貴之孫子世代》作者武姬撰文說，知情人透露
更具有爆炸性的內幕消息說，李鵬本人雖然早在 1945 年就加入中
共，信奉唯物主義，但現在也居然信奉佛教。是因爲他近年身體不
好而滋生人生無常之念？還是對多年參與決策、包括 1989 年決策
導致天怨人怒而陷入精神危機？不得而知。

　　這一消息有待得到更多方面的權威證實。據分析家說，李鵬從
何種意義上信奉佛教並不重要，但是，從他 80 歲了還爲兒子的級
別去找溫家寶，說明他並沒有真正"看破紅塵"。

曾慶紅家族：
弟弟是大亨
兒子是大款

曾慶紅的父親曾山和母親鄧六金都是老革命。曾慶紅有兩個姐姐，三個弟弟一個妹妹。

曾慶紅是個"傳奇人物"。從一個默默無聞的副局級幹部到如日中天的國家副主席，並在權力達到頂峰時"激流勇退"。他是"太子黨"，也是"上海幫"，更被稱為"雄才大略"的政治家。他被廣泛認為是中共第三代領導核心江澤民的核心智囊，同時又大力輔佐了第四代領導人胡錦濤，他還在十七大上"以退為進"，讓同是"太子黨"出身的習近平成為"王儲"。

像其他中共高級領導人一樣，曾慶紅在任期間也有腐敗醜聞。其中，他的弟弟曾慶淮亦官亦商，一直活躍於香港和內地政、商、文的圈子中。他的兒子曾偉插手眾多項目，獲取巨額傭金，移民澳大利亞後更是一擲千金，買下最貴的豪宅，還要推倒重建。

兒子曾偉在澳洲揮金如土，令當地媒體都瞠目結舌！

曾慶淮不是省油的燈，愛和女星鬧緋聞

曾慶紅的母親鄧六金在《我與曾山》一書中寫道：

　　曾山有七個兄弟姐妹，他自己恰巧又有七個子女。他雖然擔任過一些領導職務，但是在日常生活中，他一直像普通勞動者一樣，從不搞任何特殊化，也不讓孩子們搞任何特殊化。他要求孩子們自己依靠自己的能力去學習、工作，象普通人家孩子一樣，在風雨中磨煉成長。所以，在子女上學、就業問題上，曾山堅持原則，從來不托人"走後門"。

　　1958 年，我的大兒子考上了大學，曾山非常高興，對他說："你是家裡第一個考上大學的，好啊！要好好學習，科學文化知識非常有用，將來建設國家必須要有科學文化知識。""文革"中，曾山還支持大兒子到廣東的農場下放鍛煉。

曾慶淮

　　老二初中畢業後，曾山沒有托人找關係讓他繼續上學，而是支援他到北京化工二廠當工人，他對孩子說："當工人是光榮的。你過去沒有吃過苦，能不能幹得好，那還不一定。這是一個考驗，要經得起考驗。"開始，孩子上班掄大錘，回家後累得不想動。曾山一直鼓勵他，要他堅持住。二兒子在工廠一干就是二十多年。

六十年代，三兒子在四川空軍部隊當兵。他給家裡寫信，希望能回北京上外語學院，不願在部隊。我見信後，心有點軟，自己悄悄找空軍領導商量此事。曾山知道後狠狠批評了我，說："參了軍就要服從組織，哪能想上哪兒就上哪兒？小孩子在外面闖一闖有好處嘛！"然後，他就給三兒子寫信，鼓勵他好好學習毛主席著作，安心在部隊當個合格的戰士。

"文革"開始後，學校停課了。我的女兒和小兒子想參軍，曾山對他們講："我贊同你們去參軍，但是能不能參上軍，你們自己去學校報名應徵，我不能去找這個人找那個人。"小兒子在學校多次向軍代表申請，甚至還哭過，終於在那年學校徵兵中入伍了。但是，女兒參軍可沒那麼容易，一來征女兵的名額很少，二來她眼睛近視，體檢也通不過。女兒性格很要強，參不了軍，就要去建設兵團。我和曾山年齡都大了，身邊沒什麼人，本來想讓女兒留在身邊，也好有個照應，但看到小女兒要去，曾山也同意了，支持她和班裡同學一起報名去黑龍江生產建設兵團。小女兒在生產建設兵團當了四年"兵團戰士"，她幹得不錯，還被評為"兵團模範"。

除了兩個同父異母的姐姐，曾家老大是曾慶紅，他的四個弟妹分別是曾慶淮、曾慶洋、曾海生（妹妹）、曾慶源。

鄧六金提到的老二就是曾慶淮，1941 年出生，比曾慶紅小兩歲。據媒體報導，1940 年底，在皖南抗日前線的鄧六金突然腹痛不止，身體日漸消瘦，軍醫診斷她腹部長了瘤子。鄧六金到上海治療時才知道是懷孕了，然後就在上海一家教會醫院生下了老二，因為有"瘤子"的虛驚，曾慶淮的小名就叫"阿留"。

據說，"阿留"學習不好，沒能考上大學，加上曾山又對子女要求嚴格，老二初中畢業後就到工廠掄大錘，一掄就是 20 多年，曾被評爲勞動模範。不過，八十年代後，曾慶淮就進入了文化部，據說先從底層開始幹起，後來晉升爲藝術司司長，再後來，曾慶淮的頭銜就變成了文化部特別巡視員，活躍於香港和內地政、商、文的圈子。

可以說，曾慶淮是曾家最受爭議的人物，亦官亦商。他長居香港，身爲文化部特別巡視員，再加上又是國家領導人曾慶紅的弟弟，香港政界、商界、文化界都要拍他馬屁，甚至曾與女星葉璇、劉嘉玲等鬧出緋聞，多次登上娛樂新聞。

活躍在兩岸四地的 "文化大亨"

2006 年 11 月，江西省吉安縣官方網站發表一篇錄入《吉安縣縣誌》的文章，講的是《曾慶淮與兩岸四地文化交流》的故事。吉安縣正是前中國國家領導人曾慶紅的老家。文章介紹了自九十年代後期以來曾慶淮在兩岸四地文化界的活動，扮演的的確是個 "文化大亨" 的角色。

曾慶淮，生於 1942 年，江西吉安縣永和鎮錦原村人。國家文化部藝術司司長，文化部駐香港特派巡視員、中華文化城有限責任公司董事長、總裁。

1996 年初，香港回歸前夕，肩負著弘揚中華文化的重任，曾慶淮從北京來到香港。在他一手操持下，經各方支持，是年年中，中華文化城有限公司在北角一座大廈辟出上百平方米的展廳，聘來數位員工，開始履行使命，將內地優秀的、經典的文化項目引來香港，並推向澳門、台灣地區，推動內地與港澳台的文化交流。同年

8 月，中華文化城公司舉辦了西藏畫家尼瑪澤仁的畫展。這位藏族畫家，曾任十世班禪的畫師，對西藏的歷史、宗教、文化、民俗有著透徹的理解、深刻的感悟，在藏、漢文化交融的中華繪畫藝術方面有著很深的造詣。他用畫作再現西藏的今昔，將他在西藏的生活、將改革開放中西藏的巨大變化呈現在香港市民面前，引起他們極大的興趣。展出 10 天，觀者踴躍，好評如潮。初試身手，獲得成功，曾慶淮和他的同事們增加了幾許信心。他們看到，經過 150 年的外國人管治，中華文化在香港已不再"根深葉茂"。面對香港回歸祖國的歷史轉變，廣大港人由衷地希望多一點瞭解祖國的歷史、文化和傳統。曾慶淮認識到：將優秀的中華文化推介給港人，滿足他們的要求，是我們義不容辭的責任。

曾慶淮

　　文章稱，本著這樣的初衷，十年來中華文化城在各方的支持下，舉行了"書畫精品展"、"綜合晚會"、"少數民族文化展"等近 60 項旨在弘揚中華文化、加深對祖國認識的大型文化藝術活動。

　　1998 年 6 月 9 日，大型圖片文物展 "人民的好總理——紀念周恩來百年誕辰展覽" 在港展出。展覽特地增加了 "情系港澳" 部分。

　　1999 年 9 月 18 日至 26 日舉辦的 "波瀾壯闊 50 年——中華人民共和國成立 50 周年成就展覽"，滿足了香港市民的迫切需要，幫助他們瞭解新中國 50 年的發展歷程，瞭解改革開放以來國家綜合實力提升、國際地位提高的情況。

　　1997 年 6 月和 1999 年 6 月主辦的 "情系香江" 大型綜合晚會，請來內地各民族一流的表演藝術家連袂來港演出，吸引了無數香港觀眾。港人由此進一步瞭解到中華文化的博大精深和少數民族的藝術特色，認識到偉大祖國是個民族眾多、和睦相處的大家庭，從而增添熱愛之情。

　　1998 年至 1999 年，由中華文化交流與合作促進會、中國亞視集團和香港中華文化城有限公司聯合舉辦的 "趙鵬兩岸三地書畫藝術巡迴展" 在香港、澳門和台灣舉行。這次旨在弘揚中國文化藝術、促進兩岸三地乃至五大洲各國的友好交流的巡展取得了極大的成功，被譽爲 "中華文化交流之前衛，華人社會之亮點"。

　　2000 年 4 月 8 日、9 日，"唐宋名篇——詩歌音樂朗誦會" 以別開生面的演出，在香港演藝學院演出大廳贏得港人的陣陣掌聲。

　　2000 年 6 月 15 日下午，中國當代畫壇巨匠吳作人 "藝術回顧展" 揭幕典禮在香港展覽中心舉行，一時冠蓋雲集、嘉賓滿堂。人們爲能在香港欣賞到國寶級的畫作而欣喜，也對促成這項展出的中華文化城公司表示感謝。

　　2002 年的中秋節，港澳兩地的觀眾分別欣賞了由內地和港澳最著名演員演出的大型中秋晚會。精彩紛紜的節目贏得了雷鳴般的掌聲，而晚會洋溢的濃濃中華情，更是令到大家如癡如醉。香港中華文化城董事長曾慶淮介紹香港中華文化城連續三年組織兩岸四地大型中秋晚會的情況時說，中華文化城和國家中央電視台聯合主辦大型歌舞晚會 "香江中秋夜"，今年是第三屆。主題都是一個：全世界的華人都有一股濃濃的，血濃於水的中華情。炎黃子孫盼望強大和團圓。

談到當初為什麼選擇中秋節來舉辦這樣一個節目，曾慶淮回憶說，在難忘的 1997 年 6 月 30 日夜裡，他參加了香港回歸祖國的大典，心情非常激動。當時，曾慶淮就想，香港回歸祖國了，澳門也即將回歸，每一個中國人，每一個炎黃子孫，最祈盼的就是看到祖國早日完全統一和中華民族的大團圓。中秋節是中華民族幾千年來的傳統節日，秋天是最怡人的季節，也收穫的季節，這時的月亮最圓，最美麗。在這個時候，在香港舉辦一台中秋晚會，讓身處內地、港、澳、台以及海外的中華兒女共聚一堂，充分展示中華民族幾千年燦爛的歷史和血濃於水的感情和對祖國統一，國家富強的期盼。

曾慶淮在參加了建國 50 周年活動後，就和中央電視台有關部門負責人談了自己的構想。經過多次協商，確定了這個晚會的主題和藍圖，並定名為 "香江明月夜"。

經過各方面的努力，這台晚會獲得了巨大的成功，獲得了一致的好評。所有參加演出的兩岸四地及海外演員，滿懷深情，以精湛的技藝，表達了華夏各族同胞期盼團圓，希望祖國早日統一的強烈願望和祝願祖國強盛和統一、家家美滿、人人幸福。演員們的表演深深打動了在場的所有嘉賓和觀眾，熱烈的掌聲此起彼伏。

《吉安縣縣誌》說，"香江明月夜"晚會在香港舉辦圓滿成功後，曾慶淮的目光又投向海峽對岸。他滿懷激情地說："我和所有的中華兒女都有兩個夢。"第一個夢是 "強國夢"。曾慶淮說，中國過去曾經淪為殖民地和半殖民地，被人稱為 "東亞病夫"。經過多年的奮鬥，我們終於站起來了，強大了，富起來了。近 20 年來中華民族走向振興，逐步實現了許多夢想，港澳順利回歸、北京申奧成功、中國加入 WTO 等，這都是強國夢的一部分。

第二個夢是"團圓夢"。曾慶淮說，我們國家曾經被分裂，但是現在中華民族的艱苦奮鬥，分離了 150 多年的香港回歸了，澳門也回歸了。我們熱切地盼望著有那麼一天，國家的完全統一，能夠在這一代人手上實現。

台灣同胞希望晚會長期辦下去，因此，曾慶淮設想以香港作為重要的橋樑，用文化交流的形式，組織高水準的藝術團體在中秋節前後到香港和台灣進行演出。經過多方面的共同努力，這個構想又實現了。尤其是 2001 年 10 月中旬少數民族藝術團到台灣的訪問演出，是兩岸少數民族首次在台灣連袂獻藝，晚會陣容強大，節目豐富精彩，引起了轟動，長達三小時的節目自始自終掌聲不斷，氣氛熱烈，場面感人。

回憶起這個情景，曾慶淮激動地說，我們相同的東西實在是太多太多，不同的東西實在太少太少。兩岸的同胞都是中國人，共同擁有世界最燦爛的文明和最悠久的歷史，都有一腔難以割捨的中華情，都有一個強國和統一團圓的夢。

參與"香江中秋夜"的內地藝術家包括：著名女高音歌唱家彭麗媛、著名男高音歌唱家郁鈞劍、著名女高音歌唱家以及歌劇表演藝術家盧秀梅、著名影視演員趙薇、著名民族舞蹈家山羽中、著名實力派歌手孫悅、著名男高音歌唱家王宏偉、著名通俗歌曲演唱家蔡國慶、著名舞蹈演員夏小虎、實力派歌手孫楠、著名青年女歌手譚晶、著名歌劇演員韓延文、著名京劇藝術家關棟天、京胡演奏家周佑君。還有近年脫穎而出的年輕通俗唱法歌手徐洋，歌壇新秀何璐，著名口技演員李進軍，人氣日益飆升的「高原紅」演唱組及「阿里郎」組合等。香港方面的演員包括：當紅青年女歌手容祖兒、著名青年歌星陳奕迅、TWINS 組合等。

9 月 24 日在澳門綜藝館演出的《澳門明月夜》，邀請了有“人民藝術家”之稱的著名女高音歌唱家郭蘭英，著名女高音歌唱家宋祖英及殷秀梅，著名男高音歌唱家莫華倫等和澳門當地演員、社團同台演出，同樣受到近三千觀眾的熱烈歡迎。

文章最後說，2004 年 4 月 29—30 日紀念香港回歸七周年文藝晚會由文化部主辦，由香港中華文化城有限公司董事長曾慶淮一手操辦，他還擔任了演出的藝術總顧問，因此兩場演出在香港引起了極大轟動，吸引了香港許多名流到場。董建華看後說：“這是一場世界頂級的演出。”曾慶淮沒忘了他這個關於“夢”的精彩演說，他抑揚頓挫地講道：“從 1996 年開始我接手香港這方面的工作，近九個年頭裡接待了世界多個國家的優秀團體，今天才實現了夢想。”

曾慶紅派曾慶淮赴香港？

宗海仁曾在《北京重大策略調整，曾慶紅主導香港事務》一文中披露：今日，廖暉、安民，還有被派往香港的曾慶淮，構成了曾慶紅獲取香港資訊的鐵三角。這，註定了曾慶紅在香港問題上會有自己獨特的想法。

據北京知情者透露，其實曾慶紅當年派弟弟曾慶淮等人去香港工作，他們的主要任務就是與香港各界廣泛接觸，廣交朋友，以便搞到第一手情報，直接上報給曾慶紅。“所謂的獲取資訊，指的就是搞情報，中國官方對外派出的所謂的經貿、文化參贊，還有武官等，其實都是搞情報的。當時曾慶淮的主要任務，就是利用他的特別文化巡視員的身份，搞港澳台的情報，”北京知情人士指出。

網上檢索到的“香港中華文化城終身名譽董事長曾慶淮藝術簡歷”是這樣介紹曾家老二的：文化部特別巡視員，中華民族文化促進會副主席，香港中華文化城終身名譽董事長。著名文藝活動家。自 1982 年參與大型音樂舞蹈史詩《中國革命之歌》策劃和組織工作開始，二十餘年間，多次擔任國家大型文藝晚會和藝術活動的總策劃。主要作品有：《光明贊》、《壯麗航程》、《祖國頌》、《紅旗頌》、《小平你好》、《為了正義與和平》、《長征頌》等，這些為國家重要慶典和紀念活動創作的文藝晚會。以精湛的藝術呈現，給人以思想的啓迪和心靈震撼，成為在新時期充分發揮藝術功能，凝聚民心，振奮民志的具有史詩性的優秀作品。

他是歷年首都國慶大型文藝活動、歷屆中國文藝節開幕式、歷年首都知識界文藝界《元宵節聯歡晚會》、《新年京劇晚會》等重要藝術活動的策劃組織者和現場總指揮，他還是《文化部春節電視晚會》的開創者。1995 年，香港回歸前夕，派駐香港，任香港中華文化城董事長。

官方的文字資料稱：近年來，曾慶淮又以推動民族藝術走向海外為己任，分別在多個世界藝術之都成功地策劃組織了著名民歌唱家宋祖英悉尼歌劇院、維也納金色大廳和美國甘迺迪藝術中心獨唱音樂會，以及青年歌唱家譚晶、祖海的海外獨唱音樂會。同時，策劃編輯了《難忘的旋律》、《金色的旋律》等中外優秀歌曲 CD 集。

最近幾年，他開始組織策劃一些重要題材影視劇的創作，如電影《橫空出世》、《荊軻刺秦王》，電視劇《江山》、《數風流人物》、《如此多嬌》、《中國造》等，這些作品不僅榮獲國家級獎項，而且深受廣大觀眾喜愛。鑒於他在藝術領域所取得的卓越成就，2006年，被中國奧組委聘為第 29 屆奧運會開閉幕式的特別助理。

有關曾慶淮的報導很多，僅 2009 年幾次文藝界重大活動，都能看到曾慶淮的繁忙身影：

6 月 30 日，由宋祖英、多明戈、周傑倫和朗朗共同領銜的"中國北京鳥巢夏季音樂會——2009《魅力.中國》"，總策劃就是曾慶淮。籌備階段曾慶淮曾向媒體介紹說："這次音樂會的舞台寬 100 米，高 30 米，讓鳥巢平地豎起十層樓高的巨大水晶宮殿，其體量和規模是目前世界級演出中絕無僅有的。"

曾慶淮和李冰冰

北京媒體報導說，6 月 30 日傍晚，北京天空的雲是彩雲。晚 8 時，半個月亮掛在"鳥巢"的上空，像第 6 萬零 1 個觀眾，免費欣賞《魅力·中國》2009 鳥巢夏季音樂會。22 時 15 分，《友誼地久天長》的最後一個音符停止，坐在主席台上陪伴有關領導和嘉賓觀看演出的總策劃曾慶淮心裡的石頭落了地……

11 月 10 日，曾慶淮出席花樣年推介會。當天，花樣年的投資者推介會再次成為香港城中名流的聚會，除了一眾耳熟能詳的本地富商外，最引人注意的莫過於花樣年董事長曾寶寶之父，前國家副主席曾慶紅胞弟曾慶淮。

11月30日，著名青年歌唱家、國家一級演員，被譽為"新民歌一姐"的陳思思台灣個唱凱旋歸來之後首次在北京召開了此次音樂會的答謝宴會。

音樂會總策劃曾慶淮，"台北經紀人交流協會"創會理事長王祥基等，出席了此次答謝宴，宴會現場氣氛十分熱烈，主賓共歡，其樂融融。到會嘉賓都十分熱情地在答謝宴上發言，總策劃曾慶淮就在現場動情地表示，大陸和台灣隔著一道淺淺地海峽，但卻阻隔不了濃濃的情誼，是音樂架了這座橋樑，讓人們的心可以貼得更近，而陳思思正是這座橋樑的建造者。

......

據知情者說，這些年曾慶淮在兩岸四地大搞各種演唱會賺了不少錢，這些活動有的是官方舉辦的，都是政府出錢；有些是他的公司主辦的，收入當然都進了他的腰包。"文藝圈內誰都知道曾慶淮是個大款，所有的大腕歌星歌唱家什麼的，都想巴結他。港台的明星大腕也一樣，都爭著與他合作，不但能名利雙收，還能打開內地市場。曾慶淮有權有勢有錢，絕對是中國文化界的'大哥級'人物。"知情人士稱。

除了曾慶淮一直在兩岸四地扮演"文化大亨"外，當曾慶紅在中國政壇大紅大紫之際，曾家其他幾位弟妹都在軍隊發展。三弟曾慶洋是軍事科學院軍制研究部部長，妹妹曾海生是總參辦公廳副主任，四弟曾慶源現任空軍後勤部副部長，他們都官拜少將，出現了曾家三少將的盛況。

兒子曾偉與央視美女主播結婚

　　曾慶紅的兒子曾偉也是一位頗具爭議的人物。在曾慶紅當政時，兒子曾偉曾傳出不少負面傳聞，其中包括插手上海大眾汽車、東方航空、北京現代汽車等公司，獲取巨額傭金，等等。

　　據說，曾偉的做生意的格言是："一筆項目的進項少於兩個億，免談。"有傳聞稱，曾偉在北京有一家基金性質的公司，主要從事"協助"企業股份制改造並上市發行，其工作內容很簡單，就是通過內部管道獲知都有哪些公司欲股份制改造並上市發行，然後曾偉的公司會主動鎖定那些公司，與他們聯繫。

　　曾偉的公司聲稱，自己可以包辦企業股份制上市發行的所有政府批件，條件是購買即將上市的企業原始股，比如兩千萬股，按每股 1 元算曾偉只需支付兩千萬元，但企業一旦上市溢價發行，比如每股 10 元，曾偉手中的原始股就在短期內迅速增值到兩億元，這就是曾大公子著名的"沒有兩個億的進項，免談！"的由來。

　　2007 年初又傳出曾偉獲得了澳大利亞商業移民簽證，已移民澳洲的新聞。2009 年 7 月，在力拓間諜案曝光後，又傳出澳大利亞可能取消曾慶紅的兒子的移民簽證，以報復中方。

　　另據香港媒體披露，曾家大少曾偉還是個公子哥兒，他的太太是前中央電視台美女主持蔣梅。

　　1972 年 2 月出生的蔣梅，1991 年畢業於北京舞蹈學院，同年進入中國中央芭蕾舞團任主要演員。1996 年進入中央電視台，曾擔任《MTV 天籟村》欄目主持人、CCTV-8《影視同期聲》欄目、CCTV-3《舞蹈世界》欄目的主持人。出演過《黑龍江三部曲》、《波濤洶湧》、《親密愛人》、《人間灶王》等幾部電視劇以及芭蕾舞劇《胡桃夾子》《天鵝湖》《吉賽爾》。

　　蔣梅在接受媒體採訪時曾這樣談過她的先生："他在一家科技公司工作，是個科技工作者，是那種外型比較健康、結實的類型。

第一次見到他是在我拍戲的劇組，他是去看他的朋友，他的朋友跟我在一個劇組。那天正趕上我沒事兒，大家就說一起吃飯。劇組的飯特別難吃，有改善生活的機會當然要去了。我們的第一次見面就這麼普通，當時也沒有什麼特別的感覺，但後來接觸多了，慢慢就好起來了。"

蔣梅

不過，2002 年年底，在事業上如日中天的蔣梅一夜之間"莫名其妙"的從觀眾視線中消失了，由她獨立主持已久的兩個名牌欄目也突然易人，令觀眾感到震驚。外界紛紛揣測她是否就此徹底抽身離開央視，抑或因某種"變故"遭遇台裡封殺？……其中是否有難以言表的隱情？

隨後，蔣梅在接受記者採訪時坦言是為了挽救婚姻。有媒體描述稱，已為人妻一年有餘的蔣梅為難做賢內助深感不安，"聚少離多是婚姻的隱患早成了不爭的事實，儘管我們之間並沒有出現任何問題，但防患於未然也是應該而且必要的。"

她告訴記者，自己生命中的"另一半"在商海打拼多年，目前小有成就創辦了一間科技公司。在兩人均"顧家乏術"的情形下，蔣梅決定暫時作出犧牲以給老公在後方營造一個溫暖舒適的"生活大本營"，她說這是無悔的選擇。蔣梅最後表示，自己不會放棄工作，"幾個月後，我將重新回來主持這兩檔節目。"

但幾年過去了，至今蔣梅也沒有返回央視。曾有網友留言稱，"懷念央視主持蔣梅"，但有網友回復說，人家早就移民澳洲了，生了孩子，但據說生活並不如意。

澳洲媒體披露曾偉蔣梅購買最貴豪宅

就在一些網友開始"懷念"蔣梅之際，網友"一次性馬甲"在"新蹤跡"網站發表帖子，稱"偶然發現曾慶紅之子曾偉及其老婆蔣梅在悉尼豪擲3千2百多萬澳幣買房"。"一次性馬甲"寫道：

我下面講的內容，已經盡最大努力給出原始出處和鏈結，請有興趣的朋友自行驗證和考察。我發這個帖子，沒有任何政治，經濟或娛樂目的。之所以我要發佈這個貼，是因為我覺得，如果一個前國家副主席的兒子在海外一擲億金，那麼這個國家的人民都應該有權知道這個消息，這個前國家副主席也應該給他的人民一個交代。

這個消息的發現過程很簡單，很大眾。

如果你手上有 Sydney Morning Herald 2009 December 12-13 weekend edition（本書作者注：悉尼晨驅報 2009 年 12 月 12 日至 13 日週末版），那麼在其附帶的 Domain House 版第一頁（2H），就是 Title Deeds（物權契據）專欄，這個由 Jonathan 撰寫的專欄專門

介紹披露近期悉尼豪宅的買賣過戶動態，包括房子的歷史，概況，買家賣家的一些基本情況。（報紙的掃描圖片在後面，有興趣的朋友可自行驗證。）

在這次專欄的第一段，兩個中國人的名字引起了我的注意：

"It was the talk of the party. Craig-y-Mor, the Point Piper non-waterfront residence, is set to be bulldozed by its \$32.4 million buyers, Mei Jiang and Wei Zeng."

曾偉？蔣梅？

在網上 google 了一下，曾偉，前中國國家副主席曾慶紅之子。蔣梅，前央視《影視同期聲》欄目主持人，曾偉之妻。再 googol 了一下，更有不少未經證實的網絡消息指曾偉數年前已移民澳洲。

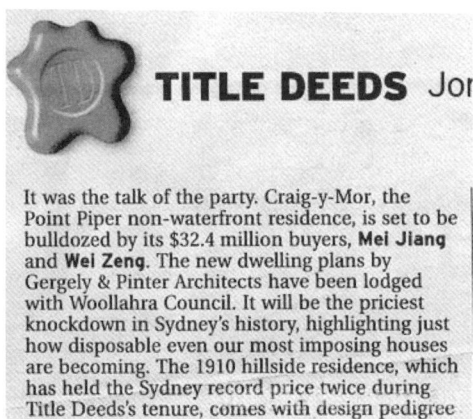

TITLE DEEDS Jo

It was the talk of the party. Craig-y-Mor, the Point Piper non-waterfront residence, is set to be bulldozed by its \$32.4 million buyers, **Mei Jiang** and **Wei Zeng**. The new dwelling plans by Gergely & Pinter Architects have been lodged with Woollahra Council. It will be the priciest knockdown in Sydney's history, highlighting just how disposable even our most imposing houses are becoming. The 1910 hillside residence, which has held the Sydney record price twice during Title Deeds's tenure, comes with design pedigree

繼續看下去，Title Deeds 原文指其兩人用 3240 萬澳幣購買該房屋後，計畫將其推倒重建。並指出這是悉尼歷史上最昂貴的推倒重建工程（原文："It will be the priciest knockdown in Sydney's history"）建築設計由是 Gergely & Pinter Architects 負責。該工程已向 Woollahra Council 申請，正處於公示期。於是上了 Woollahra

市政府的網站，查了下正在公示的房地產相關工程，Point Piper 只有一個工程，申請者正是該設計公司。　由此得到房屋地址 73 Wolseley Rd, Point Piper NSW.

　　在百度的蔣梅吧，看到一張蔣梅在悉尼海灣某碼頭的照片，遠處背景為悉尼海港大橋。

　　至於曾偉，網絡上關於他的消息很多，有興趣的朋友可以自行查詢。

　　當然大家都可以有不同的結論，但除非兩個人都恰好都是同名同性，還碰巧都在澳洲，還聯名買房，這樣的概率有多大？

　　我把這個帖子發在足跡網和 6park 上，因為這是我最常上的 2 個網站，也歡迎任何人轉貼，因為我覺得任何中國人都應該有知情權。

　　看到這條新聞後，本書作者曾到《悉尼晨驅報》網站檢索地產版編輯 Jonathan Chancellor 專欄，未找到網友"一次性馬甲"所說的最新消息，但卻發現這位編輯在 2008 年 9 月 18 日發表的"港灣豪宅引誘 4700 萬買主咬鉤不現實"（Unreality bites as harbour lures $47m buyer）一文提到：

2008 年 3 月，Craig-y-mor 一幢不在 Point Piper 水邊的住宅，以 3240 萬賣給一位中國商人時，創下悉尼的房價紀錄。（The Sydney record has stood at $32.4 million since March when Craig-y-Mor, a non-waterfront Point Piper house, sold to a Chinese businessman.）

再回頭看看"一次性馬甲"所貼出的《悉尼晨驅報》報紙版圖片，Jonathan Chancellor 兩次提到的這處豪宅，的確標明花 3240 萬澳元買下這座豪宅的是 Mei Jiang 和 Wei Zeng。

這座豪宅所處的區域是澳洲的最貴的街道，因爲這裡有悉尼歌劇院和悉尼港灣臨水景色。2009 年初，《華爾街日報》財富榜公佈的全球最貴街道排行榜上，悉尼 Point Piper 的 Wolseley Road 名列第九。

我們再來瞭解一下 Point Piper。

Point Piper 是一個小小的半島，整個 Point Piper 只有 11 條街。Wolseley Road 正是他的主街。半島探進悉尼港灣（亦稱 Port Jackson）。她的東面是 Rose Bay，西面是 Double Bay。

Wolseley 沿著 Point Piper 半島西北劃了一個半圓。在這個半圓位置內的物業，可以看到悉尼海灣，或面臨海灣，可以看到歌劇院，可以看到大橋，可以看到悉尼摩天大樓林立的城市景觀。這些景觀加上優越的地理位置，造就了這條街上一幢又一幢的千萬豪宅。

據說，這個地區的街道都不是很大，極重私隱，唯我獨尊，也絕少更換主人。有文章描述說，"在街上走你看不出什麼名堂，家家院牆高聳，大門緊閉，偶爾會看到一輛最新款的勞斯萊斯或是賓士，駛入或駛出某一全自動的大門。街上又恢復了寂靜。"

有人想從港灣這一面，再一探究竟。從水面上往半島的豪宅去看，花園、泳池、砂岩、雕像、古色古香，現代摩登，美不勝收，但除了豪華印像外，你看不見有什麼人影。

"曾慶紅之子曾偉及其老婆蔣梅在悉尼豪擲 3200 萬買房"的最新爆料剛出現，立即在許多論壇流傳，其中包括中國大陸的一些論壇，引起網友廣泛議論。

Point Piper

有大陸網友稱，"太正常了，就是他花 30 億我也不會覺得奇怪，這種新聞聽多了麻木了。"還有網友認為曾偉和蔣梅夫婦"他們已經很省了"。也有網友諷刺說，"13 億中國人平均一人捐幾毛錢而已"，"這種身份的人家，1 億是個大數字嗎？"

甚至還有網友跟帖稱，曾家"已經能算是很乾淨的人家了"，因為"連狗屎不如的小小區長，市長都能搞到上億家產。"但也有人在跟帖中哀歎道："唉，反腐反不到曾慶紅這一級別的。反正中國的反腐就是個擺設，抓點小魚小蝦堵老百姓嘴而已。"

王震家族：

王軍捲入美國"騙局門"
王之是中國 IT 業"教父"
長孫王京陽是中國 IT 貴族
長孫女王京京捲入中科環保案

王震的名字在海內外都如雷貫耳。在中共超級元老中，王震一方面是鄧小平改革開放、建立經濟特區的"鐵杆"支持者，另一方面又是反對資產階級自由化，反對政治體制改革的"鐵杆"保守派。

王震生前跑的最多的地方就是廣州、深圳和珠海，他之所以如此關心經濟特區，有人說是因爲其家族是最大的既得利益者，當時他的三個兒子都在深圳闖天下，30 年後王家已成爲富可敵國的"紅色貴族"。

長子王兵稱自己兼具父母共性

王家的第二代代表人物王軍，在從中信集團高調退休後，旋即華麗轉身變成資本大鱷，與美國投資合夥人聯手插手能源領域，欲控制和壟斷新疆資源，然而他的美國投資合夥人卻涉嫌買兇殺妻和金融詐騙，在遭到調查和逮捕後"離奇死亡"。

2009 年，王震家族因王軍的大名經常出現在美國媒體上，再次成爲海內外媒體的關注對象。

2008 年月，網上出現一篇題爲《王兵回憶父親王震："怪人"和"奇人"》文章，不但介紹了父親王震的幾件事兒，也"順便"描述了王兵跟父親的關係。

文章說，已經 67 歲的王兵，坦言自己天不怕，地不怕，但怕父親怕了一輩子。可能是受毛澤東影響，王震一生手不釋卷，對後代的最大希望是"多拿幾個畢業證"。王兵生性不愛讀書，沒少受父親的訓斥，這是王兵怕父親的一個原因。

王兵（右）、王京陽（左）父子

在王震、王季青夫婦的三個兒子中，王兵被認爲是兼具二人共性的一個，老二王軍偏王震多些，三子王之偏王季青多些。王震曾帶幼時的王兵跟朱德元帥下棋，將到朱爺爺老將無處躲藏時，王兵童言無忌的一句"爺爺你死了"，讓始終視朱德如父親的王震忍無可忍，一巴掌重重地打到王兵的臉上："怎麼能說爺爺死了呢？！"近 60 年後憶及此事，王兵的手還忍不住往臉上摸。

文章還說，王兵用了"真誠實，真善良"來形容父親。比如王震與彭德懷元帥關係不算和睦,彭老總就說二人如同 "兩頭騾子拉車,一起使勁;拴在一起又踢又咬"。但廬山會議批判彭德懷後, "公開與私下,爸爸再沒說過彭老總一個不字",更是後來為彭平反最積極者之一。比如劉少奇,王震跟兒子坦言互相不喜歡,但在 "中央開會批鬥劉少奇後,爸爸一言不發,給劉敬了一個軍禮,表示了他對劉少奇特有的尊重和同情。" 王震率真的一面體現在與秉性相投者的稱呼上:不管在家在外,直呼徐海東大將為 "大哥",徐則稱王震為 "老弟";和陳庚大將互稱 "老兄";王震直呼廖承志為 "胖子",廖則回叫 "鬍子"。

彭德懷與葉劍英兩位元帥,分別評價王震為 "怪人"、 "奇人"。文革前後,很多老幹部受到衝擊, "除了林彪和四人幫,我爸爸誰都保。" 王震的這些特點,對家人影響很大。他逝世後,以前經常陪父親到老幹部家裡走訪的王兵,每年都堅持到一些老幹部家走訪。王兵一般都是平常日子去,不選擇節假日。也因此,王家和很多著名家庭的友誼,始終保持。

除父親愛恨分明,不記舊惡外,最讓王兵對父親保持敬畏的,還是王震在關鍵時候敢於堅持己見。上個世紀五十年代修鷹(潭)廈(門)鐵路時,王震力主在廈門修海堤,但中央高層領導認為王震可能是借機向中央要錢,沒有批准申請。王震跑到毛澤東處說了一下,回廈門後,愣是靠一艘艘漁船運石頭,修了海堤,幾乎沒有多花錢。廈門後來能夠抵抗颱風,靠的就是這道海堤。

五十年代末,全中國都在搞大躍進,土法煉鋼鐵,畝產過萬斤。 "從那時起,我爸爸很少高興過,在家裡經常說這是一場災難。" 在毛澤東面前,王震與譚震林有過畝產萬斤的爭論,王震堅稱自己最多能做到畝產千斤。王震曾在新疆試驗過土法煉鋼,結論是絕無可能。有一次,王震問從部隊探親回家的王兵對大煉鋼鐵的看法,

王兵熱情極高。王震反問王兵：你用物質不滅定律和能量守恆定律
給我解釋一下，通不通？

　　文章說，這件事極大地影響了青年王兵。雖然他當時並不認可
父親的說法。但父親在關鍵時候，關鍵問題上，從不盲從，則隨著
時間的推移，越來越讓王兵佩服。近半個世紀後憶及此事，王兵仍
感慨萬千："他才讀過多少書啊，怎麼就把大煉鋼鐵跟物質不滅定
律、能量守恆定律聯繫在一起了呢？看來他是真動了腦筋，說不定
還請教了專家。"

王兵膽大包天，指揮持槍綁架案

　　王兵這個人的確就像他所說的"天不怕，地不怕"，至於是不
是"怕父親怕了一輩子"已無從考究。但王兵膽大包天，為所欲
為，在上個世紀九十年代中期則"聞名"海內外。

　　王兵和弟弟王軍一樣，都在軍隊任職。到了七十年代末，在榮
毅仁創建中信公司時，王兵和王軍又先後進入中信公司任職。

　　在王軍以中信總公司副總經理名義兼任中信公司深圳公司董
事長時，王兵與吳小蘭（葉選平之妻）一度任過副董事長。不過，
王兵、王軍二人都是軍商合一，雖然脫下軍裝換西裝，但軍籍並未
退掉。到 1995 年時，王兵已經是大校軍銜，王軍的軍銜據傳比王
兵要高。

　　何頻、高新所著的《中共"太子黨"一書》指出，中共元老子
女中像王家子弟這樣保持多重身份的還有鄧小平的女兒鄧榕、葉劍
英的兒子葉選寧、楊尚昆的兒子楊紹明和女兒楊李、李先念的女婿
劉亞洲、陳毅的兒子陳小魯、陳賡大將的兒子陳知涯等等。北京也
有傳說陳雲的小兒子陳方曾一面在掛在宋慶齡基金會名下的公司

經商，一面也還保有海軍軍籍。

1983 年 3 月，中信公司、中國海洋航空公司、中國直升機公司、中國海洋石油總公司、中國南海石油聯合服務總公司和深圳通發實業公司等六大股東，合股成立了一個中國海洋直升飛機公司（簡稱中海直）。該公司剛剛成立時，在深圳四川大廈 14 樓掛牌，當時的主要負責人叫馬相持。不久王兵則接任了該公司董事長兼總經理的職務。

據說曾有美國公司與中國海洋石油公司和中國南海石油聯合服務總公司合資，但因為找油的希望不大或成本過高，收回了投資。王兵所領導的直升機公司，表面上是發展旅遊事業，如開辦直升機觀看深圳、香港市容活動，但收益甚差。直升機公司真正的發財門路還是做買賣。中國大陸曾有一句話形容皮包公司，除了"飛機大炮，樣樣都做"。而據說王兵的公司是"飛機大炮，樣樣都做"。言下之意是從事軍火貿易。

在深圳，早就有這方面的傳聞，當地的有關部門也曾想摸摸"老虎屁股"，但當時尚未下手，王震便到了深圳，把當地政要罵得狗血淋頭，清查王兵的打算也就再不敢有了。

王震去世後，照理王兵在深圳的作為應該有所收斂，但令人不敢相信的是，他竟然在 1995 年 6 月，為追討債務公開指揮了一場深圳持槍綁架案，一時間成為香港媒體的主要追蹤報導對象。

1995 年 6 月 24 日下午，深圳東輝實業股份有限公司董事長陳顯旋，在深圳香蜜湖高爾夫球場被王兵等人持槍公開綁架。此事發生後，驚動深圳當局和中共高層。在深圳當局的介入下，直到 27 日陳氏才從蛇口南山區的軟禁地點被釋放回家。

事後，大批港澳台媒體對這個所謂"6·24 綁架案"極盡全力追蹤報導，對此事件的前因後果做了詳細調查：被害人陳顯旋時年

40 餘歲，比王兵小許多。他是中共另一元老烏蘭夫的孫女烏遼娜
的丈夫，八十年代初曾任深圳原野公司董事長彭建東的司機，在此
期間結識了鄧小平弟弟的女兒丁芃。

2008 年的王兵

　　王兵進入中海直擔任副總經理期間，陳氏即時另攀高枝，跳槽
至中海直當了王兵的司機。不久，因為服侍王兵得體，深得信任，
被委任為中海直下屬子公司新星公司的經理。此後，王兵顯然是沒
有經過自己公司的上級股東同意，擅自決定向陳顯旋撥出大筆公款
供其經營，沒想到陳顯旋一虧再虧，最後乾脆賴帳不還。王兵在中
國海洋石油總公司為首的六家上級股份公司的壓力下，一再向陳顯
旋追討債務。

　　據《前哨》雜誌 1995 年 8 月號報導：

　　王兵與陳顯旋的債務糾紛始於九十年代初期。當時，陳氏在新
星公司虧空了款項的情況下，卻又與深圳市政府當局合資成立了一
間東輝實業股份有限公司，更令王兵一忍無可忍。而東輝公司的董
事長是葉選平妻子吳小蘭，陳顯旋以 "孫駙馬" 的身份和葉家的後
台為雙重背景，開始對王兵態度傲慢，出言不遜，令王兵實在咽不
下這口氣。同時，又因為當時的中國海洋石油總公司總經理秦文彩

堅持追回陳顯旋的欠款，王兵便代表"中海直"於 1991 年 3 月正式向北京檢察機關舉報。

當年 6 月，陳氏即被深圳南頭公安分局以貪污罪名拘留審查。但僅過了一天，一個叫李珩的東輝公司董事即給深圳市公安局長梁達鈞打電話，梁氏大驚失色，立刻下令下屬公安分局的一名處長擔保陳顯旋獲釋。

《前哨》雜誌的文章認爲：中共公安部門的高級幹部爲本部門的嫌犯擔保外出，在公安部門沒有先例，陳顯旋從此更加氣焰高漲，認爲靠山夠硬。

當時，吳小蘭掛名東輝公司董事長，在深圳市只是時任市委書記兼市長李灝的副手。而東輝公司董事李珩卻是李灝的愛女。試想，當時吳小蘭的丈夫葉選平是廣東省省長，李灝主掌深圳特區，在此之前則是國務院副秘書長，在高層的關係盤根錯節。

另外，李珩當時的丈夫是中共元老、前國務院副總理谷牧的愛子劉會遠，是某部駐深圳站的負責人，據說連部長都對他忍讓三分。整個東輝公司就是這樣一種複雜的背景，深圳市公安局怎敢對陳顯旋下手？

但是，隨著時間的推移，東輝公司背後這些盤根錯節的家族背景也逐漸在起變化，先是劉會遠與李珩離婚，同時李灝又被免去廣東和深圳的所有職務，調北京任全國人大常委，表面上由副省部級升爲正省部級待遇，卻失去了在深圳當土皇帝的所有特權。在這種情況下，王兵顯然是認爲時機已到，乾脆對陳顯旋玩起了黑道手法。

鄧榕爲王家三兄弟"兩肋插刀"

轟動一時的深圳"6‧24"綁架案，被海外媒體沸沸揚揚地狂炒了幾個月後逐漸消音。而中共高層和軍方對王兵的處理似有“大事化小，小事化了”的趨勢，即使因此給王兵一個內部處分，中共高層也絕對因“家醜不可外揚”而不准對外聲張。但是，鄧小平一家在此事件發生前後所公開宣稱的鄧、王家族“一損俱損，一榮俱榮”，也已經決定了江澤民也好，深圳地方當局也好，都不大敢在鄧小平去世之前惹惱王震家族。

海外文章指出，王家後代當時表現出比他們的父親在世時十倍的驕狂、百倍的專橫，應該說與鄧家上下，特別是鄧三公主鄧榕，對王震及王家子女的公然吹捧有直接關係。“6·24”事件發生時，已經很少人還記得鄧小平女兒鄧榕以毛毛筆名撰寫的《緬懷鬍子叔叔》一文，當時是以整版篇幅醒目刺眼地刊登在 1993 年 4 月 4 日的《人民日報》上。

當時，外界對此文有過報導卻無深刻分析，中共內部卻不乏有識之士對此引起強烈的警惕。一位在中共中央文獻研究室工作的人士私下對此文表示了十分的不滿，一針見血地指出：鄧毛毛的這篇文章，與其說是為死去的王震本人樹碑立傳，不如說是為活著的王震子女鋪路搭橋。

仔細分析鄧榕這篇文章的內容，確實如此。她在文章裡將王家三兄弟恨不能形容成西方文學史上著名的“三劍客”，說王兵、王軍、王之三人“個個有膽有識，在朋友中口碑甚佳”。

所以，王兵公然在深圳綁架商場對頭的消息傳到北京，這位中共中央文獻研究室的工作人員立刻諷刺說：正如鄧榕文章中所說，確實有“膽”，而且已經膽子大到公然為匪的地步了。

在鄧榕的整篇回憶文章裡，雖然許多讚美之處的描述都不大合於中國大陸人的閱讀習慣，比如鬍子叔叔露出了他那“著名的笑容”之類，但相比於大多數中共官方的人物回憶文章，還是不乏有細節描寫上"生動"和"生活化"的一面。比如王軍向鄧榕表功的一段描寫。王軍在鄧小平二次復出前夜，曾對鄧榕開玩笑說："我們這麼樣冒著風險為你爸爸通風報信，等你爸爸出來後，我們也得要個一官半職的呀。"

鄧榕

鄧榕回家向父親轉述，鄧小平笑著說："可以，可以，現在要什麼都可以。"

後來，王震果然進了中央政治局，日後又有了中央顧問委員會副主任、國家副主席等職務。而他的三個兒子則個個在大陸商海裡如魚得水。

鄧榕的文章細節上的生動確實沒得說，同時這種描述客觀上也絕對起了為王家三公子揚名，及對外宣稱鄧、王兩家關係"密不可分"、"牢不可破"的作用。而且，為使王家三兄弟在他們的父親死去後仍能勢力不減，鄧榕已經把鄧家，特別是她本人與王家的關係之"鐵"，赤裸裸地躍然紙上。在文章中毫不隱晦地說："我和王家三兄弟，便成了無話不談、無事不商，困難之時甚至可以兩肋插刀的莫逆之交。"

也正如鄧榕所描述的，鄧小平對王震一家確實是到了"要什麼都可以"的地步。當初王震表面上是帶頭響應鄧小平廢除領導幹部終身制的號召，"主動"從政治局委員職位上請辭，但卻向鄧小平換得了一個國家副主席的頭銜，政治身份從"黨和國家領導人"排序上的"二級"躍升爲"一級"。

再到後來，王震在彌留之際同意把國家副主席職位讓給"民主人士"榮毅仁，也是有條件的，他是不會把國家副主席的職位白白讓給榮老闆的。

次子王軍從榮毅仁手中接管中信內幕

從榮毅仁開始創建中信，王震的次子王軍便是其重要一員。

王軍，1941 年 4 月 11 日出生在湖南。1960 年，王軍 19 歲，跟很多幹部子弟一樣到當時著名的哈爾濱軍事工程學院上大學，畢業後再到造船廠做工程師，而後在 1967 年他 26 歲時到海軍服役兩年。

1979 年，38 歲的王軍，跟隨時年 63 歲的榮毅仁創業，組建中信，一直幹到 65 歲退休。

王軍最初加入中信時任業務部總經理，保利集團成立後又擔任過總經理，後來被中信提升爲副總經理、總經理，一直到 1995 年升至一號人物董事長，也是中信繼榮毅仁、魏鳴一之後的第三任董事長，同時還兼任保利集團的董事長。

1993 年初，榮毅仁"當選"國家副主席，王軍成爲中信集團新的掌門人，在外界看來似乎是水到渠成之舉，但其背後的明爭暗鬥，卻是不被外界鮮知的。

於是，榮大老闆的政治地位由"三級"躍爲"一級"（原來是全國人大副委員長）；王家二公子王軍的經濟地位則由中國第一大公司的副職升爲正職。至於王家大公子王兵的公司實力無疑也跟著王軍的地位朝上走。

到 1995 年，王軍在中信公司的總經理職位也已經坐得沒有意思。於是，掛名中信集團董事長的魏鳴一很知趣地再向國務院打報告請辭。當年 5 月 3 日，中信集團召開記者會，宣佈魏鳴一退位，王軍接任董事長職務。

此外，高新在《領導中國的新人物》（明鏡出版社）一書中，也披露了鄧小平的女婿、賀龍的兒子、楊尙昆的女婿、王震的兒子以及榮毅仁家族的錯綜複雜的權力與利益的交易：

1992 年賀鵬飛升任海軍副司令員，原來的總參裝備部部長職務被鄧小平的女婿、原任其副手的賀平接任。此後，賀平又兼任了他在擔任副部長期間即已經擔任副職領導的中國最著名軍火公司之一保利集團的總經理（楊尙昆女婿王小朝也任該公司的副總經理）。而原任中信集團副總經理兼任下屬保利公司總經理的王震的兒子王軍，先升任保利公司的上級公司——中信集團業務部經理兼保利公司董事長，很快又擔任中信第一副總經理兼中信深圳公司董事長。

而到了 1993 年，鄧小平勸說王震交出國家副主席職務時，說好由與王震私交甚篤的"民主人士"榮毅仁接手，王震立刻提出交換條件，要求將榮毅仁在中信公司的一把手位置交給王軍。鄧小平恩准，王軍便陸續將保利公司的經營大權交給了鄧小平的女婿賀平。榮毅仁接任王震的國家副主席職務後，整個中信集團從名到實都已經是王軍的獨家天下。

　　但是，這並不意味著他們著眼於紅色血統，作爲彼此扭結的紐帶。某位高幹子弟拔擢另一位高幹子弟，收攬到自己門下，並不是抽象地看在其同樣出身高幹的分上，而是具體地看在其父輩與自己父輩是鐵哥們，而此人對自己又有用的份上。像鄧小平的兒子鄧樸方創建殘疾人基金會時，將中共元老、江青的前夫黃敬之子俞正聲網羅來一同創業，就是如此，俞正聲得此機會走上政壇，如今貴爲中共中央政治局委員。

王震

接手中信，公司帳面只有 200 萬元

　　在王軍成爲中信掌門人後，他的日子並不太好過。王軍後來回憶說，1993 年他接任總經理正值國家宏觀調控時期，中信遇到了前所未有的資金困難。　"公司總部的帳面上現金只有 200 萬，大

概能夠維持一個半月的工資發放。"

王軍坦言，當時的壓力非常大，因為老百姓常說"一分錢難倒英雄漢"，無奈之時，他私下找了一些子公司來談這個事。當時的中信國安總經理李士林至今還清楚地記得，一天王軍找到他，"士林，我得跟你說個事，你要給我準備 1500 萬。"

這是王軍做的一個最壞打算——向子公司伸手，後來由於總公司現金很快就回流了，所以他並沒有動用這筆錢。但這讓王軍意識到現金流的重要性。於是一個大的計畫在他心中醞釀。

王軍發愁，失眠，"大概世界上能找到的安眠藥我都吃過。"他一是準備找下屬富裕的子公司借錢，二是加緊整合公司的業務。結果還是第二套方案使王軍重新有了現金流，從而渡過難關。

中國官方媒體在談到王軍接管中信後，幾乎都提到了賬上只有 200 萬元，日子難過，王軍失眠等細節，用來與 11 多年後王軍退休時中信所取得的業績來進行對比，以突出中信集團在王軍時代"更上一層樓"。

中國財經媒體《中國證券報》2006 年 8 月 6 日發表的文章說，王軍執掌中信帥印後，所宣導的"大整合"共分兩個階段，即行業內部整合與跨行業整合。從某種程度上來說，這 11 年中，跨行業重組是王軍最大的"手筆"，更是中信整合的靈魂。

接任董事長之後，王軍認為，僅靠單一的信託業務難以支撐整個中信"大廈"，而且"中國國際信託投資公司"的名稱也容易給人一種錯覺，好像中信只做信託業務，更束縛了手腳。1997 年，王軍提出了成立金融控股公司的設想，並與各監管機構和國家有關部門協商，得到了他們的支援。1998 年開始報批，2001 年 10 月由國務院正式批准。

"中信控股是中信公司在解決發展中遇到問題時尋求到的解

決辦法。國務院批准中信控股公司以後，也批准了中信公司整體改制的方案。中國國際信託投資公司的名字不要了，改成中國中信集團。中信集團本部不再是一個金融機構了，集團下成立中信控股，集團（在國內）的所有金融性子公司由中信控股公司管理，在中信內部我們把它叫做‘金融控股’。”對於自己設計出的“作品”，王軍顯然很滿意。

重組之路遇到的困難是不可想像的，僅方案就修改了不下 10 次。回憶起這段往事，王軍說，“央行很支持我們，當時的副行長蕭鋼和行長助理蔣超良態度都很鮮明，戴相龍行長前後聽取過我們七八次彙報。”

王軍

在王軍看來，成立中信控股的目的是，改變過去旗下各金融公司鬆散的局面。當時，中信集團有中信實業銀行、中信證券、中信信託、中信期貨公司以及在香港的一些子公司，它們之間各有各的管道、核心業務和產品線、治理結構和企業文化，甚至各有各的監管機構。

2003 年，在中信的一次新聞發佈會上，王軍向記者解釋了自己重組中信的初衷。

"現在看來是正確的，與其他的金融控股公司相比較，中信形成了自己獨特的優勢，它直接控制著旗下的金融機構，作為大股東有絕對的發言權。別的銀行、證券公司如果要代賣基金，各機構的合作還需要磨合期，就像結婚需要先談戀愛一樣。而中信方面，過去中信證券做上市承銷時，就靠中信實業銀行支持，幫忙安排過橋貸款，相互很熟悉，早有合作基礎。其他機構做起來不像中信這樣有主動權。我們的各個金融機構互補性也很強。"

此後，王軍又大刀闊斧進行內部改革，即做好三個統一：統一的風險管理體系、統一的產品研發平台和統一的資訊技術平台。

"我們把下屬金融子公司的主要稽核力量上調到金融控股公司，隸屬各分行的稽核審計部門只稽核下級分支機搆。"王軍認為，只有這樣才可以很好地做到即時和事後監控。目前，稽核審計部成為了中信金融控股公司人數最多的一個部門，幾乎占到公司總人數的一半以上。

與此同時，中信還建立了統一的資料庫和資訊中心，統一整個網絡系統，實現各金融機構的資源分享；另抽調專人負責發展金融交叉產品，提高銷售額，降低成本。

現在，中信基本上完成了在金融幾個最主要的領域中謀求產業化發展和產業化管理，實現了旗下金融企業在跨領域合作中的無縫協作。

賣掉中信泰富，王軍差點被撤職

2006 年 7 月 27 日，在位於北京朝陽區新源南路 6 號的 50 層京城大廈——中信集團總部，掌舵這個中國金融巨頭近 11 年之久的董事長王軍因"超期服役"卸任，原總經理孔丹接任董事長，剛剛從建行辭職的常振明被任命為中信集團副董事長、總經理、黨委副書記。

由此向前追溯，榮智健在這座大樓中最大的一次"春風得意"發生在 1996 年。那一年的隆冬，榮智健由香港孤身前往北京，拜會時任中信集團總經理的王軍。

《中國證券報》形容說，剛毅的王軍與平和的榮智健之間的"對弈"，所為即是中信泰富的管理層持股，據上述中信集團人士回憶，彼時中信集團內部對榮智健此行的結果並不看好，因為在榮氏抵達北京之前，榮智健的訴求就已傳到北京——折價由管理層受讓中信泰富的股份。

據說當時中信集團內部的高層，都不相信性格剛毅的王軍會答應榮智健的請求，但最終王軍卻在受讓協議上簽字，同意以 25% 的股權配售 3.3 億中信泰富股權給榮智健為首的管理層，其中 2.91 億股由榮氏獨得。

"我們最開始都不明白，王總怎麼會最終批准這樣的條款，但後來我們聽說，榮智健動用了很多高層關係'做了工作'。"而其選擇的著力點，更是甚為巧妙的利用了"97 香港回歸"的大勢，放股於管理層，可以體現中央政府對香港的"靈活態度"，並且展示了一個認同世界規則的中國政府，其結果表明，榮智健此舉甚為高效。

12 年後，因中信泰富炒匯巨虧而赴京求援的榮智健，據說除了拜會中信集團的在任高層之外，也與已經退職的王軍會面，但二人交談並不在中信大廈，其內容也鮮有人知。

王軍不是一個獨斷專行的人，很多事情都是班子討論決定，但他曾對媒體坦陳說，當初決定出讓中信泰富股份，是自己的一次"獨斷專行"。

當時，他獨自決定出讓中信泰富 18% 的股份，簽字的時候每股 32 元左右，正式出讓時股價卻上漲到 38 元左右，18% 就是"6 億股，每股差了 6 元錢，國有資產就有 36 億元的流失"。而且，隨後股價還漲到了 58 元，於是這件事情在當時就被認為是"國有資產最大的一次流失"，也有人認為有賤賣國有資產的嫌疑，為此王軍面臨著巨大的風險。

提及這段往事，王軍說："上級領導跟我談話，嚴厲地批評了我，說是無組織、無紀律。當時我都想好了，無非是撤職，因為我是公司的頭兒，如果有什麼問題必須是我來承擔責任。"

王軍表示，自當上總經理後，他就感覺自己肩上的擔子重了好多，"之前當副總經理，只要管好業務便行了，但當上了總經理以後，要兼顧政治問題了。"

王軍談起這件事時報以難得的一笑，"可以說這是我在中信唯一一件'獨斷專行'的事情，其他的事情都是經過我們領導班子集體討論的。"

對於此事，王軍有自己的理由。王軍說，即使為這件事情而被撤也值得，這是為公司做了一件好事。因為，當時公司正處於"生死邊緣"，內部的危機剛剛度過，外部的危機又撲面而來，必須當機立斷。有一筆賬必須得算一下，創建中信泰富的時候，公司只拿約兩億元的資金，公司不但收回來 100 億，而且還保持了在泰富的控股地位。套用一句現在流行的話，算是"國有資產增值保值"。

　　儘管當初王軍做好了被撤職的準備，也有中央領導找他談話，但結果王軍並沒有被撤職，有時候這件事情還被當作一種"成功案例"被人津津樂道。

　　《世界財經報導》稱，如果沒有當初的"獨斷專行"，如果去履行很多程序的話，這件事情可能做不了，而且正是這次王軍的"獨斷專行"，讓中信一下子到手了 108 億元資金，到 1997 年亞洲金融危機時，中信自己渡過難關。王軍說，"我們沒向國家伸手去要錢。"

　　後來王軍公開露面，披露這些當時驚天動地的決策時，顯得很平靜，王軍說，即使撤職也值得，"我給公司總是做了一件好事"。

　　在王軍退休後，有媒體稱，王軍本來可以在中信任職至 2006 年年底或更長時間，但為了領導班子的平穩過渡，他主動提早退位讓賢。由老成持重的孔丹與金融界少有的"優秀人才"常振明接掌中信，王軍感到十分放心，這正是他想要的結果。為此，王軍也為他 27 年的中信生涯劃上了一個圓滿的句號。

　　正如中信集團新聞發言人所言，王軍在中信領導崗位工作多年，為中信公司的發展做出了大量富有成效的工作。"中信公司經過 27 年的發展，已經成為以金融為主業，涉及眾多領域的國有大型綜合性跨國企業集團，在國內外享有較高的知名度，王軍同志為中信事業做出了卓越的貢獻。"

　　"可以說，沒留任何敗筆與遺憾。"中信的這位中層如是評價。的確，當時的中信在業內的地位與發展勢頭足以讓王軍感到安慰。10 年來，中信的總資產從 1000 多億元增加到近 8000 億元，淨資產從 100 多億增至現在的 500 多億元。更重要的是，經過內部整合和初步混業之後，中信的資源協同效應被成倍地放大。

　　王軍希望的是，中信能夠通過提供全方位金融服務，與世界級的對手競技，並由此進入真正意義的全球金融市場。

王軍曾跟部下交流過自己的"遠大志向"：退休後找個高爾夫球場做草坪師。伺候草坪的人，相當於伺候頭髮的理髮師，都是手藝人。他所領導的中信旗下有六塊高爾夫球場，這個對中國高爾夫球運動做過重要貢獻的人，終於有時間可以去做個手藝人了。

評價王軍在中信的 27 年是困難的。一個中信幹部在接受《南方人物週刊》採訪時很執著地說，"王董事長非常低調，而且善良、實幹、仁慈、敬業，退休了很可惜。不過，他退休前建議的接任班子很成功，各方面都很強。"

退休後成資本巨鱷，投新疆 50 億

對於外界而言，更多的時候王軍被披上了一層神秘的色彩。他行事低調，"從不在語言上"顯示出與他執掌的中信集團相匹配的鮮明姿態。很難露面的他，不願直接接觸媒體，甚至是"躲避"，他給人的感覺是深藏不露、說一不二。

但是凡是與王軍有過較深接觸的人都認為，其實這個鐵腕人物也不乏溫情的一面。對於遠離媒體，王軍曾有過自己的解釋，"因為我語言表達能力不好，經常辭不達意。當別人圍著我時，我就遠離一點"。

2000 年的那場北京國安隊"足球風波"讓人感覺到了王軍的另一面。李士林在接受記者採訪時表示，"那個時候，無論是公司內部還是外界都指向我，認為我應該辭職，的確，作為國安俱樂部副董事長，我應該承擔球隊三連敗的責任。"

但是，令李士林沒想到的是，董事長王軍卻說："只有從失敗中汲取教訓，才能走出低谷，國安前幾場打得不好，這沒什麼不得

了的，要說責任，應該由我承擔，李士林很能幹，他的公司經營很好，但這次連敗可能給他帶來很大壓力，可爲這個就提出辭職不值得，我也沒有同意他的辭職要求。"

王軍的一些趣事也常常成爲同事的笑談。常振明對一件事至今仍記憶猶新。

常振明說："王軍精力過人，尤其到海外出差，會談應該有十幾個，見十幾個單位，這樣要連續兩到三天。"他保持良好精神狀態的有效方法之一就是飲食，他像小夥子一樣胃口好，也像小夥子一樣精力旺盛。一次在日本，東京新大谷酒店旁邊的旅館有一個小店，有烤雞串，一串大概有四塊雞肉。大軍大吃了 50 幾串以後，店老闆告訴他說，這裡的紀錄是 60 串，如果你再吃兩串到三串就可以打破這個店 100 年的紀錄。

後來，他接連吃到了 72 串，大大超過了紀錄。

王軍曾多次跟中信的同事提起過退休後的生活，他說要去中信國安高爾夫球場的草坪部當個草坪師，也多次說過到國安賓館去當廚師長，或者就在內地找個小鎮居住下來，什麼都不做，空餘時間上網、下圍棋和打橋牌，最好能跟孫子孫女待在一起。

然而退休後的王軍，並沒有如其希望的那樣去做"手藝人"，或者找個小鎮安度晚年，而是在境外融到一筆爲數不少的資金，開始另一次創業。

2007 年 7 月，一家名爲中國天然投資控股有限公司（簡稱"中國天然"）的企業，在新疆大展身手，據當地媒體報導，這家公司近期宣佈在新疆大舉投資，計畫投入高達約 50 億元人民幣。

這個"大買家"背後，正是中信集團第三任董事長王軍。而一年前王軍宣佈退休時，還對媒體稱"退休後將做草坪師"，可現在卻再次出現在資本市場上。難怪網上有人驚呼：牛！資本巨鱷王軍浮出水面！

　　新疆可以說是王軍的父親王震將軍的“根據地”。1949 年他
率部挺進新疆，後來又擔任中共中央新疆分局書記、新疆軍區第一
副司令員、代司令員兼政委。此次王軍重返新疆，輿論普遍認為他
是想用“資本”這個天時，來進軍“地利加人和”的新疆。

　　新疆當地媒體說，2007 年 6 月 29 日下午，烏魯木齊市委副書
記、市長乃依木‧亞森在烏魯木齊的紅山賓館會見了中國天然董事
長王軍。曾執掌超過 8000 億資產的王軍，向在場的烏魯木齊官員
們，描述了中國天然在今後三年間投資新疆的宏偉藍圖。

　　這份藍圖中包括：中國天然計畫參資入股烏魯木齊市商業銀行
並持絕對股權；有意在烏市頭屯河區投資建設一處大型新疆國際會
展中心；計畫在新疆投資 10 億元收購和擴建 3 個煤炭生產基地，
2008 年以後投入 20 億元至 30 億元在新疆進行煤炭化工和煤電項
目的投資。 據初步估計，上述幾個項目的總投資約 50 億元。

　　烏魯木齊市商業銀行是新疆維吾爾自治區一家主要商業銀
行，截至 2005 年末，該行總資產達 173.22 億元人民幣，當年實現
利潤 1.65 億元人民幣。

　　業內人士估算，王軍如果要獲得控股權，代價可能要達到數億
元。“銀行應該是王軍新疆投資計畫的核心部分，因為烏魯木齊市
商業銀行將成為中國天然在疆項目融資的主要途徑。”分析人士
說。

　　會展中心是新疆急缺的資源。此前當地最大會展中心投資為
13.5 億元，以此推算，中國天然此次修建的大型新疆國際會展中心
總投資將不少於 10 億元。

　　資料顯示，2006 年 9 月，中國天然收購了新疆托克遜露天煤
礦及托克遜露天煤礦運輸有限公司 80%的股權。新疆聯合產權交易

所資訊顯示，2006 年 3 月到 6 月，托克遜露天煤礦曾在該所拍賣，交易所預估煤田面向的烏魯木齊市場原煤缺口 160 萬噸。估計煤礦正常經營的利潤每年 8000 萬元，收購價 6500 萬元，追加投資 5000 萬元，總投資 11500 萬元。

中國天然在新疆投資的重點是煤化工、煤電，而托克遜露天煤礦正是其擴建的 3 大煤炭生產基地之一。

淡出中信系，轉身投向 PEM GROUP

2006 年 7 月，63 歲的王軍正式從中信集團董事長位置上退休。因"中信系"在"保利系"有持股關係，王軍此後仍擔任保利香港董事局主席。同時，王還擔任中信 21 世紀、金榜集團的董事局主席兼執行董事，同時擔任香港建設副主席兼非執行董事，兼任中國通信服務等多家上市公司的董事。

2007 年 10 月 16 日，保利（香港）投資有限公司（下稱"保利香港"）公告稱，"王軍因希望重新調整其本身業務而辭任董事會主席"。

10 月 17 日，《財經》雜誌網絡版說，王軍辭任保利香港董事局主席，並逐步淡出和中信的直接或間接關係，專注於自己的投資業務。

上市公司董事局主席一職將由賀平接任。2007 年 8 月，國務院國資委已宣佈由賀平擔任中國保利集團公司董事長。保利集團目前是持股保利香港 51.76% 的第一大股東。

"王軍從中信退休後，一直在做房地產、股權投資等投資業務，逐步淡出和中信的直接或間接關係。中信集團在保利的投資也已逐步清理乾淨了。"中信集團一位人士說，他猜測，"此次王軍辭任保利香港董事局主席，可能和避免關聯交易有關，未來他將專注於自己的投資業務。"

目前，王軍仍是中國天然投資控股有限公司董事長。公開資料顯示，中國天然是一家以香港國際金融市場爲依託，以中國大陸爲核心領域，以資源性項目爲主要投資目標的公司。公司主要股東包括中國保利集團公司旗下的保利香港，以及美國私募股權投資基金保盛豐（PEM GROUP，Private Equity Management Group）。

中國天然以煤炭、金屬礦山等資源性項目爲投資重點，並擴展到電力、化工等相關上下游行業。公司三年規劃顯示：2006 年至 2007 年在新疆投入逾 10 億元收購和擴建三個煤炭生產基地；2008 年後將在新疆投入 20 億至 30 億元進行煤化工和煤電項目投資；同時還在貴州、內蒙古等地進行黃金礦與金屬礦的投資。

北京新保利大廈

PEM GROUP 則是總部設在美國聖地牙哥的一家 PE，資產規模數百億美元，在中國的投資業務包括高速公路、發電廠、投資擔保、物流、煤礦與金屬礦山等，項目總投資規模約 130 億元人民幣。

據瞭解，中國天然目前在新疆已設立了從事煤電、煤化工產業的子公司——新疆天然礦業有限公司，該公司已投資烏魯木齊市達阪城區東溝蘭州灣煤礦有限公司、新疆托克遜縣露天煤炭有限公司、新疆烏蘇天然礦業有限公司等三個礦業公司，截至目前投入總規模約 17 億元。

《財經時報》說，雖然攜重金"複出"，但王軍顯然相當低調。中國天然數次對新疆當地的考察，都沒有見到王軍的身影，屢次出鏡的是中國天然的投資方之一 ——美國投資基金 PEM GROUP。

2007 年 1 月，中國天然主要高層管理人員一行 15 人組成考察團專程來烏魯木齊，就擬投資項目進行初步考察。王軍不在此行，帶隊的是 PEM GROUP 創始人和 CEO 彭日成（Danny Pang，又譯丹尼彭）。

2007 年 3 月，彭日成代表中國天然對東溝鄉蘭州灣煤礦進行了考察。2007 年 5 月 25 日上午，美國 PEM 集團向達阪城區東溝鄉和西溝鄉的兩所中心學校共捐資 120 萬元。

PEM GROUP 上海辦事處的名字為保盛豐投資諮詢（上海）有限公司。其總部網站顯示，該基金成立於 2001 年，是一家資產投資管理公司，在北京、上海等六個城市有辦事處。但《財經時報》查閱到的 PEM GROUP 台灣公司資料顯示，台灣公司成立於 1994 年，主要發展方向為海外金融產品行銷。

王軍華麗變身的背後是官場商界通吃

王軍攜手中國天然在新疆大展身手，立即引起媒體的關注，也遭到專家和學者的懷疑和質問。

師志淩在"從中信集團到中國天然：王軍華麗變身的背後"一

文中指出：

我們知道，王軍在 2006 年退休之前，一直是國家幹部，按他正常的收入匡算，我們可以推算出他的個人財富。在 2006 年時，王軍宣佈退休，但僅僅一年時間，他就以掌控數十億鉅資的豪富身份現身，變身之速，令人驚歎。

那麼，這家所謂的外資企業，到底王佔有多少股份，它真是外資企業還是中國大陸資本出口轉內銷？反正筆者相信它是純粹的外商投資企業。筆者認為它的身上還是有權貴背景。他的投資目標是內地煤化工、煤電、銀行、房地產等項目，這些行業都是內地普通企業所極難染指的。在新疆時，他受到當地政府高官的接見。

需要推測的是，什麼是王軍官場和商界通吃的秘訣？答案仍然是背景。作為王震次子和榮毅仁接班人中信集團第三任董事長，王軍在中國官場人脈之深，非他人可比，難怪在退休後他再度閃電般現身，不過這次他代表的是西方壟斷資本和國內權貴資本的利益，他理所當然要為它們謀利奔走。

《財經時報》報導稱，"中國天然身為港資，卻能控股烏魯木齊市商業銀行，這是中國天然拓展計畫中的懸疑之一。另外，該銀行向新疆廣彙集團出售近 10%股份，後又向巴基斯坦哈比葡銀行轉讓近 20%股份，中國天然如若控股，股份從何而來，也耐人尋味。"

筆者對王軍本人沒有太深的成見，只是有些思路隱約浮現，試圖借此機會梳理一下。按個人的理解，從上個世紀九十年代末以後，中國漸漸走上權貴資本主義不歸路，當年葉利欽在顛覆蘇聯後推行的私有化模式，在中國得到原版重演，繼一切向錢看國企私有化工人下崗分流後，除了少數壟斷巨頭得到熊貓般保護外，大批國有企業一夜間被廉價私有化。而那些得到特別保護的壟斷巨頭，筆者更願意稱其為特權壟斷企業，是部級廳級權貴企業，顯然地，說它們是國企非常勉強——它們的業績經營是和國內民眾無關的，真正能支配它們的，還是某些權貴集團。這些權貴壟斷巨頭，石油水電供電……在享受著國家保護和巨額利潤的同時，不思自己的義務，不顧國內民眾的實際生活水準，一再憑藉壟斷地位野蠻漲價，對國內民眾實行層層盤剝。而其由國內民眾而來的驚人利潤，大多並沒有進入國庫，而是在本集團內部分配，甚至如中石油，對西方資本太過慷慨地分紅。

王軍辭任保利香港董事局主席，並逐步淡出和中信的直接或間接關係，專注於自己的投資業務

　　像中信集團，人們習慣於稱為"紅色資本家"，但在我看來，它其實是權錢通吃的權貴企業。在開放之初，國家成立中信，有為改革探路的作用，但在中國經濟已經融入全球，市場化已是大勢所趨的今天，它如果還依靠特權背景去發家，委實難讓人心服。筆者

不喜歡這樣的企業，這樣的資本家，也不會尊重他們，當然，這種看法可能是偏見，其中有個人好惡。

網文《牛！資本巨鱷王軍浮出水面》質問：

新疆＋王軍＋保利＋註冊於英屬維京群島的公司＋美國投資基金 PEM.GROUP ＝ ？

很懷疑中國天然這條資本巨鱷身後是哪些人？

網文《王軍的旋轉門》 也質疑：

中國天然投資控股有限公司與 Frontier Group 究竟何等關係，現在看來還是秘密。但至少有兩人可將這兩家公司關聯起來——中信前董事長王軍和保盛豐（PEM Group）首席執行長 Danny Pang。Danny Pang 是王軍新公司中國天然的股東之一，這兩人又共同參與了 Frontier Group 的投資。

中國天然剛成立，就盯上新疆的礦業與金融資產。新疆算得上王家後院，在這裡重新 "創業" 占盡地利人和。Danny Pang 在創建保盛豐之前作過 Morgan Stanley 高級副總裁與並購顧問，其名下的保盛豐近年在國內從事外幣計價固定收益投資產品的銷售。王軍宣佈要在新疆投資 50 億，除保利提供一部分（王軍兼任保利香港主席，這筆錢等於從左口袋進了右口袋），其餘便可能來自 Danny Pang 掌握的私募基金。前面說的 Frontier Group，則是凱雷前董事長 Frank Carlucci 等人發起的私募投資機構。

2007 年以來保利香港陸續剝離燃氣等業務，將發展方向鎖定在地產上。前述與中國天然的關聯交易未見保利香港披露（另一可能是透過保利集團名下其他公司投資），代表中國天然在新疆活動的也基本是保盛豐團隊，更像王軍個人與 Danny Pang 的合作，至於 Frontier Group 是否介入了中國天然的業務尚無從知曉。

王前輩報效祖國大半生之後，與外資私募基金勾搭一回也不算什麼——不過他 6 月底宣佈要控股正謀求上市的烏魯木齊市商業銀行卻讓人納悶。7 月中國改變了外資參股銀行業政策，不再支持非銀行金融機構參股內地銀行。中國天然作為 BVI 公司想參股都很難，又何談控股？

留心 2006 年烏商行股權變更，除了向巴基斯坦哈比卜銀行（HBL）出售 20%股份，就是廣匯股份以 8000 萬獲得 9.305%。廣匯股份在托克遜露天煤礦項目中與中國天然有些牽連（後者持有此礦 80%股權，而前者 2002 年 10 月拍下採礦權），即便合作也離控股很遠。王有何招數兌現豪言，讓中國天然幕後股東滿意，只有騎驢看唱本了。

王軍和美國投資夥伴捲入"騙局門"

中國媒體和輿論對王軍搖身一變成資本巨鱷並大舉進軍新疆高調質問的聲音，在 2008 年下半年被榮智健和中信泰富的巨虧醜聞暫時壓了下去，媒體也沒有再對中國天然以及王軍的美國投資夥伴再繼續追擊下去，但就在人們都盯著北京將會如何處理已下台的榮智健之際，當年曾經"救"過榮公子的王公子也陷入"騙局門"。

僅半年的時間，跟中信集團密切相關的兩大公子哥相繼出事，是否應了那句流行語：出來混總是要還的！而這一次提出"要還的"卻是世界權威財經媒體《華爾街日報》，並把矛頭直接對準的王軍：

中國國有的中信集團公司（Citic Group Inc.）前董事長、中國商界重要人物王軍攜手美國加州一家公司在中國組建了一個投資企業。而這家加州公司的老闆是背景面臨質疑的美國基金經理彭日成（Danny Pang）。

這個投資工具中國天然投資控股有限公司（China Natural Investment Holding Co.）在中國西部新疆維吾爾自治區的子公司網站顯示，彭日成旗下的保盛豐（PEM Group）是中國天然的主要股東，該公司計畫進行中國自然資源相關收購交易。

根據中國官方媒體的報導，王軍是中國天然的董事長。記者向中國天然新疆子公司致電諮詢時，一位接電話的女士證實了王軍的職位以及保盛豐是公司主要股東。記者暫時無法聯繫到王軍對此置評。彭日成是保盛豐的首席執行長。

新疆是中國西部一個人口稀少但資源豐富的自治區。據中國天然新疆子公司網站顯示，公司在新疆擁有三家礦業公司，投資總規模達到人民幣 17 億元（2.489 億美元）。

《華爾街日報》2009 年 4 月 15 日報導說，台灣出生的彭日成的學歷以及他聲稱曾效力摩根士丹利的工作經歷都無法得到證實。據報導，一位被解雇的保盛豐前總裁表示，保盛豐有部門捲入了一個龐氏騙局。

龐氏騙局是指投資公司用新投資者的錢支付現有投資者的迴圈騙局。總部位於美國加州的保盛豐對此予以否認，並稱公司首席執行長彭日成的背景沒有問題。

保盛豐前總裁阿布巴卡爾（Nasar Aboubakare）對《華爾街日報》說，彭日成於 2007 年對他說，保盛豐對新疆礦業投資的預期收益可能可以幫助公司走出深陷的龐氏騙局。保盛豐發言人稱所謂的龐氏騙局說法純屬捏造，該發言人說，公司根本不需要從煤炭投資或其他投資獲取額外資金。

《華爾街日報》說，王軍並未涉及任何不當行為，由於他父親王震在中共政府的權力和影響力，王軍被認為是中國的"太子黨"

之一。王震曾於 1988 年至 1993 年擔任中國國家副主席。

將近 70 歲的王軍曾在中信集團效力 27 年，於 1995 年出任中信集團董事長，2006 年 7 月宣佈退休。中信集團是一家向中國國務院報告的金融集團，旗下控制著中國最大的證券公司中信證券股份有限公司（Citic Securities）以及一家中國大型銀行。

王軍還和中國保利集團公司（China Poly Group Corp.）有著密切聯繫。保利集團是一家中國政府所有的綜合性集團，業務領域包括了房地產、軍品以及其他產品的交易。直到不久之前，王軍還出任著保利集團旗下香港上市投資子公司的董事會主席。

與此同時，台灣金融監督管理委員會在台北表示，正在調查台灣的銀行向投資者出售了多少保盛豐的金融產品。該委員會的銀行局長張明道說，我們知道這點……並正在搜集資訊；我們知道有銀行出售這個公司的產品，正在調查這些投資的結構，最重要的是，要搞清誰在承擔風險。

《華爾街日報》有關保盛豐的報導出來後，那些出售保盛豐相關金融產品的金融機構急忙設法打消台灣投資者可能產生的疑慮。數家銀行表示，它們出售的保盛豐相關產品一直能夠按期支付利息。

華南金融控股公司（Hua Nan Financial Holding Co.）旗下的華南商業銀行股份有限公司（Hua Nan Commercial Bank）在《聯合晚報》（United Evening News）上付費發表聲明說，它代保盛豐出售的產品都有"大型國際金融機構"為還本付息提供擔保。但它沒有透露這些金融機構的具體名稱。

華南商業銀行在聲明中說，它所售產品的目標是很清楚的，不像馬多夫。聲明中所說的馬多夫是美國投資經理伯納德·馬多夫（Bernard Madoff），此人已承認策劃了一起龐大的龐氏騙局。華南商業銀行說，爲謹慎起見，它已經請律師調查與所售保盛豐產品有關的合同。

華南商業銀行的兩位管理人士隨後透露說，該行出售的與保盛豐所創證券化資產相關的結構性票據大約有 2 億美元。他們說，該行的代理律師也在調查那些支援保盛豐相關產品的保單，以確定其真實性。

馬多夫

永豐金融控股股份有限公司（SinoPac Financial Holdings Co.）的發言人廖達德（Ted Liao）說，正在向香港的分支機搆核實情況，以查明它們出售了多少保盛豐相關產品。他說，永豐金控尚未在台灣出售任何保盛豐產品。香港金融管理局發言人只說，我們知道有這個報導。香港金管局負責監管香港的銀行業。

台中商業銀行股份有限公司（Taichung Commercial Bank Co.）發言人、副董事長林安峰說，已經要求保盛豐駐台灣辦事處就涉及保盛豐和彭日成的指控發表公開聲明。林安峰說，台中銀行出售的保盛豐相關產品由德國的 Talanx Group 承保。該行是台灣另外一家出售保盛豐產品的銀行。

當被問及上述銀行的這些擔憂時，保盛豐駐台灣管理人士 Jan

Liang-hong 說，公司計畫將保盛豐法律顧問曾寫給《華爾街日報》主編的一封律師函轉給台灣銀行。但《華爾街日報》主編辦公室尚未收到這封信。

除了中國天然投資控股有限公司這層關係外，彭日成和王軍還都曾是 Frontier Group 的合夥人。這家私人資本運營公司的創始人之一是凱雷投資集團（Carlyle Group）前董事長卡路奇（Frank Carlucci），他也曾擔任美國國防部長。王軍在 Frontier Group 的網站上被列為合資企業合夥人，直到最近幾天彭日成的名字從該網站上消失之前他也被冠以這個頭銜。

《華爾街日報》說，與王軍的關係顯然給了彭日成在中國的影響力。2007 年 1 月彭日成帶領 15 人代表團去新疆時，他受到了自治區黨委副書記的熱烈歡迎，當地的政府報紙《新疆日報》還對他的訪問進行了報導。

王軍的美國投資夥伴涉嫌買兇殺妻

42 歲的彭日成，在 2002 年創立 PEM GROUP 投資公司，擔任董事長兼執行長。根據該公司網站與 Google 檢索的資料，PEM GROUP 主要是協助客戶投資固定收益投資商品，獲取高額利潤，目前有 15 家法人客戶，管理資產超過 40 億美元，員工超過 100 人。

彭日成，台灣出生，母親來自傢俱業世家。2002 年，彭日成與美國商人鄭希佩（譯音）和其他五名生意夥伴，於加州成立 PEM GROUP，主要業務是以折扣價收購老年人的保單，在投保者死亡後收取保單的賠償金。

PEM GROUP 在加州比佛利山、紐約、倫敦、北京、上海、倫敦、台北設有分公司或營業點。另據 PEM GROUP 網站資料，該公司長期贊助台灣兩位網球好手詹詠然與莊佳容。

彭日成在中國也相當活躍，除了與王軍合資設立中國天然投資控股有限公司，計畫大舉投資新疆的礦業外，在 2008 年四川發生汶川大地震後，PEM GROUP 捐款 100 萬美元賑災。

然而《華爾街日報》引述 Sky Capital Partners 董事長兼執行長徐麥可（Michael Hsu）的說法，彭日成在 1997 年任職該公司合夥人時，偽造徐麥可與執行長的簽名，盜領 300 萬美元。當時徐麥可因不希望家醜外揚而沒有報警，且彭日成家族是該公司的大股東。徐麥可表示，這筆款項後來追回約三分之二，彭當然是捲舖蓋走人。

另一指控者保盛豐前總裁阿布巴卡爾和彭日成的關係更為複雜，與彭日成同歲，兩人一度親如兄弟，卻在 2007 年被彭日成開除，理由是他收受客戶 300 萬美元回扣、在辦公室男女關係不檢。

彭日成與彭喜娜（Sheanna Pang）2007 年在好萊塢的一次慈善聚會上

阿布巴卡爾與 PEM GROUP 的官司仍在進行，他指稱 2007 年初，彭日成指示他與其他高層主管，將一筆投資的保險額度大幅灌水，從 3160 萬美元膨脹到 1.08 億美元，誆騙台灣的投資人。阿布巴卡爾爆料說，彭日成回台灣都住晶華酒店，還在酒店裡召妓。

此外，彭日成的妻子於 1997 年被槍殺，疑凶無罪釋放，有陪審員懷疑彭日成買凶殺妻，但檢察官認為沒有證據顯示彭與案件有關。

死時 33 歲的彭賈尼（譯音）曾做過脫衣舞娘，與彭結婚前也有過一段婚姻，育有兩名子女。她與彭的婚姻並不和諧，警方曾四度接到家庭暴力報警，其中 1993 年的一次，彭賈尼報警說，她害怕丈夫"會殺死自己"。

彭的妻子稱，彭日成把她父母的住宅套現，得來的錢花在"賭博、女人和酒"上，有一次，彭日成把她的鼻樑打斷，威迫她從銀行提取七萬美元，然後一晚輸光。據悉，彭日成從未因家庭暴力案而被起訴。

1997 年 5 月，彭的妻子聘請私家偵探調查丈夫外遇，就在約定與偵探見面當天，一名衣著得體的男子登門造訪，問清楚她是否彭妻子後，便舉槍指嚇。家傭聽到彭賈尼尖叫後，看見她在屋內四竄，但最終還是被射殺，當時 5 歲的孩子還在身邊。

警方調查凶案期間，彭與妻子的前夫爭奪她的 75 萬美元保險賠償的管理權，該筆賠償的受益人是彭賈尼的兩名子女，彭日成最終敗訴。

凶殺案事發四年後，警方拘捕一名疑犯，由於該名疑犯認識彭日成，令人懷疑彭涉案，彭的律師否認，最後彭未遭到起訴。陪審團最終以 10 比 2 裁定疑犯罪名不成立，一名陪審員當時表示："我們許多人認為彭先生謀殺她或買凶把她殺死"，原因是她妻子想離婚，而且知道彭太多業務。

報導還稱，彭日成在 1988 至 1989 年期間，曾任加州大學亞太區學生及職員協會主席，是位學生領袖。不過，大學記錄顯示，彭只於 1986 年就讀了一個夏季，從未獲頒學位。

　　該校發言人指出："他可以出沒在校園，做個魅力先生就可獲選為主席，他們怎麼知道他是不是學生呢？"而彭解釋說，他使用中文名取得學位，但拒絕透露名字；數周前他承諾提供學位證據，但不了了之。

　　PEM 集團前合夥人鄭希佩說，他以為彭日成是富商才遊說他合夥，其後才發現彭債務纏身。他形容彭是"老練的大話精，說謊面不改色"。

　　鄭希佩還說，彭是個賭徒，經常聽到他用電話下注，每年都去拉斯維加斯賭城三次，而且有一些兇神惡煞的男子不時登門拜訪。彭曾用專機接載女員工參加賭城派對，贏了大錢，回程途中，其行李箱載滿現金，他將大疊大疊一百美元鈔票擲向女員工。

　　鄭希佩和多名合作夥伴於 2003 年辭職，隨後向 PEM 集團提起訴訟，指控彭日成利用相近名字的公司籌集資金，但遭到彭的否認。

遭 FBI 逮捕，彭日成突然離奇死亡

　　美國證券交易委員會（Securities and Exchange Commission，簡稱：SEC）指控加州金融家彭日成詐騙投資者數億美元資金，並已獲得臨時禁令，凍結其財產。

　　《華爾街日報》2009 年 4 月 28 日披露說，證交會已向洛杉磯聯邦法院提起民事訴訟，作為訴訟的一部分，美國地方法官古鐵雷斯（Philip Gutierrez）下令凍結彭日成的資產以及他所經營企業保盛豐集團及旗下同名子公司。法官還指定莫斯爾（Robert Mosier）為資產管理人，負責保護現有資產。

　　法官古鐵雷斯還下令彭日成歸還匯往海外的錢，並交出護照。

調查行動仍在繼續。

《華爾街日報》4月初的一篇頭版文章揭露了彭日成的投資手法。文章發表後不久，彭日成暫時辭去了保盛豐董事長和首席執行長之職。保盛豐成立了一個特別委員會，並雇請外部律師事務所Gibson, Dunn & Crutcher進行獨立調查。保盛豐發言人沒有馬上就證交會的指控發表評論。

彭日成的發言人說，彭兩周前去中國參加宗教朝拜活動。目前他的行蹤不明。知情人士說，保盛豐聲稱其管理的資產規模為 40 億美元，但在台灣籌集的資金數目可能接近 10 億美元。

美國證交會還指控彭日成捏造履歷，保盛豐錯誤地介紹說他曾在摩根士丹利任併購顧問，並擁有加州大學爾灣分校（University of California, Irvine）的 MBA 學位。證交會說，彭日成從未在摩根士丹利任職，也沒有從加州大學爾灣分校獲得任何學位。

彭日成檔案照

證交會聲稱，彭日成的欺詐行為至少從 2003 年就開始了，當時他從投資者手中籌集了數億美元資金，其中大部分為台灣投資者。證交會說，彭日成向投資者出售票據，並告訴投資者說，他會以折扣價收購未到期的人壽保單，在被保險人死亡後收取保險金，從而賺取利潤支付投資者的收益。

證交會說，事實上，彭日成收購的人壽保單未能產生足夠的利潤抵銷保費成本，也沒有達到他向投資者承諾的回報率；保盛豐轉而用新籌集的資金向投資者支付收益，而這些錢本來是要用於投資分時度假房產的。

就在《華爾街日報》披露美國證交會指控彭日成欺詐並凍結其財產的當天，美國聯邦調查局（FBI）宣佈，美西時間 4 月 28 日中午左右，聯邦執法人員在加州聖塔安那的一家律師所逮捕了彭日成。

彭日成被控蓄意將一系列現金交易的金額控制在 1 萬美元以下，以逃避向聯邦政府申報這些交易。《華爾街日報》稱，這項指控雖然嚴重，但似乎只是為了拘捕彭日成而先期提出的，聯邦官員正對彭日成在旗下投資公司保盛豐的活動進行更深入的調查。

路透社的消息說，據 FBI 發言人透露，彭日成會於 4 月 29 日在法庭上首次露面。根據目前對彭日成提出蓄意進行現金交易的這項犯罪指控，他最高可被判處 10 年徒刑。

在呈交加州聖塔安娜市聯邦法庭的一份刑事指控書上，FBI 探員指控彭日成或他在保盛豐集團的助手 2007 年年中至今年初期間開出了 38 張支票，每張金額均略低於 1 萬美元。FBI 還獲得了搜查彭日成在加州紐波特比奇寓所的許可令。

《華爾街日報》當天還報導說，台灣銀行業監管機構指出，美國證券交易委員會對彭日成的指控及凍結其資產的舉措，可能對台灣的此案產生重要影響。彭日成所屬企業的大部分資金都是在台灣籌集的。

台灣金融監督管理委員銀行局負責調查對彭日成的指控。該局局長張明道（Ming-Daw Chang）說，美國證交會的舉措增加了對彭日成的企業繼續定期向台灣投資者支付利息的能力的擔憂。這些投資者購買了彭日成的保盛豐集團及旗下同名子公司發行的金融產品。

張明道在接受電話採訪時說，他的機構仍在繼續進行調查。

然而，四個半月後，彭日成卻突然離奇死亡。

美國媒體報導說，2009 年 9 月 12 日早上，彭日成突然在加州的醫院死亡，終年 43 歲，死因不明，就連美國警方也無法確認其真正死因。

據《華爾街日報》報導，彭日成在 9 月 11 日下午被醫護人員送入洛杉磯新港灘（Newport Beach）住所附近的一家醫院，並於第二天清晨在醫院內死亡，具體死因沒有明確公佈。新港灘警察局警官賽勒表示，醫護人員接到彭日成家打來的電話，指出他的情況非常緊急，不久後他被送入住家附近的醫院。當時彭日成還活著，但是情況似乎很嚴重。

一個自稱"彭日成的鄰居"的人向《華爾街日報》爆料說，緊急醫護人員在 9 月 11 日下午到彭日成住所，用擔架接走了一名男子。隨後有數名犯罪現場調查員在其住宅調查了近兩個小時。彭日成之死是否涉及他殺，死因不明。

此外，根據新港灘警察局網絡記錄，9 月 11 日下午 3 時 41 分，警局在彭日成居住的街區收到了一則有人死亡的警報。警官賽勒表示，他無法解釋有關死亡報告的細節。至於犯罪調查科探員為何會出現在彭的住所，賽勒說，他暫時不能對這件意外事故進行任何推測，但是在一般情況下，病人往往會有自殘的行為，警方必須趕到現場確定是否有犯罪行為發生。

三子王之是中國 IT 業的 "教父"

王震的三子王之的官方簡介稱：王之，1942 年 5 月 26 日生，湖南瀏陽人，哈軍工導彈工程系八期畢業生，高級工程師，享受國家級政府特殊津貼專家。著名將領王震將軍之子。中國第一台電子電腦發明人，原電子工業部計算機工業管理局副局長、長城電腦集團公司董事長，被稱爲中國 IT 業的 "教父"。

比二哥王軍小一歲的王之，跟二哥一樣也是在 1960 年 7 月進入哈爾濱軍事工程學院，專業爲導彈工程。1966 年 2 月畢業後，王軍到江南造船廠工作，王之則進入航太工業部五院任技術員，後來當上工程師。

1979 年，王之調到電子部電腦管理局，從此踏上了 IT 之路，一干就是 25 年。

1985 年 6 月，已當上電腦管理局副局長王之，率領微機開發小分隊成功研製出中國第一台中文化、工業化、規模化生產的微型電腦——長城 0520CH，在全國電腦應用展覽會上正式發佈，其性能超過當時的 IBM PC 和 NEC 980，成爲中國國家電腦工業發展史上最具歷史意義的里程碑。

1986 年王之從副局長的位子上 "下海"，擔任了中國電腦發展公司（1988 年更名爲中國長城電腦集團公司）總經理。此後，從總經理到董事長，王之 18 載將長城一手養大，成功地把長城變爲擁有四家上市公司的集團企業。

因此，王之也被外媒稱爲 "第一個讓 Bill Gates 停下腳步的中國人"。在上世紀中國 IT 業的起步階段，王之做出了巨大貢獻。1986 年，王之籌建創辦了長城集團深圳的研發、生產基地，創建了中國最早的 PC 生產企業，長城也成爲了中國最早的電腦品牌。

1987 年 5 月，第一台國產 286 微機 "長城 286" 在北京展覽館正式發佈。

從 1986 年到 1996 年，十年時間，王之和他帶領的長城，爲中國的 IT 業做了大量有示範性、啓發性的工作，帶領全體員工將長城集團從一個只有 300 萬債權的小型企業發展成爲國內著名高科技企業集團。

據說，王之的書櫃上一直端正地擺放著父親在 1991 年給他的題字："向美國、日本電子科學技術比賽。爭取上進，拿到世界冠軍。"官方媒體稱，不可否認，王之是個 "有背景的人"，但王之沒有向家庭伸手，他用自己的雙手打造出中國的 IT 巨艦——長城品牌，爲國家也爲他自己創造了巨大的財富，五年前公佈的上市公司董事長持股市值排行前 20 名中，王之因持有總值達 233 萬元的深科技股票而位列其中。

2003 年王之把長城 PC 業務過繼給神州數碼，這是王之 IT 生涯的一大敗筆，也是其壯士斷腕般氣魄的出彩之處。

直面外界的流言，王之不爲所動。王之的理論是：用一個新管道比改造一個舊管道成本要低得多。長城 PC 業務的下滑最關鍵的原因就是管道問題。改造管道不像改造工廠那麼容易，加強管理、改變流程，很快就能看到產量上升、成本下降的效果。管道改造可不這麼容易，從簡單的例子來看，戴爾的模式擺在那裡，爲什麼別人都學不來，只有它能做好。一種市場模式決定一個管道，後天很難改變。

神州數碼是從聯想分出來的，它對市場的理解、對客戶的理解、對用戶心理的把握，有一整套的市場行銷的策劃，能夠很好地滿足客戶的需求，而且對經銷商的管理比較嚴格，所以神州數碼在銷售市場上比較強勢。用神州數碼的銷售管道來賣長城 PC，只要能把產品賣出去，何樂而不爲？王之從長城 PC 銷售危機中找到了商機。

王之一方面在 PC 業務方面打造新一代的家用電腦，另一方面放棄長城集團對“湘電腦”的控股權，徹底剝離 PC 業務，悄然成立筆記本事業部，意欲換個方向謀突破。同時，長城集團與另一大股東中信一起向寬頻業務增資 10 億，並攜手聯通，力爭要在中國電信和中國網通的強大寬頻攻勢下站穩寬頻第三極的位置。

20 年的打拼，使王之成爲 IT 的傳奇人物，人們可以聽到關於王之的種種傳聞。2004 年，王之卸任長城集團董事長。

而 2004 年一季度財報顯示，長城淨利潤 9167 萬元，同比增長高達 176%；2003 年淨利潤 10723.7 萬元，同比增長 67.7%；在長城的事業突飛猛進的時候，王之功成身退。他說，“能夠留下一個圓滿的結局，爲後來人奠定良好的基礎，是最好的離開方式。”

長孫王京陽是中國 IT 貴族

王京陽是王兵的兒子，是王震的長孫，被稱爲中國 IT 界的青年才俊。有報導稱，王京陽眉宇間的英氣有著老將軍的剛毅，受過良好的國外教育，擁有加拿大名校約克大學電腦和數學雙學位。

目前，王京陽作爲北京掌上網科技有限公司的董事長兼總裁，旗下有“移動證券服務”等知名品牌，是中國最成功的掌上平台手機證券服務提供商。

作爲王家第三代，王京陽坦率地說，自己目前遠遠無法和父輩比較，也不渴望鋪一個“大攤子”，也不做傳統跨行業的企業，“穩中求勝”是他的原則，父輩的成績對他來說，是一種鞭策，他不會因爲家族大樹的蔭護，而放鬆自己，也不會因爲父輩而輕視自己的成績和事業。

官方媒體稱，王京陽是 "低調的將門虎子"，不過網上有篇題為《IT 貴族王京陽：回憶與爺爺王震在一起的日子》 的文章，講的卻是王京陽大談與爺爺王震的關係如何親密。

"爺爺喜歡讀《三國演義》，最讚賞趙雲。他覺得趙雲忠肝義膽，有勇有謀，不驕不躁，不爭功論賞，卻是於危難時刻突圍救主的常勝將軍……" 王京陽回憶自己和爺爺王震相處的日子裡，祖孫兩個常捧著《三國》說英雄論豪傑。閑來每日還要下幾盤中國象棋，爺爺有時小孩脾氣悔棋怕輸，孫子便有意相讓，幾枚棋子的騰挪中，儘是融融祖孫親情。但棋盤之外，真正的戰爭硝煙中，爺爺王震卻是中國最著名的傳奇將領之一，在抗日戰爭和解放戰爭中立下赫赫戰功，因屯田戍兵而威震八方。

王震與長孫王京陽下棋，長子王兵旁觀

"他這一輩子就沒閑過，做了很多現在想起來都覺得不可能的事情"。作爲王震的長孫，王京陽回憶自己的爺爺時，也不禁感歎老爺子革命軌跡的傳奇色彩。

在回述南泥灣事蹟的時候，王京陽也為爺爺的創造精神所折服。他特地講起父親王兵在深圳工作時，利用業餘時間，也種了一畝多地。但是無論怎麼精心護理，地種了兩年多還是沒長熟，沒有好的產量。相比於爺爺時代的南泥灣，父親在深圳，有著天然宜人的氣候環境和農藥等各種先進措施，卻未能獲得好的收成。王京陽現在也好奇："我爺爺究竟是怎麼讓南泥灣產出那麼多糧食，種出那麼大的瓜……"。

問到關於家訓的問題，王京陽說家裡並沒有嚴格的字句成為家訓。但是，他記得上小學二年級的時候，老師給他的評語裡有"誠實"二字，爺爺對此很高興。家裡不誇獎孩子，尤其是男孩子，但是因為"誠實"這兩個字，爺爺卻誇獎他很多年。

王京陽笑說因為父親這輩兄弟三人，沒有女孩，所以奶奶王季青特別喜歡孫女，家裡有些重女輕男，雖然他身為長孫，卻並沒得到多少特殊照顧。王震長子王兵補充了母親一個細節，在那一輩人中，王季青是主動做結紮手術的少數者。論起理由，王兵直言，"我媽媽想生個女兒，但連生四個（在王兵與王軍間還有一個因肺炎夭折）都是男孩，我媽媽也就死心了。"

王震喜歡下象棋，和他過手最多的就是王京陽。雖然晚輩棋高一籌，但卻總是讓著老爺子。在晚年和孫子一起遊戲，王震仿佛多了很多孩子般的脾氣。有時候釣魚釣不著，就會嘟噥是遠處划船的孫子把魚嚇跑了。

王京陽回憶到，為了讓爺爺高興，在北京上高中時，中午、晚上騎自行車十幾分鐘趕回家，後來，在國外上大學時利用暑假乘飛機不遠飛萬里回家，這些都是為了和爺爺多在一起，陪他吃一頓飯，表達對最佳爺爺的孝心。

北京掌上網科技有限公司是一家致力於無線資料增值應用及

技術研發的高科技公司，可爲無線運營商、企業和移動終端用戶提供基於無線通訊網絡的增值應用服務和技術解決方案。公司成立於2000 年 9 月，總部位於北京，並在上海設立分公司。掌上網科技有限公司作爲中國移動的核心合作夥伴成爲移動證券業務、移動商務的服務提供商，承接了上海移動動感地帶的設計、開發、製作。

王京陽的妻子葉靜子是葉劍英的孫女

王京陽的妻子葉靜子爲葉劍英元帥孫女，葉選寧的女兒。葉靜子在北京出生，13 歲留學美國，幾年前創立星際文化集團公司。2001 年 12 月因籌備西藏珍寶展（包括廣州一站），曝光率大增，隨後因被傳媒拍得與梁錦松購物照片而傳出兩人鬧緋聞。

對有關媒體關於她因梁錦松而與伏明霞 “姐妹反目” 的報導，葉靜子顯得很低調，“整件事都不關我事，我到現在都不明白爲什麼會搞成這樣”。但她表示，並不想刻意去對此作出什麼澄清。在記者一再追問下，葉靜子說：“作爲伏明霞的朋友，我一直以來都很關心愛護伏明霞，到現在也不明白自己究竟做錯了什麼，以至於引起現在這樣沸沸揚揚的誤會。但不管是什麼原因，什麼人炒出來的誤會，我始終認爲，朋友間應多些包容。”

葉靜子表示，她與伏明霞是在一個聚會上經朋友介紹認識的。“我從小就對體育界運動員有一種發自內心的尊敬，覺得運動員很不容易，那種日復一日艱苦的訓練，不是一般人所能想像的。不管最後有沒有拿獎牌，運動員吃苦拼搏的精神真的很讓人佩服。像伏明霞，我就覺得她挺不容易。剛好那時候她遇到一些不順心的事，我想能幫就幫她一把，幫她重新樹立一下形象，畢竟她是我們國家培養出來的優秀運動員。”

　　葉靜子還說，她與伏明霞之間，純屬朋友間義務幫忙，根本沒有簽定什麼正式合約，所以也談不上是"伏明霞的經紀人"。"我為她做的比較具體的一件事，是幫她當上澳洲旅遊大使，拍攝名為《一切從柏斯開始》的旅遊特輯。春節後，在她與梁錦松的戀情浮出水面之前，我就已經跟伏明霞說，因為我工作太忙，沒什麼時間幫她，要她另外找人幫忙。此後就很少聯繫了。"

　　葉靜子承認與梁錦松打高爾夫球認識，因為她的堂哥葉新福是財爺的球友，而她亦常常陪叔伯打高爾夫球，因而跟梁錦松熟落，但僅止於此，問她可有親密男朋友，她笑說："那個問題不用回答。"

葉靜子

　　在葉靜子與梁錦松傳出緋聞後，葉靜子坦言，因為其家庭背景的關係，可能終身都嫁不出去。葉靜子在接受香港媒體採訪時表示，身為元帥葉劍英後人，她從未感到有壓力。她說："其實我不會有好大感覺，記得我 11 歲時，爺爺已過世，以前是小孩子，不知道爺爺有多厲害，只知道好多人很尊重爺爺，而我就覺得爺爺很有型，很有內涵，到長大後看書，才知道原來爺爺不僅有型，而且是很能幹的人"。

據報導，當時在香港生活的葉靜子緋聞不絕，她於 1997 年與賽車手關兆昌拍拖三年後和平分手；2001 年 11 月，葉靜子被媒體拍下與香港財政司司長梁錦松結伴逛崇光百貨的照片；11 月，有傳葉靜子與電訊盈科主席、香港首富李嘉誠的次子李澤楷交往，兩人更一同出現在電訊盈科大樓，但李澤楷事後對此傳聞回應說"太無稽"。

雖然經歷戀愛的失敗，但葉靜子並不卻步。她說，"談戀愛不可以勉強，我不會因為以前分手之事不開心，去鑽牛角尖以後不拍拖"。她還表示，她選擇男朋友沒有設定條件，只要有內涵及有頭腦，其他條件並不重要。但她坦言，已經做好嫁不出去的打算，因為許多人知道其家庭背景後，都不敢再追求她。

葉靜子 1975 年出生在北京。爺爺給她取名靜子。五歲前，葉靜子是個安靜乖巧的孩子。常常有客人拜訪葉劍英後，起身告別時才發現屋裡還有一個瞪著眼睛不出一聲的小姑娘。五六歲後的葉靜子開始變成一個上房揭瓦的孩子，十幾歲時變得更是叛逆。13 歲左右，考慮到作為大家族的後代在國內成長，永遠有人照顧，雖然不用擔心沒飯吃，卻難保將來如何靠自己做人做事。葉靜子的父母決定把女兒和兒子送出去讀書。讓他們在海外開始普通人的獨立生活。

葉靜子剛到美國時在一個封閉式的全女校上中學，聰穎但叛逆的葉靜子和老師說，她來這個學校的原因是爸媽不管她，她是跟奶奶長大的。開學第一天，要跑兩英里，而出國前在景山小學最多才跑 800 米的葉靜子是走回來的。老師疼愛這個"沒人管"的孩子，沒有罰她，而是送她到醫務室，還讓她住到校長家裡。

　　沒有了父母的貼身管教，同時也逆反和父母交流的葉靜子，在美國做著其他孩子做不出的事情。變著法兒地折磨監管人，在那個吃飯都要穿正裝的學校，葉靜子卻過著我行我素的生活。自己給自己放假，放一兩個星期，玩夠了才回學校。和媽媽通電話，多是以吵代講。一次吵急了，葉靜子說"我讓我爸爸和你離婚"。

　　葉靜子在 2001 年末"擁抱吉祥西藏珍寶展"之後，開始運作自己的事業。在上海舉辦城市街道賽車，是星際文化的主要項目。葉靜子喜歡這項超前的挑戰，通過自己的溝通和努力，馬來西亞國家石油公司成為這項賽事的冠名贊助商，在 2005 年的比賽期間，馬來西亞國家副總理以及馬石油董事長兼總裁對葉靜子的賽事運作讚賞有加，讓她更加自信這項賽事的未來。

　　葉靜子與王京陽結婚後，育有一個兒子。葉劍英和王震是非常好的朋友，兩家人也一直很親密。葉靜子說，因為兩家平日互相走動很多，自己和王京陽從小就認識。但中間各自求學工作，分開很多年。在都有了一些生活經歷後，曾經的兩條平行線又有了交匯點。

長孫女王京京曾捲入香港中科環保案

　　王京京是王軍的女兒，也是王震的長孫女。公正地講，王京京上學時還是個很老實、本份的女孩子，在大學期間學習用功，而且少有高幹子女的狂妄之氣。但就是因為她的爺爺在六四期間主殺，所以在同學中間非常受氣，沒有辦法只好中途退學。

　　另外，王震的官僚特權不但福及兒女，而且孫子輩們也同樣跟著沾光。孫女王京京原是北京師範大學經濟系的學生，1986 年曾隨學校組織的軍訓大隊去河北石家莊陸軍學院參加軍事訓練。訓練日程快結束時，該學院領導突然接到中共中央軍委的專線電話，命令他們在通知王京京軍訓結束後不要返回北京，由陸軍學院派汽車直接送往北戴河，因為她的爺爺，首長王震同志正在北戴河避暑。

此事由陸軍學院領導轉告北京師範大學軍訓帶隊教師後，幾位教師居然沒有買王震的賬，告訴陸軍學院領導說：我們帶來多少學生就要如數帶回北京多少。他們到北京後就放假，到那個時候，不用說去北戴河，跟著他爺爺出國我們也管不了。但現在不行。必須跟別的大學生一樣坐硬席火車回北京。

陸軍學院的領導當時嚇得不知說什麼好，因為他們戎馬半生，從來就知道"軍人以服從命令為天職"，何況還是直接來自中央軍委辦公廳的命令。北師大的知識份子卻不吃這一套。所以也難怪王震為什麼對知識份子有氣。

後來，王京京赴澳洲留學。1995 年，在美國信孚銀行香港分行工作。1999 年出任投資公司深圳市寶德邁投資有限公司董事總經理，2002 年起擔任北大青鳥集團旗下的香港青鳥科技發展公司總經理。

由於父親王軍與中國數碼資訊主席相熟及有業務往來，加上中信集團是中國數碼資訊的第二大股東，2001 年 11 月，王京京應邀出任中國數碼資訊非執行董事，但王京京於 2004 年 10 月 27 日出掌中科環保電力副主席一職後，立即在第二天辭去中國數碼非執行董事職位，專注經營中科環保，她將公司轉型，主力搞環保相關生意。公司先後多次透過配售集資收購廢物焚化公司，擴大業務基礎與地域。之後，公司更引入利比亞森諾王子、美國能源大亨卡沙，以至融資高手 John D. Kuhns 加盟，出任公司非執行董事，變身為"基金股"，令投資界有更大的憧憬。

2005 年 9 月 29 日深夜，香港廉政公署展開代號"響箭"的拘捕行動，兩家深具大陸背景的上市公司的主席及高層共 22 人，因涉嫌挪用公司近一億元資金而被捕。據香港媒體報導，該案涉及王震的孫女，中信集團董事長王軍的女兒王京京，和中國前總理李鵬的女兒李小琳所管理的公司。

據《蘋果日報》報導，2004 年底廉署接獲舉報後，交由號稱"廉署女神探"的李寶蘭轄下的 F 組接手調查，至 9 月 9 日晚深夜出動上百名調查人員，兵分多路，到全港多個地方搜捕疑犯及擷取證物。

報導說，半夜三點，一隊廉署人員到跑馬地的酒吧裡拘捕了中國環保電力控股公司的主席陳達志，此外，中國環保電力控股的執行董事李如梁，及財務總監陳德興，中科環保電力主席韓明光，執行董事鄒浩東，以及三名協助地下錢莊的，共 22 人被拘，幷搜走 20 多箱文件。

調查顯示，被捕人員涉嫌在內地進行多項環保能源等假投資以轉移資金。他們透過地下錢莊將上市公司資金轉往內地，然後再私下調回香港，轉入涉案者的帳戶。據悉，受查案件主要涉及中國科學院下屬公司合作開發研究的垃圾發電計畫。

《蘋果日報》報導說，由陳達志（人稱 Ba 叔）及韓明光控制的中國環保電力（0290）及中科環保電力（0351），當天在開市前停牌，其中中國環保電力自行申請停牌，聲稱要公佈一項股價敏感資料。至於中科環保則是由於港交所無法聯繫中科環保的授權代表為潛在股價敏感資料作出澄清，根據港交所指示而停牌。

陳達志及韓明光控制的兩家公司名字相似，主要因為兩家公司均先後宣佈在中國利用垃圾發電，其中中科環保的股東陣容非常強勁，包括中國中信集團、中信集團董事長王軍女兒王京京、由李鵬女兒李小琳管理的五大中國發電集團之一的中國電力投資旗下公司。王京京更是中科環保電力的副主席。

事緣於 2003 年 12 月，當時仍稱泓通控股的中國環保電力，與中國科學院旗下中科實業成立東莞合營公司，由中國環保電力持有九成股權；中科持有一成。總投資額約 3 億 380 萬元。

不過，2004 年 2 月 17 日，中國環保電力與中科另訂協議，泓通在東莞的持股量由原來九成降至五成一，中科維持一成持股量，其餘三成九股權引入廣州環島持有。合營公司註冊資本仍為一億人民幣。不過，最後未能成功引入廣州環島為股東，中科持股量改為 49%。

2005 年 4 月 12 日，中國環保電力宣佈，以 7600 萬元向中科環保出售東莞合營公司五成一股權。在此之前，中科環保以 4290 萬元向王京京收購東莞合營公司的三成九股權，原來中科不知於何時將合營公司的三成九股權售予王京京。最終在 2005 年 7 月，中科環保持有該合營九成股權，而中科則持有一成。

經過一年九個月的時間，該合營公司終於成立，并把股東架構定下來，唯一轉變的是持有九成股權的中國環保電力變為中科環保。其實，控制合營公司的最終人物則不變，因為經過一連串交易，中國環保電力的原大股東韓明光，現時成為中科環保大股東，而原中科環保大股東的 Ba 叔現時則變成中國環保電力的大股東，在中科環保，Ba 叔只持有不足百分之一的股權，及出任執行董事一職。

另外，中信集團與兩公司尚有淵源。中國環保電力 2005 年 2 月初宣佈，向中信集團持有五成三股權的中信資產管理，入股從事藥物分銷的中國醫藥四成九權益，涉資 4655 萬元人民幣。

陳達志在內地的人脈背景，成為營商的本錢。他為中科環保引入王京京後，陳達志 2005 年月再為公司穿線，配售百分之五點四中科環保的股權給國務院前總理李鵬之女李小琳擔任副董事長及副總經理的中電國際集團（香港上市公司中電國際大股東），令對方成為策略股東。

　　在陳志達和韓明光落馬後，王京京以新任主席身份收拾殘局。不過，五個月後，王京京突然以私人理由辭職。有評論稱，入主中科環保是王京京的滑鐵盧之戰。不過，在父親王軍的庇護下，仍可在商界呼風喚雨，後來成了匯鑫銀通（北京）科技有限公司副董事長兼 CEO。

豪門兄弟：
孔丹掌中信
孔棟控國航

中信集團董事長孔丹和國航董事長孔棟這對兄弟，是貨真價實的"豪門子弟"——他們的父親孔原是中共情報系統主要負責人，被稱為中共"特務頭子"，母親許明則擔任過周恩來辦公室副主任。1939 年，孔原和許明，鄧小平和卓琳，一同在延安舉行婚禮。

孔丹和孔棟似乎給外界的印象是一柔一剛，孔丹平素少言寡語，在 20 多年的金融從業生涯中，極少接受媒體採訪，孔棟則有"牛人"之稱。

孔家與王家和鄧家的關係非常親密。老大孔丹是王家老二王軍的接班人，掌管中信；老二孔棟曾是中國海洋直升機公司的副總，而王家老大王兵則是老總。父親孔原和兒子孔棟是鄧小平的牌友，鄧家的常客。

中信是這樣進入孔丹時代的

1995 年，王軍正式成為中信的董事長，在中信工作的最初 6 年中，孔丹一直都是王軍的左右手，很多重大事情都是他親手操辦的。在中信重組的關鍵時刻，他成為王軍手下最為得力的幹將之一。這 23 年的"輔佐"生涯也爲他掌舵中信積累了豐富的經驗與人脈資源。

2006 年 7 月，王軍從中信集團董事長位子上下來了，由副董事長兼總經理孔丹接任。而兩年前，從中信集團常務副總經理崗位調任建行行長的常振明，又回到中信集團任副董事長。

中信銀行 2007 年 4 月 27 日在上證所、港交所同步上市。
圖為孔丹常振明在港交所交易大廳門口合影

7 月 27 日，新華社報導說，中共中央、國務院任命孔丹爲中信集團公司董事長、黨委書記；免去王軍中信集團公司董事長、黨委書記職務。中信公司同時宣佈，常振明將出任中信集團公司副董事長、總經理、黨委副書記。

中信公司新聞發言人說，王軍是由於年齡原因從中信公司領導崗位退下來的，這次中信公司領導班子主要成員的調整是正常的新老接替。王軍仍然擔任第十屆全國政協委員。

當時有媒體評論稱，至此，中信集團正式進入孔丹時代。那麼，孔丹是誰？此人有何經歷，又有何背景和後台呢？

官方公佈如下簡歷：

孔丹生於 1947 年 5 月，籍貫江西萍鄉，北京長大，是中國高級經濟師、中信集團董事長、中信國際金融董事長、中信銀行董事長、中信資源董事長。

孔丹的父親孔原是原中央調查部部長；母親許明是前總理周恩來的秘書。文化大革命期間，孔原被打成"黑幫"、"特務頭子"，許明也遭到迫害，在 1966 年吃安眠藥自殺；孔丹也被迫到陝北"上山下鄉"。

文革結束後，他在 1978 年直接考上了中國社會科學院經濟所研究生。1981 年畢業後，他在政府機關工作了一段時間。1983 年，他加入光大集團。1995 年，他獲委任為光大信託總經理。1996 年，他先後獲委任為光大集團副總經理及總經理。2000 年，他被調至中信集團副董事長兼總經理。2006 年，他獲委任為中信集團董事長。

李箐在《中信新掌門孔丹》中介紹說，他是經濟學家吳敬璉 25 年前的弟子，1984 年加入與中信同屬於"改革實驗區"的光大集團，短期內即擢升為集團副董事長。在此職位上，他曾先後輔佐王光英、邱晴、朱小華、劉明康；直至 2000 年 7 月，由光大集團副董事長兼總經理一職，調任中信集團公司副董事長兼總經理，成為董事長王軍之下的"二把手"。

至 2006 年 7 月，王軍滿 65 歲退休；孔丹接替，時年 59 歲。雖經 16 年任職香港，六年任職京城，孔丹一直置身於新聞聚光燈下的超大型國有金融集團高層，直至"一人之下"，但始終低調行事，即使在金融圈內也以低調出名，之於外界或多或少有些神秘。

也許正因此，這位中信新任掌門人，格外引得外界探究。

40 多年前，在北京的中學生圈子裡，人們就都知道大名鼎鼎的孔丹。在"文化大革命"之前的 1965 年，北京四中高三的學生黨員孔丹已經是"接班人的榜樣"。"文革"甫起，孔丹也曾是有影響的人物。

然而，不幸很快降臨到頭上。孔丹的父親孔原，是 1925 年加入中國共產黨的老革命，原中央調查部部長；母親許明，長期擔任周恩來總理的秘書，時任國務院副秘書長。"文革"中，孔原被打成"黑幫"、"特務頭子"，許明也遭到迫害，於 1966 年底服安眠藥自殺。

1968 年底，孔丹像許多同時代的中學生一樣上山下鄉，其落戶地點為陝北延長。"文革"結束後，他於 1978 年直接考上了中國社會科學院經濟所研究生，師從經濟學家吳敬璉。多年後提起，吳敬璉對這位當年的弟子仍頗為嘉許。孔丹也把自己與吳敬璉的合影擺在辦公室的顯著位置。

不過，1981 年拿到碩士學位的孔丹並沒有繼續做學問。他在國家機關工作了一段時間，其間曾任國務委員張勁夫的秘書兩年。至 1983 年，似乎有可能走上仕途的孔丹又選擇了步入商海。他加盟剛剛成立的光大集團，前往香港，從此開始"紅色資本家"的生涯。

中信新掌門人很有"紅衛兵"勁頭

2006 年第 16 期《財經》雜誌的文章介紹說，光大集團當時的名稱叫做"光大實業公司"，註冊地在香港。由於與早些時候成立的中信一樣直屬於國務院管理，因此，光大在香港一直是政界、商界的"寵兒"。

光大成立初期，主業是貿易，當時國內只有光大集團擁有進口二手設備的權利，居壟斷之利。孔丹進入之初爲貿易二部總經理，後很快升任集團副董事長。

　　熟悉情況的人說，孔丹早期在光大集團最顯赫的"戰功"，是創辦了光大木材工業（深圳）有限公司。這家木材加工企業由香港中國光大國際有限公司、ING 北京基金合資興辦，1988 年設立，註冊資本 4552 萬美元，總資產爲 12 億元人民幣，年銷售額達 13.58 億元人民幣。

孔丹

　　1990 年，王光英退休後，前中國人民銀行常務副行長邱晴接手光大董事長，從此，光大集團開始進軍金融業。其時，以光大信託爲首的金融部門迅速擴張，1993 年一年之內曾四次收購香港上市公司。然而，到 1994 年底，光大信託因外匯投機交易失誤，出現數億港元虧損，整個集團亦元氣大傷。

1994 年到 1995 年，孔丹主管的木材廠賺了很多錢。"當時光大集團正爲光大信託的巨額虧損頭痛不已，深圳木材廠就成了光大的明星。"光大集團內部的一位人士說。

1995 年 10 月，光大集團董事長邱晴安排副董事長孔丹接手問題纏身的光大信託，兼任總經理一職。及至 1996 年 8 月，朱小華被任命爲光大集團董事長，孔丹離開光大信託，成爲集團副總經理，後任總經理。

"孔丹在光大集團內部一直沒有進入真正的權力核心。邱晴時期主要是出身中國人民銀行背景的人得志，後來到了朱小華時代，又變成了出身上海背景的人得志。因此，孔丹總是游離在權力中心的邊緣。"光大集團的上述人士說。

從 1983 年進入光大集團至今，在公開場合，孔丹給人的印象是較爲內向沉默；本人從未接受過任何媒體採訪，更給人以寡言之感。這一特點，加之其長期擔任副職或"二把手"，媒體對他可謂知之甚少。

或許由於較少展示自己，《財經》記者在採訪孔丹在光大、中信的一些同事友人時，有人對他的性格、能力並不以爲意；不過，多數人對孔丹行事印象深刻，頗爲認可，稱他"關注事情進展的每一個細節"；說"他爲人謙虛，但說話做事很講原則，不留情面"，並直稱他"記性特好，說過的話從來不忘，也從不變來變去，想糊弄他肯定不行"，等等。

非常熟悉孔丹的人，也曾饒有興致地談起他的性格。例如，"其實，他完全繼承了他父親風趣幽默的語言風格，也敢說敢罵，很有點'紅衛兵'的勁頭。"他們還透露，"孔丹很有語言天才，各地方言說得特像。每次大家聚會吃飯的時候，孔丹都會說上幾段，特開心。"在小圈子裡，孔丹有"鐵嘴"之稱。

孔丹平素少言寡語，但過去每年在光大集團的春節聯歡晚會上表演"猴戲"。他是晚會上參加表演的集團最高領導人。一段猴戲惟妙惟肖，引得大家大笑不已，極受歡迎。不過，見識過孔丹這種風趣的人並不很多。

"特務頭子" 和他的兩個兒子大亨

"文革"後，每逢春節，老幹部們都要舉行一次橋牌賽。孔棟和父親搭檔，過五關斬六將，一連奪取過幾屆橋牌賽的冠軍。鄧小平得悉後，請他到自己家中一起打橋牌，孔棟由此成為鄧家的橋牌常客。孔原與中共元老王震相當稔熟，孔丹是中信集團董事長，中信前任掌門人正是王震的兒子王軍。

《中國新權貴之孫子世代》一書，專章介紹了中共"特務頭子"孔原和兩個大亨兒子。

孔原（1906－1990），又名陳開元、陳鐵錚，化名田夫，1906年 9 月出生在萍鄉安源張家灣九里坪一個農民家裡，從小在其姑父、一個安源煤礦工人的家裡長大，姑父的兒子童水生是安源工運中的骨幹，後來是烈士，孔原受其影響，1923 年秋聽命組織安排，入萍鄉中學讀書，以學生身份為掩護，實際是去做地下工作。1925年春，他轉為中共正式黨員。曾任萍鄉縣總工會糾察部長、縣農協委員兼軍訓部長等職，1927 年任江西省總工會組織部長，省農協糾察部長，後參加了"八一"南昌暴動。

1928 年春，孔原被派赴蘇聯，進入東方大學學習。1930 年秋回國，曾去武漢做兵運工作，不久到上海。1931 年任中共中央組織部秘書長。1932 年 2 月改任中共江蘇省委組織部部長。同年底調回中共臨時中央，負責組織局兼組織部工作。1933 年 3 月被派赴華北，任中共中央駐北方代表。

鄧小平和卓琳、孔原和許明婚禮時的合影

　　1934 年 1 月，在中共六屆五中全會上，孔原與彭德懷、楊尙昆、李富春、李維漢一起，被增選爲中共中央候補委員。

　　1935 年 5 月，孔原離天津去上海恢復中央上海執行局工作。不久轉赴莫斯科，出席共產國際七大，任中共代表團代表。同時出席少共國際六大，被選爲大會代表資格審查委員會委員。1936 年春入列寧學院學習，並在東方大學兼課。

　　抗日戰爭爆發後，1938 年 7 月回國到新疆，在紅軍西路軍餘部編成的新兵營任主任政治教員、中共總支副書記。1939 年 4 月到延安，任中共中央特別委員會（敵區工作委員會）副主任。1940 年 5 月被派至重慶，擔任中共中央南方局組織部長兼西南工作委員會書記。1943 年 7 月回延安入中央黨校學習。被選爲中共七大代表並出席大會。解放戰爭時期，歷任中共瀋陽市委書記，中共吉林省委宣傳部長兼民運部長、延邊地委書記，中共吉林市委書記，中共撫順市委書記等職。

"特務頭子" 孔原

1949 年後，孔原歷任中共中央委員、總參二部政委、中國海關總署第一任署長、對外貿易部副部長。

在李克農手下，孔原任中央調查部副部長，李克農去世後，接任部長之職。文革結束後，中共籌建國家安全部，孔原主持籌建。1988 年 7 月被授予一級紅星功勳榮譽章。1990 年 9 月 21 日在北京病逝。

孔原長期從事調查、情報等秘密工作，不少萍鄉人笑稱他爲"特務頭子"，他的探親訪友、接待會客均受到約束。

孔原妻子、孔氏兄弟的母親許明（1919－1966），又名朱玉筠。女。直隸（今河北）滄縣人。1936 年加入中國共產黨。1940 年在重慶從事黨的秘密工作。

在鄧小平誕辰 100 周年的紀念畫冊上有一張 1939 年在延安毛澤東窯洞前的照片，上面有兩對新婚夫婦，一對是鄧小平和卓琳，另一對正是孔原和許明。

文革時孔丹在北京中學圈大名鼎鼎

40 多年前，在北京的中學生圈子裡，人們就都知道大名鼎鼎的孔丹，其天分及勤奮都讓同學劉東折服，"孔丹在學生和教師中的威信都挺高的。當時民選 '文革' 委員會主任，一共 20 多個委員，孔丹高票當選，獨佔鰲頭。"

劉東退休前是國家信訪局培訓處處長，其父劉庚寅曾與孔丹的父親孔原在國務院外事辦共事。而他本人與孔丹不僅有三年的北京四中同窗之誼，還有兩年的 "文革" 戰友之情。

"文革" 之前，北京四中就赫赫有名。這所中學創建於 1907 年，現屬北京市示範性高級中學，當時高幹子弟雲集，薄熙來 1968 年從該校畢業。江澤民、溫家寶曾前往視察。六十年代初期便根據上級指示，著意培養幾名 "學生黨員"，那時候中學生能夠入黨，實在是個稀罕事，可讀高二的孔丹卻被北京四中的校黨委 "看中" 了。

知情人介紹，當年的孔丹品學兼優，不僅早早地開始學習馬列原著，而且數理化各科成績都很出色。特別值得一提的是，按照學校規定，他本應學習俄語，可他在學好俄語的同時，還主動自學英語。因此，文革爆發之前的 1965 年，高三畢業班的學生黨員孔丹已經是 "接班人的榜樣"。

"文革" 風暴驟起，孔丹也被捲了進去。他參與了主張廢除高考的活動，帶著北京四中高三（5）班的幹部子弟，給"偉大領袖"寫了一封信，情緒激昂地堅決要求廢除"封建的"高考制度"桎梏"。不過，也有消息說，孔丹帶頭寫信，那是因為北京女一中的同學已經先一步寫了主張廢除高考的致毛澤東的信，於是，組織上要求四中的同學們"把認識寫得更深刻些"，"也應該寫給毛主席"。

《人民日報》把北京女一中和北京四中的兩封《給毛主席的信》，全都發表了出來，全國高校入學考試當年就廢止了，一廢就整整 11 年。孔丹也就此被剝奪了上大學機會。

孔丹在中學時代做的第二件大事，是組織了紅衛兵"西糾"，全稱為"首都紅衛兵糾察隊西城分隊"，是由北京西城區幾十所中學紅衛兵共同協商於 1966 年 8 月成立的。紅衛兵的"西糾"和"聯動"，後來成了"無序和武鬥"的代名詞，不過也有研究"文革"的史家指出："西糾"成立之初，其本意是正確和積極的。

眾所周知，1966 年 8 月，北京紅衛兵在"極左"思潮煽動下，高喊著"橫掃一切牛鬼蛇神"口號，無法無天。

為了"糾正"紅衛兵的過激行為，孔丹、李三友等人發起成立了"紅衛兵西城糾察隊"，並發佈了若干《通令》，制止了紅衛兵對"統戰對象"的胡亂抄家，糾正了"紅燈行"的錯誤，但是，由於歷史的局限，孔丹等人無法制止其他學校競相效仿，紛紛成立各自的"糾察隊"。結果，"糾察隊"一多，魚龍混雜。

在《人民日報》老記者紀希晨撰寫的《史無前例的年代》一書中有如下介紹：

"西糾"維護社會秩序的正當行動（也曾有過火行動），以及阻止衝擊某些領導幹部，阻止更多群眾參加運動的傾向，令中央文革小組不滿。在批判資產階級反動路線的高潮中，"西糾"遭到江青一夥的殘酷鎮壓。

1966 年 12 月,江青在與首都大專院校代表座談時表示:"……許明、孔原都是西城區糾察隊的後台支持者。"

那時候,被江青點名批評,足以讓人死無葬身之地。得知消息的許明,服下大量安眠藥,就在總理辦公室外側——自己辦公室內的大沙發後面——自殺了。

母親自殺的第二天,父親孔原也被扣上"大特務"的帽子,被投入監獄關押多年。和父親前後腳入獄的,還有孔丹。

孔原、許明夫婦遭到林彪和江青的嫉恨,說原因有兩條:第一條,孔原掌管的單位太重要了。林彪打算奪取黨和國家的最高權力,於是,孔原便有了一個不能被寬恕的"莫須有罪行":說他在毛主席和林副主席的電話專線上,安裝竊聽器;第二條,許明和江青,是延安抗大的同班同學,據說許明曾親眼看到江青是如何在毛澤東前往抗大講課時搔首弄姿,而且,許還長期在周恩來身邊工作,深得總理賞識。

1967 年年初,孔丹入獄,同年 4 月孔丹和其他被江青點名的幹部子弟才獲准出獄,受到了周恩來的接見。

孔丹後來曾遠赴內蒙古阿布嘎旗盟插隊,1968 年底,孔丹又落戶陝北延長縣。

孔丹進光大,與他父親情報背景有關

"文革"結束,孔丹沒有參加 1977 年的高考。1978 年,只上過高中的孔丹,跳過大學本科這一級,直接考上了中國社會科學院經濟研究所的研究生,師從著名經濟學家吳敬璉。多年以後,吳敬璉對這位當年的得意弟子仍贊許有加,"他為人謙遜,做事專注,長於辯論，對中國經濟有自己獨到的看法。"

　　1981 年 8 月，拿到碩士學位的孔丹，先留在中國社會科學院經濟研究所當了一年助理研究員。1982 年 6 月，在主管經濟工作的國務委員張勁夫的身邊做了兩年秘書。

　　這三年的工作經歷，爲孔丹日後進入商界打下了的基礎。至 1983 年，似乎有可能走上仕途的孔丹又選擇了步入商海。

　　根據鄧小平指示，中央組織部對"文革"中的"三種人"的清查，一向十分嚴厲。當組織上準備提拔孔丹時，也曾派人調查瞭解孔丹的"文革表現"。據知情者說，中央組織部的調查人員找到了 1966 年擔任北京四中校長的楊濱。楊校長的回答是這樣的："文革"初期，北京那麼多中學校長都被學生打死了，但我作爲四中校長，基本沒挨過打，這主要得力於孔丹他們的政治覺悟高。

　　楊校長並回憶說，那次在中山公園，我被押去參加對北京市"黑幫分子"的批鬥大會，各校憤怒的學生提著腰帶、木棍圍上來，是我們學校的孔丹、秦曉、張小彤等人，在我身邊圍成一圈，把我保護在中間，大喊"不要打人！"帶著我沖過人群，把我帶進會場。批鬥會結束後，孔丹他們又護送我回到學校。那天在中山公園，有好幾個老幹部被打死、打傷了，可我只是頭上挨了一皮帶，這些孩子用自己的身體，爲我擋了多少擊打啊！

　　1983 年，王光英主持在香港創辦"光大實業公司"（後來的光大集團），這位王光美的胞兄，雖經商出身，但管理光大並無多大建樹。

　　與中信集團一樣，光大直屬國務院，成立初期主營業務是貿易，並擁有進口二手設備的壟斷權利，一直是政界、商界的"寵兒"。光大、中信這兩大公司都是中國在上世紀八十年代的"改革開放實驗田"，都被賦予某種搜集情報的職能。孔丹最初加入光大，或與他父親的情報背景有關。

　　孔丹最初任光大實業公司海外業務部副總經理，後逐步升爲中國光大集團公司常務董事、副總經理，副董事長。

光大創始人王光英

　　進入光大的第四年，孔丹創辦了由香港光大、ING 北京基金合資興辦的木材公司，註冊資本爲 4552 萬美元。

　　"生意十分紅火，頭一年的銷售額就突破了 10 億元。" 一位知情人士回憶起當時的情形，那時幾乎每天都有客戶自動找上門來尋求合作，這家不起眼的小公司迅速成爲集團的亮點企業。

　　1990 年，王光英退休後，前中國人民銀行常務副行長邱晴接手光大董事長，光大集團開始進軍金融業。其時，以光大信託爲首的金融部門開始以驚人的速度擴張，1994 年，這種高速擴張的後遺症就開始暴露，在外匯投機交易上出現重大失誤，一下子就出現了數億港元的虧損，不僅光大信託公司被擊倒，把整個集團拖入了債務的深淵。

當時，集團的其他子公司的盈利狀況也不好，根本不可能伸出援助之手，孔丹的木材公司賺的錢解了燃眉之急。

"這是大家都沒有想到的，一個小木材廠竟救活了整個企業。"光大一位知情人士說，因此，孔丹也成了光大集團的功臣，兩年後升任集團總經理，並接手處理問題纏身的光大信託。那時候，由於信託業的相關法律法規都處於"空白地帶"，清產核資的難度很大，但擅長打硬仗的孔丹還是在短短的幾年時間之內為公司追回了數筆被稱之為"死賬"的欠款，並迅速對公司的資產進行核算。

也正因為他的努力，在被撤銷之後，光大信託的剩餘資產還有14.68億元。

孔丹告黑狀，朱小華"家破妻亡"

1995年10月，光大集團董事長邱晴安排副董事長孔丹接手問題纏身的光大信託，兼任總經理一職。及至1996年8月，朱小華被任命為光大集團董事長，孔丹離開光大信託，成為中信集團副總經理，後任總經理。

老話說"鐵打的營盤，流水的兵"，到了孔丹這裡卻變成了"鐵打的副職，流水的掌門"，直到16年後的2000年7月被調任中信集團副董事長兼總經理，孔丹的副董事長一職沒有發生過變化，而光大集團的董事長已經更替了王光英、邱晴、朱小華、劉明康四任，孔丹因此而得"四朝元老"之名。

王光英、邱晴將光大集團搞成爛攤子，都成功拍屁股走人，朱小華卻身陷囹圄，而且有傳說是孔丹下的手。

2002年10月10日，朱小華受賄案在北京市第一中級人民法院一審宣判，以受賄罪被判處有期徒刑 15 年，並處沒收個人全部財產。

《遠華案黑幕》作者盛雪認為：孔丹早就暗中搜集了朱小華的材料，並兩次向上密告不成。王光英甚至還提醒過朱小華要提防孔丹，說此人心術不正，恐生是非。盛雪的文章在網上流傳，並沒有看到孔丹公開駁斥：

朱小華於 1999 年 7 月被以涉嫌與人合謀詐騙，侵吞巨額國有資產為由"雙規"，於 2001 年 5 月 11 日被北京市公安局刑事拘留，於 2001 年 5 月 25 日被北京市公安局逮捕，最後被判刑 15 年。

朱小華被抓之後，妻子任佩珍於 1999 年 10 月前往美國與女兒團聚，於 2000 年聖誕節前的 12 月 10 日，在美國芝加哥跳樓自殺。獨生女兒朱蘊因為經受不住父親深陷牢獄，母親自殺身亡的打擊，精神出現問題。

北京市人民檢察院第一分院的起訴書中指朱小華的的犯罪事實是：一、朱小華於 1997 年 6 月間，在中國光大（集團）公司與香港華利資源控股有限公司進行業務往來的過程中，利用職務上的便利，收受其公司董事會主席、總經理楊國勳給予的華利股票 36 萬股，折合港幣 108 萬元。二、朱小華於 1998 年初，在中國光大（集團）公司與新世紀集團公司進行業務往來的過程中，利用職務上的便利，夥同其妻任佩珍收受新某集團公司董事長邱漢輝給予的港幣 300 萬元。

消息來源說，實際上朱小華在"雙規"期間，向中紀委的辦案人員主動交代了收受 36 萬股華利股票的事（朱小華在庭上表示，因為當時中紀委專案組用其妻被抓對他威脅騙供，事實是，其妻子已經在半年前自殺），但至今只有當事人朱小華和楊國勳的證詞，沒有發現股票轉名的實據，也就是說，所謂的 36 萬股的股票，從來沒有轉到朱小華的名下，楊某當時欺騙了朱小華。至於新世紀丘漢輝給予的 300 萬元港幣，是朱小華的妻子任佩珍背著朱向邱某借的，曾寫下借據在邱某處。任自殺時留下的遺書說此事對不起朱小華。兩名證人在錄了口供之後，都已經被釋放，現更潛逃失蹤。

前光大董事長朱小華

　　消息來源說，朱小華出事是因為光大集團副董事長兼總經理孔丹向江澤民告了黑狀。1983 年王光英受命在香港創辦光大公司，孔丹即找到老同學劉源（劉少奇之子），求他到他舅舅王光英處疏通。於是，孔丹得以在 1983 年到香港光大任董事，1984 年升任副董事長，並在此位置上一坐就坐了 15 年。

　　王光英和邱晴先後離任，中央都沒有將他扶正，這時卻委任了朱小華來任董事長。當年孔丹任光大副董事長的時候，朱小華還在上海財經大學讀夜校，叫孔丹這個太子黨屈居在一個年齡比自己小（孔丹 1947 年出生），資歷比自己淺，而且在出身平民的朱小華之下，特別是朱小華倚仗朱鎔基恩寵，在香港商界，金融界呼風喚雨，一時成為明星人物，讓孔丹如何心理平衡。

1999 年 5、6 月間，孔丹整了朱小華的一大罪狀，指朱小華和一名港商劉希泳合謀詐騙，貸巨額款項八億元人民幣給港商劉希泳，從中獲取巨額回報。舉報說，劉希泳沒有償還這筆款項。因此，朱小華給國家帶來巨大損失。孔丹繞過中紀委和朱鎔基，由太子黨集團的國家安全部部長許永躍找到曾慶紅，直接把材料送給了江澤民。

江澤民看完舉報材料後立即作了批示：這八個億到底是不是國有資產？如果是，我認為此人應該抓起來。並在批示後面注明：請通知鎔基同志。朱鎔基看了江的批示，半晌說不出話。最後只得說，看來小華可能有問題，但是他是不是真有問題要搞清楚，我沒意見。

港商劉希泳因涉嫌與朱小華合謀詐騙，於 1999 年 7 月 23 日被中紀委扣壓，2000 年 1 月 23 日被檢察院以“涉嫌詐騙罪”批捕。但是，由於這期間查不出告密信所指的合謀詐騙的任何罪證，於是，在 2001 年中，專案組用“倒簽”的辦法，要求劉希泳補辦了 2000 年 8 月 22 日“涉嫌行賄罪”被拘捕的手續。劉希泳當時拒絕在逮捕證上簽字（筆者有逮捕證影本）。事實是，劉希泳所貸 7.5 億款項最早到 99 年底才到期，而劉希泳已經在 99 年 7 月被抓。劉希泳案已經於 2001 年 11 月 2 日在北京開庭審理，至今沒有判決。起訴書指劉希泳涉嫌行賄罪，但是行賄對象不是朱小華，而是行賄 20 萬給原中國交通部副部長鄭光迪。

原因是，中紀委專案組從劉希泳身上無法找到同朱小華合謀詐騙的罪證，但是，人抓了就不能輕易放。這期間，這一案件又被另外的政治勢力所利用。於是，原中國交通部副部長鄭光迪於 2000 年 3 月 4 日被中紀委“雙規”，同年 8 月 16 日批捕……

　　朱小華被公認為是中國總理朱鎔基的心腹愛將。朱鎔基在上海任市長的時候，對年輕有為的朱小華很是賞識。朱鎔基到北京任國務院副總理之後，把僅僅是上海中國人民銀行的處級幹部朱小華拔擢到香港任新華社經濟部副部長，用意是讓朱小華增長見識，再委以重任。1993 年 7 月，年僅 44 歲的朱小華被朱鎔基任命為中國人民銀行副行長兼國家外匯管理局局長，進入副部級的高幹行列，成為朱鎔基的金融班底。1996 年 11 月，朱小華被朱鎔基派往香港任國務院的直屬企業光大集團的董事長，成為 1983 年光大創立以來繼王光英、邱晴後的第三任董事長。

　　在朱小華的案子上，朱鎔基憋了一口惡氣，沒有機會發出來。朱鎔基曾經為此對尉建行發過脾氣，說尉建行等人在製造冤案。但是，案子是江澤民親手批示，有江澤民插手，朱始終沒有辦法。江澤民和朱鎔基之間的分歧已經是世人皆知了。在朱小華案件的整個過程中，江澤民扮演了重要角色。特別是前一段時間，江指示中紀委要對朱案快審嚴判。

　　朱小華案和遠華案幾乎同時發案，都是在 1999 年春天。中央開始著手處理這兩個案子都是在 1999 年 6 月間。可惜的是，朱小華主動送上門去，被中紀委“雙規”並自此失去人身自由。而遠華案的首腦賴昌星則腳底抹油，逃到了遙遠的加拿大。

　　盛雪的上述文章在網絡上廣泛流傳，但並沒有看到孔丹的公開回應，也許朱小華出獄之後，有機會為自己辯白。

　　但朱小華入獄之後，孔丹並未扶正。臨危受命的劉明康出任光大集團董事長、黨組書記。

　　在光大集團穩定之後，2000 年 2 月，劉明康再度回到中國銀行，任董事長兼行長。同年 6 月 15 日，北京宣佈原交通銀行行長王明權接掌光大集團，孔丹也於同一天辭去光大集團副主席和兼總經理的職務。

2000 年 7 月，孔丹調任中信集團公司副董事長兼總經理，成為董事長王軍之下的"二把手"。雖然是平級調動，但中信經濟實力要強大得多。

弟弟孔棟是牛人，也是紅頂商人

孔棟，1951 年出生，1977 年畢業於江西工業大學（該校於 1993 年和江西大學合併爲南昌大學）電機製造專業，高級經濟師。全國政協委員。

孔棟曾任中國海洋直升機公司常務副總經理（王震長子王兵曾任總經理），深圳機場集團公司總經理、黨委書記，首都國際機場黨委副書記、航站區擴建指揮部總指揮，中國航空總公司黨委書記、總經理等職。2002 年 10 月民航業重組後任中航集團副總經理，2004 年 8 月任中航集團黨組書記、副總經理。原中航集團總經理兼國航董事長李家祥上調民航總局局長後，孔棟於 2008 年 1 月 2 日升任國航代理董事長。

2007 年，中航盈利超過 50 億元，其中主營業務利潤 12 億元，在全球航空業綜合實力排名從重組前的 34 位變成了 17 位。

"牛股需要牛人來創造，現在，牛人來了。"這是民航資源網的一位網友對中國國航的母公司中航集團新掌門人孔棟做出的評論。2008 年 4 月 1 日，中共中央組織部副部長王爾乘宣佈了孔棟接任中國航空集團公司總經理的任命。

"他真正讓民航業見識他的業務能力，是在擔任首都機場航站區擴建指揮部總指揮期間的表現，讓人印象極深刻，是個很務實的人。"原民航總局華北管理局副局長王家奇對《商務週刊》介紹。

據說在李家祥時代的中航集團內部，孔棟不願意做的事情，別人很難改變他的主意，"連李家祥做動員也未必能成"。

關於孔棟綿裡藏針的性格，流傳在民航圈內的故事是，孔棟到深圳機場集團公司擔任總經理、黨委書記時，有一位出身西南航空的高管，拉著一幫"成都幫"，想給孔棟來個"下馬威"，結果這位高管年紀輕輕就坐了幾年冷板凳，受了教訓之後才得以重返領導崗位。

《商務週刊》說，目前國航董事長一職尚缺，孔棟是代董事長。但很多人相信，孔棟在國航扶正是早晚的事情。

孔棟

與前任李家祥一樣，孔棟同樣支持國內民航企業的重組，並希望國航能在上海市場佔得一席之地。但具體到中航集團阻擊東航引資一事，孔棟和李家祥的思路和想法則有所不同。

從履新後的孔棟對於民航業發展方向的表態來看，他和李家祥一樣傾向於通過聯合以應對外航的競爭壓力。但以孔棟的做事風格，在民航總局併入新成立的交通運輸部，民航總局決策權有待重新確定的大背景下，中航的動作會有所緩和。但一位老民航人分析說，不管孔棟對於李家祥時代的中航強勢阻擊東航引資究竟持何種態度，如今已經成爲中航新掌門人的孔棟，仍將同樣謀求國航在上海市場的戰略支撐點。他說："孔棟首先是中航的總經理和國航的代理董事長，其次才是那個低調而有個性的孔棟。"

孔棟曾公開表示，投資東航並非要控制東航，即使東航不考慮，國航也有信心能找到在戰略上與國航有共識的公司。如果與東航"合作"不成，管理完善的上海航空將會是國航潛在的目標。東航目前在上海客運量的佔有率約爲35%，上航約爲18%。同時，國泰航空的貨運業務很強，中國國航也完全可以在跟國泰已有的合作基礎上進行更深入的戰略互動。

孔棟認爲，近幾年，無論是國航自身發展實踐，還是經濟全球化背景下國際航空運輸業發生的一些巨變，一體化發展趨勢很明顯。國際上的航空運輸企業通過合作、聯合、購並等一系列手段，組建大型樞紐網絡型航空公司。這裡不乏有非常成功的航空運輸集團，比如，在歐洲的法航和荷航。美國的美聯航和美西北航等航空公司，也都在做這樣大的整合。他指出，這種整合必然形成巨無霸的航空運輸企業或者是大型的承運人，必將對世界航空運輸市場格局產生深遠的影響。

提到與鄧小平打橋牌，孔棟說："用打橋牌的一句行話來說，小平同志打的是'精確'，我打的是'自然'，打法雖不同，但這並不影響我們打牌。"

他回憶跟鄧第一次交鋒，鄧小平與丁關根打南北家，孔棟和他哥哥打東西對。一晃兩個小時過去了，鄧小平仍然牌興正濃，共進晚餐之後，四個又擺開了牌局。

這以後半年內，他幾乎每個週末或是星期天都要去鄧小平家中打橋牌。

孔棟掌權一年，國航淨虧損 91 億

2008 年初，中航集團總經理、國航股份公司董事長李家祥出任中國民航局局長，副董事長孔棟走到"前台"，出任國航董事長，正式成爲國航新掌門人。

然而，2008 年卻是全球航空業衰退最爲嚴重的一年，這一年，國航全年燃油套期保值的虧損額即達人民幣 74.7 億元，合計其他帳面損失，淨虧損爲 91.5 億元。

一年後，孔棟在談到國航的巨額虧損時反思說，"能力不足，專業知識不夠，對形勢的判斷失誤！"

孔棟還透露，國航已向中央提交了注資申請，具體注資數額和時間仍需有關部門審批。"國航會從教訓中做出總結，請大家看我們努力的結果。"孔棟解釋說，國航出現失誤並不是無視中航油事件的教訓，公司在套保工具的選擇等方面都是做的完全的燃油套期保值，只是需要在專業能力上做出反省。

《證券日報》指出，在 2009 年 4 月 16 日晚公佈的年報中，國航不僅告別了 2007 年 38.8 億盈利，而且歸屬於上市公司股東的淨利潤突現-91.49 億元，這也使三大航總虧損總額達到 280 億元。

國航表示，2008 年是公司成立以來最具挑戰的一年。受南方地區雨雪冰凍災害和四川汶川大地震等自然災害、奧運期間安保措施以及下半年起全面爆發的全球金融危機等眾多不利因素的影響，集團客、貨業務承受了市場低迷和高油價的巨大壓力，而 7 月以後國際油價的急劇滑落又使公司油料套期保值合約出現公允價值虧損，對當期業績造成重大影響。

　　報告期內，國航客運收入保持平穩，為人民幣 445.9 億元，2007年同期為人民幣 447.1 億元。客運收益為每客公里收入人民幣 0.65元。貨運收入為人民幣 72.5 億元，較 2007 年同口徑收入減少3.41%。運輸總周轉量、運輸貨郵、客座率為 74.88%等重要指標都同比下滑。

　　特別是高漲的燃油價使得國航 08 年各項成本費用較 07 年增長了 18.52%，達到人民幣 545.5 億元，其中主要是因為燃油成本增加了 45.19 億元，這一增長主要是由於上半年航空油價的快速上漲。期內，公司收取燃油附加費人民幣 64.75 億元，部分抵消了燃油成本的急劇增長。

　　2008 年第三季度國航已經虧損 19.40 億元（不含少數股東損益），而 2007 年同期國航盈利 21.87 億元。同時，由於國際原油價格急劇下降，導致公司持有的油料衍生工具於 2008 年 12 月 31 日的時點公允價值損失 68 億。

國航表示，油料套期保值業務對 2008 年的經營業績造成了重大負面影響。合約剩餘期間內，由於油價的波動，公司預期影響還將持續。特別是如果油價繼續下跌，則公允價值虧損將有可能擴大。公司將根據市場的變化積極應對，使套期保值合約的損失降到最低。

　　嚴峻的經營形勢下，國航和母公司中航集團都面臨資金困境，截止 2008 年 12 月 31 日，中航集團總負債 786.10 億元，與 2007年 12 月 31 日相比，總負債增長 31.44%。其中，流動負債增長61.70%，主要是航油衍生合同及利率互換協議的市值浮虧而確認交易性金融負債 77.28 億元。

　　國航表示，集團主要通過營運業務及外部融資所得的資金滿足營運資金的需求。2008 年，集團經營活動產生的現金流入淨值為70.53 億元，同比減少 24.56%，主要原因是航油成本快速增加，購買航油現金支出較上年增長較多；公司表示集團已獲得多家國內銀行提供數額最高為人民幣 1084 億元的若干銀行授信額度，可以充分滿足流動資金和未來資本支出承諾的需求。

2008 年國航共引進 A-330/320 和 B737-800 型等飛機 28 架，退出了 5 架機齡長、維護成本高、運行效率低的飛機，另有 2 架 B737-300 型、2 架 B767 型和 3 架 B747-200F 飛機的退出計畫正在推進過程中。

2009 年國航在上市公司領取薪酬的 17 位高管領取了 866 萬，比前年 20 位高管的 808 萬上漲了 7%。這是因為 "報告期內，董事、監事和高管人員的績效是根據本集團以前年度業績進行考核。中航集團 2008 年度董事、監事和高管人員的績效將於 2009 年確認是否發放。"

2009 年 4 月 28 日，孔棟在北京舉行的媒體見面會上回顧這一年時說： "去年是極不平凡的一年，經過了年初的南方冰雪災害、5 月四川地震，以及 9 月全面爆發的國際金融危機，我和國航的 4 萬多名員工儘管做出了很大的努力，但我們依然收穫了 '沉重' 。"

孔棟表示，去年國航巨虧主要是航油套期保值出現的虧損，這是國航自 2002 年重組以來第一次遭受到了挫折，他自己感覺到格外的壓力。他說： "虧損主要原因是我們的能力不夠，專業知識不夠，對於形勢的判斷不夠。我們在 2002 年重組以來路子走得太快了，這次摔了一跤。有了這次教訓之後，我們會變得更聰明。"

孔棟介紹，儘管 2008 年巨虧，但 2009 年一季度國航盈利超過 9 億元。由於國際原油價格的變動，一季度的航油套期保值合約回撥了 9.9 億元，減少實際賠付 9.3 億元，在一季度的盈利還有 4000 多萬元。但國家明確規定在航油套保上不再做增倉或反向的動作，目前國航會密切關注國際原油價格的變動，對於趨勢作出正確的判斷。

在媒體見面會上，孔棟首次向媒體披露，當年他親自推動了國航貨運公司與首都機場集團、中信泰富的合作。他說："當時國航重組後不久，國航貨運公司獨立闖市場的實力不行，我直接操作了引進兩家戰略合作夥伴的工作，在首都機場集團和中信泰富的鼎力支持下，國貨航目前已經擁有了 8 架波音 747-400 型全貨機，成為在中國發展最快的貨運航空公司。"

孔棟透露，國航對於國貨航剩餘股權的回購醞釀了很久，2006年、2007 年國內貨運形勢一片大好，國航確定了回購中信泰富、首都機場集團持有的國貨航 49%的股權。截至今年一季度末，國航已回購了國貨航的部分股權。

孔棟還說，作為國航董事長，他最關心兩件事：安全和效益。"我每天進辦公室之前，一定先看一下安全記錄，每天 24 小時都有國航的飛機在天上飛，我時刻都在想著安全；另外就是效益指標，國家把這麼大的一個企業交給我們一班人來打理，我們得確保國有資產保值、增值。"

孔棟透露，儘管國航在 2008 年遭遇到了重大挫折，但國航的既定戰略是不會有絲毫動搖的。作為國內唯一的載旗（機身"載"中國國旗）航空公司，這是任何航空公司都無法替代的；國航要在國際長航線上繼續保持競爭力。同時根據市場的變化，國航也作出了相應的調整，國內國際航線並舉，以國內航線的增量來保證國航國際航線的載客量。

在媒體見面會結束後，記者上前追問孔棟，國航以一分錢的價格收購東星航空公司的股權，是否構成野蠻收購。一直非常平和的孔棟情緒有些激動地說："一分錢收購就是零收購，他們資不抵債，我們零收購是很正常的。但他們說中航集團野蠻收購，我認為這是非常不負責任的說法，我們是負責任的央企，不可能野蠻收購另一家企業。"

榮氏家族：

榮毅仁與中信
榮智健與中信泰富

對於榮毅仁和榮氏家族，毛澤東曾這樣評價說："榮家是中國民族資本家的首戶，中國在世界上真正稱得上是財團的，就只有他們一家。"

麵粉大王、棉紗大王、紅色資本家、中國首富。百年來，榮氏家族從來都不缺乏這樣的王牌稱號，他們在商場上的縱橫馳騁，獨領風騷，也逐步為他們在政治上贏得了較高的話語權。

榮家之所以能一直這麼富有，一個根本的原因就是很善於處理跟政府之間的關係。當年，鄧小平點將讓榮毅仁創建中信，榮老闆網羅大批高幹子弟，讓中信變成中共太子黨的大本營，而他的兒子榮智健也官方資助下成為香港著名紅頂富豪。

不過，榮家的光環在 2008 年席捲全球的金融危機中消失了，榮智健掌控的中信泰富所出現的巨虧醜聞，也改寫了這個紅色家族的歷史。

鄧小平點將，榮毅仁創建中信公司

1979 年 1 月，鄧小平在約見工商界和民主黨派人士時，希望榮毅仁等能圍繞改革開放做一些實際工作，發揮自己的作用。在其

他人士向鄧小平提出要"摘除資產階段帽子"時,榮毅仁卻提出了
吸資興辦實業的建議,並獲得鄧小平的首肯。

　　一個月後,榮毅仁向中央提出了《建議設立國際投資信託公司
的一些初步意見》。當年 6 月,國務院正式批准成立中國國際信託
投資公司(簡稱 CITIC 或中信公司)。10 月,中信公司正式成立,
榮毅仁任董事長兼總經理。曾在上世紀 50 年代公私合營時名噪一
時的"紅色資本家""榮老闆",再度發揮專長,直接踏入改革開
放第一線。

　　孔原(右二)、宋一平(左二)、姚作起(右一)、
孔原警衛人員(左一)。

　　1979 年 10 月 12 日國務院批准的《中國國際信託投資公司章
程》中稱,公司的任務是按照《中華人民共和國中外合資經營企業
法》及國家其他有關法令、條例,引導、吸收和運用外國的資金,

引進先進技術，進口先進設備，對我國進行建設投資，加速我國社會主義現代化建設。

官方媒體稱，榮毅仁做這些事情可謂得心應手。榮氏家族有400多位親屬分佈在世界各地，其中大多都是工商界及科技界知名人士。得到了海外親友的幫助，榮毅仁本人通過自身的影響力和妥善運籌，使得中信公司在為中國利用外資、引進先進技術和設備領域中成效卓著。

而少年起即涉足實業的豐富經驗，讓榮毅仁在改革開放初期作出了大量的驚人創新。其中之一便是海外發債。二十世紀八十年代初，中國 22 項重點工程中的大項目江蘇儀征化纖工程，因投資不足準備下馬。當時中國急需化纖產品，項目下馬損失難料，中信公司遂向當時的紡織部提出向海外發行債券的方案，並於 1981 年 2 月在日本成功發行 100 億日元債券。在標榜"既無外債，又無內債"的時代，此舉引來爭議無數。但終因融資成效卓著而轟動一時，被奉為"儀征模式"。

在復旦大學中國經濟研究中心主任張軍看來，改革開放初期的"中信模式"是無法複製的。"這是特殊的政策環境和制度背景下的產物。"張軍認為，中信公司成立時具有濃厚的政府背景，同時又以獨立的公司面目出現在外國人面前。"在當時情景下，榮毅仁來主持中信公司是最合適的人選：國際上的人脈、家族產業和與政府的密切關係。"凡此種種的特殊情形，都隨著中國改革開放的深入開展而逐步消解。

事實上，在中信公司籌備的同時，時為全國人大常委會委員的榮毅仁，還做了一件影響至今的事情。

改革開放初期，鼓勵海外人士來華投資創辦中外合資企業，是中國實行對外開放政策的一項重大舉措。而在制定《中外合資經營企業法》時，榮毅仁對原草案中規定"外方投資比例不得高於百分之五十"這一條提出：在外方投資比例上可以只定下限，不定上限。他建議可規定"外國合營者的投資比例一般不低於百分之二十五"，這樣有利於最大程度地吸引海外資本。

此舉被人大常委會採納，並被寫進改革開放初期設立的第一批七部法律中唯一一部涉外經濟法《中華人民共和國中外合資經營企業法》的第四條。

直到今天，在很多行業中，25%仍是合資和中資的分水嶺。儘管越來越多的外資機構開始呼籲更多的股權比例，但這在當時的確大大鼓勵了境外投資者的熱情。

而今天由中信公司重組而來的中信集團，又開始在某些領域先走了一步。雖然在 1993 年當選國家副主席後，榮毅仁離開了中信公司，但中信仍然伴隨著中國的改革開放進程而不斷進展。

2001 年 10 月，中信成立金融控股的構想歷經四年終於獲得國務院批准，資產總額占集團逾 80%的金融資產，由新成立的"中信控股"負責管理，成為國內首個金融控股公司。

"其實，中信一直走在改革的前列。"北京大學金融與證券研究中心主任曹鳳岐對《每日經濟新聞》表示，重組後的中信集團，對中國組成金融控股公司方式提供了經驗，也為中國金融業今後混業經營提供了新的經驗。

"新的所謂'中信模式'，就是母公司下總體不分家，內部根據不同金融領域分各個企業，各企業之間有'隔離牆'。"曹鳳岐認為，中國目前並無金融控股相關法律，中信模式為金融業改革尤其是銀行改革提供了參照。

對於中信集團的屢次突破，曹鳳岐認為，這一方面是改革開放的產物，"公司特區"政策上沒有特別限制；另一方面是由於榮氏家族成員的個人領導魅力。"中信雖然是榮氏一手創辦但並無榮氏資本,所以不能說是榮氏'家族企業',但的確依靠榮氏個人管理經驗,探索出了自己的路子。"曹鳳岐說。

中信的情報背景與太子黨大本營

北京第一座對外出租大廈國際大廈

上個世紀八十年代初,北京建國門外突兀矗立起一座 20 多層高的現代化建築,這就是榮毅仁的中國國際信託投資公司的大本營——國際大廈。

大廈外部呈咖啡色,像它的主人一樣,顯得十分穩實和凝重。這個"黑沉沉"的建築物,在當時的北京都是獨一無二的。北京人普遍都叫國際大廈為"巧克力大廈"——這是當時官方媒體眼中的中信和國際大廈。

但老百姓眼中的中信就像那座"黑沉沉"的國際大廈一樣,充滿神秘色彩。儘管官方和媒體都在對這個改革開放的視窗大唱讚歌,可坊間都知道中信是怎麼回事,就是政府允許榮毅仁帶著一批高幹子弟公開做著倒買倒賣的生意。1989年的反官倒,中信首當其衝,可見當時中信在民間的口碑並不像官方宣傳的那樣。

據知情人士透露,其實中信創辦當初就帶有情報背景,就像當初北京委派榮智健南下香港"創業"一樣,搜集軍事和科技情報也是中信沒有公開的一項主要任務。當時的視窗公司都帶有這個特殊背景,無論是中信公司,還是光大公司,還有保利公司,都在一邊從事國際貿易,一邊搜集情報。

知情人士解釋說,改革開放初期,資訊和情報匱乏,為了實現四化,政府要求先走出國門的視窗公司搜集各種情報,是個內部不成文的規定。這個不成文的規定一直延續至今,現在駐外公司和機構也是如此。

"但中信的情報背景卻是最明顯的,從成立初期,到後來與總參合資組建保利集團,一直與情報系統關係密切,這也是西方國家和公司在與中信打交道時最忌諱的 一點。"知情人士強調說。

幾年前網上流傳的"保利背景大起底——揭開保利的神秘面紗"一文,對中信和保利的背景有所披露。1983年,解放軍總參謀部、中信公司聯合組建一家對外貿易公司,時任中信公司總經理徐兆龍為公司起名"保利",取保衛勝利之意。英文首碼詞 POLY 恰與中文"保利"一詞發音相同,故取之。王軍、賀平等公司創始人都是這一歷史的見證者。

保利集團的司徽 P,取英文"PLA"(中國人民解放軍縮寫)、

"POLY"、"POWER"之含義,變形的英文字母P,由賴維武、王小朝於 1987 年設計,象徵拳頭,代表信心和力量。P 中心的空間,喻意把握現在,放眼未來。

保利集團的大背景是,爲響應聯合國"百萬大裁軍"的號召,經中共中央、國務院、中央軍委聯合批准,以中國人民解放軍三總部爲背景,成立三家集團。總後勤部:中國新興集團;總參謀部:中國保利集團;總裝備部:中國新時代集團。

賀平

眾所周知,解放軍總參謀部是中國軍方情報系統,甚至有中國軍方的 CIA 之稱。中信集團與總參聯手組建保利公司,也就把自己最初的秘密的情報背景並公開化了。而中信與總參的聯手,也讓保利集團立即變成"太子黨"的大本營了。從而也拉開了中信派系與保利派系持續 20 多年的 "內鬥"。

以下這份名單便是最好的解釋：

王小朝

賀　平：中國保利集團公司副董事長、總經理，總參裝備部少將（少將賀彪之子，鄧小平女婿，鄧榕之夫）

姬　軍：中國保利集團公司副董事長（原副總理姬鵬飛之子）

鄧　榕：中國國際友好聯絡會副會長、中俄友好、和平與發展委員會副主席（鄧小平之女）

王小朝：中國保利集團公司董事、副總經理（楊尚昆女婿，楊李丈夫）

葉選廉：解放軍總參、中國保利集團公司負責人之一（曾國荃的五世外孫，葉劍英之子）

王　軍：中國保利集團公司前任總經理（王震之子、中信前董事長、總經理）

　　陳洪生：中國保利集團公司董事、常務副總經理（原江西省委書記陳正人幼子）

　　孔　丹：現任中信集團董事長、光大信託前總經理（父親孔原是原中央調查部部長；母親許明是前總理周恩來的秘書）

關鍵時期鄧小平出來為榮老闆說話

　　中信開創時期，條件很艱苦。當時，整個公司只租用了和平賓館二、三層的 12 間客房作為辦公室，榮毅仁自己的辦公室也很小，只有八平方米，直到 1980 年搬到崇文門賓館，條件才有所改善。

　　中國官方媒體在報導中信集團成立時，幾乎都提到了當時國家經濟困難，投資一時難以到位，榮毅仁就自己給中信墊借 1000 萬元先期啟動。後來，榮智健跟媒體透露說，當初國家給中信投了 2000 萬元，又從榮家借了 1000 萬元，母親把錢交給了王軍。

中信創建初期的業務辦公室

　　當時，整個班子只有 20 人左右，大多是榮毅仁從上海請來的原工商界的故交舊知，他們吃住在賓館，共同籌畫公司的發展。榮毅仁天天坐鎮接待客人，他爲公司定下了一個規矩：有客必見，有信必複，有問必答。僅在公司成立的第一年，榮毅仁就親自接待了來自 40 個國家和地區的客人達 4000 多人次，國內前來洽談業務的也有 3000 多人次。

　　從 1979 年到 1993 年的 14 年間，榮毅仁先後擔任全國政協副主席和全國人大常委會副委員長，但在中信公司的辦公室裡，他始終是一位盡職的 "老闆"，一般情況下，他是早晨 8 點左右到公司上班，通常要到晚上 8 點左右才離開辦公室，做不完的工作帶回家是常事，此外還經常出席許多應酬宴會，每天工作的時間大都在 12 個小時以上。

　　初期的發展相當艱難，國際信託投資在中國是新生事物，沒有現成的經驗可以參照，更主要的是，中信原本是市場經濟的產物，應該按市場規律辦事，但在體制轉軌時期，卻只能萬事委曲求全，在各種摩擦中求生存、求發展。榮毅仁在親手制定的中信公司章程《總則》裡寫道："公司堅持社會主義原則，按照經濟規律辦事，實行現代化的科學經營管理。"榮毅仁後來說，中信公司是以市場經濟爲宗旨，但在當時卻不能提市場經濟，就是怕引起不必要的誤解。

　　首次發行海外債券。八十年代初期，國家 22 項重點工程中的大項目之一——江蘇儀征化纖一期工程，因資金不足，準備下馬。而中國當時急需化纖產品，這個項目一旦下馬，損失將難以預料。紡織部找榮毅仁尋求幫助，經過慎重研究，榮毅仁最後拍板：向海外發行債券。今天各種企業債券紛紛上市，人們對此已習以爲常，而在當時，榮毅仁的這一舉動，卻引起了很大的爭議，習慣於 "既無外債，又無內債" 的封閉式思維的人們，對此很難理解。一些思想較爲保守的人，也不贊同債券利率高於一般政府貸款和進出口貸款，說榮毅仁是在幹一件賠錢買賣。但榮毅仁頂住壓力，運籌帷幄，順利地完成了這"驚險的一跳"。

1981 年 2 月，中信公司成功地在日本發行了 100 億日元的債券。事實勝於雄辯，如今儀征化纖廠以突出的效益證明榮毅仁的選擇是正確的。隨著這種"借雞下蛋"的"儀征模式"的成功，在海外發行債券的舉動迅速為其他企業所效法。後來，中信還在日本、香港、德國、新加坡等地發行了 10 次以上不同幣種的債券。

1988 年 5 月 24 日，鄧小平同榮毅仁交談

大膽開拓租賃業務。1981 年，中信與北京機電公司、日本一家公司共同籌建租賃公司，為北京市的"北京"和"首都"兩家計程車公司從日本租賃汽車各 200 輛，中信公司幫助計程車公司解決外匯問題，汽車公司則付人民幣。儘管在實施這一計畫時，有些人指責這是變相進口，但在不到兩年時間，兩家出租公司所租賃來的汽車就賺回了所付的全部資金。自此以後，租賃業務在中信大張旗鼓地開展起來，成為其重要的業務系統，先後成立了中國租賃有限

公司、中國東方租賃有限公司、中信實業銀行租賃部等。

《人民日報》稱，成功收購香港公司股份，這是榮毅仁最值得稱道的大手筆。1987 年，中信收購香港國泰航空公司 12.5%的股份，開創了中國收購外國公司部分股權的先河。其後，中信又收購港龍航空 38.3%的股權。1989 年，中信再次準備用 100 億港元收購香港電訊公司 20%的股權，卻遭到了一些人的反對，有人"上綱上線"，說這是在幫助英國人抽走資金，給中信施加了很大的壓力，一時間非常緊張。本來，收購股權作為一種投資方式，是由投資方參與進去當"老闆"，是市場經濟的一種高級形態。穩妥的公用事業股權是搶手貨，人們爭之不得，豈能坐失良機。

關鍵時期，鄧小平出來說話："中信在香港籌資，只要國家不提供擔保，由他們搞去好了。"一語千斤重，中信抓住良機，大膽出擊。憑著良好的信譽，中信不要國家一分錢，也不用國家銀行擔保，在當地融資解決 80 億港元，20 億港元則是動用集團內部資金，成功地完成了收購。這一驚人的舉動，被英國《世界金融》雜誌譽為當年最佳融資項目。隨後，中信又收購了泰富上市公司並注資改名為中信泰富。1997 年，由中信泰富籌資 162.5 億港元，收購了香港中華電力 20%的股份。這一連串的大動作，引起了香港媒體的一片驚呼：榮毅仁在"收購香港"。

中信公司還第一個經營房地產業務，第一個開展國際經濟諮詢業務，第一個涉足國際商用衛星通信事業……

榮毅仁和中信的觸角伸向了各個領域，在對外經濟技術合作方面的探索和成就，受到中央和鄧小平的充分肯定。1984 年 10 月，在中信成立五周年的紀念日，鄧小平親筆為公司題詞："勇於創新，多作貢獻。"

等到榮毅仁卸任時，中信公司已經由最初不足 20 人發展到 3

萬多人，擁有中信實業銀行等 13 家直屬公司和許多子公司，總資產超過 800 多億人民幣。

中信與官倒：炒匯和倒賣緊俏物資

然而，到了 1988 年夏，中國宏觀經濟出現了較爲嚴重的不穩定情況。當時，全國出現了"公司熱"，公司發展過多過濫，一些公司經營混亂，少數利用職權貪污盜竊，投機倒把，行賄受賄。特別是某些部門搞"官倒"，擾亂經濟秩序。同年 9 月，中共中央十三屆三中全會制定了"治理整頓，深化改革"的方針。對治理整頓，榮毅仁的態度是鮮明的。

1988 年 10 月 21 日，榮毅仁在答《經濟日報》記者的提問中說：中信公司"是個開展對外經濟工作的機構，主要是投資、從事發展生產建設事業。現在不少地區、不少部門也出現了大大小小一些信託投資公司，但有些連什麼是'信託'、'投資'都不懂；還有其他一些類型的公司，屬於'倒騰'、'投機'的公司。現在認真整頓公司十分必要。有些公司不搞生產，專搞倒賣，這是不行的，也有些靠行政權力，那也不對。所以，治理好經濟環境是十分必要的。"

10 月下旬，國家審計署遵照國務院指示，對包括中信公司在內的五大公司進行審計。1989 年 8 月 15 日，國家審計署審計長在國務院全體會議上公佈對五大公司的審計結果。審計署對中信的審計結論認爲，中信公司成立以來，業務發展較快。在國內和海外擁有 23 個直屬子公司，有 200 多個企業有投資。幾年來中信以良好的信譽，在國內發行公司債券，舉借中長期貸款，吸收各種貸款，引進外資，對國家建設起了積極作用。這次審計查出的主要問題是買賣外匯不合規定和超越經營範圍、倒賣緊俏物資等等，決定沒收非法所得，處以罰金並補交稅金。對於審計署查出的問題，榮毅仁表示："中信風格頭一條就是'遵紀守法'，我們做得不夠，該罰就罰。"

1989 年 5 月 18 日，警察向打著"打倒官倒"標語的遊行學生致意

文章稱，當時西方一些新聞媒體乘機大做文章，散佈什麼"將這家公司當成一個政治靶子"、"處罰具有政治意義"等不負責的言論。一些外國銀行本來答應貸款給中信的，現在卻說要考慮考慮；中信的外債，有的也逼上門來緊催了。國內也有人不分青紅皂白，把中信也列入"官倒"之列；有的不明真相的新聞媒體曾內定

對中信暫緩宣傳。一時間，中信的日子很不好過。

1989 年 8 月 25 日，榮毅仁向國務院副總理姚依林彙報了有關情況，姚依林說：國務院對中信的工作是肯定的，對你是信任的。一向支持榮毅仁和中信的葉劍英，坐在輪椅上對王震說：“要支持CITIC！”（中信公司的英文縮寫）

在中信面臨國內外壓力的緊要關頭，王震受葉劍英的重托，親自出馬爲《中信十年》紀念冊寫了序言，高度評價了中信公司十年對中國所作的貢獻。王震在序言中說，1978 年底黨的十一屆三中全會開過不久，“鄧小平同志、葉劍英元帥和我在一次談話中認爲，爲了順利進行社會主義現代化建設，實行對外開放，必須調動各方面的積極性，人盡其才。我們一致贊成，請出榮毅仁同志這樣富有企業經營管理經驗的原工商業界人士出來工作，爲對外開放事業發展作貢獻”。

序言還說，“作爲改革開放的產物和視窗的中信公司，我是支持的。對中信公司取得的成績，我感到由衷的高興，並祝願它百尺竿頭，更上一層”。根據王震的指示，在 10 月 4 日中信成立 10 周年時，《人民日報》及其海外版同時發表了這篇序言。

不過，曾經在中信工作過的知情者指出，王震在關鍵時刻站出來力挺中信，既是爲榮毅仁說話，也是爲王家公子王軍說話，王軍八十年代在深圳大搞“投機倒把”，是非常有名的“官倒”，也是八九反“官倒”主要對象之一。“自己的兒子當時在中信當二當家的，後來又做了中信的大老闆，他能不支持嘛？！”

從“榮老闆”到國家副主席

1979 年以後，榮毅仁經歷了人生兩個不尋常的春天。1979 年春，他受命"出山"，組建中外矚目的中信公司。1993 年春，他當選爲國家副主席，步入了人生的一個新境界。

1993 年 3 月 27 日，在第八屆全國人民代表大會第一次會議上，榮毅仁當選爲國家副主席。榮毅仁說："無論是國家制度上，還是國家慣例上，我都不適宜在中信的工作了。"

中國官方媒體稱，榮毅仁把中信的指揮棒交給了他的助手魏鳴一和王軍。榮毅仁領導的中信既給中國改革開放開了一個視窗，也給其兒子榮智健繼續發展打下了堅實的基礎。

榮毅仁當選國家副主席的消息傳出後，很多人都發出了由衷的感歎。對於榮氏家族的 400 位成員來說，這是令人振奮的好消息。榮毅仁在德國的侄女榮智美說："我四叔很幸運，他有他的信仰，一個人按照自己的信仰一直做下去，就能得到實現，今天他實現了。" "我最佩服的，他經過磨難，這些居然在他身上無影無蹤。"

當時香港一家傳媒發表評論：榮老闆的一生頗富傳奇色彩，無疑這一章是他達至巔峰的時刻，這對中共進一步改革開放和走社會主義市場經濟之路，有正面的形象意義。

澳大利亞《時代報》也指出：選出榮毅仁爲國家副主席，顯然是在向世界表明，這個領導班子將致力於市場經濟和繼續開放經濟。

德國《柏林日報》評論說：首次提升一位商人和富翁擔任國家副主席，不僅僅具有象徵意義，它還向國內外表明了中國領導人認真對待改革和向市場經濟過渡的決心，這一舉動也有著較大的政治意義。

日本《東京新聞》的評述當時也指出說，破天荒地起用一個非共產黨員，被稱爲紅色資本家的榮擔任國家副主席，這就向西方國家發出了希望改善關係的強烈信號。榮毅仁顯然成了中國對外開放的晴雨表和一個重要的象徵。

　　"具有深邃的歷史洞察力，以至於在每個歷史的重要關頭都能做出正確的判斷。以歷史出身，投身商界，對歷史現象具備洞察力和穿透力，最終促使其走向成功。"這是人民大學教授馬克鋒的結論，而這正是榮毅仁的睿智所在。

1998 年 3 月 16 日，在九屆全國人大一次會議上，江澤民與榮毅仁交談

　　中國官方媒體評論稱，在國家副主席五年任期之內，榮毅仁依然以自己獨特的身份、地位和才幹，繼續為國家的建設和發展作出貢獻。由於一直從事經濟工作，榮毅仁還是把主要精力放在國家的經濟建設方面。他通過深入調查，瞭解情況，對國家的政治、經濟等方面的重大決策發表自己獨到的見解，他常常以談話、書面等方式，及時向中央或有關部門提出自己的意見。江澤民等中央領導同志十分重視他的建議，經常和他"像娘家人似的"交換意見，還特別委派時任中央財經領導小組副秘書長的曾培炎定期聽取他的意見。

　　作為國家副主席，榮毅仁還經常出席各種重要國務活動，會見外國領導人和重要的外交使節，他曾先後出訪美國、英國、日本、葡萄牙、西班牙、緬甸等國家，與不少國家的領導人和實業界知名人士結下了深厚的友誼。

1998 年 3 月，九屆全國人大完成換屆選舉後，榮毅仁從領導崗位上退了下來，過上了平淡而低調的平民生活。

中信泰富巨虧事件讓榮智健在劫難逃

2009 年 4 月 8 日下午 6 時 15 分，67 歲的榮智健乘坐一輛灰白色私家車，從香港金鐘中信大廈駛出。面對眾多傳媒記者的包圍，車子加速離去，坐在車上的榮智健用手抵著車窗，神情疲憊，臉色黯然。

當時有記者描述說，灰白色私家車離開大廈一段距離後，榮智健回頭深看了一眼他為之奮鬥了 20 載的中信泰富總部。可這一看，意味著留戀還是遺憾？

10 分鐘後，中信集團副董事長兼總經理常振明乘坐一輛商務車快速離開。坐於後排中間位置的常振明，神情嚴峻。

大約下午 6 時 50 分，中信泰富董事總經理范鴻齡坐車駛出大廈，他向媒體記者揮手致意。

隨後，中信泰富發佈公告稱：中信泰富召開董事會，同意榮智健辭去公司董事及主席，同意范鴻齡辭去董事總經理，同意中信集團公司副董事長及總經理常振明接任中信泰富公司主席及董事總經理。

至此，不管辭職後的榮智健在離開中信大廈後再回頭看上幾眼，也不管他的眼神是充滿留戀還是遺憾，全世界的中文媒體和西方財經媒體都在最短的時間內以最醒目標題，傳遞著一個最吸引讀者眼球的新聞：

中信泰富：榮智健收穫賭徒宿命

誰拖垮榮智健？是海嘯更是性格

中信泰富巨虧醜聞升級：榮智健辭職

溫總插手中信泰富事件，榮智健下台

香港中信泰富的"榮智健時代"結束了！

"中國首富""紅色資本家"默然下課！

"紅色貴族"孤單謝幕，榮智健面臨監禁14年！

以下是該事件的重播：

2008年10月20日：中信泰富披露，公司為減低西澳洲鐵礦項目面對的貨幣風險，簽訂若干杠杆式外匯買賣合約導致已變現及未變現虧損總額為155億港元。

2008年10月22日：香港證監會對中信泰富展開調查。

2008年10月23日：中信泰富股價持續暴跌，榮智健赴京求援。

2008年10月27日：媒體報導稱，榮智健拒絕賤賣中信泰富資產，並稱無意請辭主席。多名投資者因股價暴跌欲向中信泰富索賠。

2008年10月30日：媒體報導稱，中信集團派遣董事進駐中信泰富。證監會次日聯手調查中信泰富。

2008年11月3日：中信泰富發佈提示性公告稱與母公司協商15億美元備用信貸安排。

2008年11月12日：母公司中信集團向中信泰富注資15億美元。

2008年11月17日：中信泰富終止出售大昌行集團股權談判。

2009 年 1 月 2 日：香港證監局確認對中信泰富展開正式調查，共涉及公司 17 名董事高管。

2009 年 4 月 3 日：香港警方對中信泰富總部——中信大廈進行突擊調查，公司股票當天停牌。

2009 年 4 月 8 日：中信泰富宣佈，榮智健辭去公司董事及主席，范鴻齡辭去董事總經理，中信集團公司副董事長及總經理常振明接任中信泰富公司主席及董事總經理。

2008 年 10 月 20 日早上，中信泰富突然在港交所發表通告宣佈停牌，其後在香港股市收市後進一步發出盈利警告聲明，並緊急召開記者會，向媒體公佈重要事項。

面對在場記者一團疑問，身兼中信泰富董事會主席的榮智健一臉嚴肅地宣佈，公司在 3 個月前買下大量高杠杆式外匯合約，本意爲博取澳元升值的暴利，但卻事與願違，澳元近月急速貶值逾三分之一，結果導致相關投資一舉虧損超過 155 億港元。

中信泰富當天發表公告稱：該公司自 2007 年底開始涉足澳元杠杆式衍生品交易（澳元累計目標可贖回遠期合約 AUD Target Redemption Forward Contract，香港俗稱 Accumulator，下稱澳元合約），在目前匯率水準下，按合約規定，中信泰富須連續 24 個月每月按約定價格接收澳元，名義最大金額 90.5 億澳元，合約至 2010 年 10 月期滿。

這一合約的特點是"止賺不止蝕"，當中信泰富獲利累計達到一定金額，合約將自動中止（Knock-Out）；如果澳元實際匯率低於約定的接貨匯率，中信泰富須以兩倍或多倍接貨，即放大損失。

在這種安排下，中信泰富最多可賺 5350 萬美元，但要面對巨大的虧損風險。按照中信泰富的披露，這些合約的平均接貨匯率爲

0.87（即澳元兑美元匯率爲 1：0.87，下同），而 9 月底後澳元兑美元的匯率一瀉千里，低至 0.6。在中信泰富發佈公告的當天，這些合約給其帶來的預期虧損約 155 億港元。如果澳元進一步下跌，虧損數額還將擴大。當時澳元兑美元匯率也僅在 0.65 左右。

　　在當天的記者會上，榮智健說，集團財務董事張立憲在事件中未遵守中信泰富對沖風險政策，在未獲主席批准下，先斬後奏私下代表公司進行外匯交易，他與另一名同事周志賢已因此事請辭。

　　雖然兩名董事因此辭職，但香港獨立股評人 David Webb 則質

榮智健

疑：榮智健的女兒榮明方身爲集團財務部董事，是否早已知道事件的來龍去脈，並要求中信泰富進一步解釋。

　　對此，中信泰富董事總經理范鴻齡強調，事件不存在找"替死鬼"的情況。他解釋，榮明方並不是董事會成員，只是高管，是張

立憲的下屬。而內部調查顯示榮明方在事件中是有責任，但並不是最大責任，事發後榮明方已遭公司內部紀律處分，包括調離財務部、降級以及減薪。

《青年參考》描述說，面對公司因多名"神奇小子"投資失敗，而虧損多達 155 億元的重大危機，有"榮太子"之稱的榮智健 10 月 20 日出席記者會時，仍臨危不亂，冷靜應對記者的尖銳問題，並多次對記者反復表示："20 年來公司從來沒發生過這種事……這次我們聘請了羅兵咸永道會計師事務所來改良集團內部監控制度。"

榮智健深深吸了一口氣稱，今後會"儘量重新振作，要接受教訓"。

為了渡過難關，中信泰富已採取"削肉救母"行動，包括 10 月 21 日深夜發表聲明，承認初步洽售手上一半以上的上市公司大昌行的股份，按市價計算最多可套現 8 億多港元。另一邊，榮智健也於 10 月 22 日親身赴京"請罪"，尋求母公司中信提供 15 億美元貸款安排。

不過，中信泰富嚴重虧損事件餘波未平。香港市場人士紛紛指出，中信泰富 9 月初爆出事件，時隔六個星期後才對外公佈，其間中信泰富股價下跌 44%，質疑是否有知情人士利用消息，進行內幕買賣。

就在榮智健赴京"請罪"的當天，香港證券及期貨事務監察委員會證實，證監會已對中信泰富有限公司展開正式調查。香港證交所也表示會跟進事件，調查其是否違反"上市公司應及時、準確披露股價敏感資料"的規定。

就這樣，一直要完全脫離母公司的榮智健，因炒匯巨虧而再次向北京救援，他知道這次北上的結果將意味著什麼，正如北京媒體預測的那樣，炒匯巨虧讓中信泰富董事會未來將面臨大改組，榮智健未必再出任公司主席，同時中信集團也會委任更多代表進入董事會。

以此來看，榮智健這一次恐怕"難逃一劫"。

北京很不高興，榮智健赴京請罪

在熟悉他的人和身邊的人來看，榮智健並不擅長力挽狂瀾，更不是一個鐵腕式的人物，所以，當澳元衍生品投資的巨虧讓中信泰富在香港幾乎陷入四面楚歌之後，10月22日榮智健在簡單地對投資者"有所交待"後，便迅即飛往北京，向中信集團求援。

在坐落於北京長安街建國門東側的中信大廈，66歲的榮智健拜會了中信集團的主要高層人物，一位當時在場的中信集團人士向北京媒體介紹說，榮智健表情泰然，絲毫看不出有任何的"慌亂"，但是，一個殘酷的現實卻是，這幾乎是20年來榮智健第一次以一個失利者的身份出現在這座大樓當中。

"我看不出他和過去有什麼兩樣，他從來不習慣力挽狂瀾，而是就事論事，什麼對解決問題有利，他就做什麼。"這位當時在場的人士供職中信集團多年，與榮智健業務交情甚篤。

不過，有業內人士向中國官方媒體透露說，"中信集團高層人士對中信泰富在外匯衍生品交易中巨虧愈150億港元極為不滿，認為榮智健應對監管疏忽承擔責任，對中信泰富董事會將可能進行大改組，中信集團會委任更多代表進入董事會。"

隨後，中信集團宣佈，派總經理助理張極井帶隊的工作小組，協助中信泰富"善後"。中信集團副董事長兼總經理常振明對媒體表示："當中信集團得知中信泰富巨虧的消息後，我們第一時間向中信泰富承諾安排 15 億美元的備用信貸，以穩定市場信心。"

常振明說，中信集團的解決方案可有多種。一是僅提供貸款，但這並不能真正堵住衍生品交易的巨大窟窿，且難以對貸款進行定價，如定價過高會增加中信泰富財務負擔，加深其財務危機；二是單純注資；三是注資加上清理資產負債表，將衍生品交易的敞口從上市公司移出。"幾經斟酌，我們選擇了第三種方式。"

鑒於此，中信集團的重組方案主要分為兩部分，一是以強制性可轉債方式，向中信泰富注資 116.25 億港元，轉股價為 8 港元。中信集團完全行使換股權後，將擁有中信泰富 57% 股權，成為絕對控股股東。二是以"外科手術"般的方式將部分衍生品交易合約從上市公司剔除。

根據公告，中信集團將協助中信泰富分兩步重組現存的 87 億澳元合約。此前中信泰富已經處理了部分澳元合約。

根據重組方案，現存的 87 億澳元合約被一分為二：30 億澳元的合約由中信泰富繼續持有，並由現在的杠杆式合約變成普通的遠期合約，對應中信泰富在澳洲鐵礦石項目的投資需求。其餘 57 億澳元的合約將以約定的價格轉讓給中信集團。

"這相當於給中信泰富設定了一個地板價（Floor Price），消除了損失的不確定性。"中信集團總經理助理張極井說。

按照公告，中信集團希望在 2008 年 12 月 30 日前完成重組，並向香港證監會申請全面要約收購的豁免。

若能完成重組，中信泰富可免於破產之厄運，此方案顯然會受到債權人的歡迎，但股東權益將因公司發行可轉債而攤薄。作為關聯方，中信集團需迴避投票，在 12 月下旬舉行的股東大會上，小股東的態度成為左右交易結果的重要因素。不過，美林證券在報告中指出，在目前情況下，相信有關交易是中信泰富股東的唯一選擇。

　　有關榮智健赴京"請罪"的相關報導並不多,其細節當然也不被外界所知。不過,榮智健本人在一週後卻對北京之行有個簡單交待。榮智健說,他在 10 月 23 日就已從北京返回香港,此行主要是辦理接收北京中信的 15 億美元(約 117 億港元)備用貸款的手續,同時向債權銀行解釋情況。

　　被問到母公司有否要求他撤離崗位,榮智健斷然否認: "若不信任我,怎會借錢給我,怎會幫我?"

　　有記者問: "據說事發後北京中信很不高興?"榮智健回答說: "我都不高興,北京中信是關心多於不高興。兩方面都一樣,我也一樣好心痛,對小股東、投資者造成損失,也大大打擊市場對中信泰富的信心,十分心痛,桌子都差不多給我打爛了。"

　　不過,榮智健承認,中信集團關注問題的嚴重性,已拍板調派人手協助中信泰富,但他不允透露新人的身份。他解釋,中信集團此舉主要是有見及財務董事張立憲、財務總監周志賢均已離職,而曾任財務部主管、他的女兒榮明方亦已調職,財務管理人員嚴重不足,所以派員協助;新派的人手也主要集中財務安排,並已委聘了羅兵咸永道會計師事務所的專家進行指導。被問到董事會是否會改組或設立獨立委員會加強管治,他表示會有新人加入董事會,加設獨立委員會也是考慮之列。

　　事件令市場對公司的管理產生質疑,也有人提出將公司管理權與擁有權分開的討論,榮智健回應說: "現在考慮的不是將管理權和擁有權分開的辦法,而是什麼是對公司管理最好的方法。"

　　榮智健強調,公司管理層經 20 多年營運建立起來的實幹管理團隊很好,現在的問題主要是在財務風險管理上出了大問題,要儘快找出改善管治的方法。至於他個人,一直與下層同事保持緊密的工作關係,"(像我們做特鋼業務。)大家一齊從建地基開始,地基都是我自己爬上山頂去看的。若我沒有這個能力，我不可能管理這些人，現在不是有人認爲我是沒能力的人，我不是不做事的。"

被問及中信集團有否示意可注資中信泰富，榮智健則表示，"現在沒講。"他又表示，中信泰富公佈沾手外匯累計期權（即外匯 Accumulator）損手後，隨即公佈旗下大昌行與買家斟洽賣盤，只是時間上的巧合，事實是事發前早已有買家開出好價錢。但他未有透露，事發後買家是否已改變心意，但強調目前不會賤賣資產。

據《經濟觀察報》披露，中信泰富事件已引發中央政府對紅籌股公司的關注，所有紅籌股公司均在 10 月 23 日收到來自中聯辦的傳真文件，要求紅籌公司引以爲戒，並即時呈報未報的重大事項。

對此，榮智健表示，實不願見到事件被用作攻擊其他中資公司、甚至被利用爲打擊特區政府管治的藉口。他說："是我自己在管治出了問題，與他人無關，我在香港幾十年，建立發展公司雖有成績，但今次犯了錯，要汲取教訓，大力加強管治。"

然而事態的發展卻遠不像榮智健所表述的這樣簡單和隨意，北京觀察家指出，既然中央政府已就中信泰富事件向所有紅籌股公司下發了文件，這就意味著距離北京"收拾"榮智健和中信泰富的日子不遠了。

中信集團高層要求問責榮智健

這是 2008 年 10 月 26 日中國官方喉舌人民網刊發的新聞標題。人民網說，中信泰富希望從母公司中信集團獲得 15 億美元的貸款安排，以解決當前的財務困境。這家公司因購買一種杠杆式外匯合約導致超過 150 億港元的虧損。

這也是美國次貸危機以來全球公司投資外匯衍生品迄今最大

的一宗虧損事件。消息曝光後，公司股價暴跌七成，市值損失超過
200 億港元。

10 月 23 日，香港證監會以及香港交易所已宣佈對中信泰富進
行調查。由於在香港上市的中國中鐵、中國鐵建也被爆出有大額的
匯兌損失，在香港上市的央企公司成為 H 股拋售對象。

10 月 23 日，香港中信大廈。這座強調幾何造型建築特色的大
廈為香港獨有，現在由於中信泰富深陷巨虧泥淖而為人關注。

大廈門前的路上行人依舊，一切平靜。中信泰富相關人士說，
公司經營一切正常，其澳洲礦砂項目仍如期進行，目前正洽售控股
權的大昌行。

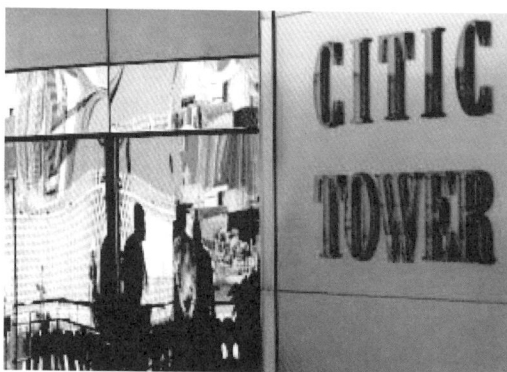

中信泰富總部

中信泰富是中信集團旗下香港六家子公司之一。10 月 20 日，
一紙公告讓這家公司背後的累匯期權黑洞曝光。三天以來，中信泰
富股價劇烈下跌逾 77%，股價從公告前的 14.52 港元一度跌至 4.35
港元，股價跌至自 1991 年 1 月以來的低位，中信泰富市值損失共
計已超過 200 億港元。

　　已有 10 多位投資者質疑中信泰富存在資訊隱瞞及誤導，10 月 23 日，香港證監會以及香港交易所宣佈對中信泰富進行調查。爲了配合香港證監會調查，公司總經理范鴻齡已經辭掉三項公職。10 月 23 日，中信泰富股價回升報收 5.11 港元。

　　香港投行人士稱，除了風險控制上的缺失，中信泰富事發後沒有及時披露，此事十分蹊蹺。爲了平復外界對於中信泰富的不滿，榮智健很可能難以留任董事局主席。

　　在榮智健向北京救援之際，市場人士普遍預測，中信集團將爲其安排的 15 億美元備用貸款融資提供擔保或向中信泰富直接注資。"中信泰富目前除了外匯期貨，其他核心業務還在正常運行，中信集團將一如既往地支持中信泰富。"中信集團公關部及辦公廳負責人說。

　　10 月 23 日，全球最大的評級機構之一的穆迪投資者服務公司將中信集團的長期外幣高級無抵押債務評級及基礎信用風險評估等級列入可能下調的複評名單。穆迪副總裁華志行表示，由於中信集團持有中信泰富 29%股權，虧損不但將反映在中信集團的損益賬上，而且有可能對中信集團的流動性造成壓力。

　　幾乎沒有人想到，2008 年胡潤百富榜前十位富豪中，首先遭遇"滑鐵盧"的，竟然是中信泰富的掌門人榮智健。

　　知名財經評論員東方愚在一篇評論文章中說，榮智健歷來以擅長資本運作聞名，特別是在時機上的把握，常讓人自歎不如。典型事件之一是，1989 年香港股市大跌，投資者紛紛套現，而榮智健意識到，這是一個天賜的並購良機。之後，香港電訊 20%的股份被榮智健以逾百億元的代價吃下。1990 年，英國著名財經雜誌《世界金融》根據收益將此次收購評爲該年度"世界最佳融資項目"。

沒想到，榮智健也沒有走出"出來混，總是要還的"的江湖宿命。

　　現在國際國內市場不景氣，因主動或被動原因導致公司出現困難的企業不在少數。不過中信泰富的特殊之處在於，他的大股東是中信集團。榮氏家族 10 年內三次登頂中國首富寶座，有人稱榮智健的商業模式是"公私分明、公私混合、共同投資、共同發展"；這一模式的關鍵在於"公私分明、公私混合"。

榮智健女兒榮明方

　　聽起來矛盾的兩個辭彙，正是他的秘訣所在——該分明時則分明，該混合時當混合。果不其然，炒匯醜聞爆出後，有報導稱，榮智健就急忙向大股東中信集團求救，中信集團已應允提供 15 億美元（約 117 億元）的備用信貸。

　　如此一來，近年類似事件中最大的虧損案例，也就"大事化

小，小事化了”了。而中信泰富的財務董事張立憲和財務總監周志

賢請辭，以及榮智健女兒可能會因參與外匯買賣將被紀律處分（包括被調離財務部、降級和減薪），只不過是隔靴搔癢罷了。

150 億港元是個大數字，不過，這起金融事件，因為老闆是榮智健，所以它的第一屬性是政治性，如果真的完全由中信集團埋單，那麼，“公私混合”的模式看來仍將大行其道。

記得榮智健過去最頭疼的事情就是怕人家跟他提他父親榮毅仁，他也最不願意被人扣上“紅色資本家”的帽子。有人反駁他說，你當年不正是借道中信集團在香港發家的嗎？榮智健當時略有委屈的兩句回答語是：“那時候中信香港集團成立以後，總公司調撥給我們 3000 萬美元的開辦費，這 3000 萬美元早就還了，我還交給了總公司 110 億港幣現金。”“對於個人來說，我是沒有想靠父親來做些什麼；靠別人的名望來做事，長不了，也許一時一事可以，但並不能解決自己的根本問題。”

現在想來，榮智健再也不會作委屈狀了。

中國的 “皇室血統” 和皇冠上的寶石

英國《金融時報》在 2008 年 10 月 23 日和 24 日連續兩天都對中信泰富外匯投機遭遇重創進行報導。《金融時報》說，本月，當澳元兌美元匯率大跌近 25％時，榮智健和中信泰富高管團隊驚恐地關注著這一情況。

中信集團公司是中國最大的國有投資公司，其香港上市子公司中信泰富預期澳元和歐元兌美元匯率將持續攀升，因此大筆買進了這兩種貨幣。

2008 年夏季，當外匯市場走勢出現逆轉之後，中信泰富發現，按目前的市場價格計算，自己蒙受了 18.8 億美元的損失。這是該公司今年上半年實現利潤（5.6 億美元）的三倍以上。日前，中信泰富股價暴跌 55%，收於 6.52 元港元，這意味著預估外匯合約虧損額已超過了公司市值。

自從全球金融危機爆發以來，美元戲劇性地不斷走強，因此中信泰富的虧損額可能還將進一步擴大。到 12 月 31 日，出於編制財務年報的需要，公司必須根據市值計價。新一年的來臨也不會讓中信泰富的問題消失。根據合約條款，中信泰富須購入逾 90 億澳元，直至 2010 年 10 月。

中國國有企業過去也曾經在國際大宗商品市場上吃過虧。但出問題的都是些相對不太知名的企業——例如 2004 年中航油駐新加坡高管因石油期貨交易虧損 5.5 億美元，還有 2005 年上海銅期貨的“違規”交易員事件。

《金融時報》指出，中信泰富本應是中資海外企業這頂皇冠上一顆寶石，其管理層的出身幾近於共產主義中國的“皇室”血統。“紅色大亨”榮智健是已故的中國國家副主席、“紅色資本家”榮毅仁之子。除中國中信集團持有中信泰富 29% 的股權之外，榮智健個人還持有中信泰富 19% 的股權。

大概是得知了中信泰富的危機，2008 年 10 月早些時候，中國市場監管機構證監會召集 25 家國有企業負責人，提醒他們不得在境外大宗商品市場從事投機交易，只能進行套期保值。

“這些合約是在沒有適當授權的情況下簽訂的，而且其潛在最大風險沒有得到正確評估，”中信泰富董事會主席榮智健表示。“發生這種事情，我個人，也代表公司董事會，感到非常抱歉。”

榮智健表示，中信泰富集團財務董事張立憲和集團財務總監周志賢已引咎辭職，並補充稱："事件相關的其他人員將受到紀律處分"。他表示，"沒有理由相信此事牽涉欺詐或其他不法行為。"

　　榮智健補充道，中信泰富的母公司已提供 15 億美元的備用信貸，以增強公司的資本狀況。根據年底前美元兌澳元和歐元的走勢，虧損額可能會有所出入。到年底時，中信泰富為制定財務年報必須根據市值計價。不過，美元重新走低帶給中信泰富的潛在利得受到合約條款的限制。

　　"我非常震驚，"中信泰富董事總經理范鴻齡對英國《金融時報》表示。"我問張立憲怎麼會發生這種事，他說他忽略了評估下行風險。"

榮智健回答記者問

　　"作為董事總經理，我樂於承擔全部責任，"范鴻齡補充道。"董事會也會承擔全部責任，這將會反映在我們的薪酬中。"他補充稱，榮智健的女兒榮明方也已被降職和減薪。在公司年報中，榮明方被列爲"集團財務部董事"。

不過，就在榮智健一邊向北京求援一邊安撫投資者之際，有香港媒體披露，迫於中信集團和北京的壓力，榮智健已經提出辭職。報導稱，中信泰富的母公司中信集團對前者的巨額虧損不滿，認爲榮智健等公司高層嚴重疏忽，擬撤換公司管理層，榮智健已經提出辭職。

隨後，中信泰富否認了榮智健辭職的說法。

榮太子職業生涯畫上不光彩的句號

2008 年 4 月 8 日下午 2 時半，與榮智健一同辭職的董事總經理范鴻齡逐一跟員工握手道別，榮智健並沒有出現。公司高層表示，常振明上任後，暫不裁員、不減薪。

此時，即將公佈重大人事變動的香港金鐘中信大廈門口，擠滿了記者。據在場的一位記者對《中國新聞週刊》表示，榮智健的車子離開大廈一段距離後，榮智健回頭深看了一眼他爲之奮鬥了 20 載的中信泰富總部。這一刻的心情，別人也許無法體會。

顯然，一個屬於榮智健的中信泰富時代已成過去。

英國《金融時報》當天從香港發回的報導這樣評論說：榮智健在他長期定居的香港所遭到的語言上的挑戰，充分體現了這位大亨的人生——他的職業生涯在 4 月 8 日不光彩的畫上了句號。

現年 67 歲的榮智健與現年 60 歲的范鴻齡宣佈辭職，辭呈即時生效，並表示警方對該公司在外匯豪賭上虧損 20 億美元的調查"在社會上產生了很大影響"。

《華爾街日報》指出，中信泰富的外匯對沖醜聞尚未過去，股

東們現在又開始擔心起其他問題：公司所有主營業務的週期性下跌
和負債的增加。

　　中信泰富稱，在警方對導致公司損失近 20 億美元的重大失誤
進行調查後，主席榮智健和董事總經理范鴻齡已經辭職。這是一個
遲到了很久的結果：在建立這些頭寸時榮智健是公司的掌門人，因
此責任最終也要由他來負。

當天的中信泰富總部

　　香港《明報》4 月 9 日發表評論，用詞嚴厲。社論指出，"個
別企業興衰事小，香港國際中心的聲譽事大，只要秉承'港事港
辦'，中信泰富事件的處理和解決，才能最符合兩地的最大利益。"
評論說，希望警方的調查不受任何干擾處理此事。

　　《中國新聞週刊》說，榮智健及其所代表的榮氏家族的命運，
一直被公眾高度關注。曾經的中國式民族工商業與政治之間的廣泛
聯繫，不但給榮智健這位資本運作的長袖善舞者提供了遠較他人華
麗的舞台，也提供了他個人成長的非凡際遇。榮智健黯然謝幕，但
榮家的故事顯然遠未結束。榮氏家族的榮耀沉浮，已然成為中國民
族工商業發展軌跡的重要部分。

擁有 2.9 萬名員工的中信泰富，在香港是一個無人小覷的商業王國。香港市場上戲稱之為"紫籌股"，意即中信集團作為大股東，等於在這支香港藍籌股上加了一層紅色。自 2008 年 10 月 20 日中信泰富曝出炒澳元巨虧的消息後，市場對榮智健的去留開始關注。

中信泰富曾經是上個世紀末中資企業在香港的一個重要平台。中信集團發給《中國新聞週刊》的傳真也表示，"今後中信集團將充分利用中信泰富作為中信集團非金融業務的優勢，提振投資者對中信泰富健康發展的長期信心"。

《中國證券報》4 月 9 日的評論稱，歷經商海沉浮的榮智健可能沒有預料到，2009 年的 4 月 8 日，一個中國人看來非常吉祥的日子，卻可能成為他生命中的轉捩點。他最終沒能以"光榮退休"之名結束自己半世紀的商海生涯，"退位讓賢"的辭職信裡多少包含著無奈，而更無奈的可能是，面對仍還處在漩渦當中、沒有完全了結的中信泰富，他不知道還能夠為它做些什麼？

是的，這個結果不是他想要的。因為，過了 65 歲的退休年齡後，光榮退休還是繼續發揮餘熱？這個問題，曾無數次擺在榮智健的面前，但是他最終還是選擇發揮餘熱。對於這個選擇，有人用動情而且詩意的語言這樣描述："他應當不是眷戀這個位置，而是擱置不下一個跨國財團的興衰與一位華人企業家的挫敗傷感。那標誌性的滿頭白髮，透視出了近半個世紀的商海浮影，榮與辱，即在轉瞬之間。"

但是，目前容不得有自己的選擇了，北京大股東中信集團在作出選擇，公司董事會在作出選擇，外界的各種評論和言說也在作出選擇。

也許，人們關注榮智健遠遠超過了關注中信泰富，這位紅色資本家的後代，這位中國的首富、福布斯連續的上榜富翁一直被神聖的光環纏繞，引人去探尋，但又始終無法走近。

網上一篇評論寫道：又是一個中國首富倒下去了。"無可奈何花落去"，儘管榮智健在這之前多次表示不願意退休，但是"人在江湖，身不由己"，或者說很多事情不是說你想怎麼樣就怎麼樣的。

法律界人士推測榮智健還有可能被判 14 年監禁的情況出現，這就更糟糕了。另一個中國首富黃光裕現在在裡面呆著，不知道怎麼樣了。

不是幸災樂禍，實在是心存悲痛，"中國首富"實在不是一個好位置。人活在世界上，金錢、美女、權力這三樣始終是無法駕馭的，它們構成了一個汪洋大海，又是那句古話"水能載舟，亦能覆舟"。

榮智健和范鴻齡

香港的中資企業到底實際情況怎麼樣？那一床錦被會因爲榮智健的倒下被掀開嗎？

但也有媒體認爲，現在就斷定榮智健退出商業舞台還爲時尚早。作爲企業家群體中最特殊的一位，紅色資本家榮智健及其所代表的榮氏家族的命運，成爲大衆最關注的問題（遠遠高於中信泰富公司的命運）。現在下結論說榮智健將退出商業舞台，顯然爲時過早；說榮智健的辭職意味著"富不過三代"的魔咒再次被驗證，榮氏家族將從此走向沒落更是無稽之談；唯一可以確認的是，作爲紅色資本家的榮智健已經成爲歷史。而這，也許正是榮智健在辭職信上簽名時最爲傷感的地方。

一直以來，榮智健都是戴著"鐐銬"的商場舞者。"紅色資本家"的身份，爲其提供了遠較他人奢華的舞台；而榮智健又想向世人證明自己的成功，完全是自身努力的成果。榮智健不惜違背"固守穩健、謹慎行事、決不投機"的祖訓，大肆進行金融投機。遺憾的是，一場豪賭，讓榮智健 30 年的打拼成果幾乎化爲烏有。命乎運乎，性格使然！

從"決不姑息"到"大快人心"

其實，熟悉內情的人士對榮智健"突然"下台，一點都不感到意外。有媒體和專家早在 2008 年 11 月就斷言，"榮太子時代"結束了，中信泰富將與榮氏家族漸行漸遠。然而，在過去的 30 年間，榮智健一切努力的目的則正好相反。

爲什麼身爲太子黨並在北京有相當深厚的人脈關係的榮智健，經歷多次風浪都化險爲夷，這次卻挺不過去呢？爲什麼榮智健不想離開卻又不得不下課？北京一位知情人士說，這位紅色資本家的第一桶金，就是中央給的。但他借雞下蛋創立生意王國後，身價上升百倍，卻想自立門戶，同中央分庭抗禮。所以，中央才下決心整頓中信泰富。

中信泰富出事後，香港民主黨人士透露說，榮智健向北京提交了一份報告，力陳他不可下台，其中一個理由是他一旦下台，將增加泛民主派的政治籌碼，但明顯北京不接受，堅持內部徹查榮智健。

香港媒體報導說，瞭解詳情的北京觀察家證實，榮智健的確向北京提交過自己不可下台的報告，不過主管中央金融工作委員會的總理溫家寶認為，事件嚴重影響紅籌公司在港的形象，下令中信泰富母公司中信集團全力協助香港執法機構調查，決不姑息任何人。

在中信泰富因炒匯巨虧陷入財務危機後，榮智健曾要母公司中信集團出手打救，事件震動國務院及國資委，國資委曾對中信集團作出數次不點名批評。接近中信集團的消息人士透露，警方商業罪案調查科4月3日突然到中信泰富搜查，中信集團董事長孔丹接到通知後暴跳如雷，並將事件迅速向主管中信集團的中央金融工作委員會彙報。

隨後，中央金融委員會舉行臨時會議，身兼委員會書記的總理溫家寶，還要求中信集團應迅速重組中信泰富，整頓管理層，恢復港人特別是投資者對香港的信心。因此，孔丹南下香港中信泰富作人事調動，除常振明接替榮智健外，未來還會有進一步的人事新安排。

2008年曾經在立法會要求廉政公署調查中信的香港立法會議員梁國雄炮轟，港府拖了半年多才查中信，突顯香港法治的不足。他說："我覺得今時今日才做，他們可能已經消滅罪證。就是因為榮智健他是太子黨，不敢去執法。你可以看到多麼腐敗。"

梁國雄又透露，這次查中信，實際上是北京要求港府調查，香港才敢調查。有消息人士稱，據知這次榮智健曾經向北京中信求助，但北京中信實際上對榮智健過往這麼多年發展獨立王國早有不滿，又伺機對龐大的中信泰富資產早有預謀，雖然表面上安排輸血打救，但實際上已經暗中安排人手準備接管香港中信泰富，所以就藉香港調查的名義逼榮智健下台。

目前定居台灣的時事評論員淩鋒（本名林保華），對於香港調查中信泰富表示歡迎，但他質疑事先要向北京打招呼的做法有違司法獨立。"萬一北京不同意，是不是就不查呢？司法獨立不應該向北京打招呼，特別是中信已經在香港上市，有什麼事情，就是香港的事情。"

北京獨立作家高瑜則認為，如果中信泰富事件發生在中國，肯定還會被包庇，因為香港還畢竟是一個法治相對健全的地方，所以就"紙包不住火"。"你看看現在太子黨，包括江澤民、黃菊等中共政治局常委的兒子，哪個虧損的金額不比榮智健大？貪的不比他多？現在哪個被查？"

高瑜指出，榮智健是因為榮毅仁已經去世，畢竟今時不同往日，和那些和中共一起打江山的中共根正苗紅的黨員還是"親疏有別"，關鍵時候中共還是要把這批人搞出來做犧牲品。

對於外界傳北京和香港中信不和，所以主動要求整香港中信，高瑜認為，這個是完全可能的，"那些資本家和中共在一起合作，最大的利潤讓給中共，讓他們高興。有錢在的時候，只要不得罪中共，還可以賓主盡歡，但這次捅出這麼大的簍子，中共當然不會保你。"

但也有香港親北京商界人士稱，北京關注中信泰富炒匯事件，認為榮作為公司主席必須負責，今次北京趕榮智健下台，相信是要把榮及其勢力趕出中信泰富，但因榮背景敏感、屬領導人之後，加上中信泰富是國務院直屬機構，他相信北京未必會"整死"榮智健，只是要他下台。

即便榮智健退出中信泰富第一線，他兒子榮明傑還是公司執行董事，炒糊外匯損失巨大而被降職的女兒榮明方還在公司任職。北京知情人士說，只要把老佛爺搬走，遠來的和尚就好念經了。"收拾榮家的人，只是時間問題。"

　　瞭解內情的北京觀察家指出，北京一位高級官員稱榮智健下台"大快人心"，就表明了高層對這位過著奢華生活的"榮太子"很有看法，很是不滿。一些高級官員認為，現在到了讓那些"紅色資本家"褪色的時候了。

　　4月11日，溫家寶在泰國會見港澳傳媒時，被問及近期中信泰富被香港警方調查，以及更換領導層等系列問題。

溫家寶在泰國會見華僑

　　溫家寶說："中信泰富發生的問題，第一，要根據香港特別行政區的法律和金融監管的法規來進行處理；內地和其他各個方面都不要干預；第二，在弄清事實，做出處理以後，要認真汲取教訓，包括經營理念、經營方向、管理水準和加強監管，有不少教訓值得記取。"

　　北京觀察家指出，雖然溫家寶只對中信泰富醜聞簡單地談了兩點看法，但闡明了中央對處理榮智健的態度：一是按香港特區法律來處理,二是必須弄清事實真相。

跟榮家和北京高層都有來往的消息人士認為,溫家寶最後強調的那句"有不少教訓值得記取",其實有很多層含義和解讀,字面上是談要認真汲取中信泰富的教訓,但更值得"記取"的教訓應該是,為什麼一些"紅色資本家"和"中資企業"變得越來越"無法無天"了?

看看香港的中資企業,近年來屢屢出事,而且案情一個比一個大。先是光大集團前董事長朱小華,涉嫌擅自貸款 10 億給港商劉希泳,被突然調回北京,以受賄罪被判 15 年徒刑;又有 2003 年中銀香港前總裁劉金寶涉周正毅案 17 億不合理貸款被法院判處死刑,緩期兩年執行。

"現在輪到榮智健了,損失的金額當然也得對得起他的'中國首富'身分——150 多億,沒了,還在推卸責任,還不想走人,他真把自己當成資本家了,卻忘了'紅色'這兩個字。"

北京消息人士還引述那位高級官員的話說,"當初,如果沒有'紅色'這兩個字,如果沒有中央特批給他的那筆款,他榮智健能有今天能成首富嗎?能那麼奢侈那麼張揚嗎?"

孔丹:中信泰富的那些事兒

公開場合,孔丹絕少發言,總是一臉沉靜地傾聽,默然相向、平和安詳。同樣也出身"紅色家庭"的孔丹幾乎從不接受境內媒體採訪,卻和香港記者混得相當熟絡。

"謝謝關心,中信以及我本人都不神秘。我在光大集團工作了16 年,和香港的記者們很融洽,有時間我請大家喝茶。"孔丹其人,最大的愛好是和王軍、秦曉這幫"老夥計"們"手談",悠然沉醉於圍棋的黑白世界,談笑之間縱橫捭闔。

2009 年 3 月 5 日，孔丹在金台飯店接受了《中國經營報》記者的專訪。

記者：2008 年末，在港上市的中信泰富因外匯投機交易，造成 100 多億港元的巨額虧損，這起事件引起了各界廣泛關注。隨即，中信集團公司拋出拯救中信泰富的一攬子計畫。中信集團公司的舉動遭到了中小股東的批評，認為不該為巨虧埋單。中信泰富巨虧的 "肇事者" 是否已被問責？

孔丹：中信泰富的財務重組已經完成，中信集團公司通過購買 15 億美元可轉股債券的方式，注資中信泰富公司，以彌補其巨額虧損。注資之後，中信集團公司在中信泰富的股份占比從 29% 增加到了 57%。儘管外界對我們的注資行為有爭議，但是在去年 12 月的股東會上，中信集團公司的注資方案高票通過，說明股東們對此還是認可、贊同的。當時，中信泰富面臨的最大風險是澳元期貨合約的問題，為此我們以一定的對價將 54 億澳元期貨合約轉到中信集團公司，這 54 億澳元期貨合約中信集團自己消化，為此我們也做了風險儲備，加大了撥備，以應對可能的潛在風險。經過這樣的財務處理，中信泰富的主要風險基本沖抵，中信泰富餘下的澳元期貨合約轉換成了一種正常的遠期安排，剩餘的澳元期貨合約只計入儲備而不計入損益表。2008 年中信泰富的損失都已在上市公司的財務報表裡體現了，我認為，中信泰富的風險已經控制住了，中信泰富不再被澳元期貨威脅了。坦率地說，中信集團公司為此倒是承擔了風險，不過，好在我們的信譽與財務能力更強，所以對於風險我們可以從容應對。至於你說到的關於中信泰富巨虧責任人的問責，現在香港證監會、聯交所在聯合調查，我們也在等調查結果。

中信泰富巨虧給了中信集團公司極大的警醒，我相信中信泰富也會從這次巨虧事件中汲取教訓。這次處理中信泰富問題，對中信集團公司的財務能力、決策能力、業務能力、風險應對能力都是一次重大的考驗與挑戰，所幸我們挺過來了。

　　記者：2008年年初，中信證券一度謀求入股貝爾斯登，其後，又傳出中信證券收購雷曼兄弟股權的消息。再之後，雷曼兄弟、貝爾斯登宣告破產。幸虧中信沒有出手，否則很可能萬劫不復。時下，金融危機陰霾尚未褪去，中信如何應對？

孔丹

　　孔丹：西方的金融體制需要反思。過去我們尊稱他們是老師，我們甘心當學生。現在呢，榜樣沒有了，老師出了大問題，我們自己也要好好地總結。西方國家在虛擬經濟領域過度追求放大財富效應，帶來了重大的惡果與弊病，特別是金融衍生產品。如何應對金融危機？在我看來，危機蔓延之時，首要是穩住陣腳、不慌亂不膽怯，對於中信這樣的超大型企業來說，直面危情就得具備進可攻、退可守的能力。如此罕見的金融風暴襲來，任何企業都不可能單打獨鬥、獨立應對。應對的方式不同，結果也就不一樣。

　　當危機來臨之時，首先考驗的是企業的資金鏈，中信集團的融資能力很強，這是我們最典型的比較優勢之一。我們常說"危"中有"機"，危機與機遇並存、苦難與光榮同在，越是經濟波動期，產業整合、重組的機會也會顯現出來，在我看來，勇敢地投資就是一種機遇。2008 年關鍵資源比如銅、鋼、石油的價格如同過山車一般跌宕起伏，可謂冰火兩重天、冷暖瞬乎間。中國對世界的資源依賴度很高，我覺得中信應該堅定地走出去，我們應該爲此做好戰略制定、財務儲備。

　　記者：2009 年 2 月 12 日，中鋁與力拓集團簽署戰略合作協議，中鋁斥 195 億美元注資力拓。如果交易順利，這將是迄今爲止中國企業海外投資最重的一筆。金融危機尚未見底的當下，中國企業是否應該走出去？

　　孔丹：2008 年年初中鋁耗資 128.5 億美元買下力拓 9% 的股份，我覺得這個價格確實有點高了。今年 2 月 12 日，中鋁與力拓集團簽署戰略合作協議，我瞭解到的資訊是，中鋁此次入股的是力拓最優質的資產。對於這樣的舉動，我是贊成的。中鋁這次出手，符合國家戰略，同時對他的綜合收購成本是一種攤薄，時機把握、方式方法都是值得肯定的。很多人可能會說，是國家給你們這些大企業注資去海外收購資源，其實，總體來說，中信是一家自主決策的商業公司，假使將來搏擊海外，我們一定要遵循商業規律，追求建構一種可持續的商業模式，同時格外重視盈利與回報。但是反過來說，如果我們創造了良好的投資方向與商業模式，國家有關部門以及金融機構也會對我們給予資金支援，這是必然的。

　　今年是中信集團成立 30 年，應該說，這些年收穫不少也犯過很多錯。在海外市場，我們也曾在收購礦產資源上吃過虧、上過當，有很多經驗與教訓。

記者：對於中國經濟的走勢與趨勢，坊間有四種描述方式，V型、L型、U型、W型，你更認同哪一種？

孔丹：對於中國經濟，我有足夠信心，我希望在三季度能夠回暖。有人說這場金融危機對中國經濟的負面影響將持續3—5年，我覺得太悲觀了吧。如果那樣的話，會出現什麼後果呢？中國經濟的走勢關鍵要看國家採取的各項措施能夠真正起效，我是有信心的。但是要知道，4萬億投資下去之後，經濟基本面的反應會有一個時間段，絕不是立竿見影、一蹴而就的。對於宏觀經濟形勢的言說與判斷，中國官方的表態審慎而穩健，溫總理在政府工作報告裡說"國際金融危機還在蔓延，仍未見底"。讓人擔心的不是中國，而是世界，比如東歐的經濟形勢等等。我們都期待拐點的出現，有人對我說，2009年第三季度美國的經濟形勢會出現向好的拐點，但願如此吧。但是，依照我的判斷，美國經濟的不確定性依然存在。

圍棋七段高手常振明執掌中信泰富

2006年7月，王軍退休，孔丹接任，另一名王軍手下的名將常振明也辭去建行行長職務，又回到中信集團任副董事長兼總經理。

2009年4月，在中信泰富醜聞曝光後，常振明再次出現在媒體的聚光燈下，接替榮智健成為中信泰富新掌門人。香港媒體稱，自此中信泰富進入常振明時代。

常振明此番受中央委派，將率總資產8000億元的中信集團海外上市，職位、責任已與當年不可同日而語，親自就任中信泰富董事的姿態顯示了對這個"視窗"的重視。工商、交通、中行等中資大行的海外上市可謂空前複雜，業務龐雜的中信集團整體海外上市更是難上加難。深諳海外資本市場規則的常振明，非常有可能利用中信泰富這個現成的平台，以吸收合併模式漸次裝入中信集團資產，比如先將中信金融業務注入上市公司。

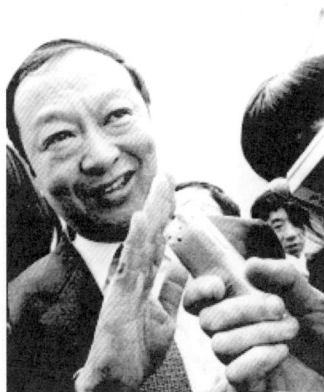

常振明

說起常振明，媒體都知道他是中信集團的老臣子，德高望重，聲名甚佳。他早年曾是中信集團常務副總經理，後調任建行行長，2006 年他又回到了中信集團任副董事長兼總經理，有意思的是當時他已經擔任了中信泰富董事一職。老早以前，在中信泰富內部員工眼中，常振明是“皇上”派來的“巡檢使”，而且很可能隨身攜帶“詔書”，剎那間就可變身爲有生殺予奪大權的“欽差大臣”。這並非毫無理由的推測。2006 年從建行回來後，常振明就接到了一個任務，爲總值 8000 億元的中信集團謀求海外上市。分析人士認爲，中信泰富如果可以爲大股東完全控制，這就是一個現成的平台。

此次常振明接手中信泰富，投資界之所以擊掌叫好，就是因爲榮智健的離去也意味著大股東的登台。而常振明極有可能重新利用中信泰富，以吸收並購等方式裝入中信集團的資產。其實，早在2008 年 10 月 28 日，中信集團已經調派人手到中信泰富“協助財務工作”。

有趣的是，接任榮智健掌控的中信泰富後，常振明並不從中信泰富領取薪金，而是像公司其他執行董事一樣，收取每年 15 萬港元的董事袍金。有評論認爲，由此可見常振明的根基依然還在北京，有意無意間，已完全成爲大股東的代言人。

53 歲的常振明還是個圍棋高手（七段），七十年代在中國圍棋界已經小有名氣，曾一度到國家隊集訓過，連九段聶衛平都說他下棋"聰明"。他後來到北京二外讀日語，再後來就加入中信。

據一個熟悉常振明棋力的知情人士說，當時中信的老總王軍也是一個棋迷，就把常振明延攬過來，送學日語的常振明到中信紐約公司工作，常振明在那裡又得到了紐約保險學院的工商管理碩士學位。

有了這個學位，常振明如虎添翼，在王軍這個伯樂栽培下，短短十年內，從一個科級幹部提升到副部級幹部，並在 2004 年被提升爲中國建設銀行行長，爲正部級幹部。

常氏兄弟從小就在父親的薰陶下喜歡上圍棋

香港《大公報》說，北京希望常振明這個曾得到過全國圍棋賽第三名的高手，來香港收拾中信泰富的"爛攤子"，收拾殘局。2000年，中信嘉華銀行董事長金德琴挪用巨額公款被判無期徒刑。中信集團讓常振明接管嘉華，結果起死回生。

百度百科介紹說：常振明的父親是清華大學教授常週。文革初期，常因停課而賦閒在家，受其父學生余昌民影響而接觸圍棋，後拜國手過惕生爲師，棋藝大長。1971 年，常被選入北京圍棋隊，與聶衛平等成爲隊友。1975 年，常進入中國國家圍棋隊。1982 年被定爲七段。

重返中信後，《中國證券報》2006 年 7 月發表文章稱常振明"人生如棋"。文章說，其貌不揚，乍看起來，既不倜儻也非氣宇軒昂，普通得就像黑白棋子；不事張揚的處世哲學爲常振明贏得了非常不錯的人緣。

實際上，他的人生觀以及企業管理理念，無處不見圍棋藝術、圍棋文化、圍棋智慧打下的深深烙印。

"常振明的棋，開局總覺得他的空少，可他中盤的力量及後半盤的收束，讓我感受到高棋就是高棋，不得不佩服。"一位曾經在紐約中國棋社看過常振明下棋的圍棋愛好者，十分讚賞常振明中盤發力的戰術。

常振明對自己的這一下棋風格有著獨到見解："我個人認爲圍棋最重要的是從中盤開始，到收官時各個局部的定型，也就是說，執行力是關鍵。"

那麼，常振明的棋藝究竟有多高呢？早在 15 歲時，他就已經是北京棋類專業隊隊員。1979 年，常振明在第一屆"新體育杯"圍棋賽中，位居第三，冠軍是聶衛平、亞軍是陳祖德，此二人後來均成爲中國圍棋界的元老人物，聶衛平是眾所周知的"棋聖"，而陳祖德曾任中國棋院院長。1983 進入中信集團工作的常振明，屢屢作爲領隊教練，率中信大三元圍棋隊參賽，取得不俗戰績。

帶傳奇色彩的常振明成 "救火隊長"

出生於 1956 年的常振明，童年是在清華園酣戰的文鬥和武鬥中度過的。"那時，我正上小學，小學裡也無課可上。這樣一來二去，就下上圍棋了。"常振明的父親是清華大學教授，也會下圍棋，所以並不反對孩子下棋。常振明提起這段往事時說："那時候外面很亂，能夠坐下來安安靜靜地下棋，這本身就很好。"在那個年代，圍棋成為常振明唯一的童趣。到清華園武鬥升級到開火，常振明常去下棋的紫竹院關閉，他還是樂此不疲背著兩盒棋子滿處轉悠，到處約人下棋，有時索性就和棋友們把圍棋搬到學生宿舍。

至今，常振明仍忙中偷閒時不時地要去 International Game System 的網站上殺幾局，作為工作之餘的調劑。他說："我把它叫做降壓棋——精力充沛的時候就用段位比較高的 ID 上網，找比較強的對手下，很激烈也很刺激；工作累了的時候就用低段位上網，殺大龍。"

在常振明看來，博大精深的圍棋文化是他獨特的企業管理、為人處事理念的要旨。"作為一個企業，經常要綜合各方面的情況進行分析論證，最後作出相應的決策，這就像圍棋的形勢判斷。如果形勢判斷出了問題，決策就可能出現錯誤，這種失誤將是致命的。"2005 年在接受《圍棋天地》採訪時，他用精闢的語言闡述了自己對圍棋的理解。

提起 2006 年那次 "突如其來" 的人事變動，外界眾說紛紜。

《中國證券報》說，然而，對於兩年前肩負股改重任空降建行的常振明，重返此前他呆了 21 年的 "老東家" 中信集團，無論是應國家金融改革之需也好，還是中信集團前任董事長王軍求才若渴也好，個中深意只有自知。或許，人生就像他形容畢生鍾愛的圍棋那樣："總是面臨多種選擇，可能都正確，並非截然對立的非此即彼。"

對於一個職業經理人來說，執行力往往是公司戰略能否成功的決定因素。"想法再好，最終還是看結果。"常振明說，"下圍棋時，理論是好的，實戰中卻得不到有效的貫徹，這就是執行力不夠。"作企業也是如此，"有時候項目是好的，但執行時失敗了；有時候項目不怎麼樣，最後結果卻不錯。"

"圍棋是一種戰略思維，它最充分地體現了東方文化的特

常振明

點。"在常振明看來，圍棋妙就妙在，有時候你贏了一個戰役，卻輸掉了整個戰爭；有時輸了好幾個戰役，但無礙奪取戰爭最後勝利。"時刻注意調整局部與全局的關係，這是就圍棋。"

高超的棋藝為常振明的金融人生添了不少傳奇色彩。

2005 年建行在股改上市關口出了"張恩照"事件，香港《太陽報》以"接到燙手山芋"形容常振明的處境，說他既要面對不少難題和考驗，又要配合新任董事長郭樹清的工作。這份在諸多事件上常常高揮批判之劍的報紙，對處於危難關頭的常振明卻報以少有的寬容："精於棋藝的他，相信定能想出妥善的化解方法，幫建行化險爲夷，順利上市。"

2009 年 4 月 8 日，常振明再次臨危受命，接替因外匯巨虧辭職的榮智健、范鴻齡擔任中信泰富公司董事長並兼總經理。

繼中信嘉華銀行、建設銀行之後，在常振明 26 年的金融生涯中，這已是他第三次火線執掌金融企業帥印。這位圍棋界的七段高手前兩次分別以中信嘉華銀行起死回生、建設銀行成功上市並成爲"亞洲最賺錢銀行"而完美收官。

再次臨危受命，這位曾言自己不喜歡順風棋，"比較喜歡那種形勢接近甚至落後一點的棋"的棋道高手，能否成功翻盤，帶領中信泰富走出低谷，成爲各界關注的焦點。

如果不是香港警方 4 月 3 日進入中信泰富總部調查使得中信泰富巨虧醜聞升級，大家原本以爲在中信集團給中信泰富注資後，中信泰富或能挺過危機。

接任中信泰富董事長兼總經理的常振明在 4 月 9 日早返回香港中信泰富寫字樓上班時向媒體表示，他首要工作是將公司的事情處理好，自己是只許成功，不能失敗。

對於中信泰富的未來，常振明曾表示，要整合旗下資源全力馳援中信泰富，"以前我們是占股 29% 的股東，僅此而已，中信泰富是獨立運營的，集團內有些公司與中信泰富是有競爭關係的；現在不一樣了，我們是大股東，所以要避免競爭，還要進行相近似資產的整合。"

市場人士認為，常振明接任中信泰富董事長和總經理後，有望同已經進入中信泰富董事會的另兩名中信集團高層——中信集團總經理助理兼戰略與計畫部主任張極井、集團董事兼財務總監居偉民一起，成為繼續拉動中信泰富前進的"三駕馬車"。

人們期待著常振明的再次抬頭。

中信前總經理秦曉的背景也不一般

提起中信，另外一名太子黨成員秦曉也是一位高幹子弟，也是中信的關鍵人物之一。

秦曉一直稱王軍是"老大哥"，自 1986 年加入中信後，秦曉對王軍幾乎 "亦步亦趨"。 王軍每一次升遷，都是由秦曉接替其位置。1995 年王軍升任中信董事長，秦曉也接任了中信公司總經理，一直做到 2000 年 7 月。

百度百科對秦曉介紹得很簡單，但特意加上"博士"二字：秦曉博士 2001 年任招商局集團董事長和招商銀行董事長。第十屆全國政協委員。英國劍橋大學經濟學博士，清華大學管理學院和中國人民銀行研究生部兼職教授。日本豐田公司國際諮詢委員會委員。曾在學術刊物上發表多篇有關經濟學和經濟管理方面的論文並出版了專著。

官方簡介則強調：秦曉——著名金融企業家，現任香港招商局集團有限公司董事長、招商銀行董事長。曾任中國國際信託投資公司副董事長，中信實業銀行董事長。清華大學管理學院和中國人民銀行研究生部兼職教授。對金融與企業制度及其治理結構有獨特研究，是學者型國企官員的典型。以其理論和實踐推動了中國金融企業的改革與發展。

他堅持國有金融業的改革轉型，秉持均衡發展的戰略目標，推動了一場被稱爲"靜悄悄革命"的企業改造。他對集團公司資產進行大刀闊斧地重組，並親手導演了招商銀行上市。招商數年，他低調務實，把這家洋務運動碩果僅存的百年老店，深陷危機的國有企業，帶出困境，走向輝煌。

從上述簡介中只能看出秦曉是位金融家、企業家和學者，但秦曉的背景也很不一般，也出身於高幹家庭。正如北京觀察家所言，能進中信集團的，能在中信出人頭地的，沒有家庭背景，不是太子黨成員的，那幾乎是不可能的。

秦曉

那麼，秦曉到底是誰，又有何背景呢？

父親秦力生（1915－1993），山西孝義人。1935年到陝甘蘇區。1936年加入中國共產黨。先後任中央少數民族委員會回民部部長、中共陝甘寧三邊特委白區部部長、陝甘寧邊區富縣縣委書記、洛川特委書記、陝甘寧邊區延屬地委秘書長、晉綏三地委書記兼第三軍分區政委。建國後，歷任中共西康區委副書記，中國科學院辦公廳主任、副秘書長、主席團成員，聯合國教科文中國委員會副主席，中國野生運動保護協會副主席。是第五、六屆全國人大代表。

哥哥秦晉，1939 年生。1960 年至 1965 年：北京大學中文系；1965 年至 1967 年民主德國留學；1969 年至 1973 年：武漢鋼鐵公司黨委秘書；1973 年至今：光明日報社文藝部編輯、副主任、主任。著有《文學的當代性和作家的藝術發現》、《走出困境——關於報告文學批評的思考》、《也談對〈魯班的子孫〉的評價》、《新散文現象和散文新觀念》、《"文學生態學"》、《吃飯與文學》、《走向發展、多元、開放的現實主義》、《變革時代的文學批評》等。出版有文學評論集《演進與代價》、學術隨筆集《感覺中的思維》。

姐姐秦昭嫁給陳毅長子陳昊蘇

秦曉的姐姐秦昭，是陳毅的兒媳，嫁給陳家長子陳昊蘇。陳昊蘇，1942 年生，四川樂至人。1963 年加入中國共產黨。1965 年畢業於中國科技大學電子學系。歷任七機部第二研究院第二十三所技術員、副主任，1973 年任軍事科學院戰史部研究員，1981 年起，歷任共青團中央書記處書記，北京市豐台區委副書記，北京市副市長，廣播電影電視部副部長，1990 年 3 月任中國人民對外友好協會副會長，2000 年 9 月任中國人民對外友好協會黨組書記、會長，2008 年任中國人民對外友好協會黨組成員、會長。

秦昭曾在《春天的思念》一文中對其家庭和經歷這樣介紹說：第一次見張茜（陳毅夫人）是二十世紀六十年代初，我正讀高中。

那是一個夏日的傍晚，我和哥哥秦晉、弟弟秦曉到護國寺人民劇院觀看話劇《雷鋒》。王光美阿姨和張茜阿姨也來到劇場。能在這樣的場合見到她們，心中十分欣喜。不僅因為她們是令我敬仰的女性，還為她們清麗雅致的儀態和氣質所感染。演出結束以後，她們隨著人群往外走，竟然從我的眼前走過，因為距離很近，我看得非常清楚，當時的記憶在腦海中一直保留至今。王光美一副大家閨秀的樣子，端莊秀麗；張茜圓圓的臉龐，留著短髮，像大學生一樣，清純素雅，我印象最深的是她那雙明亮的大眼睛。那天她穿一件天藍色的帶皺紋的絲綢襯衣，出了劇場，我看見她們在幾個警衛的隨行下騎上自行車輕盈地離去，夜燈下的天藍色至今歷歷在目。

陳毅長子陳昊蘇

沒想到 10 年之後，到七十年代初，我竟然走進了她的生活，張茜阿姨成為我的婆婆。當我再見到她時，她已經是滿頭花白，臉色也顯得暗黃，沒有了當年的光彩……我不禁感到心中酸楚……此後，在很長一段時間裡，我一直陪伴在她的身旁。

秦昭的文章還寫到：我和昊蘇、二弟丹淮（陳毅次子）和鮑燕是同時結婚的。當時政治空氣嚴峻，陳老總兩次手術後，由 301 醫院轉至日壇醫院，病情危重。每個人的心情都是沉重的，整個家庭籠罩著一層陰雲。按婆婆的意思，結婚事宜從簡，沒請什麼客人。

秦昭在文章中也介紹了她自己的家庭：我的家庭在"文革"中受到嚴重衝擊，父親定為走資派，在專政隊關押時間長達兩年之久。家被查抄，工資凍結，被勒令搬家。由原來單獨的四合院搬到西單附近一個住著十幾戶人家的三進大雜院，僅分給兩間半房子。有一天母親突然接到張茜親自打來的電話，說明天晚上要來看我們，母親又高興，又不知如何是好。當時父母從五七幹校剛回來，大哥秦晉本是北大中文系的高材生，畢業時選派出國留學，回國後竟被分配到武漢鋼鐵公司煉鋼廠鑄錠車間當瓦工。大哥離開北京，妹妹和小弟弟在部隊當兵。家裡只有父親、母親、我和在內蒙插隊的、那時正好回家來的秦曉……

……張茜阿姨和我爸媽一樣，都是從小受過苦，又在革命隊伍中經過磨煉的人，他們此刻是在用一種難得的愉悅和輕鬆，努力把生活從嚴酷的政治高壓下解脫出來。共同的文革境遇，共同的愛憎情感，使兩家人親切如故，談話也自然融洽。爸爸在科學院工作，陳毅副總理主管科技工作時，爸爸曾到中南海向陳毅彙報過工作。

秦曉和孔丹都是"西糾"組織成員

後來，秦曉在接受媒體採訪時，介紹了"文革"那段遭遇，以及與中學同學、現任中信現任董事長孔丹一起成立"西糾"組織，還有在內蒙古當牧民等經歷。秦曉說："我們這一代人是建國前後的一代人，基本是在新中國環境下長大的。"

秦曉出生在解放戰爭後期。1949 年 5 月賀龍率領"一野"進

軍川北，在南下的人流中，就有年僅兩歲的秦曉。在當時的西康省
生活了三年以後，他隨北調的父母來到北京。

《經濟觀察報》的一篇文章指出，作爲一個幹部子弟，秦曉的
生活幾乎是一帆風順的。從六一幼稚園到育才學校再到北京四中，
他接受了系統的革命的精英教育。秦曉坦率地承認，當六十年代毛
澤東重提階級鬥爭的時候，作爲一名深受"接班人教育"的中學
生，他是贊成的。雖然當時他還沒有成年，但是已經有了"接班人
思想"。

階級鬥爭、路線鬥爭的風雲籠罩著北京的中學、大學。1965
年掀起"四清"運動高潮，北京四中、六中、八中以幹部子女爲主
的部分學生進行串聯、罷課，給中央寫"進言書"，尖銳批評當時
的"資產階級教育制度"，要求學校裡搞階級鬥爭。高二學生秦曉
也參加了，不過他不是主角。

"雖然受到極'左'思想的影響，但回想起來我還是比較溫和
的，不希望太激進。我不太能接受學生之間也要搞階級鬥爭。"秦
曉回憶說。

他沒有想到，這不過是一次預演，一場更大的政治風暴即將平
地而起，他的命運也將隨之跌宕起伏。

爲了"糾正"紅衛兵的過激行爲，秦曉和他的同學孔丹（後來
秦曉離開中信後，孔丹接任其總經理職務）等人組織北京西城區幾
十所中學紅衛兵成立了 "首都紅衛兵糾察隊西城分隊"（簡稱
"西糾"），陸續發出了 13 個通令，反對批鬥、抄家、體罰，針對
保衛中央黨政機關、保護老幹部、保衛國家機密、維護首都社會秩
序等作出規定，試圖制止紅衛兵對"統戰對象"的胡亂抄家等行
爲，恢復秩序。

周恩來指示國務院秘書長爲 "西糾"安排住房、交通、印刷

等各種活動的便利條件。但是"中央文革小組"卻認爲"西糾"是反動組織，周恩來是它的後台。"西糾"解散後，秦曉和他的同學們開始反思紅衛兵運動和文化大革命。他們自辦了一份名爲《解放全人類》的小報，發刊詞是《從解放紅五類到解放全人類》，並組織了一系列活動，對"中央文革小組"的倒行逆施提出質疑和批判。四中被軍管後，他們因反對"中央文革小組"而被學校拘留、審查。"不要說當兵、當工人，1968 年上山下鄉運動開始，插隊也不讓我們去，要對我們做運動後期處理。"秦曉說。

有關秦曉和孔丹在北京四中成立的"西糾"組織，在前面的孔丹章節中已有更多更詳細的介紹。

後來，已經在內蒙古插隊的北師大女附中學生劉進回北京時，向秦曉他們介紹了內蒙古的情況，說那裡很好。於是，秦曉和他的同學們不辭而別，跑到了大草原。當地並不接納，他們卻一直苦苦等候。1968 年 12 月，偉大領袖下達了"知識青年到農村去，接受貧下中農的再教育，很有必要"的指示，大規模的上山下鄉運動轟轟烈烈地展開。秦曉在內蒙古錫林郭勒盟的一個牧場開始了新的生活，成爲"老三屆"的一員。

北京來的知青們不能住在一起，而是分散到各個放牧小組。這裡自然條件很惡劣，放羊、放牛、打井、打草，什麼都幹。他學會了一口流利的蒙語，看上去跟當地人已經沒有什麼區別，北京青年秦曉變成了牧民秦曉。在這裡，他瞭解了真實的中國底層社會。在他看來，千萬青年人失去選擇的自由，離開正常的人生軌道，無論如何都是一個歷史的悲劇。但是，就他個人而言，"我在內蒙古積累了寶貴的人生財富"。

1971 年秋天林彪外逃，折戟黃沙。消息傳到了 24 歲的牧民秦曉耳朵裡，他感到天崩地裂般的震撼。秦曉說，那時的精神狀態就是"上帝死了，我們怎麼辦"，因為，"過去把毛主席看成神，他說的都是真理，我們都應該按他說的去做。可是他最好的學生卻背叛了他！"

知青們開始讀書、通信、討論問題。秦曉認為，要重新回到認識論上去，人對真理的認識是多次重複的，不應該盲目輕信，只有通過實踐去檢驗真理。

研究生畢業進中南海給宋任窮當秘書

1972 年，在停止招生六年之後，部分大學又開始招收"工農兵大學生"。當時，北大物理系招生的老師在相鄰的縣（旗）沒有招夠，發現了北京四中畢業的老高三學生秦曉，非常高興，要他到北大讀書。秦曉非常痛快地答應了，可是他本來報的山西礦業學院的招生老師找到他說，你答應我了，我也跟領導說了，你這樣我回去要受批評的。"那時候人很老實，或者說很傻，受的教育也是要對人負責，我就沒有去北大。"秦曉笑著說。

山西是秦曉的老家。三十多年前，他的父親在中學即將畢業的時候離開了家鄉，參加了革命。在山西礦業學院機械系學習的三年裡，秦曉最大的收穫不是在校園裡面。他跟著一位曾經留學美國、當時在家賦閑的學者學習英語，進步很大。1975 年國家引進了大量石油、化工、煤炭設備，需要一些有工程技術背景的人學外語去接機器設備，臨近畢業的秦曉被抽到北京學外語。畢業後，他被分配到了煤炭部的國際司。

剛到煤炭部不久，"四人幫"就被抓了起來。秦曉並沒有對此感到有多麼震驚，他說，"有在預料之中的感覺，倒行逆施到那種程度，覺得肯定要垮"，"當時朋友在一起不討論 '四人幫' 怎麼樣，討論的是'四人幫'粉碎之後怎麼辦"。這一代人不再狂熱，開始理性地認識和對待一切。

"文革"結束後，中國迎來了一個思想解放的新時代。

秦曉和當時活躍的青年知識份子都有交往，包括"農村發展研究組"的那群年輕人，大家都成爲很好的朋友。通過劉進介紹，秦曉認識了金觀濤夫婦，讀到了他們關於"中國歷史超穩定結構"的論文，還和同學孔丹等人一起跟著金觀濤討論方法論。

"那時候中國是一個特殊時期，"秦曉感慨地說，"是體制內的政府精英和體制外的精英有高度共識的一個時期，大家都不願意回到'四人幫'的時候，認爲計劃經濟體制要改，要往前推進，要有比較充分的討論。大家認真討論，集中了智慧和力量。今天不一樣，今天共識破裂了。"

秦曉坦承，"那時我不是最活躍的，但我都參與過，沒有落伍，而且我也有自己的思考"。當時年過三十的秦曉仍然渴望著讀研究生，"我是北京四中高三生，山西礦業學院三年工農兵課程不能滿足我對知識的渴望。我當時想學經濟。"1980年，他考入中國礦業大學攻讀企管研究生。

研究生學習期間，秦曉讀了大量討論體制改革的書。1983年獲得經濟管理碩士後，他進入中南海工作，擔任中共中央政治局委員、書記處書記宋任窮的秘書。

官方公開的資料顯示，1980年2月，在中共十一屆五中全會上，宋任窮當選爲中央書記處書記。1982年9月，在中共十二大上當選爲中央政治局委員。他除了參加中央書記處的工作，繼續負責組織幹部方面的領導工作。

1985年6月，宋任窮同志積極回應黨中央關於廢除實際存在的領導職務終身制的號召，與王震同志聯名向黨中央提出申請，主動要求退出第一線。1985 年 9 月至 1992 年 10 月任中央顧問委員會委員、常委、副主任。

提到這位建國後主持第一次軍銜評定的革命前輩，秦曉感念地說："他對我教育很大，對我很信任，像在內蒙瞭解草根社會一樣，在他身邊工作我瞭解了中國的上層，知道這個崗位怎麼決策。"

有一次，秦曉陪同宋任窮去三峽。在船上，秦曉和一個外國人愉快地聊起來。宋任窮說："你的外語這麼好，那你應該幹更需要你去做的工作。"秦曉沒敢說話。不久，石油部長唐克要秦曉去他那裡工作。於是，他就離開了中南海，擔任了石油部國際司的副司長。不久，他又調入中信工作。

秦曉跟 "老大哥" 王軍亦步亦趨

秦曉還提到了 "老大哥" 王軍："他一直要我到中信工作，而且他對我影響很大。"事實上，在中信 15 年，秦曉對王軍幾乎 "亦步亦趨"。王軍每一次升遷，都是由秦曉接替其位置，直到接任中信公司總經理。

《經濟觀察報》的文章說，在中信這個頗爲特殊的企業裡，秦曉逐漸歷練爲一位企業家。"要掌管這麼大的企業，而且是比較國際化、比較前沿的企業，又處於轉軌時期，挑戰性很大。我那時候比較系統地讀了管理學和微觀經濟學"，秦曉說。在中國，許多做企業管理的人不懂經濟學，而搞經濟學的人對企業不瞭解。他希望把它們打通一下，寫了許多文章。國務院發展研究中心主任陳清泰很喜歡他的文章，還推薦他去中央黨校講課。他儼然是一個學者型企業家。

從 50 歲開始，這個有著學術偏好的企業家苦攻五年，終於在

2002 年通過答辯，拿到了劍橋大學的經濟學博士學位。“三年的時間都用在讀書和文獻評述上，後來兩年寫論文，寫得很苦”。 可是收穫也很大，嚴格的學術訓練幫助他建立起了一套縝密的分析問題的方法與框架。

2001 年，秦曉來到香港，接任香港招商局集團董事長。招商局最早由李鴻章創辦，當 54 歲的秦曉接任招商局董事長時，這家企業已經有 130 年歷史了。

但是，當秦曉接手時，香港招商局被亞洲金融風暴衝擊得一場糊塗。他提出了“再造招商局第三次輝煌”。經過重組、調整和發展，招商局現在擁有總資產 2000 多億元，利潤總額近 200 億元，成爲中國企業參與世界競爭的重要力量。

秦曉也是一個圍棋迷，黑白世界的無窮變化給他帶來了樂趣，均衡的把握則使他感悟到對境界的追求是無止境的。他也喜歡打高爾夫，執著於每一個動作的一致性。孔丹也說過，他最大的愛好就是和王軍、秦曉這幫“老夥計”們“手談”，悠然沉醉於圍棋的黑白世界。

秦曉在接受中國媒體採訪時，承認自己“還是很幸運的，儘管文化大革命有一些打壓的事件發生，但是我有幸經歷了一場大的社會轉型，而且都是在前沿，即使我在煤炭部、石油部是國際業務部門。能夠參與到這樣一個大的轉型進程中去，能夠去思考一些問題，我覺得對我來說都是很可貴的，很幸運的，並不是每一個人都有這樣的機會，並不是每一代人都有這樣的機會。”

“但是我對經濟學的認識，對企業的認識，對市場的認識，對現在的市場經濟的認識，在中信就基本形成了。你看我在中信寫的文章，現在我的思想基本上沒有太大的變化。當然有些東西可以抽象的從哲學層面上去看，比如說我們講中庸、講和諧、講均衡，那是自己的體驗，到一定程度是需要從物質層面上升到精神層面，上升到哲學層面考慮一些問題。當然現在涉及整個社會轉型的一些其他的領域，還有政治社會領域的問題也會引起我很大的興趣，我也覺得是需要關注的。我會去看看這方面的書，跟這方面的專家們請教討論，也寫自己的體驗文章，基本上離不開中國 30 年的變化，我是隨著走過來的。"秦曉說。

2006 年招行上市，秦曉（右）與香港特區
政府財政司司長唐英年舉杯慶祝

　　不過，北京觀察家指出，"看看中信過去 30 年來的四次領導班子調整，不難看出它只是太子黨內部的權力重新分配而已，無論國務院怎麼調整，能坐到董事長和總經理位置上的，就他們幾個人，可謂'萬變不離其宗'，咋變都離不開太子黨。"
　　1979 年 10 月至 1993 年 3 月當選國家副主席止，榮毅仁一直擔任公司董事長一職。1993 年國務院對中信公司領導班子進行了調整，原公司副董事長兼總經理魏鳴一擔任公司董事長，王軍任公司總經理。

　　1995 年 4 月，國務院再次對中信公司領導班子進行調整，王軍任公司董事長，秦曉（原中信澳大利亞公司總經理，現香港招商局董事長）任公司副董事長兼總經理。

　　2000 年 7 月，原光大公司副總經理孔丹調任公司副董事長兼總經理，秦曉調任香港招商局集團任董事長。

　　2006 年 7 月，王軍退休，孔丹接任董事長，王軍一手培養和提撥的圍棋七段高手常振明擔任副董事長兼總經理。

吳官正家族：
光大無官不拍吳少華
青島無人不知吳祖華

　　吳官正出任中紀委書記時，曾在紀檢監察幹部培訓班上的講話中指出，紀檢部門要繼續保持查辦案件的高壓態勢，要深挖腐敗分子，震懾腐敗分子，讓他們政治上身敗名裂，經濟上傾家蕩產，思想上後悔莫及。

　　吳官正還說，中國古代有"扁鵲三兄弟"的故事，對於開展反腐倡廉工作啟示很大。反腐倡廉要加大預防力度，像扁鵲大哥那樣，治病於未發之前；發現同志有問題要早打招呼，像扁鵲二哥那樣治病於初起之時；對腐敗分子，要像扁鵲那樣動手術、下猛藥，務必嚴肅查處。

　　吳官正出身貧寒，據說直到上了大學才知道穿鞋的滋味。他在擔任中紀委書記期間，嚴懲了一批腐敗貪官，但在他下台後，有關其兩個兒子的傳聞也不絕於耳。

　　長子吳少華沒上過大學，卻在吳官正擔任中共中央政治局常委後，很快升任光大銀行副總經理，如今已成為光大集團副老闆。次子吳祖華則是房地產大亨，捲入前青島市委書記杜世成腐敗案，還有交通銀行廣州分行百億違規貸款案。

　　中紀委交接班吳官正為啥拂袖而去

　　在中共十七大上，不但不少中共十七大代表對有關年齡限制的遊戲規則有看法，即使身居高位的黨和國家領導人也有意見。十七大結束之後馬上召開十七屆一中全會和新一屆中紀委全會，新任中共中央政治局常委賀國強取代退休的吳官正，出任中共中央紀律檢查委員會（中紀委）書記，這是中共高層已經內定的人事安排，但當事人還是有自己的想法，據稱導致交接儀式充滿了火藥味，至少說明出現了不協調、不和諧的氣氛。

　　李小雯撰文說，按照有關的程序，中紀委全會在選舉賀國強擔任新一屆中紀委書記之後，正式宣告前任中紀委書記任期結束，新任中紀委書記走馬上任。按照慣例，吳官正發表了一番講話，表明自己已經完成了任務，在吳講完話之後，按理應該是由新任中紀委書記賀國強發表演講，除了要說一番感謝大家的信任，希望今後更好合作搞好工作之類的話，也要對其前任進行一番高度評價和肯定。這是禮節，也是程序，要顯示黨的大團結以及和諧的氛圍，且已經成了中共各級班子交接班的一個固定節目。

　　但是，就在吳官正說完，賀國強接過麥克風準備講話之際，收拾完皮包的吳官正卻突然起身離席。是離開或是上洗手間？賀國強無從判斷。面對台下一百多中紀委委員和工作人員，不能讓會議出現冷場，賀國強送也不是，不送也不是。猶豫之際，下意識起身朝門口走去相送，但這時吳官正已經大步走出門外。無奈，走了一半的賀國強只得趕緊回身，繼續他的就職演說。台下，所有人都看到發生了什麼，也似乎明白了什麼。門外，吳官正已經上車離開了會場，沒有握手，沒有祝福，也沒有說聲再見，就這樣拂袖而去。

　　十六屆政治局常委中三人退下，民間馬上流傳“曾慶紅不紅了，吳官正沒官了，羅幹不幹了”的順口溜。據稱中紀委交接儀式上吳官正的行動讓後任愕然。

　　在傳出吳官正拂袖而去後，網上又出現一篇"觸目驚心的《吳官正離職報告》"，稱 2007 年 9 月下旬，吳官正總結十六屆中紀委工作時，說：如果人民能對我的工作給予 60 分，我會很感動。面對嚴峻腐敗、消極情況、積重難返的問題，我給自己僅能打 59 分，不及格，這樣，我才能減輕些包袱。

　　文章稱，2007 年 10 月 29 日，前政治局常委、中紀委書記吳官正，出席中紀委工作交接班暨歡送座談會上，回顧了接任中紀委書記五年的工作歷程。

吳官正

　　吳官正在 30 分鐘的講話中，多次因心情沉重而停頓，也多次被掌聲打斷而熱淚盈眶。吳官正說：回顧接任中紀委書記的這五年工作歷程，心情是沉重的。五年前當選中紀委書記，在尉健行的歡送會上作了表態：決不辜負人民的期待、黨的委託，要繼承十五屆紀委正在進行而尚未完成的工作，立志要在若干人民強烈反響的問題上，要有突破。五年消逝了，我的心情是很沉重的，借此向同志們作次臨別交心和自責。吳說：單有決心是戰勝不了現實的。我和紀委同志、和中央政治局常委同志，是作過努力，做過艱難工作和必要的鬥爭，還是失敗了。

吳官正交班時，沉痛直言三大憾事說：我自我反省，是留下了三件未能完成的工作和遺憾大事而離任的。他所說的三大憾事，也是黨內折騰了二十多年的頑疾：

（一）關於幹部財產收入申報公開機制，未能實施；

（二）關於改革現行紀委、監察部組織架構和隸屬關係，未能成功；

（三）關於官員以公款或接受免費到高級娛樂場所消費，屢禁不止。

吳在會上說：早在八十年代，陳雲、彭真、鄧穎超、胡耀邦、聶帥等，就多次提出，要建立幹部和家屬財產、收入申報公開機制。陳雲指出：西歐、北歐資本主義國家能做到，共產黨領導的社會主義國家沒有任何理由不能做到，否則，人民怎樣會擁護？

吳說：黨內對財產申報制抗拒、反對、抵制的勢力相當頑固，所持的理由，指揮失控，使幹部和幹部家屬處處和人民處於對立局面，會造成政局混亂等。事實恰好是相反，哪有人民的政黨怕對人民負責的道理。

吳又披露：2003 年、2005 年，要在上海、天津、廣東、江西的省級黨政班子搞試點，最後都以難以推行而中止。據知，2003年，中紀委調查組、總共中央研究室、國務院研究室、中組部，曾就財產申報制，決定到上海、廣東搞試點，結果發生二大問題：

（一）黨政幹部強烈抗拒，以消極怠工、政局癱瘓來對待；

（二）高、中級幹部在內部申報時，上海市的省、廳級幹部，90%擁有 1000 萬以上的資金，廣東省的省、廳級幹部，99%擁有

1000 萬以上資產，如公開，勢必會被社會各界追擊。

關於改革現行紀委、監察部組織架構和組織隸屬關係的問題，在 12 年過程中，先後提出過五次討論，都有較大爭議，擔憂會發生多中心，會出現黨的領導被架空等情況。直到上海、天津、河北等地發生領導班子腐敗案後，才作出部分改變。

文章還說，據中紀委在中央會議期間，提供給代表的材料中披露：從 2003 年至 2006 年，每年黨、政機關以公款吃喝玩樂的開支，徘徊在 3000 億至 3500 多億，再加上新增、更換轎車，年達 50 萬輛至 65 萬輛，開支 2000 億元以上。

該材料中還披露：天津、南京、蘇州、上海、杭州、廣州、深圳、珠海、長沙、重慶、西安等地高級娛樂場所，公費開銷，占 70%至 80%；高爾夫球場公費開銷，占 75%至 90%；外資、中外合資會所消遣，公費占 40%，由私企、合資、外資代表支付，占 45%。

該材料還披露：黑幕高級娛樂場所、合資、外資會所，95%設紅燈區，受到當地政府、公安部門的保護。

吳家老宅像公園，家裡有位"九千歲"

吳官正 2002 年當選中央政治局常委，不但老宅被修復得酷如公園，吳官正成長的烏泥村也升級為鎮，就連他的親叔叔也"官升一等"，當地居民從前叫他"八千歲"，如今叫"九千歲"。

吳官正 1938 年 8 月出生於江西省上饒市余幹縣一個貧寒農家，直到讀大學才離開家鄉。說起吳官正，縣城裡的居民基本上都知道家鄉出了這麼個的京城重臣，並以此為豪。亞洲時報線上記者隨便截一輛的士就順利地找到了位於余幹縣烏泥鎮的吳家老宅。

位於烏泥鎮的吳家老宅在距離縣城只有十來公里，一路是平整的柏油馬路。一路上，司機介紹道："吳家老屋現在沒人住了，修得可漂亮了，縣裡花的錢。平時也時不時有外地人來參觀，去年我還拉客人去過。還修了條柏油馬路經過吳家老宅門前，直通（南）昌萬（年）公路，很方便的。"

吳家老宅門口沒有任何標示牌，院外相映成趣的假山和垂柳，院門的飛簷翹角、紅頂灰牆，不知道的人會以為這是個公園。亞洲時報網上特約記者到訪時，吳家老宅沒有上鎖，也沒有人看守。推門入院，庭院潔淨，綠意滿園，一條石板路直通正屋。屋內滿牆都是與吳官正有關的照片，並附有其生平簡介。

吳官正家老宅

一名江西網友在參觀完吳家老宅後撰寫一篇文章，對吳家的客廳有詳細描寫：客廳的四周都是照片，主角當然是吳官正，分別是吳官正在不同時期和不同領導的照片，有在武漢做市長的，也有在江西做省委書記的，當然也有後來做紀委書記的。而客廳正面是燭台，燭台上擺著吳官正父母的照片，仔細端詳了二老的照片，倒沒有發覺和吳官正的幾分相似之處。正面牆上的幾塊白布又點神秘，好奇者近步掀開，發現裡面是幾張很又份量的照片，都是吳官正的合影，合營者包括和鄧小平、趙紫陽、江澤民、胡錦濤等等，尤其幾張年月有點久的照片，吳官正估計當時比較年輕，意氣風發，氣質極佳！

這名網友還介紹說：客廳兩邊各連個房間，以前應該有東西廂房，唯獨右廂房開著，估計是打掃院子的老者的房間，裡面一台電視正播放《西遊記》，整個舊居，簡單整潔，出來的時候站在院子的空地，果然坐南朝北，王府之地！舊宅的右邊是棟四層新樓，裝修考究，和旁邊的舊宅成鮮明對比，可惜大門緊閉，一樓的牆上有塊銘牌寫道：吳少華建於 2006 年。

離開烏泥鎮的時候，經過當地的一條馬路，名字叫"迎殿路"，名字氣派！

當地的士司機向亞洲時報網上記者介紹道，吳官正長大的村子，余幹縣烏泥村，2005 年 3 月份升級為鎮。記者看到，新落成四層樓高的烏泥鎮政府大樓兩側的石獅子身上還掛著大紅花，鎮政府大樓落成典禮的橫幅還沒摘下。當地一位周姓居民回憶："鎮政府大樓落成典禮時，市裡省裡領導，連外省領導都來恭賀。我聽說，當時還有人送來禮金和小車呢。"當記者問他，這些禮金和賀禮是以私人還是公家的名義送的，該居民表示自己只是聽說，具體的並不清楚。

烏泥村不但毫不掩飾與吳官正的關係，還很拿此做文章。2004年 8 月 24 日《上饒日報》報導稱，烏泥中心小學六年級學生吳建華提議，"給吳爺爺寫信，說說心裡話"。於是，幾個作文水準較高同學一起寫了一封洋洋灑灑近兩千字歌頌母校近年發展的信，寄給他們的校友吳官正。8 月 20 日，學校組織學生學習吳官正來信。《上饒日報》稱，座談會上，孩子們"發出共鳴"："吳爺爺對我們真好！"，"我們要把吳爺爺的關懷化爲學習上的巨大動力。"，"吳爺爺的信我讀了幾十遍也不解渴……"這件事一度在餘幹乃至整個江西都引起很大反響。

不但烏泥鎮，就連余幹縣的上級市上饒市也想沾吳官正的光。2004 年 11 月舉辦的"中國網絡媒體江西行"活動上，上饒市長劉和平介紹上饒市時不忘提到："中央政治局常委、紀委書記吳官正的老家就在上饒餘幹。"

亞洲時報網上的文章說，與此輝映的是，吳官正對於家鄉的厚望表現得飲水思源，特別關注家鄉。有當地居民表示，吳官正 2004年還回來過余幹。稍稍留意一下官方報導就知道，2004 年新春期間，吳官正以中共中央政治局常委、中紀委書記的身份重歸故里，先後到余幹海爾希望小學、余幹敬老院、余幹中學，甚至專程去了自己出生的石口鎮烏泥村看望。當年全國人大政協兩會上負責接見江西代表的恰恰也是吳官正本人。

在余幹有一則關於吳官正的趣聞，可謂街知巷聞。當地居民告訴記者，吳官正在余幹有個叔叔，雖已是耄耋之年，但在當地的地位不亞於縣委書記，他說一句話有時比縣委書記還要管用，當地人有什麼事情處理不好，總喜歡請他老人家出面擺平。當地居民平時總是喜歡叫他是"八千歲"，即使在公眾場合也毫無避忌。吳官正 2002 年晉身中央政治局常委後，老人家也跟著"官升一品"，當地人開始叫他"九千歲"。

在介紹自己家鄉時，江西余幹人會自豪地掰著指頭告訴你，余幹有烏雞、鄱湖銀魚……除此之外余幹人還會告訴你："我們余幹還出了個中紀委書記吳官正！"近幾年，外出打工返鄉的余幹人切身體會到余幹的"一年一變"，知道這點外鄉人就不難明白，爲什麼余幹人把吳官正也算作家鄉"特產"了。

余幹縣位於江西省東北部，約有 90 萬人口，其中農業人口 78 萬，曾被列入國家"八七"扶貧計畫（1994-2000 年）的貧困縣，農民人均收入不足 800 元，但近年卻發展神速。

吳官正家老宅遠眺

初來余幹，往北走滿目都是工地。一問才知道，原來近年余幹在大搞城北新區開發。一座外表輝宏巍峨頗有人民大會堂之風的建築很是顯眼。一位當地的士司機介紹道："這就是縣政府大樓。余幹現在在搞城北新區開發，將來縣委大院、縣政府大院、公安局都會搬新區辦公。" 2004 年 12 月 31《上饒日報》報導稱，"余幹耗資 13 多億打造的城北新區，新的縣委大院、縣政府大院、商貿廣場和新汽車站等 20 多個重點工程成為城北新區一道道靚麗的風景線。"

2004 年 6 月 28 日開通的昌萬（南昌市-萬年縣）公路大大改變了余幹在江西交通線上的地位。當地計程車司機周向紅感慨大發："我是本地人，真覺得余幹這幾年變化很大！說我吧，跑車，以前余幹跑南昌要 170 多公里，昌萬路一通，現在只要 70 多公里，方便很多了。"

此外，借著吳官正的光，不但吳家老宅所在地烏泥村 2005 年 3 月升級爲鎮，和原先的老上級石口鎮平起平坐，而且吳官正的母校烏泥鎮中心小學也跟著受惠。

烏泥鎮小學的校史是這樣介紹：我校誕生於 1952 年，吳官正在這裡度過了他金色的童年。1953 年 7 月，吳官正作爲首屆畢業生，與 18 名同學以優秀成績全部升入余幹初中，錄取率居全縣之首。

借著吳官正母校的光環，烏泥鎮小學幸運地得到企業捐款。2003 年 11 月 24 日南方網報導，近日，富力地產集團捐資 100 萬元，用以江西余幹縣烏泥小學綜合樓的建設工程。吳書記帶給家鄉的恩澤，直可說是 "一人高位、鄉黨俱榮" ！

長子吳少華當光大副總，巴結他的人數不勝數

在江西網友的撰文中提到了吳家老宅有塊銘牌，上面寫著 "吳少華建於 2006 年" 。那麼，誰是吳少華呢？

吳少華便是吳官正的大公子。

1964 年 4 月出生的吳少華，據香港媒體稱，大學都沒有考上，上個世紀八十年代初，也就是吳官正擔任武漢市委書記和市長期間，進入武漢市建設銀行，而後又調到武漢市審計局。

1986 年吳官正調回老家江西任省委副書記和副省長後，長子吳少華跟著返回江西，並在江南財經管理幹部學院財稅專業拿到大專文憑，先後擔任江西省審計廳綜合指導處主任科員、通達審計師事務所所長、商貿處處長、經貿處處長。1999 年，吳少華又在中

央黨校函授學院經濟管理專業拿到本科學歷。

　　吳少華在江西工作期間，從科員升到處長，只用了不到一年多時間。2002 年在父親吳官正調升任中央政治局常委、中紀委書記後，吳少華調到光大集團，任光大銀行總行營業部副主任，不到半年升任黨組成員、黨委委員。一年後，升任光大銀行總行人力資源部總經理。

　　在進入光大銀行短短兩年時間，吳少華的頻繁超常提拔，在光大集團、光大銀行成立的歷史上是絕無僅有的。

　　據說，在調入光大銀行的第一年，吳少華年終考核只是稱職，並未達到優秀。但時任負責人為了達到巴結吳官正，保護自己的權力、位子的目的，他將吳少華在下半年提職，躲開年終考核。

　　有報導說，當時王明權為了提拔吳少華，將沒有上過大學的吳少華，寫成是大學本科；受銀監會任職資格限制，吳少華報銀行副行長被銀監會一壓再壓，故將銀行黨委委員一職送給吳少華。同時將吳少華按行政職務、銀行副行長待遇參與銀行經營和管理。

　　吳少華在日常工作中，心思根本不在銀行，而是到處接待和應酬來訪者。他自己在先進性教育活動中黨性分析時提到，自己的缺點是好交友、好交際，朋友過多，應酬過多，影響到工作。

　　光大工作人員感慨說：試想一下，如果他的父親不是吳官正，會是這種情況嗎？鐵道部部長都到銀行辦公地點找吳少華，而根本不見光大銀行一把手，為什麼？實際上，來的這些人都是沖著吳官正來的，請吳少華幫忙。

　　光大銀行公開的吳少華簡歷顯示：2003 年 4 月至 2004 年 12 月，任本行人力資源部總經理；2004 年 12 月至 2006 年 2 月，任本行黨委委員；2006 年 2 月至 2008 年 12 月任本行常務副行長；自 2008 年 12 月起任光大集團總公司執行董事、副總經理。

　　這時的吳少華才 44 歲。短短五年時間，吳少華由江西省的一個處長，搖身一變成為一個有權有勢的銀行家，想巴結他的人數不勝數。當然，許多巴結他的人，都是想巴結他的父親吳官正。

　　光大集團官方簡介稱：中國光大集團是中央管理的國有重要骨幹企業，創辦於 1983 年 5 月。中國光大集團作為中國改革開放的視窗，經過 20 多年的努力，現已發展成為以經營銀行、證券、保險、投資管理等業務為主的特大型企業集團，為國家改革開放事業做出了積極貢獻。

光大集團副總經理、光大資產總裁吳少華與中國建築材料
集團有限公司簽訂《戰略合作協議》和《財務顧問協議》

　　中國光大集團在境內的主要企業有中國光大銀行股份有限公司、光大證券股份有限公司、光大永明人壽保險公司、光大金控資產管理公司等金融機構和中國光大實業（集團）公司、中國光大投資管理公司、上海光大會展中心、光大置業有限公司等實業投資企業；在香港經營運作的主要企業有中國光大控股有限公司和中國光

大國際有限公司兩家上市公司，以及國際永年公司等 20 家非上市公司。

截止 2008 年底，集團資產近萬億，年度利潤近百億，員工總數逾兩萬人。

此外，在光大集團官方網站公佈的高級管理人員中，吳少華名列第六位。光大銀行的簡介稱：該行成立於 1992 年 8 月，20 多年以來，堅持"以客戶為中心，以市場為導向"的審慎經營理念，緊緊跟隨中國經濟金融業的改革發展歷程，不斷開拓創新，銳意進取，在為廣大個人和機構提供優質金融服務的同時，取得了良好的經營業績，在公司業務、資金業務、投行業務、理財業務、按揭業務等方面具有較強的競爭力。

2007 年中國光大銀行進行了財務重組，資本實力大為增強。2008 年末，中國光大銀行資產總額達到 8430 億元，其中貸款餘額4689 億元；各項負債 8097 億元，其中一般存款餘額 6191 億元；資本充足率 9.31%；實現淨利潤 73.2 億元。

次子吳祖華傳買地得利 21 個億

魯青在 2008 年初撰文指出：由於吳官正曾是中紀委書記，難免有人會造謠報復，數月前就有謠言說吳官正之子山東被殺；但吳官正即使曾是中紀委書記，也不能說他的親人就不會涉嫌貪腐行為，所以對這篇文章所反映的問題應予調查。

中共十七大之後不久，海外網站收到一篇題為"原青島市委書記杜世成腐敗案內幕大曝光——後台竟是原政治局常委吳官正"的來稿。但就在記者進行核查過程中，這篇文章開始張貼在各個網站上，包括一些國內網站。

不過記者在核查中證實，來稿中所說的吳祖華，碓是青島天逸置業有限公司董事長，而吳祖華也碓是和吳官正一樣，同是江西余幹人。

上饒市副市長、中共余幹縣委書記陳智祥與吳祖華

2005 年 11 月 28 日，中國四方控股有限公司董事長吳祖華、交通銀行廣州分行行長劉昌明和廣州天源投資有限公司董事長王勝一起，向江西余幹烏泥鎮捐款 300 萬元。在家的余幹縣四套班子領導出席了捐款儀式。

中國四方控股有限公司涉及多宗經濟糾紛，董事長吳祖華住所在深圳市深南大道竹子林道光大銀行大廈 22-23 樓。

網上流傳，原中央政治局常委吳官正之子吳祖華，青島天逸置業有限公司董事長，在 2006 年，投資 50 億元開發青島天逸海灣國際城。該公司以每畝十萬元的地價，未經任何公開招標手續，徵得青島、即墨沿海的黃金地段土地三千畝，引起譁然。

傳言指，隨著十七大結束，吳官正卸任中央政治局常委後，吳祖華在青島積極拋售土地，2007 年 12 月 1 日，青島天逸海灣置業有限公司以收購價格 21.7 億元，將公司全部股份賣給中糧集團、北京中融世紀投顧。這項收購案已定案，天逸海灣項目開發在即，當時正進行準備工作。

青島天逸海灣置業有限公司在 2003 年 7 月 1 日成立，法定代表人吳祖華。從交易公告上看到，到 2007 年 10 月底，青島天逸海灣公司總資產爲 10.9 億元，淨資產爲 7000 萬元。雖然在去年的 1 月到 10 月虧損 624 萬元，但評估總資產已達 32 億元，淨資產爲 21.7 億元，增值 21 億元，增值率爲 2987.56%。公司成立才短短四年，資產增值迅速，引人注目。

記者同時注意到，青島兩家官方媒體，《青島晚報》在 2007 年 12 月 2 日，《青島財經日報》在 12 月 5 日，分別刊登題爲 "中糧地產擬收購青島天逸，地產界上演股市風雲" 和 "中糧地產收購天逸海灣，天逸海灣 1 年增值 21 億" 的文章。

《青島晚報》文章寫道：

誰也沒有料到，在 2007 年的年末，青島的房地產界會掀起一陣股市風雲。繼亞星、中金 "染股" 之後，中糧地產擬收購青島天逸海灣置業有限公司全部股權的報告又在網上披露。

據瞭解，今年以來，上市的地產公司挾著雄厚的資金，在全國各地圈地，青島也未能倖免，先後有中海地產、陽光股份等涉足其中。"上市，即可圈錢；有錢，即可圈地；有了土地儲備，便可通過增發等方式融資。" 這種發展模式令不少未上市的企業眼紅，紛紛尋找多種管道上市。

11 月 24 日晚，青島亞星集團與方正傳媒簽署協議，雙方共同合作重組深交所上市企業——深圳大通商業股份有限公司，亞星集團通過借殼上市。11 月 28 日晚間，S*ST 大通發佈公告稱，青島亞星實業有限公司受讓方正延中傳媒有限公司所持有的 S*ST 大通 1000 萬股法人股，占 S*ST 大通股份總額的 11.05％，受讓價總計 4000 萬元。

青島的另一家房地產公司也在謀劃著上市。在深交所上市的賽迪傳媒 11 月 28 日發佈公告，承認控股股東正與青島中金討論股權轉讓和重組事宜。據瞭解，由青島中金控股的青島中金渝能置業有限公司主要從事房地產業開發。

昨天，中糧地產擬收購青島天逸海灣置業有限公司的消息同樣引起了不少人的關注。據瞭解，成立於 2003 年 7 月 1 日的這家公司註冊資本為 8600 萬元，其惟一的項目青島天逸海灣國際度假城，該項目位於即墨市鰲山灣。有關人士認為，中糧地產若收購成功，其涉足青島的地產開發也將成為現實。而在此前，遠洋地產收購了青島頤中房地產公司。

"無論是青島本土企業的上市，還是被外地的企業購買，都表明青島房地產行業的結構在發生著變化，這種變化所帶來的影響，也許會在明後年的房地產開發中顯現出來。"島城知名地產觀察人士龍江這樣分析說。

《青島財經日報》記者趙健的報導寫道：

12 月 1 日，中糧地產（集團）股份有限公司董事會發佈公告稱將與控股股東中糧集團有限公司及北京中融世紀投資顧問有限公司合作共同收購青島天逸海灣置業有限公司 100％的股權，收購價格達到 21.7 億元。記者從天逸海灣公司獲悉，該收購事項已基本確定，天逸海灣項目開發在即，目前正在進行緊張的前期準備工作。

中糧集團有限公司成立於 1952 年，是國務院國有資產監督管理委員會直屬的國有獨資公司，是中央政府直接管理的 53 家國有重要骨幹企業之一，其法定代表人為寧高寧，曾出任華潤集團總經理。中糧地產作為其旗下子公司，正在全國範圍內開展大規模擴張，並表示要在五年內成為國內前幾名的開發企業。

青島天逸海灣置業有限公司成立於 2003 年 7 月 1 日，註冊地址青島市即墨市?? 山衛鎮，法定代表人吳祖華，現註冊資本 8600 萬元。該公司擁有"天逸海灣國際度假城"項目用地的使用權。

據天逸海灣公司有關負責人表示，天逸海灣公司實際上是為項目而設，並未開發其他項目，屬於一個項目公司。該地塊是去年在土地招拍掛市場上拿到的，但具體數額不便透露。記者從交易公告上看到，截至 2007 年 10 月 31 日，青島天逸海灣置業有限公司的總資產為 10.9 億元，淨資產為 7000 萬元。雖然在 2007 年 1～10 月，青島天逸海灣置業有限公司虧損了 624 萬元，但經評估後總資產已達 32 億元，淨資產為 21.7 億元，增值 21 億元，增值率 2987.56％。考慮到天逸海灣公司 2003 年才剛剛成立，資產增值如此迅速確實引人注目。

據介紹，增值的主要原因是因為近年隨著青島沿海地區基礎配套設施的不斷完善和地區經濟的持續發展，區域內商品房價格較以前年度有較大幅度的增長；同時由於土地的稀缺性及政府對不同用途的土地的綜合調節作用，造成別墅用土地市場價值有較大幅度上漲。

記者從即墨市有關部門瞭解到，天逸海灣國際度假城項目是青島市重點促進的旅遊大項目之一，用地面積為 1452880 平方米，相當於 2100 多畝土地，目前規劃建築面積 688500 平方米，本次成交後樓面地價相當於每平方米 3100 多元。

　　南部海濱、濱海公路東側，南眺嶗山，西依鶴山，東入小島灣，具有豐富的景觀資源。在最初的規劃設計中，度假城項目分為六大功能區：會議酒店區、濱海水上休閒活動區、特色風情街、康健醫療中心、高層及分時度假酒店和VIP國際度假村。整個項目區融匯世界各地多種經典建築風格，著力創造山、水、城一體化的景區空間格局，體現環境生態、建築生態、人文生態有機結合，全部建成運營後，將進一步加快青島新東部高端旅遊業的發展，逐步實現由觀光旅遊向休閒度假旅遊的轉變。

　　除天逸海灣外，即墨東部還規劃建設了鼇山灣濱海公園花園小鎮、天泰聖羅尼克、依泉美廬、海新溫泉王朝、芭東小鎮等高端旅遊度假項目，通過各個項目的逐步落實，一個知名旅遊度假中心、會議接待中心、科研教學中心、居住中心和臨港產業區有望出現在這一區域。

青島各界無人不知吳祖華

　　而題為"原青島市委書記杜世成腐敗案內幕大曝光——後台竟是原政治局常委吳官正"的文章說：在青島的各界，幾乎無人不知中紀委書記吳官正的兒子吳祖華，他在青島各界的活耀程度遠遠超過杜世成的公子。吳祖華在青島不僅直接掠奪各種公共資源和利益，參與了諸多房地產大項目，還到處插手任何事情，從官員買官賣官，到商界各種利益疏通，只要有錢什麼都能辦。吳官正之子吳祖華，青島天逸海灣置業有限公司董事長，該公司依仗吳官正的權勢，未經"招牌掛"在青島即墨僅以幾千萬元的價格侵吞土地三千畝。

　　文章如下：

2006 年秋，青島即墨，一個盛大的典禮，青島天逸海灣國際城，一個投資五十億元的項目的隆重開業。

雲集社會各界名流，寶馬賓士幾十輛，場面之壯觀難以置信，市委秘書長親自到會祝賀，原市委書紀杜世成發去賀詞。

《青島日報》及青島新聞網都曾作大幅報導，青島市幾乎無人不曉。

這是誰家？如此的氣派？公眾的疑團很快就被解開。

"青島天逸置業有限公司，董事長吳祖華，原中央政治局常委吳官正之子。"

該公司以每畝十萬元的地價，未經任何招標手續，徵得青島即墨沿海的黃金地段土地三千畝。青島乃至山東公眾一片譁然。

直至十七大召開，震驚全國的原青島市委書記杜世成的腐敗大案一直難以深入查處，種種謎團也逐漸浮出水面。

十七大後，記者對杜世成案件的查處作了深入追蹤調查，終於揭開了此案的端倪。

杜世成腐敗的後台原來是原政治局常委吳官正，這些高層的腐敗大鱷們組成的腐敗利益集團令人震驚。

在青島的各界，幾乎無人不知中紀委書記吳官正的兒子吳祖華，他在青島各界的活躍程度遠遠超過杜世成的公子。

吳祖華在青島不僅直接掠奪各種公共資源和利益，參與了諸多房地產大項目，還到處插手任何事情，從官員買官賣官，到商界各種利益疏通，只要有錢什麼都能辦。

吳官正之子吳祖華，青島天逸海灣置業有限公司董事長，該公司依仗吳官正的權勢，未經"招拍掛"在青島即墨僅以幾千萬元的價格侵吞土地三千畝。

其號稱投資五十億元的大項目"天逸海灣國際城"開業時，雲集社會各界名流，寶馬賓士幾十輛，場面之壯觀難以置信，市委秘書長親自到會祝賀，杜世成發去賀詞。青島日報及青島新聞網都曾作大幅報導，青島市幾乎無人不曉。

杜世成被查處後，吳官正深感憂慮，為了保護吳家的利益，他不惜自己跳出來，上欺騙中央，下蒙蔽公眾，親自導演了一系列的醜行。

另一方面，其子吳祖華也抓緊時間，企圖把到手的土地變相轉讓從而套現，他幾萬元一畝非法獲得的土地，現在正在以幾十億元轉賣給深圳某公司。

在青島，誰為吳家賣力，誰就會得到提拔重用或各種關照。為吳祖華獲取這塊土地而立下"功勞"的即墨縣委書記張洪訓，被吳許諾以破格提拔作為報答。

即使身為市委書記的杜世成，在這位吳公子面前也只有極盡奴顏婢膝之事，在酒桌上端著酒杯一口一個"吳老闆"的敬酒。

在中央決定查處杜世成前夕，杜世成給吳家送上厚禮後，吳祖華曾在青島說：杜世成的問題很嚴重，但是已經"處理"好了。杜世成也公開狂妄的說早就把中紀委擺平了。

吳官正與杜世成結成腐敗利益集團？

事實上，吳官正與杜世成之流早就結成了腐敗的利益集團，為了保護杜世成，身為中紀委書記的吳官正從一開始就為杜世成的查處工作做出了明確的定調。

他在山東省委傳達黨中央決定的大會上的講話中公開宣稱："（原話）杜世成太過分了，查處他的問題是不得已而為之，杜世成的問題完全是他個人的問題。"強調杜世成的問題和青島市的工作無關。甚至藉口穩定，強調對青島市的任何事情不能動。。

當時山東省委的某領導在青島市幹部大會上的講話也公然說："杜世成是咎由自取，其問題是個人問題，與組織無關。"反復強調"要穩定，縮小範圍，控制查處面。"

吳官正利用自己的權勢，控制了中紀委專案組的工作，把當時專案組查處的問題想方設法掩蓋起來。他們對青島公眾大肆愚弄，欺騙輿論，說杜世成的案子查處最順利，涉及面最小等等。

對此，公眾感到疑惑：杜世成捕前身居市委書記的高位，他亂改規劃，亂批土地，亂搞人事調整，大肆買官賣官，所有這些豈是杜世成一個人能辦得了的？杜世成在青島經營了七年，他對青島的傷害及對未來持續的負面作用豈能是抓一個杜世成所能解決的？

吳官正與杜世成

至今，他腐敗醜行的影子依然充斥在全市的方方面面，公眾無時不在接觸、不在感受，如果說處理了杜世成一人就剷除了青島的腐敗，這顯然是對公眾的一種愚弄。

在吳官正的定調下，杜世成案的查處力度就可想而知了。看一下上海陳良宇案，對其腐敗行為所涉及的問題和個人，決不姑息，邊查處邊糾正，許多非法佔用土地的大項目迅速得以糾正，配合陳良宇腐敗行為的十幾個局級幹部被一舉剷除。

反觀青島，杜世成被雙規已經近八個月，但是，已被明確查處的杜世成及其親屬對青島公共資源的非法佔用和侵害，至今幾乎無一得到糾正；遭到杜世成嚴重破壞的青島土地規劃方面的混亂局面仍然在持續；由杜世成及其親屬非法掠奪的大批的綠地依然被非法佔用著；杜世成兒子及其親信未經"招、拍、掛"而非法侵吞的地產項目還在持續建設中。

更有甚者，他的兒子現在竟然還在以收回土地定金的方式，繼續佔有巨額非法所得，僅青島開發區的三塊土地，就收了數千萬元之多。

杜世成的親信們，不僅沒有受到黨紀或法律的懲治，反而逍遙法外，若干已經被專案組雙規並查實了問題的幹部，本應按規定轉為有關部門繼續處理，但現仍若無其事正常上班。杜世成的秘書李某某，經專案組審查證實受賄一百多萬元，居然被放回來了。

許多已經在專案組交待了問題的腐敗分子，公然逍遙法外，到處串通，大肆串聯以掩蓋銷毀證據。當前青島的局面依然是一個杜家的獨立王朝。

杜世成的兒子至今仍然逍遙法外

杜世成案辦案人員，把杜利用職權侵吞的非法所得轉移到兒子身上，列為他兒子獲取非法收入 1600 萬元，而杜世成本人僅為六百多萬元。試圖用這種方式為杜世成減低罪行。

即便這樣，杜世成的兒子至今仍然逍遙法外，公眾自然會問，倘若沒有杜的權勢，他兒子又能辦成哪一件事？而且，許多腐敗分子也正好利用為杜的兒子辦事，向杜世成獻媚，或者與杜世成交換利益。

實際上也正是杜的兒子把誰為其辦事告訴杜，杜世成就對誰加以提拔重用，父子倆共同經營，買官賣官以及大肆出賣公共資源。

記者聽到在青島廣為流傳的一個故事——

青島某地產商原某，數年前在東部沿海獲得一地塊，不料為杜世成的情婦梁某垂涎，遂向杜無理要求，欲強取之。杜世成被梁某所迫，以改變規劃等種種藉口想從原某手中強行收回此土地，以便滿足情婦梁某。原某當然不想放棄這塊土地，但對杜世成的強盜行為毫無辦法。

情急之下，想出一個無奈的辦法：她以低價轉讓部分股份給吳官正的兒子吳祖華，與吳祖華結成合作夥伴共同開發這片土地，以此來抵擋杜世成的壓力。果然這樣使杜世成大傷腦筋，一方面，已經誇下海口許諾情婦梁某，而另一方面又著實不敢得罪。

逼得杜世成親自勸說吳公子，許諾拿出其他優質土地作為補償，讓吳公子放棄。但吳祖華的胃口更大，心更黑，他的心態是什麼？沒有我老子保護，還有你杜世成嗎？你杜世成給我其他的土地也是應該的，怎敢還要和我討價還價？根本不買杜世成的賬。

兩邊都使杜世成難以擺平，結果杜世成經不住情婦的軟磨硬泡，一狠心，把吳祖華的這個土地項目強行收回，轉給了情婦梁某。這件事引發了北京的吳官正大怒，難怪在傳達中央查處杜世成的決定的大會上，怒氣大發："杜世成太過分了！"

人們或許會生出一絲同情，杜世成上面的後台也太強勢了，杜世成賣身投靠，為了滿足他們的腐敗，違紀違法，為非作歹，給他們辦了多少事，結果就一件事達不到要求，就被失寵，淪為喪家狗，命運也謂可悲乎。

杜世成案出現的情況觸目驚心，令廣大黨員幹部普遍心存疑慮，也進一步說明了反腐敗鬥爭的艱巨性。杜世成背後的那些身居高位的腐敗大鱷們肆無忌憚的倡狂行為，不僅是對黨中央的公然挑釁，也是對公眾信心的無情打擊！

事實上，不僅僅是杜世成案件的情況如此，全國諸多的腐敗案的結果都充分表明：高官之間的相互瓜葛，利益集團的自我保護，對黨中央的欺騙，對下層黨員幹部的愚弄等等，是當前反腐敗鬥爭中最突出的問題，是反腐機制中最大的薄弱環節。這些問題不得到徹底解決，黨中央和胡錦濤總書記的反腐決心和目標將難以實現。

十七大後新的黨中央能否樹立威望，取信於民，必須下決心抓住幾個大事件，一查到底，立即採取有力的措施，徹查吳官正及其保護下的杜世成之流，才能振奮百姓，建立真正的和諧社會，還正義和天理於青島人民。

網友撰文評吳官正的政績和傳聞

在吳官正下台後給自己打了 59 分，以及其兒子吳祖華傳出腐敗醜聞後，網上出現不少聲討和指責，但網友湘君的文章對吳官正給予"公正"評價，稱吳官正主掌中紀委後做了不少實事，給他打了 80 分。

網友湘君撰文說，吳官正是真正想幹點實事的人，在江西的時候，他就聲稱自己從沒有休息過一天。在進入中紀委之後的五年裡，他也確實幹了些實事。首先是處理了一批大案要案，光是涉及到副省級以上官員的案件就有陳良宇（上海市委書記）案，鄭筱萸（國家醫藥管理局局長）案，劉志華（北京市副市長）案，杜世成（山東省委副書記）案，何閩旭（安徽省副省長）案，王武龍（江蘇省人大常委會常務副主任）案等等，由此可見，吳官正主持下的中紀委反腐力度之大，是中共建國之後絕無僅有的。此外，吳官正還注重於反腐方面的制度建設，比如設立中紀委舉報網站，大力推行官員財產申報制度，明令禁止官員以公款或接受免費到高級娛樂場所消費等等。我相信，吳官正大力推行這些讓貪官污吏們既恨又怕的制度和舉措，一定是以他自身的廉潔爲基礎的，如果沒有這點底氣，他不會也不敢去推行這些制度。

文章稱，說到吳官正自身的廉潔，也許很多人會有不同意見。網上就傳說山東杜世成一案的總後台就是吳官正。而筆者對這個案件作了一些瞭解以後得出的結論是，這個案子或許與吳官正的兒子吳祖華有關，卻與吳官正沒有多少關係。

本來麼，作爲中共中央政治局常委，等於是處於中國社會權力金字塔的頂層，在這樣的位置上，即使你自己不想腐敗，腐敗也會自己找上門來；即使你自己保持廉潔，也很難確保家人親友們也一樣廉潔。杜世成也許的確是吳官正一手提拔的，但吳官正卻沒有因此就護短。對杜世成案，吳官正也有八個字：咎由自取，實屬無奈。前面四個字說的是杜世成，指杜世成自己觸犯了黨紀國法，就應該受到黨紀國法的制裁，自己做的事自己扛，怨不得別人。後四個字是說吳官正自己，因爲杜是他一手提拔起來的，他也不願看到這樣的結局，但杜觸犯了黨紀國法，他也不能不嚴肅處理。這八個字，好象恰恰說明了吳官正基本能夠做到克己奉公，不因人徇私。

在談到吳官正的兒子吳祖華時，湘君在文章稱，至於對吳官正的兒子吳祖華的處理，事情要複雜一些。首先，中紀委查處的對象是黨員幹部，尤其是高級黨員幹部，而不是普通老百姓。吳祖華只是個商人，不屬於吳官正中紀委的管轄範圍。即使中紀委有許可權插手吳祖華案，吳官正作爲直系親屬，也應該迴避，不應管得太多。所以，從理論上講，對吳祖華的處理，與吳官正關係不大。其次，護犢之情，人皆有之，即使吳官正對吳祖華有一些包容，應該也在情理之中。如果吳官正真的能做到鐵面無私，六親不認，那當然會令人欽敬，但也會讓人覺得過於冷酷，失掉了一些人性。

現在中國的太子黨都喜歡經商，只要你是太子黨，一旦當了董事長，哪怕你是個白癡，也一樣財源滾滾。我覺得太子黨經商是目前中國最要不得的一個現象，為了自己及父輩的名聲，太子黨從政可以，最好不要去經商。太子黨從政，或許還可以利用自身以及父輩的影響造福一方，但一旦經商，一筆筆鉅款的來龍去脈，那就怎麼也說不清了。在中國這樣一個官氣太重的國家裡，最好有明文規定，嚴禁從二品（副省級）以上官員的子女經商，盡力避免官商勾結。

文章認為，吳官正沒能管好自己的兒子，無論如何，的確是他的污點，但瑕不掩瑜，我們也不能因此就否定他這五年來在中紀委的工作。十七大以後，中紀委換屆，十月二十九日，中紀委召開工作交接班暨歡送座談會，吳官正在會上作了臨別感言，令人耳目一新。我覺得吳官正的發言開了以下三個很好的先例。

第一，是實話實說，指出了反腐工作的難度以及當今官員普遍腐敗的嚴峻事實，而且這些事實的確令人瞠目。比如在內部申報中發現，上海市省廳級幹部 90%擁有 1000 萬元以上資產，廣東省的省廳級幹部 99%擁有 1000 萬元以上資產。吳官正拋出這些事實是需要勇氣的，表明他已深明人走茶涼的道理，決定拂袖離去，不留後路，真正做個"無官正"。

第二，是自揭其短。吳官正在發言中沒有過多強調自己工作中的成績，而是老老實實地陳述自己工作中的失敗之處，也就是他發言中指出的三大憾事，他推行的幾項反腐制度建設都因為遭到官僚利益集團的強大阻擊而歸於失敗。這種實實在在的臨別述職方式，在中共官員中是極少見的，吳官正的確開了一個很好的先例。

　　第三，是給自己打分。朱鎔基在臨別感言中說，如果老百姓還認為他是個清官，他就很感激了，話雖誠懇，但太籠統。吳官正給自己打分，比較具體而實在。吳官正給自己 59 分，一則說明他有自知之明，二則說明他深刻認識到了中國官場腐敗的嚴重性，同時也給他的繼任者樹立了一個標準。

　　這篇發表於 2007 年 12 月 10 日的文章寫道，當然，由官員自己給自己打分肯定是不夠的，最客觀的還是應該由老百姓給官員打分。問題是現在老百姓沒有為官員打分的辦法，如果哪位有心人能夠專門建立一個為中國官員打分的民調網站，為老百姓提供一個評審官員的空間，那網站一定會火起來的，沒准這樣的民調還能成為將來考察官員必須參考的指標。

　　湘君最後說，如果讓筆者來給吳官正打分，筆者願意給他打 80 分，也就是 B-。當然，很多人會對這個分數不以為然，會認為打得太高。給他 80 分的理由有二。第一，儘管他大力推行的一系列反腐制度建設結果不如人意，但這不是他的錯，中國的腐敗現象積重難返，不是他一個吳官正就能解決得了的，但至少他在自己的任期內勤勤懇懇地做了他力所能及的應該做的事，給他 80 分，算是對他勤勉工作的讚賞。第二，將心比心，如果自己是吳官正，在短短五年的任期內，在中國現行的體制下，在這樣的環境中，能不能比他更廉潔，能不能比他幹得更好，自己真的不敢說。自己心裡都沒準譜的事，也不方便對別人求全責備，所以，給他 80 分，也不能說是太高。也正因為如此，筆者對吳官正的繼任者也沒有太高的期待，在現在的體制下，如果他能夠做到吳官正這樣，就算很不錯了。

李瑞環家族：
兄弟姐妹多是官商
兒子年薪千萬美元

　　紈絝子弟胡為登場唱道："我爸爸胡搞。只因他老人家曾做過一任縣官，官當的時間不長，錢撈的不少，算得上高效益！""老子他撈錢不擇手段，小子我花錢不講章法；老子敢撈，兒子敢花。這叫什麼？這叫生態平衡。"

　　這是李瑞環先後十易其稿、改編自梅派名劇《生死恨》的《韓玉娘》裡的唱段，《韓玉娘》的改編被認為是"既繼承原劇精華又脫胎換骨的一出新戲，為傳統京劇的改編提供了成功的範例"。

　　中國媒體報導稱，眾所周知，卸任後的李瑞環醉心於京劇曲目的改編。

　　2009 年 4 月 6 日至 4 月 12 日，"李瑞環改編劇碼匯演"在天津中華劇院舉行。《西廂記》、《韓玉娘》、《劉蘭芝》、《金山寺·斷橋·雷峰塔》(簡稱《金·斷·雷》)、《楚宮恨》五出大戲第一次匯演，來自北京、上海、天津等地方 10 家院團及海外京劇名家、演員參加演出，以豪華而強勁的陣容演繹李瑞環同志精心改編的五大傳統劇碼。

　　早在上世紀八十年代，李瑞環還在天津市長的位子上，就在繁忙政務之餘修訂、整理、改編劇本，此後 20 餘年不斷修改。報導稱，在改編中，李瑞環不是為改而改，而是堅持從劇碼實際和時代、觀眾需要出發；不是隨意變型，改得面目全非。針對具體劇碼具體分析，有的放矢。

這個"有的放矢"，可謂李瑞環改編傳統劇本的"真實目的"。而"老子他撈錢不擇手段，小子我花錢不講章法；老子敢撈，兒子敢花"這段精彩的台詞，不正是當今中國高官的真實寫照麼？！

那麼，李瑞環要"借戲喻今"敢罵那些敢撈的老子和敢花的兒子，到底意味著什麼？是想澄清有關自己的腐敗傳聞，還是要諷刺哪些政治謠言製造者呢？

從"小木匠"到政協主席

李瑞環出身貧寒，很小的時候就開始幫家裡幹農活；所以，他從來沒有接受過正式的系統性教育，更沒有什麼文憑、學歷。十七歲時，李瑞環來到北京打工。在一次偶然的機會中，他被一位木工工長看中，決定傳授他做木工的手藝。於是，1951 年李瑞環成為北京市第三建築公司的一位普通工人。

1959 年，李瑞環參與到北京人民大會堂、工人體育場等一系列國家大型建築工程中。他和後來曾任北京市常務副市長的張百發一樣，都是當時活躍在北京各個建設工地的青年突擊隊的隊長。在這期間，李瑞環曾在北京建工業餘學院進修。

在 1965 年轉為幹部之前，李瑞環當了近 15 年的工人。15 年間，他搞了 100 多項技術革新，當時被稱為革新的能手；他還創造了木工的一種簡易計算法，用以取代傳統的"放大樣"；也因此，曾被譽為 "青年魯班"。後來，他將這種方法寫成一本名為《木工簡易計算法》的小冊子；其事蹟，也被拍成了電影。

　　1965 年，李瑞環轉爲幹部，並出任北京建築材料供應公司黨委副書記、兼北京建築木材廠黨總支部書記。他就是從這家工廠的一位黨務幹部做起，一步一步地成爲了中共的高級領導人。

李瑞環

　　不久，在文革開始後，李瑞環受到迫害，並被停止了工作；直到 1971 年。此後，他一直在北京市建築行業工作；曾歷任建築木材廠的黨委書記，市建築材料工業局黨委副書記，北京市建委副主任，市總工會副主任等職。1979 年，李瑞環主持興建了首都機場候機室及配套工程。而後，李瑞環又從工會轉到共青團任職。1980年，李瑞環當選爲共青團中央常委、團中央書記處書記全國青聯副主席。其辦事能力受到時任共青團中央負責人胡啓立的欣賞。在胡啓立出任中共天津市委書記、市長後不久，李瑞環在 1981 年就被任命爲天津市副市長，成爲胡啓立的助手，並由此正式進入政壇。

　　在胡啓立調離天津後，李瑞環於 1982 年順勢"接班"，出任天津市市長；五年後，晉升中共天津市委書記，並繼續兼任市長職務。

1987 年 11 月，在中共十三屆一中全會上，李瑞環當選爲中共中央政治局委員。

1989 年 6 月 ，在六四事件發生後，中共中央進行改組；主持天津工作的李瑞環和上海的江澤民同時在中共十三屆四中全會上，被增補中共中央政治局常委。時年 55 歲的李瑞環出任中央書記處書記，同時也成爲政治局常委中的最年輕者；而江澤民則升任中共中央總書記。

首次進入中央工作的李瑞環獲分管意識形態及統戰工作。在當時的政治環境下，李瑞環頂住來自黨內保守派要求 "反對自由化" 的壓力，強調文藝創作 "必須有一個寬鬆和諧的環境" ，被視爲是繼胡耀邦、趙紫陽之後，中共又一個思想開明的領導人。

中共十四大召開，政治風波結束後的新一代中共領導人正式接班。有消息說，當年鄧小平出於讓江澤民穩妥接班的考慮，爲免中國政壇再出現什麼變數，就沒有讓李瑞環繼續主管宣傳工作 。隨即，在 1993 年 3 月的 "兩會" 上，李瑞環以 59 歲之年齡，被安排出任一向被視爲是 "只有退休了的前中共領袖" 才會擔任的 "閒職" ——全國政協主席；並於 1998 年 3 月連任。

然而，在李瑞環主掌政協工作後，他積極鼓勵政協委員參政議政，並提出了 "盡職不越位、幫忙不添亂、切實不表面" 的政協工作新思路。經過十年的努力，李瑞環把全國政協變成了一個 "言官" 的大本營，並能夠不時地發出一些與 "主流思想" 不同的聲音。

2002 年，一批當時的中共領導將要退休。對於 68 歲的李瑞環，外界的有不少的傳聞和猜測。在全國政協十屆一次會議全體委員預備會議上，李瑞環還是做了"告別演說"。他表示：

作爲九屆全國政協主席，我衷心希望和祝願全國政協十屆一次會議圓滿成功；衷心希望和祝願十屆全國政協堅持好的東西，修正錯的東西，創造新的東西；衷心希望和祝願人民政協事業越來越好；並衷心希望和祝願十屆全國政協委員在認真履行職責的同時，事業有成，個人進步。

媒體評價說，"中國政協的李瑞環時代"宣告結束。

退休後，李瑞環平時喜好打網球、乒乓球、釣魚、京劇；他還曾任中國乒乓球協會的名譽主席。退休後，李瑞環還出版了書籍——《學哲學 用哲學》、以及《辯證法隨談》等。

爭議：李瑞環珍藏油畫拍出 2700 萬元

2009 年 12 月初，已淡出政壇很少露面的李瑞環，因爲一幅畫而成爲海內外輿論關注的焦點。中國廣播網 12 月 3 日報導說：

前中國政協主席李瑞環捐獻的油畫《北國風光》近日被拍 2700 萬元人民幣（下同），並全部捐贈給桑梓助學基金會資助貧困大學生。

自 1996 年春以來，李瑞環連續 10 年拿出個人所得的稿費和獎金 53.8 萬元，以"一位老共產黨員"的名義，資助天津 19 所高校，來自全國 31 個省、市、自治區的 148 名貧困大學生。

此外，他還創辦了旨在資助特困大學生的桑梓助學基金會，並爲基金會募集捐款 700 萬元，捐贈自己的稿費 110 萬元。

該基金會創辦五年來，資助特困大學生 188 名，發放助學金超過 140 萬元，並參加其他社會團體救助特困大學生捐款 13.2 萬元。

隨著近年救助的人數逐年增加，基金會急需更多的財力支持。為此，李瑞環將珍藏 30 年的吳冠中畫作捐給桑梓助學基金會，獲款 2700 萬元。

據吳冠中介紹，1979 年興建首都機場時，由中央工藝美術學院承擔內部壁畫及裝飾畫任務，當時李瑞環領導機場建設工程，自然也十分關注壁畫裝飾工作的進度，他曾多次和畫家舉行座談會議，給大家留下深刻印象，工程結束時，繪畫小組決定將吳冠中的《北國風光》畫稿以集體的名義贈給李瑞環作為紀念。

這條在 2009 年年末出現的新聞，立即引起網民的關注和議論。

有網友留言稱，"我想說的是 收受如此貴重的禮物 這跟受賄有什麼分別？"但一位網友在跟帖中指出，"官員需要問責與被質疑，處在監督之下，所以我不反對您提出這個問題。但是，李瑞環是在 1979 年公開接收的這件贈品，當時普遍沒有收藏意識，價值遠沒這麼高。所以，談不上受賄。"

這位網友還說，"作為如他這級幹部或遠低於他的幹部，藏幅當代名家的畫，不足為奇，隨著收藏品的大幅升值，他們或賣或傳給後人，都不違法。但至今只有李一人捐贈（或還有，但我沒聽到）給慈善基金，我很受感動，我認為他是一位有理想有信仰的"老共產黨員"（如他自己所說）。他應當受到稱讚，受到尊重，他是一代人的楷模。"

"如果您是出於對腐敗的憤恨，出此過激之語，我可以理解，但也不要不分清紅皂白，一篙打翻一船人。可能也許有些收了不少字畫的政要或其後人，李瑞環這種作法使他們難受或窘迫，說不定還是忌恨，因此也用種種手法塗黑醜化別人。"

但有網友懷疑"李瑞環貪污受賄的錢肯定超過他的捐款"。網友稱，《李瑞環珍藏油畫拍出 2700 萬元》這篇文章說："自 1996 年春以來，李瑞環連續 10 年拿出個人所得的稿費和獎金 53.8 萬元，以"一位老共產黨員"的名義，資助天津 19 所高校，來自全國 31 個省、市、自治區的 148 名貧困大學生。"

文章寫道：那麼 10 年來，李瑞環貪污受賄的錢有多少呢？可以肯定，10 年來李瑞環貪污受賄的錢肯定大大超過他的捐款！像這幅捐獻的油畫《北國風光》，李瑞環一個月才多少工資，居然買得起價值 2700 萬元的藝術作品？

哪怕李瑞環 30 年來不吃不喝不消費，也不可能存到 2700 萬元錢來買藝術作品！請問李瑞環哪來的錢？ 如果說這幅畫是現在升值的，以前沒有那麼貴。那麼以前李瑞環官也沒有那麼大，工資也沒有那麼高，也沒有存那麼多線，這錢是從哪來的？

如果是半價買的，那麼按照中紀委的規定，公職人員以低於市場價格的錢買了房產或者藝術作品，這個差價是應該算作貪污受賄款的。不是嗎？中紀委就是這樣規定的！

如果說這幅畫是贈送的，那麼公職人員李瑞環，或者說作為當時首都機場工程負責人的李瑞環，接受承攬首都機場內部壁畫及裝飾畫的繪畫人員集體贈送的禮物，有著明顯的利益輸送關係，這和任何一個負責發佈工程承包的官員和那些企圖承攬工程的包工頭之間贈送禮物，行賄受賄，有什麼區別？

總之，李瑞環這幅價值 2700 萬元的藝術作品來源不明不白，特別是他購買這幅畫的金錢支付不明不白。這裡存在著疑似貪污受賄的嫌疑。

上千萬的大案，貌似鐵面無私的中紀委查還是不查？又要貪污，又要裝出一付"清正廉潔"的樣子，就像那些妓女又要做婊子，又要立牌坊，只能成為人們的笑柄。

奉勸媒體以後再要登這類粉飾貪官的文章時，請想好了，不要再拿臭大糞當作香料來爲自己塗脂抹粉打扮。這種臭大糞越往自己身上塗，只會越來越臭的。

針對李瑞環前幾年以 "一名老共產黨員" 的名義捐了 53.3 萬元給大學生一事，有網友撰文稱，李瑞環是 "得了便宜賣乖"，裡外都是賺。首先他 10 年捐了 53 萬，都保密了 10 年，可偏偏在他的新書《學哲學、用哲學》出版發行之後公開，大有肆意 "炒作" 自己新書的嫌疑，屬於名利心太重。

所謂前人民政協最高領導人的重要著作《學哲學，用哲學》，爲 "李瑞環同志所著"，人民大學出版社出版，是 2005 年底一路居高不下的暢銷書，直追美國人庫恩寫的《江澤民：他改變了中國》的暢銷後塵。這部書，上下兩冊，定價不低，平裝 69 元，精裝 95 元，最低發行 10 萬冊，按照最低 10% 的版稅，李瑞環這一本書賺的錢就高過他捐出去的 53.3 萬元。換個角度說，他所捐出的錢，正是讀者花錢買了一本又一本書所積累來的（其中公款居多，等於拿公家的錢爲自己貼金），如果說李瑞環捐錢，不如說是他替廣大讀者或用公費捐錢，目的都是一樣的，只是廣大讀者和公家單位是被 "保密" 的眾多幕後英雄，而走上前台被光環美化的只有李瑞環一人而已。

名人出書賺錢，天經地義。但李瑞環這個名人不一樣，他是與眾不同的 "一名老共產黨員"，以 "共產主義而奮鬥終身" 爲信仰，可事實上他的行爲仍讓人覺得 "國家仍虧欠" 他，"所以人都退休了，還要殺個回馬槍，往國庫裡劈手再抓最後一把"（周國平語）。

文章稱，我們可以非常清楚地看到，他李瑞環李大人大量揮霍的政治和人力資源都是黨和人民給的，他本來退休以後可在天津老家安享晚年，可他偏偏退而不休，利用公共資源和公權力這個平台為自己這次捐錢提供足夠的便利，所以"李瑞環《學哲學用哲學》為什麼賣瘋了"就成了網絡熱點話題。還有媒體報導，該書是10月份北京圖書大廈銷售排行榜第一名。真不錯的市場，李瑞環玩經濟，搞理財是不賴的好手。政府埋單有什麼不好呢？政府的錢是納稅人的錢，退休的人任意地花納稅人的錢，天經地義，沒有必要經過納稅人同意。所謂，公家的錢，不花白不花，花了不心疼，成為成為公開的秘密，公開的潛規則。

至於李瑞環捐沒捐出50萬已經不是什麼值得討論的問題了，按照李瑞環的身價，再捐50萬也不會讓李瑞環傾家蕩產。李瑞環的新書還在熱銷，他不但有錢，而且還有勢力，新華社免費在全國的大報紙上為他宣傳，這不等於給他開了個銀行，讓他財源滾滾嗎？或許不久，他又寫出一本新書，又成為書市的熱點……

兄弟姐妹是官商，乾兒子作惡多端

李瑞環退休後，網上評論各謂毀譽參半。據海外媒體撰文披露，李瑞環掌權後，其家裡可謂雞犬升天，其大哥李瑞海搖身一變成了官商，至少有上千萬進帳；弟弟李瑞森把持了天津市的房地產市場；在李瑞環的安排下連其不識字的姐姐也一躍成為河西區人大常委會主任。

1988年前後，為了穩定天津的市場價格，李瑞環強迫農民每人每月向當地政府上繳一斤豬肉和一斤雞蛋。政府的收購價是當時市場價的三分之一左右。

李瑞環的乾兒子宋平順是河北深澤人，在八十年代初通過朋友引見認識了李瑞環的家人，進而認識了李瑞環。認識李瑞環之前，宋平順當時是天津市公安局一個副處長。認識李瑞環後，宋升爲天津市公安局副局長，然後是局長。

爲了表達感謝之情，宋平順跪在李瑞環面前，舉行了非常隆重的儀式：宋認李瑞環做乾爹。李認宋爲乾兒子。同時，李瑞環把自己多年培養的另一個接班人、當時的天津市副市長張立昌也叫出來，要宋平順拜張立昌做大哥。李瑞環要求張立昌接班後，把宋平順作爲自己控制公、檢、法這些暴力鎮壓機器的開關，任何時候都不允許他人染指，要一直由宋平順來把持。

撰文稱，張立昌和宋平順聯手統治天津 20 多年，把天津變成了人間地獄：據統計，在全國到北京上訪的人群中，天津人數占全國第一，天津冤獄成災。天津市每個城區和縣區，沒有一個地方沒有激烈的官民衝突的，沒有一個區縣的監獄裡不關滿老百姓的。天津各級官僚可以胡亂征老百姓的土地，至於補償，可給可不給，政府愛給多少就給多少，誰不服，鬧，就抓起來關監獄。僅就天津百姓鬧事與政府對抗而被抓進監獄，在監獄中被弄死的百姓，十幾年來達 80 多人；被抓被關的總共達 1670 多人！

這些鎮壓，全是宋平順指揮下令，宋說了，在天津，他就是法律，瞅誰不順眼，他就收拾誰，誰不老實聽話，連人帶財全部讓你蒸發。

天津各級官僚這麼大膽，那是因爲他們的官位都是從張立昌、宋平順那兒買來的，他們可以有恃無恐。天津的買官賣官在全國是首屈一指的。張立昌平時都是躲在幕後，從不出面，由宋平順出面收取賣官費：區委書記 2000 萬，區長 1200 萬；各廳局長 1000 萬；處長 500 萬；各公安分局長 1000 萬，副局長 600 萬；僅這項收入，就達十幾個億！每四年，有的五年就被換一次。宋平順得錢後，自己留幾個億，再給李瑞環和張立昌送幾個億。

　　宋平順家裡的財富，別的不說，先說他家裡牆壁上掛的畫。他家裡的畫，最貴重的一幅，價值達 1000 多萬！難怪宋平順經常對那些指責他掠奪他人財產的人說："我掠奪你的財產？我家牆壁上掛的十幾幅畫就價值幾個億，我還在乎你那幾個小錢？"話雖是這麼說，宋平順還是利用自己領導天津市公、檢、法的權威，經常利用職權敲詐在天津的大型企業家的財富。

　　宋平順有個原則：敲詐數額少於 3000 萬，一般看不上。宋平順敲詐對象一般是台灣、香港、華僑和歐洲商人，美國商人（包括美國籍的華人）他都不下手，他知道美國厲害，其他國家地區的，他都敢大敲特敲，而且是借用法律的名義把自己的敲詐佔有合法化。

　　許多到天津投資的非美國籍商人，都有被宋平順敲詐的記錄，尤其是台灣人和華人，許多人被宋平順弄得家破人亡。歐洲商人也是。一個法國商人一次被宋平順霸佔了 2500 萬美元，最後從天津逃回法國。

　　宋平順因為作惡太多，他對自己的安全極端重視，害怕有人暗殺他。他家住的地方象碉堡一樣有三層，外面他派了天津警察為他做保衛家丁，還安了防護用的鐵絲網，並通上高壓電，最裡層還養了三條德國進口的大狼狗，公家報銷這一切開銷。

　　宋平順的子女和張立昌的子女壟斷了天津所有的工程，他們從中再轉包，根本無須自己動手。這兩個家族在過去的 20 多年裡，基本上把天津的民脂民膏吸幹了。然後，他們把這些局額財富轉移到國外去，主要是加拿大和美國。

　　宋平順還是個玩弄女人的魔鬼。據公安局知情人士透露，20多年來，宋平順包養的情婦已經不下 50 個，宋為每個情婦都在天津辦公司做實業，給她們在天津購置豪華別墅和豪華轎車。宋平順本人在天津郊區風景勝地以及北京郊區風景勝地總共有九處行宮，供他淫樂。

乾兒子宋平順自殺身亡

2007 年 6 月 3 日，李瑞環的乾兒子宋平順自殺。新華網的消息說：天津市政協主席宋平順自殺身亡。經查明，宋平順道德敗壞，包養情婦；濫用手中權力，為情婦謀取巨額不正當利益。根據《中國共產黨紀律處分條例》的有關規定，中共中央紀委決定並報經中共中央批准，開除宋平順黨籍。

新華社 6 月 8 日晚上 11 點發稿稱，6 月 4 日發現天津市政協主席宋平順死亡。經檢驗鑒定，確定宋平順系自殺身亡。有關部門收到過對宋平順問題的反映，現已著手進行調查瞭解。62 歲的宋平順長期掌控天津政法系統。他是 30 多年來首位自殺的正部級高官。官方稱宋平順是因經濟問題在接受中紀委調查期間自殺身亡。

天津市委書記張高麗 6 月 8 日上午會晤香港特首曾蔭權時，聽到香港記者追問有關宋平順自殺的消息，臉色一沉，不願回應。不過，據香港鳳凰衛視報導，張高麗 8 日下午在天津市領導幹部會議上通報事件，稱宋平順因經濟問題在接受中紀委調查期間自殺身亡。

宋平順最後一次公開露面是在 6 月 3 日參觀周恩來、鄧穎超紀念館。天津市委 4 日召開常委擴大會議，研究貫徹剛剛閉幕的天津市委第九屆黨代會精神。本應參加會議的宋平順請假，並派政協其他領導參加會議。晚上 9 時，市委接到工作人員報告，稱宋在辦公室死亡。市委立即向中央報告。接報後，公安部刑偵司立即派員來天津現場勘查，確定宋自殺身亡。

　　現在官方還在調查宋平順是不是畏罪自殺,若是畏罪自殺,他將是自 12 年前北京市常務副市長王寶森之後,大陸畏罪自殺的最高級官員。　至於宋平順自殺的形式,據說是他服藥後自縊身亡。也有報導稱,宋平順是在天津市政協辦公樓墮樓身亡的。

　　宋平順的問題主要是他早年主政天津市公安和政法系統時,涉嫌收受商賈賄賂以及利用職權爲家人親屬謀私利。中紀委接到舉報,日前派員到天津調查。6 月 4 日傍晚,中紀委調查組官員約談宋兩小時,希望他“說清楚”。不料中紀委人員走後不久,宋即被發現在政協辦公大樓內身亡。

宋平順

　　張高麗說,目前掌握宋平順的問題主要有兩點:一是利用職權爲港商謀取利益;二是包養情婦,並生有一子。張高麗稱,宋平順自殺完全是他個人行爲。至於當前社會上傳說天津市其他領導的問題是沒有根據的。

　　宋平順自殺身亡事件震撼天津政壇。中紀委已增派官員到天津調查,而天津市黨政當局也緊急開會應對。據天津政協網 6 月 8 日報導說,在市政協在 6 月 6 日舉行政協黨員會議,而在 7 日召開的市政協第 24 次常委會議中，現任 11 名副主席只有 5 人出席，分別是盧金發、葉厚榮、周紹熹、曹秀榮、王家瑜，另外秘書長陳福順亦有與會，但另外 6 名副主席王文華、姚建銓、趙克正、蔡世彥、朱坦、陸錫蕾則未見出席。

天津多個官方網站 6 月 8 日在顯著位置，刊出《中共天津市委常委會關於加強自身建設的決定》，決定要求領導幹部 "廉潔從政，絕不利用職權謀取任何私利，絕不利用職權為家屬、親友和身邊工作人員謀取任何好處"。

宋平順是 30 多年來中國自殺最高級別的官員之一。他出生於河北，長期在天津工作，在天津市政法系統有深厚的影響，歷任天津市公安局一處副科長、副處長、市公安局副局長、局長。1990年擔任天津市副市長，後來擔任市委副書記兼任政法委書記。

中央不久前調原山東省委書記張高麗主政天津。2006 年開始，中央對天津官場進行整頓；中紀委在對天津市人民檢察院檢察長李寶金執行 "雙規" 五個月後，於 2006 年 11 月底正式公佈李寶金 "嚴重違紀違法" 案件，指李寶金利用職務之便，受賄數百萬元及生活腐化，宣佈開除其黨籍及公職，並移送司法機關處理。隨著李寶金落馬，天津政壇受到震動。據稱，李寶金跟宋平順關係密切，兩人在天津市政法系統同期共事長達 40 年之久。李寶金被開除黨籍和公職後不久，宋平順也開始接受調查。宋的自殺消息傳出後，外界推測其很可能是 "畏罪自殺"。

但也有消息人士稱，宋平順與落馬的李寶金關係並不密切，反而現任天津市公安局長武長順是其親信。

海歸女兒供出老爸，李瑞環舊部落馬

自宋平順於 2007 年 6 月 4 日自殺後，天津官場一度沸騰又沉寂下來，但一年後重新被翻攪起了風浪：原天津市委常委、濱海新區工委書記、管委會主任皮黔生（副部級），2008 年 10 月被中紀委"雙規"。

這是繼宋平順（正部級）、天津市檢察長李寶金（副部級）之後，兩年內天津政壇落馬的第三位部級高官。此前兩個月，皮黔生曾在哈佛獲 MBA 學位、現在美國花旗銀行工作的女兒皮曉萌，也在回國期間被拘留審查。

皮黔生案發，要從宋平順說起。據知情人透露，宋平順自殺背景十分複雜。曾長期坐鎮天津的前中共中央常委、全國政協主席李瑞環，當天正在從北京前往天津的中途。他在車上接到電話，得知他的老部下宋平順自殺，當即令司機折返北京。

關於宋平順自殺的方式，一度傳出四種版本："抹脖子"（割喉）絕命，上吊斷氣，墮樓而死，服毒身亡。據知情者說，宋平順是用塑膠袋緊緊套住自己脖子，窒息而死。這是一種相當少見的自盡方式，需要自殺者有很大的決心。宋平順用這種方式自我了斷，本身就啓人疑竇：他爲什麼著意向人顯示自己的決絕？他是向誰顯示呢？

知情人透露說，對於宋平順的死，大多數民眾爲其東窗事發而拍手稱快，但不少官員也松了一口氣，對宋平順嘖嘖稱讚，感激不盡：宋平順夠意思！在紀委人員找他談話之後，"識大體，顧大局"，當機立斷，自赴黃泉。他將無數不可告人的秘密帶進墳墓，保住了不知多少人的權位富貴。

宋平順自殺，中共中央和中紀委等許多機構都組成專案組，前往天津調查、約談。就在此時，6 月 10 日，天津市委常委、組織部長史蓮喜對外宣佈：濱海新區工委書記、管委會主任皮黔生，被苟利軍接替。皮黔生正是被傳聞甚久的天津貪官之一，此前擔任兩屆市委常委的他，未進入新市委常委，有傳言他將調離天津，很可能前往老領導李建國（兩人八十年代同在天津市委辦公廳工作，李建國爲皮的上司）主掌的山東任職，但多維社當即報導，宋平順自殺使中紀委加緊了對皮黔生的調查。

　　消息人士稱，安排苟利軍接替已經在天津開發區服務 23 年的元老皮黔生，有"一箭三雕"的用意，第一層用意是"可以明說"的，即加強濱海新區的領導；還有兩層用意是"只能意會"的：調開皮黔生，爲清查問題掃清障礙；換上長期貼身跟從張立昌的苟利軍，則是對李瑞環、張立昌"砍一刀摸一下"的安撫。

皮黔生

　　皮黔生，1951 年 10 月生，河南寧陵人，南開大學經濟系政治經濟學專業畢業，南開大學國際經濟研究所世界經濟專業畢業，在職研究生學歷，經濟學博士。

　　皮黔生曾經是天津市手術器械廠工人，入伍 5 年後復員回該廠。從南開大學本科畢業後，到天津市委辦公廳工作一段，1984

年 8 月，調到天津經濟技術開發區管委會工作，在當時不到 30 歲的開發區負責人張煒手下很受重用，先後擔任研究室主任、辦公室主任、天津經濟技術開發區總公司經理、公用實業公司經理。

1989 年六四前夕，張煒辭職以抗議對學生運動的強硬高壓，六四後受到審查，但皮黔生未受影響，繼續擔任開發區管委會主任助理。

鄧小平南巡之後，他歷任天津經濟技術開發區總公司副總經理、總經理，管委會副主任、主任；1998 年之後，他擔任天津市外經貿委主任、市委外經貿工委副書記，同時繼續兼任天津經濟技術開發區管委會主任。

2000 年，皮黔生兼任濱海新區辦公室主任，隨後又升任天津市委常委、濱海新區工委書記、管委會主任，開發區保稅區工委書記，集濱海新區黨政大權於一身。

濱海新區是天津的“招牌”，也是中央大力催生的“環渤海經濟圈”的龍頭，下轄三個行政區（塘沽、漢沽、大港）和三個功能區（開發區、保稅區、天津港）及東麗區、津南區的部分區域，規劃面積達 2270 平方公里，人口 152 萬。

中央 2006 年將濱海新區放到“十一五”規劃中，定位為全國綜合配套改革試驗區，皮黔生在這裡大有施展天地，他有南開大學經濟學博士頭銜、並一度在南開兼課，給人的印象是氣質溫文，條理分明。

但皮黔生一直被傳言困擾，說他的妻子、社保基金中心主任黃桂芳，挪用十億（一說數十億）老百姓的保命錢投放於房地產和股市，還支持皮的殷姓前司機在開發區成立濱海大藥房，所購藥品無論多少，均由藥房開具處方後到開發區社保報銷。傳聞黃桂芳曾受中紀委調查。

　　2007 年 3 月 9 日全國“兩會”期間，《財經》記者在京西賓館旁聽了天津代表團討論，注意到皮黔生幾乎一言不發，心事重重。他接受 20 分鐘採訪，同以前思維縝密、侃侃而談的表現判若兩人，幾次中斷談話，“有時做手勢卻停在半空，放不下去”。

　　皮黔生被免職時，年僅 56 歲，應算“年富力強”，但有關方面並沒有依照慣例對其做任何安排。在天津市委組織部一次會議上，有關人士談及皮黔生去向，特意用非常中性的“另外安排”作答，而不是常見的“另有任用”。

　　不過，天津市安排黃桂芳公開露面，致使傳言一度平息。直到 2008 年 8 月皮黔生的女兒皮曉萌回國被拘押受審，才打開突破口，海外媒體兩年來不斷的追蹤報導，終於被證實。

　　皮曉萌是 2001 年進入美國哈佛商學院讀 MBA 的。當時正是皮黔生升任天津市委常委、濱海新區一把手前後。讀哈佛商學院學費不菲，商學院一般也不提供獎學金。

　　2009 年 6 月 17 日，中紀委證實，天津市原市委常委、濱海新區工委書記兼管委會主任皮黔生嚴重違紀違法被開除黨籍和公職，並移交司法機關處理。

　　中紀委的措辭是：皮黔生利用職務上的便利，爲他人謀取利益，收受巨額錢款，濫用職權，造成巨額國有資產損失。中國媒體稱，儘管這並非“皮黔生案”的最終結局，卻是兩年猜測和傳言之後的惟一官方表述。

　　官方媒體引述天津市委的一位官員的話說，對皮黔生的調查一開始並不順利，直到一年多後才從皮的女兒身上找到突破口，隨即改“控制”爲“雙規”。按照相關媒體的披露，這一時間點是 2008 年 10 月。

　　並非巧合的是，就在 2008 年 9 月 27 日，溫家寶在天津出席夏季達沃斯論壇時考察濱海新區，在講話時他特地強調：「新區要非常廉潔，領導班子一定要站得住。」

兒子李振智年薪一千萬美元

2004 年，李瑞環之子李振智被高薪挖角出任一家國際銀行亞洲投資銀行的負責人，讓人們再次關注中國太子黨在國際投資者激烈爭奪中國市場中所扮演的舉足輕重的角色。

《香港經濟日報》2004 年 7 月報導說，中國前政協主席李瑞環之子李振智最近被瑞士聯合銀行 UBS 挖角，出任 UBS 亞洲投資銀行董事總經理。

彭博新聞 7 月 10 日報導，UBS 投資銀行亞洲共同負責人之一的伯內特說，李振智是上個月從美林集團轉來瑞士聯合銀行的，此前他在「美林」的投資銀行僅任職一年。據「美林」說，李振智作為一個新手在過去不到一年時間裡為「香港美林」的多個部門工作過。

《香港經濟日報》說，現年 40 多歲的李振智，畢業於美國麻省理工學院，曾在中國大陸的旅遊、製造和電子業公司工作過，後來投身於金融圈。其父李瑞環是前中共中央政治局常委、政協主席。李瑞環以敢於直言和頂撞前國家主席江澤民而聞名。

彭博新聞說，瑞士聯合銀行亞洲投資銀行共同負責人的伯內特在接受採訪時說，李振智對該行在中國的業務至關重要，並說李是一位認真的商人。《香港經濟日報》說，瑞士聯合銀行內部人士估計，李振智的年薪，應該高達一千萬美元以上。

《香港經濟日報》說，瑞士聯合銀所以高薪向「美林」挖來李振智，一個重要原因是去年瑞士聯合銀行與「美林」爭奪集資額高達 4 億港元的中國電力的國際上市承銷商，當時李振智代表"美林"，他通過前全國人大委員長李鵬之女、中國電力國際董事李小琳，奪下了這筆大生意。

跨國公司投資銀行因為要在大陸要做大生意，因此需要找高層關係，熱中聘用海歸派太子黨。李振智在瑞士聯合銀行的兩位上司都是洋人，要打通大陸高層的人脈，需要象李公子這樣的人。

《香港經濟日報》說，中共高官子弟在高薪厚職的投資銀行界，早有雲集之勢。在李振智之前，前總理朱鎔基之子朱雲來，在摩根士丹力合資的中國國際金融公司出任高職；前中共總書記趙紫陽的媳婦任克英，剛被花旗集團停職，原因是她給銀行提供了錯誤的資訊；前中共總書記胡耀邦的大孫女胡知，四年前拿到劍橋商科碩士學位，先後任職德國銀行佳活賓信、瑞士信貸第一波士頓，現在"美林"；中國建設銀行行長張恩照之子，現任職滙豐企業融資部。

前 Bear Stearns 風險經理、現在香港經營一家顧問公司的亨利克森說，在中國有時候不在於你懂什麼，你工作多努力，而在於你認識誰，要辦成事情關鍵在於要有關係。

一位名為老兵的網友在跟帖中寫道，高幹子弟在國外公司任職的現象非常普遍，他們往往是被別人利用，為他人服務。大量的國有財產就這樣流出國外，當然也肥了這些人的腰包。

《中共太子黨》一書的作者之一何頻說，過去幾十年來中國的太子黨利用官僚體制賦予他們的權利，比如批文、倒買倒賣的特權、政策性的優勢，來掠奪老百姓財產、侵佔國家利益。今天中國的太子黨因為擁有非常豐富的、如無價之寶般的人脈關係而被外國資本家重用。

何頻說："他們完全可以來鑽中國政策上的很多空子。如果你不是高幹子弟，你想進都可能進不了外國資本這個領域。"

美國新興市場策略公司總裁甘布林說，中國的太子黨就像俄羅斯的寡頭集團，他們利用豐富的人脈關係為外國資本打通在中國投資的道路。

甘布林說："在中國也一樣。這些寡頭是從中央委員和政治局委員等高級領導人的孩子那裡產生的。比如李鵬的兒子控制著中國的電力傳輸業，江澤民的兒子控制著中國的電訊業。他們在原先是國有的這些企業裡坐上了領導的位子，因此他們就是中國的寡頭。"

何頻在接受美國之音採訪時指出，因為中國的很多政策領域並不是透明的，因此現在無法確定太子黨利用他們的人脈關係，把中國多少國有資產或者老百姓的資產，或者是本來應該屬於中國人自己經營項目的利益讓給了外國人。

何頻說："就是由中國的最開始的小倒爺現在變成了國際倒爺了。但是這是無可奈何的，這是沒有選擇的。因為中國這個國家就是這麼回事，全國人民都是向錢看，關鍵看誰有機會誰有關係。"

彭博新聞說，瑞士聯合銀行聘用前李振智為其亞洲投資銀行董事總經理，目的是為了能幫助他們贏得更多在中國的生意，瑞士聯合銀行已經有兩年沒有獲得初始股的上市承銷生意。而中國恰恰是過去幾年初始股上市最多的國家之一。

紐約的政論家孟玄說，中國的情況同東南亞國家和西方國家不同。深厚的治亂興衰的王朝政治文化同歷史上前所未有的資本主義經濟發展同時並存。究竟哪一個未來會更強大，現在還未可知。孟玄說："兩種東西在互相磨合，資本主義這麼強勢在中國發展在中國歷史上也是第一次。"

孟玄認為，美國早期顯赫家族如摩根、洛克菲勒後來都成功轉型為大企業。美國的肯尼迪家族、布什家族雖然強大，但都要服從美國大企業文化。而中國現在也正在學習這種文化。即使像李瑞環的兒子進入了瑞士聯合銀行，也必須融合進大企業的文化。

孟玄說："瑞士聯合銀行也要按照國際的標準來考核你，你之所以有這個身價是因為你幫助'美林'搞成了這個東西。但是你要弄成一個權貴的一手遮天下，恐怕在中國未來也很難做成。"

宗海仁披露李瑞環退休內情

有關李瑞環的腐敗傳聞和政治謠言，大多都是在中共十六大前後浮出水面的，那麼，這些傳聞是真是假？是不是有人在幕後設計和策劃以達到政治目的？曾經撰寫過《第四代》一書的宗海仁在其長篇文章中，介紹了十六大前後的中南海權鬥，披露了李瑞環退休內情。要想對李瑞環的"是是非非"有更全面的瞭解，宗海仁所披露的內容很值得參考價值。

宗海仁指出，無可否認，十六大是中共成立以來實施權力交接最平和的一次會議，但是，江澤民李鵬在如何部署新老交接這個最敏感的核心問題上卻充滿了曖昧與詭訣，顯示出濃重的爾虞我詐、勾心鬥角的色彩。圍繞中共十六大的一個核心問題是李瑞環的去留問題，李瑞環的去留不僅直接影響到新一屆中共最高決策層的人員組成，更直接影響到江澤民的政策（請注意：不是鄧小平的改革開放路線）能否繼續得以保持，直接影響到中共能否在今後五年進行實質性的政治制度改革。

在中共十六屆最高決策層的人事部署中，李瑞環成了牽一髮而動全身的角色，李瑞環的退休最終改變了新一屆中央政治局常委會的格局。如果說中共十六大有什麼內幕的話，那末，李瑞環的退休則是這次會議的最大內幕。

李瑞環與江澤民到底有多大的政見分歧？李瑞環的退休是在什麼樣的情況下發生的？什麼時候李瑞環決定退休？李瑞環的退休到底是主動提出還是被迫接受？怎樣判斷今後五年中國政治格局？披露並分析這些情況，有助於澄清社會上正在傳播的一些謠言，正本清源。

李瑞環與江澤民的分歧由來已久

李瑞環一直被人們視為中共最高決策層中的非主流派，一位親民愛民、敢作敢為、不尚空談、堅持改革的務實主義者。李瑞環比江澤民年輕八歲，卻有著與江澤民相同的資歷，李、江在先後擔任天津、上海市市長期間，曾經是相互捧場的朋友。入主中南海後，兩人成為同事，隨著工作中接觸增多，李、江在一些重大問題上的看法出現分歧，特別自中共十五大後，李、江兩人的關係日益疏遠，直至 2002 年年初，兩人關係如同陌路人。在十五屆中共中央政治局內，如果問江澤民與誰的關係最僵，當首推李瑞環。

近幾年李瑞環批評江澤民的有關言論，並歸納以下五方面：

一，敢於批評江澤民的華而不實之風，對於江澤民宣導的"三講"、"三個代表"，李瑞環從未予以積極配合。李瑞環說，"最近一些年來，一些黨政機關浮誇風猖獗，講空話、擺花架子現象隨處可見，突出個人、阿諛奉承之風日益嚴重，這些不正的社會政治風氣，導致幹部隊伍中看風使舵的人吃香，黨政官員中沒棱沒角、你好我好、油頭滑腦、八面玲瓏的人很多。"為此，在中央政治局會議上他多次呼籲要堅決"走群眾監督的路線，千萬不要選一些沒有主見、沒有自信的窩囊廢、隨風倒的人上來"。

更引人注目的是，在去年底的一次全國政協主席會議上，李瑞環意味深長地指出，"不要好大喜功，自以為是，今天提出一個主張，明天拋出一個理論。話講得越多，份量顯得越輕。"

二，敢於批評江澤民的"清談""空談"之風，不點名地反復呼籲盡力"多辦一些得民心、順民意的事情"。李瑞環更對江澤民的空頭政治表示厭煩，呼籲各級幹部都"必須面對現實，負起責任，真心實地關心群眾疾苦，盡心竭力地解決各種問題。"他還多次意有所指地在中央政治局、全國政協常委會等會議上強調，"今

李瑞環與江澤民

天我們評價歷史，將來歷史也會評價我們。只要我們想想這些，還有什麼一已私利不可以割捨、還有什麼恩怨不可以超越，還有什麼缺點讚美不可以拋棄！"

三，針對江澤民為討好黨內極左派，不提政治體制改革的問題，李瑞環含沙射影地說，"我們這個民族有個老毛病：好抱著一個東西不放，所謂天不變，道亦不變，祖宗說過的不能改，祖宗沒

說的不能做，一切以祖宗的是非爲是非。這種毛病，禁錮了人們的思想，窒息了民主和科學，助長了愚昧與落後，是中國社會前進的巨大障礙。令人不安的是，我們有些同志在這個問題上並沒有真正醒悟過來，他們很喜歡引經據典，自以爲理論修養很深，革命原則很強。實際上，這些同志恰恰在這些最基本的原則問題上違背了馬克思主義的原理"。

四，針對一些政協常委意有所指地問他（暗示有時候李瑞環的講話與江澤民的講話爲什麼不一致）如何看待不同意見時，李瑞環明確地說，"工作中存在不同的意見是正常的，與其說應該允許，不如說應該歡迎。如果大家對任何問題看法都一樣，沒有批評和反批評，還叫什麼決策？要切實保障提出批評的自由和發表不同意見的自由。不要抓辮子、扣帽子、打棍子。"

五，針對江澤民企圖尋求與毛澤東、鄧小平相提並論的歷史地位，李瑞環不止一次地說，"歷史是人民創造的，但由於政治家的地位特殊，他的工作影響國計民生，他的行爲對社會的發展有加速或延緩的作用，因而他總是不可避免地受到歷史的核對總和人民的評論。中國有一種說法，'功過誰評說，後生定先祖。勸君莫論一時遇，九泉之下看榮譽。'歷史是無情的，人民是公正。"

透過上述言論，我們可以比較容易地判斷出李瑞環與江澤民之間的關係。當然，最令江澤民不高興的是，李瑞環明確要求江澤民在中共十六大、十屆人大放棄全部職務，我在《第四代》中專門寫道：今年初，"針對上海、北京兩市"部分老幹部、老黨員"給中共中央寫信，有的甚至在網上發出呼籲，請求江澤民在中共十六大繼續連任中共中央總書記、中央軍委主席的呼聲，李瑞環一直敢於堅持原則、勇於堅持原則。李瑞環最近幾年曾在不同場合多次表示："實現新老交替、幹部年輕化是十六大最重大的歷史使命。不實現新老交替，就不可能開十六大。綜觀世界幾大國，美、俄、英等國家的領導人都只有四五十歲。錦濤同志明年就是六十歲了，六十歲不年輕。錦濤能夠勝任。"針對江澤民可能留任中央軍委主席的企圖，李瑞環明確地對萬里、喬石等中共元老說，"相信江澤民同志能夠模範地執行好新老交替的角色"，並強烈暗示，如果江澤民不卸任中央軍委主席，68 歲的李瑞環將主動放棄十六屆中央政治局常委、第十屆全國人大委員長的職務。"

宗海仁說，據他所知，李瑞環的這番話令江澤民大為惱火。針對李瑞環的發難，江澤民有意無意地透過他的親信放風說，江澤民從來沒有尋求過連任，為什麼李瑞環要說這樣不利於團結的話？江的一位親信、剛剛從一南方省份調任離京城很近的某省委書記更稱，李瑞環的這一說法是意在"逼宮"。其實，李瑞環那種希望江澤民徹底退休、全力支持年輕一代接班的想法並非只是出於對江澤民的個人成見，而是希望中國政治體制尤其是中共最高決策層的權力交接制度化、透明化，希望中國不應該再繼續上個世紀"垂簾聽政"的老人政治。也許正是這一點，註定了李瑞環在中共十六大的政治命運。

江澤民視李瑞環為最危險的政治對手

政治是險惡的、無情的，政治更是殘酷的、骯髒的。在一個無章可循的專制制度下，政治可以將敵人變成朋友，更容易將朋友當作敵人。正是因為李瑞環的鋒芒畢露，隨著中共十六大的臨近，江澤民開始越來越強烈地視李瑞環為自己的最危險的政治對手。江澤民意識到，如果自己在中共十六大、十屆人大卸任全部職務，而讓李瑞環繼續擁有五年的實權，不僅江澤民不能對新一屆中共最高決策層施加任何政治影響力，更遑談江澤民企圖在中國共產黨內謀求與毛、鄧相提並論的歷史地位；如果迫使李瑞環與江澤民一起退出中國的政治舞台，不僅能夠讓李瑞環在未來的中國政治舞台上消音，還可能讓自己在相當一段時間內繼續保持對新一屆中共最高決策層的影響力。從根本上說，李瑞環的去留，直接關乎退休後的江澤民的政治影響力以及江澤民的歷史地位。

當然，對付李瑞環是困難的。為此，江澤民可謂處心積慮、費盡心機。《第四代》這樣寫道，"在中共十六大的人事部署中，江澤民千方百計阻止李瑞環進入新一屆中共中央政治局常委會，從而在根本上削弱李瑞環的影響力，解除江澤民的心頭之患。" "雖然江澤民迄今尚未在政治局會議或政治局常委會議上對李瑞環採取突然襲擊的手段，迫使李瑞環退出新一屆中共中央政治局常委會，但明顯的，自2002年2月以來特別是5月份以來，江對李的小動作不斷。江李之間的間隙日益擴大，儘管政治局常委會議仍按既定程序照常召開，但江李兩人在會議上碰頭的機會明顯少了。很多情況下，江主持會議時李就出國或離京視察，李出席會議時江或出國或離京視察，視乎兩人都在刻意廻避著對方。

有跡象表明，江的親信們正試圖搜集並羅列種種不利於李的資訊，可以推測，一旦江掌握確鑿證據，哪怕在十六大召開前幾天，江澤民也可能突施殺手鐧，迫使李瑞環就範的可能。江澤民在全面退休的前提下，提出有意阻止李瑞環進入政治局常委的方案極可能被獲得通過。儘管目前江澤民只請求全退，尚未對李瑞環實施"圍攻"的策略，但這種可能性仍然存在。"果然，象中共十五大時對付喬石一樣，江澤民再一次對他的政治對手進行了突然襲擊。

精心設計的要求李瑞環退休的佈局

如何迫使李瑞環退休？江澤民及其親信們對此進行了精心設計、周密策劃、制訂了一套不顯山不露水的計畫。這裡，讓我們列數江澤民及其親信們針對李瑞環所做的一些主要動作：

一，捕風捉影的關於李瑞環的政治謠言

這些謠言有的率先通過北京的小圈子透出，有的則先在香港散佈，更有的則直接將其送到海外的一些互聯網上傳播。這些謠言幾乎全部是關於李瑞環的經濟或生活方面的，造謠者知道在當今中國，只有這一類謠言才最具殺傷力。這些謠言歸納起來大致有：

1，李瑞環包庇、縱容原北京市常務副市長李百發，使張百發從陳希同案脫出，免受法律嚴懲，脫離牢獄之災；

2，李瑞環包庇、縱容原文化部常務副部長高占祥，使高占祥生活作風腐敗、男女關係極其糜爛的問題一直未被揭露，退休後的高占祥至今仍逍遙自在地享樂著；

3，江澤民與宋祖英沒有證據，李瑞環與某一京劇名伶倒是有據可查；

4，李瑞環的生活作風象他的老上級萬里一樣隨便，不檢點；

5，李瑞環支持、縱容中國神秘的第一女富豪陳麗華在北京圈地，包庇陳麗華變相侵吞國有資產；

6，李瑞環是劉曉慶的大後台，劉曉慶仗著李瑞環為她撐腰膽大妄為地偷稅逃稅；

7，李瑞環的兄弟幾乎控制了天津市的主要的房地產，他們還涉嫌腐敗，揮霍並侵吞國家資產、中飽私囊；

8，已在獄中死亡的天津大邱莊“莊主”禹作敏過去囂張之極，就是因為仗著李瑞環的支持，不將黨放在眼裡、也不將江總書記放在眼裡；

　　這些謠言聽起來像真有那麼回事，但又不能真正端到桌面上來，查個水落石出。也正因為查無源頭，所以上述謠言就這樣在十六大前的北京政壇靜悄悄地流傳著、並擴散到了上海、廣東，甚至李瑞環的故鄉天津。與這些謠言相伴隨的，是江澤民透過他的親信利用中紀委現有的舉報信，於 2002 年上半年以中共中央紀律檢查委員會的名義向天津派遣了一個調查小組，主要調查與李瑞環關係密切的幾位老部下的經濟問題，調查範圍包括李瑞環的老家天津市寶坻縣，試圖通過對這些個案的調查，抓住李瑞環的一條辮子。儘管這個調查小組在天津毫無任何收穫，並已於國慶日前撤離天津。但這一行動本身的象徵性意義則是不言而喻的。謠言也好，調查也罷，李瑞環對此嗤之以鼻，表示輕蔑。

　　李瑞環希望江澤民能夠在中共中央政治局會議上主動談及中共十六大以及江本人的議題；像朱鎔基一樣，李瑞環也希望中共十六大能按慣例在 9、10 月份召開，讓新一代中共領導層能夠在國慶日前亮相。也許是李瑞環的名字仍然列在醞釀中的新一屆中央委員會名單內，也許是江澤民找不到要求李瑞環在中共十六大退下來的充足理由，也許是江澤民在等待李瑞環能夠在政治局常委會議上主動提出江全退李也全退的要求，總之，江澤民採取了"拖延"戰術。

　　北戴河會議不僅不能確定中共十六大的會期，甚至醞釀中的原有幾套新一屆中央政治局常委會的人員組成方案也根本沒有列入北戴河的議程中。江澤民試圖用冷凍的辦法對付李瑞環，江澤民與李瑞環的陣線似乎越來越分明了。

　　8 月 20 日，在趙紫陽的親信陳俊生的遺體告別儀式上，久未露面的萬里、喬石等一批元老露面了，還有田紀雲、溫家寶，他們名義上是為追憶陳俊生而去，實際上則是對李瑞環的一次公開的支持。因為一個多月來，李瑞環的名字在中國的新聞媒介中消失了，關於李瑞環的遙傳更甚囂塵上。萬里、喬石與李瑞環出現在同一場合，讓江澤民倍感警惕。很顯然，在這種貌視平靜的表面下，正彙聚著一股越來越洶湧的暗流。

二，被迫提出的徹底交權計畫

1，被迫推遲的會期。在江澤民的"拖延"戰術下，8月21日，跚跚來遲的中共中央政治局全體會議終於確定了中共十六大的會期：11月8日。這個日期，比中共十五大的9月12日晚了幾乎兩個月。任何一位北京的普通市民都知道，一年中的11月8日至15日是他們最寒冷、最難熬的日子，這是秋盡冬來還不能提供暖氣的日子（注：北京市規定，11月15日日是北京全城供暖的第一天）。這是無奈的選擇。據悉，在召開中央政治局常委會議前，江澤民親自先後找李鵬、胡錦濤磋商，李鵬、胡錦濤都表示同意江澤民關於推遲召開十六大的意見。因此，常委會最終通過了這個由江澤民自己提議的會期。江澤民提出推遲召開中共十六大的冠冕堂皇的理由是："為了保證從十六大到十屆人大這個全面交接過程的平穩、順利、緊湊，為了保證新一屆中央領導班子更好地開展工作，為了確保黨和政府各項工作有條不紊地進行"，但是，推遲召開的實際理由則是江澤民企圖阻止李瑞環進入新一屆中央委員會，而一時又苦於沒有確切理由將李瑞環排斥在外而採取的緩兵之計。當然，推遲召開中共十六大也為了好面子的江澤民順訪美國時不被布什政府所看輕。

2，被迫提出的徹底交權計畫。會期確定以後，關於新一屆中央最高決策層的構成仍然未定，同樣的，江澤民自己也從來沒有提出關於徹底退休的計畫。時間迫使江澤民必須改變自己的"拖延"策略。於是，9月底，江澤民正式向中共中央委員會提出全退的請求，也就是：在中共十六大，江澤民卸任中共中央總書記、中共中央軍事委員會主席的職務；在十屆人大，江澤民卸任中華人民共和國國家主席、中華人民共和國中央軍事委員會主席的職務。中央政治局的原有決策部署是：在中共十六大，胡錦濤接任中共中央總書記，江澤民、胡錦濤仍分別當選為中共中央軍委主席、中央軍委副主席。江澤民非常明白，他的這一請求未必被中央政治局特別是中央軍委所接受，但是，這一以退為進的策略不僅可以使他化被動為主動，並能最大限度地為自己攫取在中共十六大的政治利益。

3，不惜阻止更年輕一代進入中央最高決策層。作為以退為進的第一步，江澤民於 10 月上旬最終說服中共中央政治局擯棄了原定從五十歲以下的習近平等人中選擇一人進入新一屆中共中央政治局的方案，理由是"資歷較淺，不宜一步到位"。同時，明確了李長春將進入新一屆中共中央政治局常委會。這一尚未議定的新一屆政治局常委會，仍維持 7 人格局。李瑞環的名字仍然沒有被排斥在外。

三，含沙射影的要求李瑞環退休的提議

江澤民從實施"拖延"戰術到確定會期、提出全退、阻止更年輕一代進入中央決策層，一步一步，精心設計，所有這些為最終解決李瑞環問題掃平了週邊障礙。現在，江澤民只剩下唯一一個需要攻克的核心堡壘：如何要求李瑞環退休。面對江澤民的步步緊逼，李瑞環早就作好了與江同進退的打算。因此，最後的攤牌尚在意料之中。

10 月 17 日，中共中央政治局常委會召開會議，專門研究並最終確定十六屆中央政治局常委會的組成人員。對江澤民、李瑞環來說，這是極其關鍵、極其重要的一次會議。李留任，意味著江澤民影響力的終結；李退休，意味著李瑞環將從此在中國政治舞台上消失。顯然，江李兩人都是有備而來。必須說明，我從未接觸過有關這次會議的任何紀錄。在這裡，則完全轉述某位深孚眾望、德高望重的局外者（我完全信賴他！）透露的有關這次會議的一些具體資訊，並整理如下：

據介紹，這次會議的氣氛一開始顯得比較輕鬆。因為中央軍委、政治局不接受江澤民在中共十六大卸任中央軍委主席的請求，江澤民顯得格外開心，信心十足。主持會議的江澤民，在會議一開始就直奔主題，大談新老交替、全面接班的迫切性、必要性、重要性。期間李鵬、李嵐清，包括李瑞環均有插話。

講了大約二十分鐘左右，江澤民像是不經意地開始面向李瑞環說話（注：所有發言者的語意都按轉述口氣紀錄。基本接近原話，但非原話，故不用引號）：瑞環同志，我知道，在幹部年輕化、實施新老交替的問題上，你是態度最鮮明的一個。我們倆一起來中央工作已經十三年了，按小平同志的說法，我們屬於同時代人。論資歷和經驗，錦濤同志還無法與你我相比，他是後來者，但是，長江後浪推前浪。你一直十分支持錦濤同志的工作。我們對錦濤同志工作的最好支持，就是讓他放開手腳，輕裝上陣。錦濤同志接班，如果你我都還站在台上，顯然不利於他大膽地開展工作。

李瑞環立即打斷了江澤民的發言：澤民同志，我知道你的用意。我並不貪戀權位，也不迷戀權術，更不懂得玩弄權謀。雖然我的身體、精神都很健康，頭腦運轉還算靈活，但是，我早就作好退休的準備。我一直等待著你的意見，希望你能與我進行一次詳談，交交心。可是，到今天為止，你沒有找我談過一次話，更談不上交心了。作為總書記，在這點上我對你有意見，你做得不好。

江澤民想辯解，李瑞環不給他機會。李瑞環繼續說：現在，你在會議上談這個問題，當然是有備而來。我可以明確地告訴大家，我不會進入新一屆中央委員會。我的職責就到明年的任期滿為止。

我還要告訴大家，今年夏天以來，關於我的流言蜚語一直不停地傳播著，現在越演越烈，播弄是非、捕風捉影、惡言中傷，無非是想給我抹抹黑，無非是有人不希望我繼續幹下去。人貴有自知之明。我本人沒有那麼大的本事，能夠一手掌天下。毛主席、小平同志去世，中國繼續發展。我相信在錦濤同志的主持下，堅持小平同志宣導的改革開放路線，中國未來的發展會比今天更好。

李瑞環這一番出格的言論並未引來江澤民的反駁，卻被李鵬接過了話題，李鵬對李瑞環要求退休的表態給予肯定，並說他本人沒有聽到過那些謠言，但應該追查那些謠言。李鵬的這些話算是對李瑞環的安撫。接著，李瑞環提名吳官正進入中共十六屆政治局常委會，朱鎔基、尉健行、胡錦濤先後表態予以肯定，吳官正最終獲得政治局常委會一致通過。在常委會一致通過關於吳官正的提名後，又是李鵬出來說話，這是一番特別耐人尋味的話。李鵬突然開門見山地說：我已經與鐵映同志談了，鐵映同意不進政治局。方才，瑞環同志又表了態。這樣，我們這一屆政治局留任新一屆政治局的只有 10 人，8 名委員，2 名候補。包括剛才通過的吳官正同志，老一屆政治局中實際上只有賈慶林、黃菊兩位同志未被提名進入新一屆政治局常委會，這可是中國最大的兩個城市的第一把手。我看，這幾年北京、上海的工作幹得不錯，有目共睹。

江澤民在這個時候，接過李鵬的話表態了：李鵬同志的意見值得考慮。慶林、黃菊同志主持北京、上海工作以來，總起來說做得不錯。從維護團結的大局出發，我提議新一屆中央政治局常委可由現有的 7 人增至 9 人，提議慶林、黃菊同志進入新一屆中央政治局常委會。希望同志們考慮這一意見。當然，這首先得聽錦濤同志的意見。在十六屆中央政治局的組成上，錦濤同志的意見比我們在坐的各位都重要。

看起來，這是一次江澤民李鵬的聯合行動，在這個重要而敏感的時刻，江澤民將發言權首先交給胡錦濤，從而完全堵絕了朱鎔基、李瑞環首先發言而否定這一提議的可能，而胡錦濤的表態既可為這一突如其來的提議定調，更不會出現任何意外。的確，聽到這一提議，胡錦濤感到非常意外，但他很快從恍惚中醒悟，並幾乎是毫不猶豫地對這一提議表示支持。因為胡很清楚，作為接班人的角色他必須尊重江澤民、李鵬。對此，朱鎔基、李瑞環都未置一詞。就這樣，中央政治局常委會少數服從多數，最終確定了十六屆中共中央政治局常委會組成人員名單。

一，在這次會議前，江澤民與李鵬已經進行了秘密磋商，並就一些重要問題達成了一致看法。江澤民、李鵬共同聯手最終主導了十六屆中央最高決策層的人員構成。

二，關於李瑞環的去留問題，是江李私下達成共識的結果，也是江澤民依靠李鵬合力的結果。會議中，李鵬表面上替李瑞環說好話，即是一個明顯的佐證。

三，關於擴大新一屆中央政治局常委會的問題，也是江李聯手、達成共識的結果。這次會議上，江李一唱一和，表演得天衣無縫，朱鎔基、李瑞環等人幾乎成了局外人。

四，作為新一屆中共中央總書記，江澤民表面上將胡錦濤推到了這個 "比我們在座各位都重要" 的位置，實際上，胡錦濤不僅沒有最終人事拍板權，甚至連江澤民與李鵬事前已經會商的知情權都沒有。

五，李瑞環正因為早已作好退休的準備，所以，退得痛快，退得主動，並且以退為進，在會議上絲毫不給江澤民任何面子，而是直接對江澤民提出批評。

六，朱鎔基、李瑞環對擴大新一屆中央政治局常委會組成人員雖心存不滿，但都以事不關已的心態處之，反映出他們對現行中國政治的冷漠和失望。

這裡，特別需要澄清以下幾點：

一，李瑞環的退休決非因有什麼把柄抓在江澤民手裡，才被迫退休；而是長期來，李瑞環與江澤民不合拍，並敢於在公開場合批評江澤民，特別是強烈要求江澤民在十六大全退的結果；

二，有媒體報導，李瑞環的退休是有苦難言，"因為十五大時，李瑞環曾聯手江澤民逼退喬石"，事實上，李瑞環與喬石的關係一直很好，喬石本人也曾否認根本沒有這麼回事；

三，李瑞環以 68 歲年齡退休，更不像外界傳說的中南海對政治局常委的任職年齡作出了新規定，今後凡年滿 68 歲者將不能留任常委，事實上根本沒有這樣一條規定；

四，66 歲的李鐵映退出中央政治局，而 67 歲的曹剛川則獲得晉升，主要是"鑒於國防軍事現代化、科技強軍的需要"這一特殊理由。事實上，醞釀中，曹剛川作為中央軍委副主席候選人的排名一直在郭伯雄前面。

五，鑒於 68 歲李瑞環徹底退休，67 歲的羅幹反而晉升常委；66 歲的李鐵映退出政治局，67 歲的曹剛川反而進入政治局這一特殊的政治現象，怕在黨內引起過於強烈的不良影響，中央政治局最終決定將原本排名靠前的羅幹、曹剛川均調整到政治局常委、中央軍委副主席的最後名次，這個排名也意味著他們只幹一屆，但絲毫無損於他們擁有實權。

逼李瑞環退休是權術或陰謀？

李瑞環的退休，政治局常委會的擴大，這兩件具有震憾力的事就在短短的幾個小時內搞定了，此時，距江澤民出訪美國不到一個星期，距中共十六大的召開只有三個星期。形勢的一正一反，一下子使江澤民看起來變得十分強大。然而，貌視強大的江澤民內心仍然十分惶恐，他對自己能否主導十六大格局明顯缺乏信心，他恐怕決意退休的李瑞環會與某些中共元老聯起手來對付他，他尤其擔心由賈慶林、黃菊在他出訪期間會被中央政治局常委會突然排除在外。於是，一幕違反中國共產黨黨內規則的遊戲上演了，原本應該由新一屆中共中央政治局決定的人事任命卻搶在中共十六大召開前提前公佈了。

10月21日下午，江澤民秘書賈廷安打電話給新華社社長田聰明，要求第二天對外發佈有關人事任命的新華社通稿。10月22日，也就是江澤民啓程訪問美國的當天，新華社經突然授權對外發佈了賈慶林、黃菊上調中央工作的消息。在這個非常時刻，發佈這條資訊起到了石破天驚的政治效果：一方面，等於杜絕了在江澤民出訪期間中央政治局推翻賈慶林、黃菊進入新一屆中央政治局常委會的任何可能性，可以使江澤民高忱無憂；另一方面，等於向白宮發出了一個強烈信號，告訴布什政府，我江澤民雖然就要退休了，但仍舊擁有無上的權力，不要輕視我、冷遇我。然而，這一迫不及待的對外宣示，在北京高層圈卻引起了強烈的反效果，很多退休的黨內元老認爲此舉有悖常理，是江澤民色厲內荏、擔心局勢失控的典型表現，中共元老萬里更公開斥之爲"小人之心"。

江澤民是一個特別善於逢場作戲的人。近幾年來，在公眾場合、尤其在外交場合，江澤民似乎能給人一種充滿自信、擁有絕對權力的感覺；但一到中央政治局會議、尤其是江澤民是一個特別善於逢場作戲的人。近幾年來，在公眾場合、尤其在外交場合，江澤民似乎能給人一種充滿自信、擁有絕對權力的感覺

　　政治局常委會議上，卻顯得明顯的自信心不足，李鵬、朱鎔基、李瑞環、尉健行、田紀雲、李鐵映等內心都不服他。當得知江澤民在美國故作輕鬆地說，"EVERYTHING IS OK"、"輕舟已過萬重山"時，一位剛剛卸任的中央政治局委員笑了，說，"他（指江澤民）要是在政治局會議上能夠像在美國那樣談笑風生就好了"，在他的記憶裡，江澤民幾乎沒有一次能夠收放自如地主持政治局會議，更別提他在政治局常委會議中的自信心了。在他眼裡，會內會外的江澤民總是判若兩人，江澤民必須靠其過高的曝光率來維持他的政治影響力。也正因如此，人們才能理解，為什麼江澤民要自始至終在中共十六大獨唱主角，不僅政治報告要親自作，大會要親自主持，並且只讓新任總書記擔任大會秘書長這一助手角色；為什麼在新一屆中央領導層產生以後，江澤民仍然把持排名第一的位置，而讓中共中央總書記排在他的後面；為什麼江澤民會默認他的親信再提"堅決聽從黨中央、中央軍委和江主席的指揮"，甚至公然稱江澤民繼續擔任中央軍委主席，是中共"作出的重大政治選擇，是黨的事業興旺發達、國家長治久安和推進軍隊建設的政治保證"。其實，江澤民比誰都清楚，正因為在中共最高層缺乏一言九鼎的能力，一旦他按鄧小平的方式將排名放在新任總書記之後，就不可能擁有鄧小平那樣的權威，別人也不可能繼續向他事事請示彙報。所以，他寧可遭受非議，也要把持這個排名在前、讓親信們高呼"聽從江主席"的虛名。但是，風頭越足，形象則越差。當今天的江澤民處於待退休狀態時，他既不願學他所推崇的 2 05 年前的喬治‧華盛頓，也不想學他視為好友的新加坡的李光耀，他仍然想把持權力到最後一刻，貪戀之心，普天下誰人不識！今天，當外界普遍認為江澤民的權力如日中天，權力比以前更穩固的時候，我看到的則是一個待退休者的夕陽餘光。

中共十六大終於在討價還價、爾虞我詐聲中落下了帷幕。十六大所形成的中共中央政治局常委會班子是相互妥協的結果,從而上演了一出讓上一屆政治局委員一起在常委會大團圓的喜劇。在這個班子裡,我們看不到任何以老帶新的痕跡,更發現不了年輕的新鮮血液。這難道是江澤民為首的上一屆中共最高決策層交給 6300 多萬中國共產黨員、甚至是 13 億中國人民的一份完美答卷嗎?這難道是擁有"絕對權力"的江澤民"開創"中共歷史上"前所未有的主動讓賢"的新風氣嗎?這份答卷充其量只說明了江澤民在妥協的表面下最大限度地安插了自己的親信。對於這樣一份答卷,即使連江澤民李鵬朱熔基李瑞環胡錦濤們都沒有一個能夠表示滿意的,他們在中共十六大開幕式上毫無笑容的臉已經說明了這一點。

江澤民的不滿意在於:一,《黨章》中採用了李鵬的提法,並沒有在"三個代表"之前冠以"江澤民"的大名,"毛澤東思想、鄧小平理論、三個代表重要思想"是由李鵬在政治局常委會上提議,並經中央政治局批准、新一屆中央委員會一致通過的正式官方提法。此前,那些御用文人一直放風說是江澤民自己不願意冠名在"三個代表"前,純屬自欺欺人,無中生有。二,中共中央總書記、國務院總理的繼任者並非江澤民的屬意者,尤其對溫家寶,江澤民一直想反對什麼但又苦於找不到對方的紕漏,只能眼睜睜地看著溫家寶晉升。這些都是江澤民的隱痛。

李鵬的不滿意在於:一,讓與他關係最疏遠的溫家寶登上了國務院總理的寶座。儘管他像江澤民一樣不喜歡溫,但同樣抓不住溫的辮子。李鵬很清楚,經過朱鎔基五年的改造,李鵬苦心經營的國務院班底早已變了天,溫家寶接手的國務院將徹底漂白李鵬遺留的殘跡。對此,李鵬唯一的辦法就是提議讓他屬意的吳邦國在常委中的排名置於溫家寶前。二,不滿意江澤民臨近十六大召開前的兩個月突然將他的親信高嚴的案子祭出來，作為牽制李鵬在十六大人事部署中的過多要價。

朱鎔基的不滿意在於：政治局常委會格局的擴大，尤其是他所並不欣賞的黃菊和幾乎討厭的賈慶林最後一刻進入政治局常委會。朱鎔基任上以精簡機構為要務，想不到在他交權的時候卻樹立起一個改革開放以來最為龐大的政治局常委班子。他發誓要將遠華

李瑞環

走私案查個水落石出，並千方百計謀求從加拿大引渡賴昌星，想不到這個還掛著案子的涉嫌者卻在他離開權力舞台之時登上了中國權力的最高層。朱鎔基的不滿可想而知。

李瑞環的不滿意在於：江澤民在十六大中搶盡風頭，並在會議期間對他處處設防。整個十六大期間，除了李瑞環在他的根據地天津代表團作了一次有意針對江澤民的"代表最廣大人民的根本利益是我們黨產生、存在、發展的根基"的發言外，李瑞環乾脆在大會期間去參加當代國畫優秀作品展開幕式，大會後第二天即應陳良宇邀請到他五年來從未涉足過的上海出席大師杯網球賽閉幕式，並在11月22日政協九屆常委會第十九次會議閉幕式上作了幾乎是告

別式的演說。令李瑞環不滿意的還在於，江澤民的心腹賈慶林成為了他的繼任者。現在，李瑞環已經不想再過問政協的事了，一切交接工作都已囑王兆國、李貴鮮等幾位副主席去負責。從十六大閉幕至今，新聞媒體中幾乎已經沒有李瑞環的身影，李瑞環似乎比任何一位待退休的常委都提前離開了這個神秘莫測的權力舞台。

胡錦濤的不滿意在於：在這個權力交接的過渡期中，江澤民處處顯示出擠壓胡錦濤的風頭，讓胡錦濤實際上無法放開手腳；更重要的是，江澤民交給他如此龐大的一個政治局常委班子，使他很難讓這個班子精幹高效地運轉起來；胡錦濤將花很多時間和精力來首先處理這個核心領導層錯綜複雜的人事關係，並小心翼翼地厘清他們之間的關係，在分工中儘量避免交叉重疊以製造矛盾。對於這樣一個攤子，胡錦濤充其量只能成為一個平衡大師，不可能進行令人耳目一新的改革創新。

李瑞環的退休是中國改革派的一大損失。在過去 13 年的中國政治舞台上，李瑞環是一位極具開放意識、富有膽識的人物。他是十五屆中央政治局中明確表示要在合適時機重新評價"六四"事件的唯一一位；他也公開主張全面推動鄉鎮政府直接選舉、並主張在縣級政權進行改革試點；他認為新聞輿論必須進行大膽的改革，反對輿論千篇一律，反對新聞的一元化領導，主張在一定範圍內允許民間辦報；他也主張工會組織應有更多的獨立性、自主權，要真正代表廣大工人階級說話。所有這些"激進的""危險的"言論使江澤民視李瑞環為最危險的政治對手，同時讓李鵬產生了恐懼。儘管李瑞環的退休是自願的、主動的，但明擺著的事實是，如果李瑞環不主動，江澤民、李鵬也不會善罷甘休的，從常委會上江李不露聲色的一唱一和中我們已經窺見端倪。

賈慶林家族
外孫女李茉莉成巴黎名媛

外孫女李茉莉參加巴黎國際成年舞會

百度百科介紹說：李茉莉（Jasmine Li），女，1992 年出生，也譯作雅思曼·李或傑斯銘·李，中國國籍，是全國政協主席賈慶林的外孫女。2009 年 11 月 29 日，李茉莉在巴黎參加第 19 屆年度巴黎成人禮舞會。

當天，24 位來自 12 個國家的名媛齊聚巴黎。她們身著品牌設計師量身打造的華服，戴著高級定制的珠寶，露著香肩美背。她們此行是爲了參加第 19 屆年度巴黎成人禮舞會，喜慶成年，邁入社交圈。

在本屆出席的名媛中，李茉莉格外受到外媒關注。不過，在此前巴黎成人禮舞會提供的名媛資料中，只顯示她的國籍爲中國，將選穿領導美國優雅風潮的設計師卡洛琳娜的作品，其餘關於她的陪伴人、身份地位則均沒有透露。

我們再來看看中國新聞網 9 月 29 日的報導，每年的 11 月，位於法國巴黎協和廣場的克利翁酒店（Hotel Crillon）總會有一個特殊的夜晚。世界各地的名門貴族、各界名人明星在這晚聚集在一起，舉行一個盛大的舞會。這就是著名的“克利翁名門少女成年舞會”，也叫成人禮舞會。這個舞會每年定於 11 月在巴黎克利翁酒店舉行，這是巴黎最古老奢侈的酒店之一。它的前身爲“名門千金成年舞會"。最初只在英國宮廷內部舉辦。1990 年,法國的社交大師 Ophelia -Renouard 重新包裝了這個傳統而隆重的舞會,佳麗的挑選範圍也不再局限於英國皇室內部,而是向全世界名門少女敞開了大門。既然不限於皇室貴族血統,那麼挑選規則就越來越苛刻。能獲邀參加舞會的名媛,不但要出身名門、聰明、擁有高學歷,外形還要漂亮、苗條。過去的成人禮舞會是貴族家庭聯姻的場所。

早在 2008 年 2 月,Renouard 就開始物色今年參加成人禮舞會的名媛。經過數月的郵件邀請、協調、衣服試穿,來自 12 個國家的 24 位名門少女得以在巴黎相聚。其中兩位是唯一接到請柬的華裔名媛:一位是中共中央政治局常委、全國政協主席賈慶林的 17 歲外孫女李茉莉(Jasmine Li),另一位是澳門賭王何鴻燊三女兒何超賢的千金、15 歲的艾瑞爾-何(Ariel,Ho-Kjaer)。

賈慶林的外孫女李茉莉(中)

2009 年舞會的前一天,11 月 28 日,是艾瑞爾年滿 16 周歲的生日。記者曾預測,按照由年紀最小的名媛跳開場舞的慣例,舞會當晚，艾瑞爾將成爲克利翁酒店萬衆矚目的“明星”。但是，16歲艾瑞爾的風頭被 17 歲多的李茉莉搶走。

2009 年 11 月 29 日的巴黎名媛舞會，是由賈慶林的外孫女李茉莉和好萊塢影星惠特克的女兒開場。

這裡還有一個小花絮，賈慶林的這個外孫女出生時，是賈慶林給起的名字，因爲江澤民喜歡《好一朵茉莉花》，於是賈慶林就給孩子起名叫“李茉莉”！

有網友指出，新華網甚至到 12 月 2 日轉引中新社消息時，還沒有透露舞會最出風頭的開場主角是大貪官賈慶林的外孫女李茉莉。反而突出報導艾瑞爾，並刊出其身著豪華長裙的兩幅照片。有網友撰文質疑，這等風光的事爲何藏著掖著呢？

據說，中共內部有人給法新社送消息，說參加巴黎名媛舞會的 17 歲少女傑斯敏-李（Jasmine Li）是中共決策層一位領導人的外孫女，她正在紐約讀書，已經讀了好幾年了。

中國網友人肉搜索到，李茉莉是轉手獲得數億利潤的李柏檀夫婦的女兒、賈慶林的外孫女。

據消息人士透露，賈慶林認爲有人放這個消息是故意火上澆油，他把火氣撒在女兒身上：“這個時候躲都來不及，還有心思去出風頭，純粹是給我添亂！”

傳賈慶林兒子在澳洲洗黑錢

有關賈慶林家族的腐敗傳聞在過去 10 多年中一直沒停過。只要檢索一下，便能找到很多相關內容。其中，賈家最早的腐敗傳聞發生在上個世紀九十年代初。

　　據澳大利亞《悉尼晨鋒報》（Sydney Morning Herald）在 1993 年 9 月 3 日第七版報導：前天，一名在澳的中國女學生郭江玲（音譯）因涉嫌一宗金額達 4100 萬美元的洗黑錢案而被澳大利亞聯邦檢察院起訴出庭受審，這筆鉅款是從中國人民解放軍一海外帳戶中詐騙套取而來的。

　　報導說，9 月 2 日，在悉尼的一名 35 歲的中國男子任鵬（音譯），也被國家滅罪局以洗黑錢罪名起訴，任鵬是在北京的中國匯通集團公司的前職員，他被控非法將 4 千多萬美元從中國通過澳大利亞而轉往美國，任鵬是持旅遊簽證來澳，簽證期至 1994 年 7 月為止。

　　任鵬承認，這筆錢是從中國轉入其在澳洲的帳戶，而他接受美國孫明的指示，再把這筆錢轉往美國，這名叫孫明的男子，日前已被美國聯邦調查局逮捕。

　　此後，據說由於郭江玲堅稱不知內情，只是被朋友借用帳戶而已，最後被釋放；而任鵬在不得已的情況下招了供，因非法洗黑錢罪名成立而被判入獄五年。根據悉尼的不少福建人士指稱，任鵬的母親 XXX 就是賈夫人。當然，他們母子在澳洲都不會使用真名了。

　　隨後，澳大利亞的移民部長菲力普宣稱，凡是在申請移民時隱瞞真實身份的人士，移民部有權根據澳洲的法律取消其居留權並驅逐出境。

　　香港媒體早前指出，"分散轉移，直接攜帶，化整為零。"最簡單而實用的方式是按照國家對出境攜帶現金最高限額多次直接攜帶，就像"老鼠搬家"。至於出關路子，多得很，比如從深圳到香港，有免檢直通車，賈慶林兒子們帶多少錢出去都沒有人知道，資金從香港進入美國就易如反掌了。

又有媒體指，非典期間，謠傳賈慶林兩兒子賈建國、賈衛國 2003 年 4 月 23 日攜妻兒乘國航班機離開北京前往悉尼逃避。賈建國（Richard Jia）一家是澳洲公民，賈衛國是航天部二院科技人員。

以上這些有關賈慶林兒子的傳聞，已在坊間廣泛流傳，官方都未對此進行澄清。至於賈慶林的兒子都叫什麼名字，傳聞也有不同說法，比如說，賈慶林的兒子賈岩在商界亦頗具知名度。

知情人士說，賈岩從小就令父親頭痛。

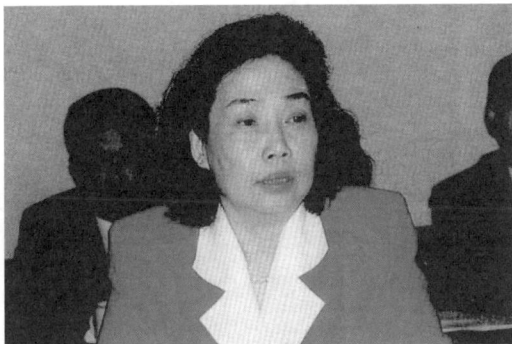

林幼芳

周金伙工程包給賈慶林女兒？

賈慶林在福建提拔的官員中，不少後來出了大問題。其中最著名的有兩人：

一個是福建省委常委、省委宣傳部長荆福生，2005 年 10 月 11 日被"雙規"。

荆福生 1984 年任共青團福建省委書記，1989 年調任福建省體委主任，收受巨額賄賂（一說一套別墅，一說幾千萬元）後，拍板將位於福州市中心的一處黃金地塊賣給當地一個開發商，建成 37 層 "環球廣場"。檢察機關証實，荆還涉及一椿體育彩票案件。

1995 年，荆福生被賈慶林由省體委主任調任寧德地委書記。寧德地處閩東北，轄一區、二市、六縣，東邊與台灣隔海相望，歷史上曾是對台 "前線"。在福建省屬經濟落後的 "第三世界"，也是開發潛力巨大的地區。

據《財經》雜誌透露，荆福生 "億元級" 案件，以主政寧德期間問題最嚴重。福建省紀檢官員承認，寧德賣官現象觸目驚心，荆福生倒台前後，寧德大批官員落馬，荆在寧德任職時的秘書吳壽龍、寧德市委常委、市委秘書長黃朝陽、寧德下屬福安市委書記林旭榮、福建閩東電力股份有限公司董事長、曾任寧德下屬福鼎縣委常委、宣傳部長翁小巧，都被 "雙規"。和荆一起長大的老部下林龍飛，被荆安排爲周寧縣委書記，他有 "三光" 的說法："把官位賣光，把財政撈光，把看中的女人搞光"，胡作非爲被判處死刑。荆福生被"雙規"的直接原因，與 2004 年 8 月爆出的馮德輝案有關。馮德輝有 "寧德首富" 之稱，被捕前系福建華隆房地產有限公司總經理，福建省人大代表，有 "福建省優秀青年企業家" 頭銜。

第二個，是福建省工商行政管理局局長周金伙，2006 年 6 月潛逃。

周金伙是福建福州人，出生於 1949 年 5 月，1964 年 12 月參加工作當學徒，後來進入福建醫科大學，畢業於中醫系。他曾擔任福州市台江區區長，福建省直屬房地集團董事長（正廳級），其公司爲福建省委常委和副省長級以上幹部興建豪華 "省長樓"，當時就引起議論紛紛。他曾競選福州副市長，未果（有未經証實的消息說他當時涉嫌"買票"，被內部取消競選資格），後被賈慶林提拔爲寧德市長。

　　福建消息人士披露：周金伙任市長以後，正值福（州）－寧（德）高速公路上馬，周金伙將大量工程發包給賈慶林的女兒承包，而賈慶林的女兒交由賈慶林司機的兒子具體轉包倒賣，"空手掙了數億元"，用這些利潤完成了原始積累。賈慶林的女兒目前在北京和丈夫是北京地產界著名人物。當時政壇上還耳語：賈慶林調任京畿任職後，一度打算調周金伙進京任職。

　　另據當地消息來源稱，周金伙將寧德東湖華僑農場土地以每畝7000元的價格批給自己的親屬1200畝，後變更用途爲城市房地產開發用地，其親屬以每畝50萬元倒賣出去，大發了一筆橫財，僅此一樁，周金伙從中得到的好處就在九位數之譜。周作爲廳局級官員，工資收入有限，他卻住在福州最高檔的別墅區內有價格爲500萬的獨棟豪華房。

　　早在周金伙擔任福州市台江區長時，已經安排其妻前往美國，後來拿到了綠卡，坊間甚至風傳周金伙本人也早就隨老婆拿到美國綠卡。但是，在周十多年來一路提拔青雲直上的過程中，他妻子在美國雖然廣爲人知，卻無人過問，其中的奧妙即在他與賈慶林的關係上。有人說，周金伙轉移到美國的財產"最少在一億美元"。

　　福州是中國著名奇石──壽山石的產地，根據香港《大公報》的說法，福州收藏壽山石最多者，竟是兩個外逃貪官：一個是早已外逃美國的前福州市公安局長徐聰榮，一個爲周金伙。據壽山石收藏家透露，近30年福州出品的壽山石名品，差不多有三分之一在周金伙手上。該收藏家曾親眼看過周收藏的四塊壽山石精品，"每塊價值都在200萬元之上"。

　　周金伙能收藏到如此眾多的壽山名石，主要是靠強行索賄。有人上門求他辦事，他常常與人談其壽山石，讓人知道他這個喜好，暗示若要讓他辦事，送壽山石禮物最管用，於是對方就趕緊購得名石送上。壽山石業內人士也都知道周有錢，一旦有名石想出手，都願問他是否要賣。

近年來腐敗官員檔次越玩越高，常常通過名人字畫、藝術收藏

周金伙

珍品來行賄受賄，這些東西雖常達致天價甚至是無價之寶，卻又不顯山露水，一方奇石，一幅書法，就算堂而皇之在客廳裡亮出來，不是內行難以對之估價，這些東西還可為這些暴發戶增添幾分"雅興"，比起用首飾、名表或者現金來賄賂，反倒更為實惠。業內人士還透露：周金伙通過各種手段炒高壽山石價，然後再賣出自己受賄來的一些石頭，牟取暴利。舉辦壽山石展和壽山石拍賣會時，通常他不直接出面，而讓手下操作，讓手下扮作買家去哄抬價格，伺機將對手套進去，賺取大錢。

香港《大公報》稱，中央徹查周金伙一案，起因是周金伙在寧德當市長時的一件敲詐案。當時德亞集團總裁阮希瑋正從福建轉到上海發展，認識了一位台商，合作投資。雙方本計畫在寧德投資一

個項目，卻被周金伙敲詐一千萬元。這位台商耿耿於懷。2005 年，台灣國民黨高層人士頻訪大陸，多次到上海看望台商。結果，這位台商便在一次小範圍會晤中揭發了這件事。這位國民黨高層人士在與中共領導人會見時轉告，引起重視，下令調查。

福建消息人士稱，中紀委從對荊福生的審查中獲得大量周金伙涉案的線索。然而怪就怪在，審查部門竟對其十分"仁至義盡"，心慈手軟，遲至 5 月底，仍未採取斷然措施。6 月初才批准對他實行"雙規"，而周金伙得到通風報信，"三十六計走爲上"，突然人間蒸發了。在中國貪官外逃引起海內外高度關注，據說北京已多方防堵把緊國門的形勢下，周金伙居然順利出逃，不能不啓人疑竇。許多中共高層要員都批示要徹底追查：到底什麼人向他走漏風聲？是否會有高層人士害怕清查到周金伙頭上，"拔出蘿蔔帶出泥"？

與賴昌星的關係

有關賈慶林及家人的最大秘密，無疑，是與廈門遠華案主嫌賴昌星的關係。

被稱爲"1949 年以來中國最大走私案"——廈門遠華案，以主嫌賴昌星爲首的集團，被控從 1994、1995 年起走私，走私物品包括成品油、植物油、汽車、香煙、化工產品等，前後時間至少五年，涉案金額達人民幣 800 億元，偷逃稅款 300 億元，參與走私者涵蓋了黨、政、軍、司法機關和所屬及掛靠公司，黨委書記、行政領導、海關、公安、武警、銀行、軍隊等部門的負責人。

遠華案犯案的規模驚人，清查和懲處的規模也驚人。經過"420 專案組"部署三千多人調查取証，上千官員撤職丟官，於 2000 年開始陸續宣判：前廈門海關關長楊前線、福建省公安廳副廳長莊如順等 20 多人被處決，300 多人被判刑，判刑者中包括三名副部級以上官員：公安部副部長李紀周、福建省委副書記石兆彬、福建省副省長丘廣鍾。但是由於賴昌星本人潛逃加拿大，案情又涉及許多高層級的官員，仍籠罩於濃雲迷霧之中，遠未真相大白。

賴昌星

　　喧騰一時的"遠華案"被人譏爲"刑不上大夫"，不是沒有道理的。下面判了那麼多人死刑，北京法院僅判處李紀周死緩，軍方更只判涉案的總參謀部情報部長姬勝德 15 年有期徒刑，差別明顯。姬勝德是中共元老姬鵬飛之子，更難以服眾；而且一個軍事情報總管如何涉案？更讓人摸不著頭腦。

　　遠華案發後，中共高層官員及家屬涉案的各種傳言鋪天蓋地而來，例如前中共中央政治局常委、軍委副主席劉華清，政治局委員、軍委副主席兼國防部長遲浩田，政治局候補委員、人大常委會副委員長王漢斌等等，傳說都被牽涉其中。2001 年由加拿大女作者盛雪以賴昌星接受採訪的口述爲主幹寫出的《遠華案黑幕》（明鏡出版社），更是披露了駭人聽聞的內幕：賴昌星除了証實他與王漢斌、劉華清、遲浩田的關係，更講述他與江澤民、朱鎔基、羅幹等高官的 83 個秘書有交情，能將江澤民的專車開出來讓自己上北京的親友坐上兜風過癮，他利用與江澤民辦公室主任賈廷安很深的關係，通過賈安排到江澤民家做客，他與李鵬的兒子李小勇的金錢交易……但他唯獨盡力撇清外界最懷疑的賈慶林，聲稱與賈慶林夫婦只是一般認識，他們絕沒有涉及自己公司的業務，更沒有運用他們的權力來給庇蔭他，他也沒有去求到他們門下。

　　手眼通天、遠近通吃的賴昌星，居然會與福建的父母官賈慶林"君子之交淡如水"，沒有什麼暗盤瓜葛？他越是這麼爲賈慶林辯白，人們越是相信其中必有隱情。但是真相究竟如何，外界畢竟不得而知。

　　讓中國民眾納悶的是，賴昌星集團在廈門呼風喚雨時期的當任諸侯賈慶林，不論他涉不涉案、知不知情，在他轄下出現這麼大的弊案，難道不該負政治責任？然而，賈慶林居然一路青雲直上。尤其令人側目的是，"420 專案組"在偵辦遠華案時，還一度阻力重重，被賈慶林留下的班底製造種種障礙，是當時的中共政治局常委胡錦濤親赴廈門，改組廈門市委，才搬開了絆腳石。

林幼芳爲何矢口否認認識賴昌星

　　自遠華案 1999 年案發以來，當時已經身居中共政治局委員、北京市委書記的賈慶林和妻子林幼芳，一直在竭力撇清與賴昌星的關係。案發初期，媒體曾報導了賴昌星與福建外貿局黨委書記林幼芳有關係，因爲從常理推斷，從事大量合法、非法進出口業務的遠華集團，賴昌星又是如此長袖善舞，不可能和福建省主管外貿的政府機構沒有來往，不可能不認識林幼芳，不可能不來打通賈書記這個枕邊人。

但林幼芳斬釘截鐵，一再否認，甚至在北京通過有關外宣機構破例安排香港鳳凰衛視對她進行專訪，對著攝影鏡頭紅口白牙地說她與遠華集團沒有關係，根本"不認識賴昌星，不知道遠華集團"。林幼芳如此"澄清"，真是欲蓋彌彰，但是當時中紀委派到廈門的"420專案組"，也就不好再深追賴昌星與賈慶林夫婦的關係。

遠在溫哥華的賴昌星也非常配合。利益共同體的需要，讓賴昌星知道更要保護那些目前身居高位的中共高官，努力爲他們撇清可能的疑點，因爲那是他投資多年的心血結晶。在接受各方面媒體訪問時，他一概迴避他與林幼芳是否認識的問題。不過，對林幼芳聲稱根本不認識他，盛雪《遠華案黑幕》中記述賴昌星被問及這一點時也表示困惑："不知道她爲什麼那麼說。"

賴昌星是到2006年6月才對他與賈慶林夫婦的關係有所鬆口，雖然他欲說還休，吞吞吐吐。他對多維新聞社記者萬毅忠和《亞洲週刊》特約記者丁果，堅持說："當年賈是福建省書記，我是福建最紅的商人，我跟他當然有很多接觸，但絕對沒有不正當往來。"而與林幼芳"我跟她只在高爾夫球場見過一次，我做生意，不需要找他們要批文額度，因此，沒有關係"。

顯然，雙方見過面，雙方認識是事實。賴昌星在生意場上，在長期與中共黨和政府機構打交道中，認識人無數，相互之間認識並不是什麼了不起的事，爲什麼以前要竭力迴避呢？

　　賴昌星還表示若遭遣返回中國，將和盤托出所有內情。他還表示他將寫書，將詳細披露他與眾多中共前高官的關係，包括如何進入江澤民的家裡，如何與賈慶林交往，以及與解放軍高級將領之間的關係等。

　　賴昌星這樣說，顯然有說給國內某些人聽的威脅意味。想必有些人聽了"若遭遣返，將和盤托出所有內情"，會如同熱鍋上的螞蟻吧！

　　中國要求加拿大當局儘快將他遣返中國，但賴昌星的律師利用加拿大複雜得像迷魂陣般的法律程序，使他得以一拖再拖，一波三折。不僅令終日惶惶不安的賴昌星暫時松了一口氣，更讓中國大陸那些擔心害怕賴被遣返之後，可能被揭露和牽連的各級官員和商界中人，也暫時放下心頭一塊大石。

據北京瞭解內幕的人士透露，賴昌星說沒有與賈慶林有"不正當往來"也沒錯，不過賴昌星這裡是照著美國總統克林頓抵賴與莫尼卡‧萊溫斯基的遁詞，鸚鵡學舌：他有意不把與賈慶林秘書的來往算進去。

　　北京消息人士透露：從在福建開始，賈慶林涉及的這一類"往來"一直都是讓其秘書出面進行，其中一位是死在五台山的王秘書，另一位是後任北京市海澱區委書記譚維克。

賈慶林給江家買大米、扛煤球

　　賈慶林與江澤民的關係，可以追溯到 30 多年前。上個世紀七十年代，賈慶林與江澤民是在一機部工作的同事，兩家也是鄰居。遠親不如近鄰，江澤民是個書生，其妻王冶坪身體不是很好，而賈慶林身材魁梧，虎背熊腰，有把子力氣，他又比江澤民年輕 14 歲，這樣，江澤民家的重活，他不僅是隨叫隨到，而且往往主動搶幹，義不容辭地扛大米、搬蜂窩煤、拎大白菜……經常幹得汗流浹背，讓江澤民夫婦十分感動。

1973 年到 1978 年，賈慶林擔任一機部產品管理局負責人，實際上就是一局之長；而江澤民這段時間在一機部擔任外事局的副局長。說起來賈慶林的地位要比江澤民還高，但他們在合作辦事的過程中，賈慶林見了江澤民，給予充分尊重。這更增進了兩人的友誼和瞭解。

如果賈慶林與江澤民並不是多年故交，如果江澤民沒有在 1989 年意外地登上中共總書記大位，那麼，賈慶林這位"大躍進"時跨進河北工學院的畢業生，終其一生可能熬到省委書記、省長就算到頭了。然而，江澤民沒有忘記他對自己家庭多年扛米搬煤拎大白菜的情誼，沒有忘記他在一機部職務高自己一頭的時候對自己的尊重。"投之以桃，報之以李。"江澤民用這樣的人，放心。

一般人常說"上海幫"，江澤民當然是幫主，雖然賈慶林並不是上海人，更沒有在上海工作過，但他比"上海幫"還"上海幫"；或者，更準確地說，他為江澤民培植出了一個"北京幫"，要論他與江澤民經過幾十年考驗和澆灌的關係，其緊密程度，甚至遠在曾慶紅和黃菊與江澤民的關係之上。動賈慶林，談何容易！

賈慶林親信周良洛被判死緩

2008 年 3 月 28 日上午，北京市海澱區原區長周良洛被北京市第二中級法院一審判處死刑，緩期兩年執行；其妻魯小丹被判處無期徒刑。法院認定周良洛受賄 1600 余萬元，其中 800 余萬是與魯小丹共同受賄。

　　法庭調查顯示，2005 年，在北京市某房地產開發公司競爭海澱區政府招商大廈辦公樓選購、協調隔離帶拆遷的過程中，周良洛利用職務之便，提供了幫助。事後，他收受該公司總經理給予的一套四季青橋附近的別墅，價值人民幣近 200 萬元。

　　2006 年，時任海澱區區長的周良洛，為北京瑞景清源房地產公司開發主語城項目提供了幫助，並以妻子借調進入瑞景清源房地產公司工作的名義，收受該公司總經理張勁梅發放的工資、獎金、入股分紅等各種名目的資金 29 萬餘元。2006 年 3 月、4 月，在為北京億城房地產開發公司承接"竹園"項目提供幫助後，周良洛先後兩次收受該公司副總經理李平給予的 200 萬元人民幣。

　　在周良洛被雙規後，海外媒體曾分析說，胡溫收拾"北京幫"，對周良洛下手，劍指其後台賈慶林。眾所周知，周良洛是賈慶林主政北京時一手提撥起來的，而周良洛的頂頭上司海澱區委書記譚維克，曾是賈慶林的秘書，因此，周良洛案件是否會"拔出蘿蔔帶出泥"，引起輿論關注。

　　《三聯生活週刊》2009 年初報導說，當法院以受賄罪判處周良洛死刑，緩期兩年執行時，知情者如此描述法庭上的周良洛，"聽到判決時，他坦然表示在意料之中，語氣沉穩平靜"。

　　周良洛祖籍江西鉛山，1978 年進清華大學電機系，成為"文革"後第二批大學生。此前，他在河南省中牟縣插隊。1983 年清華畢業後，周良洛留校工作，1989 年 9 月任清華團委書記。這是一個有點特殊的位置，查閱歷屆清華大學團委書記的資料可以發現，他們的仕途由此不再局限於高校內，而且往往發展順利。周良洛亦不例外：1993 年他擔任北京市朝陽區委常委；1994 年任區委宣傳部部長；2000 年 1 月任朝陽區委常委、常務副區長。2002 年 3 月，他調任北京市海澱區區委副書記，同年 11 月成為海澱區區長，同時兼任中關村科技園區管委會主任，區北部地方開發建設委員會主任。

據案卷資料，周良洛清華大學畢業後，先後在清華大學社科系、中國科學院研究生院深造，擁有管理學博士學位。2000 年周良洛升任朝陽區常務副區長後，僅用半年時間，就策劃並組織了"朝陽國際商務節"，重點推出"CBD 概念"等。調任海澱區委副書記後，又提出了至今仍流傳甚廣的"上風上水上海澱，融智融

周良洛

商融天下"概念。憑藉時髦的執政理念，周良洛博得"擅長經營城市的區長"美譽。

周良洛仕途風順的同時，在海澱區一個較小圈子裡，"魯大老闆"或"區長夫人"成爲房地產商競相結交的對象。

魯小丹，1962 年出生於哈爾濱，與周良洛結禮於上世紀八十年代末，曾在北京歌華公司工作。隨著周良洛高升，她的工作也是幾經轉換。2000 年 1 月，幾乎在周良洛升任朝陽區常務副區長的同時，魯小丹與另一自然人孟鋼合夥註冊成立了北京盛世風華現代企業管理諮詢有限公司。50 萬元註冊資本中，魯小丹與孟鋼各出

資 25 萬元，魯小丹任經理和執行董事。2002 年 2 月，魯小丹又註冊成立了北京誠信世家企業管理諮詢有限公司。這兩家公司主營業務均為"企業形象策劃"，實際上是彙聚權力紅利的轉賬機構。一審判決書顯示，魯小丹與周良洛一同受賄的 800 多萬元主要通過這兩家公司轉賬，成為夫妻兩人的共同財產。"她更多把那兩家公司當作'影子公司'，因為信用在周區長那裡。"海澱區一官員說。

"魯小丹愛錢"是周良洛曾經的下屬和同事屢次提及的，與此相對應是，"周良洛是被他老婆拖下水"的"紅顏禍水"思維模式。"這很難解釋周良洛在法庭上的表現——周良洛在法庭上對部分涉及妻子的受賄指控提出了異議。他在法庭上想'保護'妻子。"北京市人民檢察院第二分院的知情者說。

2009 年 4 月，周良洛貪污案被拍成《一個明星區長的墮落軌跡》廉政教育片。新華視點的文章稱，周良洛的情婦們都有基本工資和效益工資，衡量她們工作的標準是能否讓周良洛高興。入獄後，周良洛自悔沒過好權力、金錢、社交、生活、誠實五關。

2007 年 4 月 6 日，北京市紀委接到受賄舉報後，組織專案組對周良洛及其親屬的財務狀況展開調查。在一個與他有過金錢往來的帳戶上，辦案人員發現一段時期內，這個帳戶每天都有 40 多萬元人民幣入賬，每天分 5 次、每次 8 萬多元一點點存入。

根據當時的美元匯率，8 萬多元人民幣剛好是 1 萬美元。而每天 5 次、每次 1 萬美元也恰巧是國家規定的個人每天美元兌換的上限。帳戶的開戶人叫王少一，但此人在北京經營一家園林綠化公司。他的生意往來都是在國內，不存在大量外匯交易。

通過王少一交代，打開了周良洛案的冰山一角。王少一是周良洛的"髮小"，將這筆錢打入王少一帳戶的是房地產商泰躍公司總經理劉軍。

2002 年周良洛任海澱區區長。2003 年海澱區籌備興建稻香湖景酒店，在周良洛的幫助下，劉軍獲得了酒店的開發資格。但此後，劉軍突然出現資金鏈緊張，他又通過周良洛的協調從稻香湖景酒店項目中成功退出。劉軍深知此事都靠周良洛幫忙，於是他給了周良洛 93 萬美元的大禮，相當於 800 萬元人民幣，這是周良洛受賄單筆贓款最多的一次。

隨著周良洛職位的不斷升遷，圍在周良洛身邊的各種人越來越多。"我是廣交友，而不是慎交友。"同時，周良洛身邊人的身份也發生了巨大變化，他身邊大多是企業老闆。

這些朋友為了討好周良洛，也想盡了一切辦法，從飯店到歌舞廳，再到桑拿按摩院。周良洛說："後來中央三令五申以後，就不敢去了。"於是，這些朋友就變換了形式，專門找了一個場所，讓周良洛單獨去。

在那裡，所謂的朋友們為他準備了僅供他自己享用的美酒和女人。這些女人有基本工資和效益工資，衡量她們工作的標準就是能否讓化名為陳老闆的周良洛高興。就這樣，在美酒與女人的誘惑下，周良洛手中的權力再一次成為謀私利的工具。

譚維克不但沒下台，反而又升官了

曾有海外媒體發表評論文章說，按照中共人事安排慣例，同一地區的行政首長和黨委書記往往來自不同系統。例如周良洛做過清華大學的團委書記，背景更靠近共青團系統；賈慶林的秘書譚維克則屬於"秘書幫"，這種人事安排是為了避免一個地區的最高領導之間拉幫結派，便於上級控制。該文分析，如果不是"窩案（即集體共同犯案）"，周良洛案件未必會向上燃燒到譚維克。

但現在海澱區的問題，恰恰就是“窩案”，周良洛與譚維克就是利益孿生子——或者說，他們都是龐大利益共同體的成員。

1954年10月出生的譚維克，原籍四川宣漢，在福建省周寧縣出生長大，1982年從北京大學哲學系畢業，1988年即擔任時任福建省委常委、副書記賈慶林的秘書，跟著賈一路順風順水，40歲時升任中共福建省委辦公廳副主任，1996年至97年歷任漳州市委副書記、福建省委副秘書長，1997年被賈慶林調到了北京，先後擔任北京市政府副秘書長、中共北京市委副秘書長、研究室主任，2003年1月任中共海澱區委書記。

譚維克，賈慶林最信任的親信，知悉他一切不可告人的隱秘、交易。當年代表賈慶林和林幼芳與賴昌星聯繫的是他；如今主政海澱，拍板將大量好地交黃如論的也是他。賴昌星若沒有把握，他不敢對《亞洲週刊》將話說得如此之“滿”：一定不會讓北京中紀委抓錯人，“把他抓起來，他不知道要問他什麼，但事情確實太多，他就會自己害怕，自己講出來。我不會講我具體給他們多少錢，只要中紀委的人根據我的線索問他，賴住在什麼地方你去看過他沒有，他拿什麼給你，一說他就馬上想到，馬上明白，馬上就軟下去”。

2009年11月13日，北京市海澱區13日召開區黨委、人大、政府和政協四套領導班子會議，北京市委常委、組織部長呂錫文宣佈北京市委決定，免去譚維克海澱區委書記、常委、委員職務，北京市委常委趙鳳桐出任海澱區委書記。這一被外界視為非常規的人事調動，為北京創造了人事調整的一項“第一”——市委常委首次出任區委書記。

中評社評論說，北京市委常委出任區委書記，“非常規”的人事調動不免給坊間留下諸多議論和猜測空間。按照慣例，由區委書記升任市委常委的並不少見，如北京市順義區原區委書記孫政才，曾在其就任區委書記一職時升任市委常委，同時兼任區委書記。但由市委常委自上而下兼任區委書記，在北京市委尚屬首例。

近幾年，海澱官場人事"地震"頻發，2007年，海澱區原副區長星志國、原區長周良洛先後案發。前者涉嫌受賄和隱瞞境外存款，後者涉嫌違規批地、多次收受賄賂計人民幣1672萬元。該次"地震"還波及了今年68歲的許樹迎。許退休前任海澱區人民政府助理巡視員，曾任海澱區人民政府副區長、海澱區危房改造工作領導小組副組長、海澱區上地資訊產業基地籌建辦公室主任。2009年5月，許樹迎被判處無期徒刑，剝奪政治權利終身，並處沒收個人全部財產。

譚維克

周良洛落馬後，林撫生接任海澱區區長。現在的海澱區官方網站顯示，中共北京市海澱區委員會領導為，書記趙鳳桐，副書記、區長林撫生，副書記、區紀委書記周京生，常務副區長楊志強等11人。

據說，此次調動在私下已風傳多時。北京市委的《通知》上標明的日期是"11月4日"。據有關人士透露，市委組織部對海澱區原區委書記譚維克的工作也作了書面評價。據悉，北京市委組織部傳達市委決定的《通知》中，同時也提及"免去譚維克同志中共北京市海澱區委員會書記、常委、委員職務，調北京市社會科學院工作"，但未提及具體職務。有消息稱譚維克將擔任北京社科院黨組書記，《京華時報》記者就此採訪求證，但未獲官方答覆。

北京媒體稱，11月25日，北京市社科院舉行會議正式宣佈，譚維克出任社科院黨組書記、院長。此次任命，意味著譚維克從黨政機關領導人到研究機構帶頭人的轉變。

在譚維克不但沒下台反而升官後，人民網強國博客一篇文章稱，"北京官場：譚維克升官與周良洛死緩"，對兩名北京市官員迥然不同的"下場"大發感慨。

文章說，11月25日，北京市委組織部宣佈，海澱區原區委書記譚維克出任北京市社科院黨組書記、院長。把譚維克升官與周良洛死緩扯到一起，是因為兩人曾經共事，而結局卻是冰火兩重天。

從個人履歷看，譚維克於2003年1月出任海澱區委書記；周良洛於2002年11月出任海澱區區長，至2007年4月6日被中央紀委帶走接受調查。這說明，譚維克與周良洛兩人共事有4年多的時間。法院認定周良洛受賄1600餘萬元，並被判處死緩。周良洛受賄獲刑純屬咎由自取，不值得同情。譚維克卻能出污泥而不染獲得擢升，當有其過人之處，至少政績顯著、形象清廉吧。但如果公眾多點好奇，希望知道兩人共事那麼久，譚維克對周良洛腐敗案件的水落石出有否什麼貢獻，應該也是合情合理的。

不過，文章接著指出，周良洛的腐敗不是一天兩天的事情，其受賄和擁有眾多情婦的表現，足以說明周良洛行事並不低調內斂，而是高調張揚的，作爲身邊的領導幹部不可能沒有耳聞。那麼與周良洛共事的領導班子成員，包括譚維克書記在內，在此期間是否發現過周良洛的行爲不端，並通過民主生活會等多種形式給其批評和教育，盡同志之誼，履挽救之責？因爲譚維克既然是海澱區“一把手”，就對全區的廉政建設負總責，不僅自己要潔身自好，還負有帶好一班人的責任，這一點應該是沒有疑問的。

文章在強調譚維克“失職”的同時，也不無諷刺地指出：因爲沒有相關的報導和資訊見諸媒體，也就無從知曉譚維克是否盡到了這方面的義務和責任。如果譚維克不僅指出過周良洛的錯誤，而且與其進行了堅決的鬥爭，對周良洛案有功，說明譚維克敢於堅持原則，政治立場堅定，形象清新正面，將對其擢升有加分作用。如果周良洛案件是通過群眾舉報而揭發的，那麼譚維克的表現並不令人看好，對其擢升也沒有加分作用。

文章最後說，因爲曾經共事的經歷，譚維克升官與周良洛死緩，不同的結局給公眾提供了聯想和揣測的空間。希望譚維克的擢升符合公眾公認和意願的原則，沒有其他因素的影響。

這篇博客文章所表達的中心意思再清楚不過了，只是因爲“不許談論國家領導人”潛規則才沒點出名來——譚維克的擢升根本不符合公眾公認和意願的原則，而是受到政治因素的影響。說白了，是賈慶林保住了譚維克，而譚維克這些年來一直在死保著他的“老闆”賈慶林。

李嵐清父子兵：
"重汽巨虧"與"外貿王國"

2009 年 4 月 23 日，是世界讀書日，重慶市舉辦了一次"別開生面"的講座，其規格之高，實屬少見：中共中央政治局委員、市委書記薄熙來主持講座，王鴻舉、陳光國、張軒等重慶市領導都前來捧場。

主講人則是原中共中央政治局常委、國務院副總理李嵐清。兩個多小時的講座，李嵐清不但講解了篆刻藝術，還介紹了改革開放歷程《突圍》一書，並在中國三峽博物館舉辦篆刻藝術展。

薄熙來在主持講座時稱，"嵐清同志從領導崗位退休後，一直致力於文化藝術的普及推廣，在國內外舉辦了近百場文化藝術講座，場場爆滿。他在 71 歲又開始涉獵篆刻，短短五年時間，篆刻印章 400 餘方，還出版了一系列與詩、書、畫、印、音樂、攝影有關的書，展現了深厚的藝術功底和文化修養。"

薄熙來還恭敬地讚歎道："嵐清同志在退休後又走出了一條路，達到了一種境界，告訴我們退休並不是事業的終結，六七十歲以後，還是海闊天空，大有可為，其樂無窮！"

李嵐清重慶講座，透露了哪些資訊？

當地媒體介紹說，篆刻不僅讓李嵐清感受到無窮的樂趣，更讓他對人生有了深刻的感悟。從研習古璽到信念格言，從生肖篆刻到生活情懷，從幽默趣味到緬懷大師……每一方印章後面都有一段精彩的故事。

在兩個多小時的講座中，李嵐清結合一方方構思精巧、寓意深刻的印章，詳盡介紹了他從事篆刻藝術的初衷、感悟和心得。當地媒體描述稱，生動的講述和幽默的言辭激起了全場一陣陣掌聲和笑聲，聽眾們都感受到篆刻原來如此有魅力。

在講座中，李嵐清還介紹了他爲紀念改革開放 30 周年而作的新著《突圍——國門初開的歲月》。李嵐清以自己所知、所爲、所見爲素材，回顧了對外開放初期的重大事件。

講座中，李嵐清還透露重慶的汽車發展和對外開放創造了多個"第一"：中國第一輛吉普車是在重慶生產的，參加了國慶十周年的慶祝大典；1984 年長安汽車集團與日本的鈴木汽車簽訂了合同，汽車行業對外開放跟外國合作也是第一，邁出了中國微型汽車的第一步。

"當時中國汽車行業走彎路就是發展大馬力、大動力豪華的汽車。"他點評道，客觀上說，重慶的微型汽車找到了中國汽車行業發展的方向。

講座結束後，李嵐清向重慶贈送了"山城璀璨"的印章。他表示，自 2005 年之後再次來到重慶，已有"來時不識舊時路"的感受。重慶的變化非常大，當前，重慶正在進行"五個重慶"和城鄉一體化的建設，相信這些工程一定會激發起重慶人民無比高漲的熱情，相信不久之後，重慶將成爲中國耀眼的"明星"。

重慶慶鈴集團紀委周書記說：李嵐清同志曾多年在汽車行業擔任領導職務，以前還來慶鈴廠視察過，這次聽到他的講座感覺非常親切，他談篆刻藝術談得這麼生動風趣，自己一定要去讀一讀他寫的《原來篆刻這麼有趣》和《突圍》等著作。

　　值得注意的是，自 2002 年退休後一直非常活躍的李嵐清爲什麼選擇重慶搞這次講座？這次沒太引起官方媒體關注的講座，李嵐清借講解篆刻藝術都傳遞了哪些資訊？

　　眾所周知，李嵐清曾在當初的國家經貿部工作了數年，一直被稱爲"老外貿"和"外貿部老領導"，而薄熙來也曾在以經貿部爲前身的商務部工作四年，這是薄熙來親自主持這次講座的原因之一。而商務部原副部長廖曉淇等也出席了這次講座，則多少意味著這是一次商務部（經貿部）老領導們的公開聚會。

李嵐清

　　不過，分析人士指出，李嵐清在重慶大談中國汽車行業倒是很有"新意"，特別是他談到了中國汽車行業走了彎路，發展大馬力大動力汽車。分析人士稱，這段彎路的主要負責人正是李嵐清，因爲他是中國汽車利益集團的最大支持者，在中國"普及"汽車和發展大馬力汽車，以至於造成今天的能源緊張等問題，其實跟李嵐清都有直接關係。從歷史角度看，李嵐清承認中國汽車行業走了彎路，相當於他承認自己所要負的責任。

說起這段彎路，就得談談李嵐清和他的兒子李志群，以及中國重型汽車集團的巨額虧損。

李嵐清與中國重型汽車集團

1932 年出生的李嵐清，畢業於復旦大學企業管理系，1952 年畢業後被分配到長春第一汽車製造廠，在計畫科擔任計畫員。1956 年赴蘇聯莫斯科利哈喬夫汽車廠、高爾基汽車廠實習。1957 年回國後，在長春第一汽車製造廠任計畫科副科長，並被東北人民大學經濟研究所聘為兼職研究員

1959 年調到一機部擔任秘書，1961 年至 1969 年任國家經委秘書、企業管理局科長。1969 年至 1972 年下放國家經委"五七"幹校勞動。1972 年至 1978 年任第二汽車製造廠計畫處副處長、發動機廠黨委第一書記。1978 年至 1981 年任第三汽車製造廠建設指揮部副指揮長、重型汽車廠籌備處負責人。

這個重型汽車廠指的是就後來的中國重型汽車集團。再來看看這家被稱為中國第三汽車廠的官方簡介：

中國重汽集團，總部坐落於山東省濟南市，是國內主要的重型載重汽車生產基地，也是中國重型汽車工業的搖籃，以開發和製造中國第一輛重型汽車（黃河 JN150）、成功引進斯太爾重型汽車生產項目和與沃爾沃合資生產項目、自主研發 HOWO 產品是目前中國重型汽車產銷量最大的企業而聞名。

簡介稱，中國重汽集團前身是原濟南汽車製造總廠。原濟南汽車製造總廠始建於 1935 年，主要生產汽車零部件。該廠於 1956 年開始自主研發設計製造汽車，步入汽車製造企業。1960 年 4 月試

製出了中國第一輛重型汽車-黃河牌 JN150 型 8 噸重型汽車，結束了中國不能生產重型汽車的歷史。同年 5 月 4 日，毛澤東主席到濟南視察時，參觀了這輛樣車，朱德元帥親筆題寫"黃河"。幾十年來，共生產重型汽車數十萬輛，為國民經濟的發展和國防建設做出了重大貢獻。

2001 年 1 月 18 日，中國重汽集團經過改革重組，對企業進行了再造，重新構架了企業運營機制，煥發了企業活力。

中國重汽集團的生產經營實現了快速發展，主要經營指標連續七年保持高速增長。中國重汽集團始終做到了：當市場需求旺盛時，企業實現大幅度增長；當市場需求平淡時，企業有較大幅度增長；當市場下滑時，也要保持適度增長。

1981 年，也就是李嵐清在第三汽車廠擔任建設副指揮和重汽廠籌備處負責人三年後，調任國家外國投資管理委員會政府貸款辦公室負責人。1982 年至 1983 年任對外經濟貿易部外資管理局局長，隨後又調任天津副市長兼市委對外經濟貿易黨工委書記三年。1986 年起，開始擔任對外經濟貿易部副部長、部長等職。

1993 年 3 月，李嵐清擔任國務院副總理。同年 6 月任全國打擊走私領導小組組長。1994 年任全國外資工作領導小組組長。1995 年任國務院學位委員會主任委員。1997 年 9 月當選為第十五屆中共中央政治局委員、常委。1998 年任國家科技教育領導小組副組長。1998 年 3 月至 2003 年 3 月連任國務院副總理。

也就是說，自上個世紀八十年代初至整個九十年代，在中國重汽集團引進斯太爾重型汽車項目時期，正是李嵐清快速升遷階段。而李嵐清在擔任國務院副總理後，對重汽集團的發展也格外關心，並數次返回重汽視察。

我們再來看看富有爭議的，最後造成巨額虧損的斯太爾重型汽車項目。

《中國‧斯太爾備忘錄》記錄著重汽集團發展斯太爾項目的主要過程：

李嵐清的《突圍》

1983 年 3 月 29 日，中國重型汽車工業聯營公司成立。

1983 年 7 月，國務院批准引進奧地利斯太爾重型汽車技術。

1983 年 12 月，中國重型汽車工業聯營公司與奧地利斯太爾公司簽訂重型汽車製造技術轉讓合同。

1984 年 11 月，國家計委批准中國重型汽車工業聯營公司引進斯太爾產品製造技術建設項目設計任務書。

1985 年 3 月 13 日，濟南汽車製造總廠第一輛 SKD 組裝的斯太爾重型載貨汽車下線。

1986 年 10 月，國家計委下達《關於解放、東風、重型汽車工業聯營公司實行計畫單列的通知》。

　　1989 年 6 月 23 日，濟南汽車製造總廠裝配出第一輛斯達—斯太爾汽車，並於當日在該廠總裝配廠舉行了新車下線儀式。

　　1989 年 10 月，斯太爾重型汽車發動機基建項目在山東濰坊柴油機廠通過國家驗收。

　　1991 年 2 月 2 日，中國與奧地利合作生產斯太爾柴油機和斯太爾系列重型載貨汽車，經中奧雙方技術專家的試驗及檢測，通過考核驗收。

　　1993 年 4 月 7 日，中國重型汽車集團公司與奧地利斯太爾公司在北京舉行合作備忘錄簽字儀式，中奧兩國總理出席。

　　1994 年 11 月，國家經貿委、國家稅務總局、國家海關總署確認中國重型汽車集團公司技術發展中心為國家級企業技術開發中心。

　　1995 年 4 月 8 日，中國重型汽車集團公司斯太爾重型汽車項目，在濟南通過國家竣工驗收。

　　1995 年 4 月 21 日，國產斯太爾重型汽車第 18000 輛下線，奧地利總統湯瑪斯·克萊斯蒂在鐵道部部長韓杼濱陪同下出席下線儀式。

　　2000 年 9 月三大重汽重組。

李嵐清之子與重汽集團巨額虧損案

　　早在 2001 年 11 月，香港《前哨》雜誌披露了中國重型汽車集團由於“經營不善”，據說“虧損”嚴重，40 億元人民幣不知所終。中共中央政治局常委李嵐清之子涉及此案中的 10 億人民幣。

　　文章稱，李嵐清的兒子曾在歐洲留學，後“繼承父母之志”，進入其父創建的中國重型汽車集團工作。

中國重型汽車集團於 1995 年和瑞典台資，在離濟南 20 公里的長清縣建起汽車生產基地，生產重型汽車。該項目投資了 41 億元人民幣；由於重複建設，加上管理混亂，有人乘機混水摸魚，造成 40 億元“不知所終”。

文章還說，雖然有關方面一直想捂住此事，但紙包不住火，濟南對此已是家喻戶曉。山東現在的下崗工人很多，大家本來就滿肚子怨氣，現在聽到李嵐清的兒子涉及那麼多黑錢，個個都滿腔怒火。

文章還披露，（時任）山東省委書記吳官正感到民意洶洶，因而準備徹查此事。李嵐清覺得山東方面如果真的徹查此事，其子決沒有好下場，他的單根獨苗（李另有一女），決不能有三長兩短。於是，李嵐清跑到江澤民那裡哭訴，希望江施以援手。

江是江蘇揚州人，李是江蘇鎮江人，兩人的家鄉隔長江相望，距離只有二三十公里，可以說是同鄉。五十年代初，兩人都在長春第一汽車製造廠擔任過技術職務；後來都去蘇聯留學；再同樣上調到第一機械工業部和國家經委；七十年代末八十年代初，江澤民任國家進出口管理委員會副主任兼秘書長，李嵐清任該委員會的貸款辦公室主任。

文章說，李嵐清和江澤民的私人關係，絕非那些年輕的上海幫成員可以相比，因此江對李嵐清全力包庇，此事最後不了了之。吳官正被譏笑為虎頭蛇尾。

《前哨》雜誌所披露的重汽集團巨額虧損案的確是事實，但此案與李嵐清之兒李志群有多大關係，外界不得而知。

其實，重汽巨額虧損案所指的項目並不是與瑞典合作，而是引進奧地利的斯太爾重型汽車技術。這個項目的巨額虧損也不止是41 億元，而是累計虧損 83 億元。

《重汽：打造中國重型汽車第一品牌》一文介紹了當初瀕臨破

產的重汽。文章說，1999 年冬，當時瀕臨破產的中國重汽剛剛展開重組計畫，企業尚處於半停產狀態，職工的工資沒有保證。更令企業憂心的，是缺乏後續技術支持。

自 1983 年引進奧地利斯太爾重型車技術之後，中國重汽就撲在斯太爾的國產化上，17 年間沒有自主開發出一款新產品。對於斯太爾技術，企業不敢進行任何改動。此時進行新產品開發，既需要資金，更需要勇氣。

李志群

中國重汽集團董事長馬純濟介紹說，從全世界來看，斯太爾技術不是最先進的，但也不算落後。以前我們也講消化吸收引進技術，但有很多技術並沒有完全消化，過去引進的技術依然有很大的潛力。我們認真地反省自己，對斯太爾技術進行了全面的"二次消化"，同時根據市場狀況和用戶的消費傾向，自主開發出了新重型車"飛龍"。

文章稱，曾有一段時間，一枝獨秀多年的重汽集團難以適應市場重壓，成本居高不下，內部管理也存在不少漏洞，一步步滑入困境：到 1999 年已瀕臨破產邊緣，資產負債率達 138.49%，累計虧損 83 億元，拖欠各種費用近 10 億元。

2000 年，重汽實施改革重組，下放地方管理。2001 年 1 月 18 日，重組後的中國重型汽車集團有限公司誕生，中國重汽開始奮起直追。重組當年即實現扭虧持平，從 2001 年到 2004 年，中國重汽以年均 65%以上的速度快速增長，2004 年整車的平均月銷量超過了重組前的全年產量。2005 年，"中國重汽"首次成為中國重卡銷量冠軍，市場佔有率從低谷時的 4%迅速攀升到 18%。

《中國經營報》2005 年發表文章，介紹了重汽集團分家，三"兄弟"爭奪"斯太爾"的經過，其中也談到了斯太爾產品。

文章說，上個世紀八十年代初，為解決我國汽車工業"缺重"的問題，原"中國重汽集團"斥鉅資引進了國際著名重型汽車品牌——奧地利斯太爾系列產品，並以斯太爾項目為紐帶，將重汽集團下屬的三個僅有的整車生產基地：濟汽、川汽（即：重慶重汽）、陝汽聯合起來，成立了"重型汽車工業聯營公司"，共同研製、開發、生產適合中國本土使用的斯太爾系列重型汽車。

然而，相當於二十世紀七十年代末、八十年代初技術水準的斯太爾產品，在中國的投資生產卻非一帆風順。產品批量小、總成互供半徑太大等致命問題迅速暴露，項目總概算由最初的 3.5 億元，追加到 14.4 億元，原計劃 1990 年建成的工期，被拖至 1993 年 4 月。伴隨斯太爾項目的竣工，中國重汽集團也由於投入大、市場小等問題，陷入瀕臨破產的境地。

2000 年 7 月，作為虧損高達 80 億元的國有大型企業集團，原"中國重汽集團"正式一分為三。重汽的核心和主體部門保留"中國重汽"的稱號，劃歸山東省管理，原重汽集團三個整車生產廠之一的"濟南重汽"改稱"中國重型汽車集團有限公司"。而另兩個整車生產廠——重慶重汽與陝西重汽,分別下放重慶和陝西地方管理,組建爲“重慶重型汽車集團有限公司”和“陝西重型汽車集團有限公司”。

從上述來自官方和媒體資料可以看出,中國重汽集團引進的斯太爾技術,不但造成了巨額虧損,而且也造成了大批工人失業或下崗,的確是當時令人震驚的巨額虧損案。

那麼,李嵐清之子李志群與這起巨額虧損案有多大關係呢?

李志群與重汽集團巨額虧損案有關係?

中國商務部公開的官方簡歷顯示:李志群先後畢業於天津商學院、美國奧克拉荷馬大學,獲工商管理碩士。曾經擔任中國國際貿易中心總經理,中國國際貿易促進委員會濟南分會常務副會長,中國駐新加坡大使館經商處公使銜參贊,現任商務部外資司司長。

中國國際貿易中心曾公開的李志群的簡歷是:生於 1961 年,於 1995 年加入中國國際貿易中心有限公司,先後任職於公司總經理助理、副總經理、總經理等多個重要崗位,主持了公司上市、公司內部管理結構治理和公司重大建設工程等項目,同時負責公司的運營、服務和全面管理。

那麼,1995 年之前李志群在何處任職,官方簡歷都沒有提到過。

網上資料稱,李志群 1961 年在北京出生,當時他的父親李嵐清在國家經委當秘書。1983 年至 1986 年,在李嵐清擔任天津市常務副市長後,據說李志群才進入天津商學院。1990 年在美國奧克拉荷馬大學拿到了工商管理碩士學位。

由此看來,李志群確實在國外留過學,還拿到了碩士學位,但卻不是"重汽巨虧案"中所指的"李嵐清的兒子曾在歐洲留學"。此外,李嵐清只有一個兒子和一個女兒。

有人說,李志群學習成績一般。在父親李嵐清在湖北二汽工作時,兒子一直在二汽機關學校學校,1979 年畢業後,就到中國重型汽車廠工作了,當時父親已由二汽轉到三汽,負責重型汽車廠的籌備工作。

李志群在重汽工作幾年後,李嵐清又升任天津市常務副市長,隨後在父親的"幫助"下於 1983 年進入天津商學院學習。但在官方公開的簡歷中,有關李志群在八十年代末到九十年代初的經歷,一片空白。其簡歷中最早的工作經歷就是 1995 年加入中國國際貿易中心,從而使其這段經歷變成了一個"謎"。

2009 年李志群考察重汽集團

也有人指出,官方之所以"省略"李志群的這段經歷,是因為他的確跟中國重型汽車集團巨額虧損案有關。官方之所以這樣做,無非就是"此地無銀三百兩"。還有人說,李志群曾至少兩次在重型汽車廠工作過。第一次是他父親當籌備處負責人時,第二次是他從美國留學後,這兩個時期都是重汽上斯太爾項目階段。從美國留學返回重汽後,李志群開始負責技術引進工作。

至於這段時期,李志群是不是涉及到"10 億元鉅款""不知所終",重汽沒有說法,官方也沒有說法,甚至雙方對此"隻字不提"，難怪坊間對此案有那麼多"詳細"的描寫，包括李嵐清哭著江澤民求情等。這樣一來，要說李志群跟此案無關，恐怕都沒有說服力。至於李志群在這起巨虧案中扮演什麼角色，獲得多大的個人好處，官方和重汽至今都沒有個說法，當初的幾十個億如同打了水漂一般，無聲無息了。

不過，就在人們都把這個巨額虧損案淡忘多年後，李志群終於又回到了重型汽車集團。當然，這一次不是去工作，而是去參觀考察。

重汽官方網站報導：2009 年 10 月 21 日，商務部外資司司長李志群一行 4 人到中國重汽考察。 中國重汽集團董事長馬純濟陪同李志群參觀了中國重汽濟南動力公司和濟南商用車公司。雙方還就企業發展問題進行了座談。參加座談有山東省商務廳、濟南市外經貿局負責人，中國重汽副總裁王浩濤。

當國貿中心老闆，賴昌星讚不絕口

到了 1995 年，也就是中國重型汽車集團的斯太爾項目建成並通過國家驗收的同一年，李志群調入中國國際貿易中心有限公司（簡稱"國貿中心"）。其官方簡歷稱，先後任職於公司總經理助理、副總經理、總經理等多個重要崗位，主持了公司上市、公司內部管理結構治理和公司重大建設工程等項目，同時負責公司的運營、服務和全面管理。

在李志群調入國貿中心時，雖然他的父親李嵐清早已從經貿部部長升任國家副總理，但國貿中心則是經貿部下屬企業的合資企業。 國貿中心始建於 1985 年 8 月，1990 年 8 月 30 日全面開業，由對外貿易經濟合作部所屬鑫廣物業管理中心和馬來西亞郭氏兄弟集團所屬香港嘉裡興業有限公司共同投資興建。

國貿中心是目前中國規模最大的綜合性高檔商務服務企業之一，國貿中心地處北京中央商務區的核心地段，占地 12 公頃，總建築面積 56 萬平方米，集辦公、住宿、會議、展覽、購物和娛樂等多功能於一體，是眾多跨國公司和商社進駐北京的首選之地。

該公司簡介稱，自開業以來，國貿中心已成功地舉辦了各種國內、國際性展覽、博覽會近 400 個，每年舉行各種國際、國內會議、活動 4700 多場，其中中外部長級以上貴賓出席的高規格、高檔次的政務、商務活動四、五百次。與此同時，國貿中心還接待了許多國家的國家元首、政府首腦、重要國際組織及其常設機構的負責人以及各國商業巨頭和社會知名人士等。

國貿中心寫字樓是北京市首屈一指的頂尖甲級寫字樓；中國大飯店的各項經濟指標在北京五星級酒店中居於前位，並以良好的服務多次獲獎，其中包括美國優質服務科技協會頒發的"五星鑽石獎"，並連續多年被多家世界知名商業媒體評為全球最佳飯店之一。

國貿中心於 1999 年年初在上海證券交易所發行了 A 種股票 1.6 億股並上市，融資 8.5 億人民幣。股票發行和上市的成功，為國貿中心今後的長足發展開闢了新的融資管道，使企業走上了實業經營和資本經營相結合的道路。

李志群一度與遠華走私案主角賴昌星關係密切，在其擔任國貿中心老闆後，兩人有生意往來。在明鏡出版社出版的《遠華案內幕》中，賴昌星曾告訴該書作者盛雪："李嵐清的兒子是跟我一起做生意的。他底下的公司在香港和我們一起做股票。就是錢的往來嘍，是正常的，有借有還的那種，不是行賄。"

此外，賴昌星還對李志群讚不絕口，說"這個人在外面跟我沒有什麼聯繫，所以很多人不知道他是李嵐清的兒子。我有跟他在廈門合照的照片，在‘420’的手上。他有時到我那裡去休假，也有可能有人認識。在我見過的所有老闆的兒子中，就數他最好。真的是幹實事的人，很聰明能幹的。”

在國貿中心的官方簡歷中，確實提到李志群主持了公司的上市工作和公司重大建設工程等項目。就是在這一時期，李志群和賴昌星有了生意往來，而且走得還很近，否則賴昌星不會對李志群有那麼高的評價。

內部人士說，李志群在國貿中心當老總時，根本不把時任董事長郭鶴年放在眼裡，並且還要吞下郭家的股權，氣得郭曾找到中央統戰部訴苦告狀。統戰部的王兆國和劉延東都很同情郭，但 2003 年出任商務部部長的呂福源，正是李嵐清一手提撥起來的老部下，不敢得罪李志群。

可是呂福源官運不佳，當了半年商務部長在出訪柬埔寨前，檢查身體時就發現情況不妙，之後動了手術，確診為肝癌，隨後由遼寧省長薄熙來接任，呂不久後病逝，終年 59 歲。據說，後來郭鶴年把狀告到國家副主席曾慶紅那裡，曾慶紅親自批示處理，薄熙來上任之後的第一件事，就是處理郭家與李志群的股權糾紛。

搖身一變成駐新加坡公使銜參贊

薄熙來一上任就著手處理這起糾紛，最後結果是李志群離開了國貿中心，但李志群卻搖身一變變成了中國駐新加坡大使館公使銜經濟商務參贊和黨委委員。

當時國家商務部內部人員背後議論說，是老部長（李嵐清）找到老上級（江澤民），然後上邊又要求新部長（薄熙來）酌情處理。

最後，李志群在父親親自出馬後，被安排到新加坡任公使銜參贊。

2006 年 6 月 7 日，李志群走馬上任了。他在新加坡的初次亮相，是出席中國鎮江投資環境推介會並發表講話。李志群說，隨著越來越多中國企業願意走向新加坡的資本市場，選擇在新加坡上市融資，中國與新加坡的經貿關係已出現一個新的合作領域，兩國之間的經貿關係今後也應該會更上層樓。

當時官方媒體指出，這也是剛剛走馬上任的李志群首度在本地出席中國代表團的招商活動。他指出，中、新兩國經貿關係原本就非常密切，但隨著越來越多成功的中國企業願意在新加坡上市融資，他相信中、新兩國的經貿合作會出現新的發展空間。他說："成功的（中國）企業，很快便會走向新加坡的資本市場，上市融資。"

報導還介紹說，今年 42 歲的李志群，是中國前任副總理李嵐清的兒子。他在接受中國商務部委任為中國駐新加坡大使館公使銜參贊之前，為中國國際貿易中心總經理。

他先後畢業於天津商學院、美國奧克拉荷馬大學，獲工商管理碩士。他也曾在中國國際貿易促進委員會濟南分會擔任常務副會長。

一周後，新加坡《聯合早報》也發表長文介紹李志群。文章開頭說，李志群對新加坡的第一印象是"三熱"：天氣熱、生意熱，新中兩國經貿關係更熱。這位剛剛走馬上任的中國駐新加坡大使館公使銜經濟商務參贊受記者訪說，他來新加坡一下飛機，單是名片就用去了整整三盒。

李志群在中國大使館接問時表示，中新兩國已相互成為重要的經貿夥伴，雙邊的經貿合作關係已成為當前的熱門話題。

據有關統計，2004 年首 4 個月兩國間的貿易額比去年同期增長 38.9%，達到 75 億 6000 萬美元(130 億新元)。同期，新加坡在中國的新增投資項目 426 個，同比增長 16％。其中，合同外資額增長 34.7％，達到 14 億 9000 萬美元，而中國在新加坡新簽訂的承包工程和勞務合同金額，則達到 2 億 5000 萬美元。

　　兩國政府先前已經爲雙邊的經貿合作確立了五大領域，即中國西部大開發、中國企業走出去、高科技發展、人力資源培訓和發展，以及振興中國東北老工業基地等。

李志群在新加坡

　　《聯合早報》還說，最近，兩國副總理又在北京成功舉行了雙邊合作聯合委員會第一次會議，在蘇州舉行了蘇州工業園區新中聯合協調理事會第七次會議，並舉行了園區成立十周年的各種重要活動，表明兩國領導人和工商界對推動新中經貿合作的高度重視和支援。

　　李志群在接受訪問時表示，他今後的首要工作是，落實中新兩國領導人已經確立的雙邊合作發展戰略，特別是近期兩國政府雙邊合作聯委會所確定的各項議題，廣泛聽取工商界人士的意見，更好地落實兩國之間達成的共識，促進中新經貿合作再上一個新台階。

《聯合早報》在介紹了李志群的簡歷後，還強調說，李在中國出版過三部財經方面的著作，其中《股票期權激勵制度系列叢書》獲得國家科學技術獎。

文章評論說，李志群平時為人低調，很少在媒體前曝光，更很少談及自己的父親。但他在記者的窮追不捨下，首次公開談及他的父親。

他說："我父親和李顯龍副總理、李光耀資政以及中國其他領導人一起，共同為中國和新加坡的合作、特別是蘇州工業園的合作，整整奮鬥了 10 年。我自己也有一個想法，就是要在自己的任期內，繼承先輩們開創的事業，為中新經貿工作做一些實實在在的工作。"

談到父親對他成長過程的影響，李志群說："父親教育我們，做事一定要負責任，一定要堅韌不拔，一定要有頑強的毅力。用他的話說，做事要有'釘子精神'，不怕吃苦，不要半途而廢。"

文章最後說，李志群由原來的"生意人"，變成了現在的外交官。他開玩笑說，現在他是"如坐針氈"、"如履薄冰"。不過他相信，無論做什麼事情，不要貪圖做得多、做得大，首先要追求做得成，就像營業一家企業一樣。

升任商務部外資司司長，油水很大

2006 年 4 月，時任商務部長薄熙來對商務部進行內部大調整，李志群升任商務部外國投資管理司司長，原司長胡景岩改任服務貿易司長。就像兩年前任出任商務參贊一樣，這一次李志群升任外資司司長，又在商務部引起不小的轟動。

　　眾所周知，外資司是商務部權力最大油水最多的肥缺，當上外資司長就意味著成爲外商爭先恐後巴結的對象，因爲該司手裡握著審批外國投資和外資合併的大權。

　　李志群上任不久，立即進入新角色，開始頻頻亮相，成爲官方媒體關注的對象。他經常到外地視察外資企業，所到之處都由地方主要領導接待和陪同。

　　順便檢索一下，就能看到李志群出任外資司長後有許多講話和活動：

　　2006 年 9 月 8 日，李志群在"促進承接服務外包產業發展研討會"上表示，商務部已經啓動了支援服務外包發展的"千百十"工程，以此支援中國服務外包的進一步發展，爲優化中國經濟結構，轉變經濟增長方式，更加積極有效利用外資發揮積極有效作用，在打造中國製造基礎上努力打造中國服務。

　　李志群表示，服務外包是現代高端服務業的組成部分，具有科技含量高、附加值高、資源能源消耗低、環境污染少、吸納就業能力強、國際化水準高等特點，爲中國發展面向國際市場的現代服務業帶來了新的發展機遇。

　　他認爲，加快發展服務外包，擴大承接離岸服務外包業務不僅有利於中國轉變貿易增長方式，提高外商投資水準，也有利於中國探索勞務輸出新的發展模式和提高我國電子商務水準，同時對發揮我國的比較優勢，緩解就業壓力，爲我國地處內陸的中西北部地區直接參與國際分工創造新的發展優勢和提供難得的發展機遇，對促進我國區域經濟協調可持續發展將起到積極作用。

　　李志群同時指出，現階段，中國發展服務外包還存在從事外包服務業的高素質人才不足，缺乏有針對性的鼓勵政策，承接服務外包的企業規模較小，國際競爭能力不強，市場推廣和行銷力度不夠等不足。為此，商務部已經啟動了支援服務外包發展的"千百十"工程，目標是在 3~5 年內培養 1000 家大型承接服務外包的企業，推動 100 家跨國公司將其外包業務轉移到中國，建設 10 個承接服務外包的基地城市。

2007 年 2 月 25 日，李志群稱"外資併購給中國創新利用外資帶來新機遇"。當天，李志群在商務部網站"司局長訪談"欄目表示，外資並購給中國承接國際產業轉移和創新利用外資方式帶來了新機遇。當前社會上對並購交易的具體問題瞭解還不盡全面，相關部門在處理中比較謹慎，因此需要抓緊健全相關法規制度，鼓勵公平競爭，引導和規範外資並購健康發展，防範壟斷並購和惡意並購，保持重要行業和關鍵領域的控制力，確保國家經濟安全。

李志群介紹說，中國吸收外商投資多年來基本以綠地投資（投資設廠）為主。近幾年，國際跨國公司開始在重化工業、基礎材料業、消費品生產和服務業等領域開展並購業務，但其數量和交易額並不多。

他指出，當前，中國吸收外資工作面臨諸多不確定因素。其中企業所得稅政策、人民幣升值、貸款利率調整、出口退稅、加工貿易政策、產業政策、土地政策、勞工政策、環保政策以及開發區政策已經或將要陸續進行調整，多項政策調整的疊加效應都將可能對中國吸引外商投資產生一定影響。

值得強調的是，李志群當上外資司長後的一些言論，已被中國網民指責為"漢奸、賣國言論"，後文有詳細介紹。

2008 年 3 月 12 日，中國商務部部長陳德銘等人在"兩會"新聞中心接受了境內外媒體的集體採訪，就中外媒體關心的商務領域熱點問題回答了記者提問。商務部外國投資管理司司長李志群在回答香港記者提問時明確表示，將會進一步規範外商在房地產領域的投資。

　　有香港記者問："去年實施的限制外籍人士購房、限制外資炒房，有人說這種一刀切的做法並不能真正解決國內房價漲價的問題，防止熱錢，只要限制外資購買住宅就可以了。對於房地產的一些基礎建設設施和住宅樓的開發，還是可以運用透明度比較高的外資，我想問您怎麼看待這個問題？針對意見，商務部下一步會不會實施一些措施？"

　　外資司司長李志群回答說，爲了配合國家的宏觀調控，商務部加強了對外商投資進入房地產領域的管理。2006 年以來，國務院及國務院有關部門發佈了一系列關於進一步規範和加強對房地產領域外商投資的管理文件，主要目的是進一步規範外商投資在房地產領域的審核程序、原則等等，防止投機性的資金進入我國房地產領域。這項工作是由國家有關部委一同做的，商務部將與國家有關部委共同開展工作，來加強和進一步規範對外商在房地產領域的投資。

　　2009 年 10 月 15 日，李志群重申"中國吸引外資面臨機遇與挑戰並存"。當天，由北京新世紀跨國公司研究所承辦的 2009 跨國公司地區總部發展論壇在北京朝陽區舉行。會上，商務部外資司司長李志群表示，9 月份剛剛發佈的 2009 年世界投資報告顯示，全國的跨國直接投資已經下降到了 1.6 萬億左右，預計 09 年還將繼續下降 30－40％，在這種情況下，中國吸收外資也面臨許多的困難。

　　李志群還稱，儘管外商投資的月度降幅在逐步的收窄，8 月份當月實際使用外資開始出現了 8％的正增長，但今後如何發展我們還需要進一步的觀察。當前中國吸收外資所面臨的形勢十分嚴峻，也可以說是機遇和挑戰並存，從國際上來看，儘管全球各主要經濟體都採取了刺激經濟的舉措，但由於主要投資來源國依然還沒有走出金融危機所帶來的影響陰霾，所以復蘇將是一個長期的過程。

副手被抓，商務部外資司成腐敗中心

2008 年 9 月 26 日，原商務部外資司副司長、現外商投資企業協會副會長鄧湛在北京的家中被刑拘。

鄧湛，1947 年 3 月 31 日出生。自 1982 年從北京科技大學畢業，即進入商務部（原對外經濟貿易合作部）外國投資管理司工作，1991 年起歷任副處長、處長、副司長，直至 2007 年 4 月年齡到限。期間，鄧湛曾赴意大利羅馬經濟管理學院及美國哈佛大學商學院接受培訓。經商務部推薦，年齡到點退休的鄧湛，自 2007 年 7 月初，由中國外商投資企業協會通過決議，被增補為協會副會長，負責日常工作。鄧湛是商務部中少有的非中共黨員人士，其妻女均早已定居國外。

從鄧湛的簡歷看，他曾與李志群共事一年多，也就是給李當了一年多的副手。

媒體描述說，鄧湛長相白淨、文質彬彬。自進入商務部，就一直從事外資工作，對外商投資業務相當稔熟，曾是商務部主管外資、併購的副部長的秘書，頗獲賞識。在鄧湛任外資司副司長期間，曾力主"建立有中國特色的直銷體系"，在其任內，美國一著名的傳銷公司在中國大陸境內獲得首例直銷牌照。

鄧湛歲數比另外兩名涉案人員郭京毅、張玉棟大十幾歲。郭京毅進入當時的外經貿部後，在條法司二處（外資處）供職，同時張玉棟進入外經貿部屬下長城律師事務所，涉足了一大批早期外商投資企業進入中國的談判，鄧湛則一直在外資司工作，由於工作關係密切，鄧湛與郭、張二人的私交也日益緊密。

　　郭京毅的哥哥也曾經在外經貿部工作，因為捲入一樁配額倒賣案而被捕，後在北京朝陽區開了一家餐館，"鄧湛、郭京毅、張玉棟以及其他的一些官員、律師以及外企人士，當時經常在那家餐館活動"，該名人士稱。

　　另一位郭京毅和鄧湛的前同事則表示，鄧湛、郭京毅能夠一起在外商投資的法律制定以及具體項目審批中"做手腳"，關鍵在於"外資司業務上過於依賴條法司"，在商務部內部，外商投資項目審批需要經過條法司和外資司會簽，而在涉及法律"灰色區域"時，外資司往往以條法司的意見為准。

　　郭京毅和鄧湛最出名的是在直銷立法領域。2004 年，正當中國政府研究起草《直銷管理條例》和《禁止傳銷條例》如火如荼之際，鄧湛卻主導起草了一份《設立外商投資直銷公司暫行規定》，提出在直銷領域"外資先行"的概念，引起本土企業強烈不滿。而且，這樣的一份法規不由條法司起草，卻由外資司負責，這本身在程序上也引起諸多質疑。後來由於爭議巨大，這一法規終於沒能趕在《直銷管理條例》之前出台。

　　儘管外資直銷企業未能如願獲得"先行"待遇，但是其直銷牌照仍然需要商務部發放。鄧湛與數家知名美國直銷企業，一直保持著良好關係。早在 2008 年 9 月郭京毅、張玉棟等人被捕之後，鄧湛就接受過紀檢部門詢問。後來專案組考慮到他今年剛剛做完結腸癌手術，尚在休養康復期，身體虛弱，並未即刻採取強制措施，只是限制其與外界接觸。後來，由於在郭京毅案的審訊和調查過程中，發現鄧湛涉及的案情重大、金額龐大，才將其正式帶走。由於鄧湛不是黨員，因此估計不是"雙規"，而是由公安機關直接拘捕。

　　在商務部，郭京毅被認為"高調"的一個重要原因是，毫不避諱地開好車、住好房。儘管他曾經從商務部分得一處位於北京市朝陽區雙井地區的機關宿舍房,但卻早就將其高價"賣"給了張玉棟,自己則搬到位於北京市海澱區西三旗地區的雪梨澳鄉社區的一套別墅中。該項目的介紹中提到,即使在數年前,社區內每套住宅已經高達"150—300萬元"。

鄧湛

以郭京毅政府公務員的身份,顯然無法支付如此巨額的房款。但是面對同事、朋友的詢問,郭京毅則表示,買房是"老婆的錢"。

郭京毅之妻文淑芬是他大學同學,也曾在長城律師事務所工作過,後來曾在多家知名外企任職,目前是葛蘭素史克(中國)投資有限公司法律事務總監,葛蘭素史克也是張玉棟所在思峰律師事務所的客戶之一。本報記者曾經致電文淑芬的助理,但採訪要求被拒絕。

一位知情人士稱,儘管郭京毅初期面對紀檢部門詢問時,堅稱買房的錢來自文淑芬的收入。但是外界傳言,當初郭京毅購買該處房產時，乃以半價購得。"不管是開發商半價售出，還是其他人半價轉售，都已經構成行賄受賄"，一名律師向表示。

而與郭京毅相比，鄧湛則較爲低調，不開車，至今仍然住在雙井地區的機關宿舍樓中。但是業界傳言，鄧湛接受的賄賂中，包括北京市朝陽區一套價值 250 萬的房產。

一名接近商務部的人士透露，郭京毅和鄧湛先後被捕，對商務部震動極大。商務部外資司重新進行了崗位輪替，分管有關外資項目審批業務的兩名副司長以及下屬處長對調崗位，以防止一人管理某一領域時間過長，給尋租帶來便利。

對外資併購的審批，通常涉及商務部、國家外匯管理局、國家工商總局（其內部負責機構爲外資局）、國家發改委、國資委等相關部門。一個並購項目能否獲得通過，商務部的態度至爲關鍵。而在商務部中，發揮主要作用的部門就是鄧湛、郭京毅分別任職的外資司和條法司。

郭京毅、鄧湛在外資並購領域浸淫多年，而從事外資法律事務的律師張玉棟、劉陽人，同國家外匯管理局、國家工商總局外資局等部門的相關工作人員業務往來頻仍，交情也頗深。知情人士稱，郭京毅、鄧湛、張玉棟等人利用外資審批各項環節中的尋租空間，結成腐敗利益聯盟。

該知情人士透露，鄧湛曾收受張玉棟的房產賄賂，鄧的女兒在美國讀書的相關費用則由一些外國大公司承擔。

一位法律界人士告訴《財經》記者，自郭京毅案發，鄧湛又被抓，外資併購腐敗問題的查處風暴已然來臨。目前不少涉及外資項目的官員、律師都異常緊張，唯恐風暴牽出自己。"山雨欲來風滿樓！"該人士感歎說。

李志群被網民列入"貪官加漢奸"名單

搜狐博客"遊擊隊員"2008年11月轉載"貪官加漢奸：禍害更深遠"一文，列出了如下"出賣國家利益"的"貪官加漢奸"名單：

劉　偉：前國家工商總局外商投資企業註冊局副局長，已入獄

郭京毅：前商務部條法司巡視員，已入獄

杜寶忠：前商務部條約法律司行政法律處處長，郭京毅下屬，已入獄

張玉棟：郭京毅大學同學、北京思峰律師事務所主任，已入獄

劉　陽：郭京毅的前下屬、北京思峰律師事務所合夥人、北京善信法律所投資顧問，已入獄

鄧　湛：前商務部原外資司副司長，商務部下屬的中國外商投資企業協會副會長，已入獄

王志樂：商務部國際貿易研究院研究員

李志群：商務部外資司司長，"併購是大勢所趨，外資併購不應被視為威脅，而應看作是機遇。"

高虎成：商務部副部長，"只要在中國土地上的企業，都是中國企業。"

鄒　林：前外管局綜合司司長、新聞發言人，受賄，已被逮捕審查

許滿剛：前外管局檢查司原司長，受賄，已被逮捕審查

隨後，作者還列出針對上述名單的文章連接：

　　腐敗窩案愈挖愈深，牽扯出來的官員愈來愈多。媒體披露，國家工商總局外商投資企業註冊局副局長劉偉被刑事拘留。在此之前，商務部條法司一名處長也被有關部門控制。這兩人均由商務部腐敗窩桉牽扯而出，他們的中箭顯示窩案進一步升級，當局並沒有立即收手的意思，是否會有更多的人牽涉在內，也未可知。

　　四十多歲的劉偉，屬於工商系統中專業能力比較強的官員，原本仕途看好。如今看來，可能是由於怕打草驚蛇，當局對他的調查一直在秘密進行。直到事發前不久，劉偉看起來若無其事，照常參加各種活動，在媒體上公開露面。所以，他突然中箭出乎很多人意料。

　　但事實上，對外資購併的審批，劉偉所在的外商投資企業註冊局是不可或缺的一環，沒有劉偉配合，任何一起購併案都不可能通過。據媒體披露，劉偉跟之前已經被拘捕的商務部條法司巡視員郭京毅私交很好，兩人的豪華連體別墅僅一牆之隔。他倆連同另外幾個人結成利益聯盟，利用外資審批各項環節中的灰色地帶，上下其手，中飽私囊，過與其身份不符的奢侈生活。

　　當局之所以在這起窩案中不輕易收手，繼續深挖不止，顯然與這起窩案的特殊性有關。

　　到目前為止，這批中箭官員都有幾個特點，一是普遍學歷高、素質高，都是名牌大學畢業，有的還是海歸學者，精通經濟、法律等專業知識；二是所在的部門重要，位置關鍵，不是掌控國家經濟法規政策的制訂，就是掌控重要經濟項目的審批；三是牟利手段隱蔽，並不是簡單的、赤裸裸的權錢交易，而是通過政策制訂、項目審批而獲利，特別是為外資提供方便而獲利，一般情況下，這種行為很難暴露，也很難調查。

　　有人認為，這些官員的腐敗，是一種典型的貪官加漢奸行為，他們通過出賣國家經濟利益而獲取個人私利，為了個人的貪圖享受而不顧國家利益。他們個人獲取了一點蠅頭小利，卻給國家經濟埋下了長久的隱患。這種吃扒外的漢奸腐敗行為，禍患更加深遠，在任何國家都是為人所不齒，都會嚴厲打擊。

　　歷史上，中國曾深受漢奸之害，有時候猶甚於直接的外敵侵略。如今看來，在和平時代，經濟漢奸給國家帶來的危害並不亞於歷史上的漢奸。

　　當下，以各種形式活躍在各個場所的經濟漢奸並不在少數，他們以各種途徑，內外勾結，通過各種包裝手段，或明或暗地蠶食中國經濟，這是當局不得不加以提防的。特別是在當下金融海嘯洶湧澎湃的時候，當局更需要小心這些經濟漢奸的行為。

外資司與可口可樂收購匯源事件

由於李志群曾說過"外資併購給中國承接國際產業轉移和創新利用外資方式帶來了新機遇"，而被愛國網友"痛斥"為"賣國賊"。可口可樂收購匯源計畫夭折，就是商務部外資司在群情憤怒之下，不得不考慮輿情的結果。

可口可樂收購匯源事件是一起發生於 2008 年 9 月可口可樂公司收購匯源全部股份，後於 2009 年 3 月未通過中國商務部審查的商業收購案件。

可口可樂公司自 1979 年進入中國市場，其旗下的可樂、雪碧、芬達等碳酸飲料在中國市場取得較大的成功。隨著碳酸飲料市場的日趨成熟、競爭加劇，可口可樂開始開發果汁飲料和原葉茶飲料市場，並相繼推出美汁源、果粒橙，但市場反應和市場業績都一般。公司曾對外表示，需要通過收購來加強和拓寬無氣飲料的業務。目的在於為了擴大在中國的市場範圍，佔領果汁飲料市場。2008 年 09 月 03 日，可口可樂以 24 億美元作為條件，向匯源發出收購其全部股份的要約，並於 9 月 19 日向商務部提交了收購匯源的相關申請材料。商務部工作人員表示審查工作將會分為 30 天和 90 天這樣的兩個審查期。

2008 年 9 月 5 日，大成律師事務所的高級合夥人錢衛清律師以法律專家的身份，應邀參與某網站有關可口可樂收購匯源的直播訪談，在訪談中，錢衛清表示，"不看好"該場交易，並從法律層面的反壟斷的審查難度、市場層面的操作性以及民眾的民族感情等進行詳細分析。但在直播結束後，錢衛清馬上要求撤回剛才網上言論，並告知網站不能發表，網站應然刪去內容。事後有消息透漏，錢衛清有此舉動是源於錢所在的律師所已有其他律師承接了可口可樂方面的委託，並擔任該收購案的法律顧問。錢衛清的言論發出後遭到可口可樂方面的抗議，因此不得不很快撤回。

儘管錢衛清事後稱自己之前並不瞭解到大成律師事務所已爲可口可樂公司的客戶，而知曉之後撤回言論一事，自己所作的也只是去執行律師事務所需要維護客戶利益這一行業規則。

不過隨後，一家名爲和君創業的管理諮詢公司，卻對可口可樂要求錢衛清撤銷網上言論這一行爲表示抗議，並稱可口可樂侵犯和君創業的合法權益，和君創業爲此已委託律師事務所向可口可樂公司發出律師函。和君創業有如此反應，其理由爲，錢衛清也是和君創業的法律顧問，且雙方三年前已簽有長期服務協定，協定內容爲前者須向後者提供包括中國民營企業的權益保護、國家經濟安全、反壟斷領域在內的各種社會公益事業義務服務。

但由於受到可口可樂方面的加壓，導致錢衛清與和君創業解除合作關係，並稱此後不能再給和君創業提供法律服務，遭受到利益損失。而對於錢衛清的網上直播言論，此爲錢衛清和和君創業共同研究的成果，因此其立場代表的是錢衛清和和君創業，而非大成律師事務所。而可口可樂施壓要求撤回，是已剝奪了和君創業的言論權利。

儘管和君創業所聘請的律師所隨後還向可口可樂公司發出另兩封律師函，但可口可樂對此的回應是"保留對不負責任謠言追訴的權利"，此後亦無後文。此針對可口可樂收購匯源發表言論後被封口事件，引發了社會各界對由於利益衝突而引起的法律職業道德問題進行的強烈關注與討論。

新聞報導出後，引起中國民眾的關注。在有關民族企業身份、國家果汁市場安全等個方面有著強烈的爭論。

　　商務部外資司副司長林哲瑩當時表態稱，收購或面臨三個困難，即媒體過度炒作對商務部行政形成干擾；仍需就該收購對匯源民族品牌的後期影響做評估，評估結果現在還未知；需要從整個產業健康發展方面做評估。

　　在收購失敗之後，商務部對外表示，匯源並非中國公司，而只是一個外國企業，因此商務部判決審查不通過，並非是中國不歡迎外資的一個信號，其實是在兩個外資的收購行為之間，中國居於對市場前景的考慮。此言論發出後，使得之前並不受關注的企業身份問題，成為媒體和民眾關注和討論的焦點。對於香蕉人身份的界定，引發了爭議。

　　作為被收購方，匯源老總朱新禮曾表示，自己並不是葬送民族品牌，"品牌沒有國界，沒必要打上民族的烙印"，而賣掉匯源也不是不負責的行為，只是市場的價值規律使然，"企業當豬賣100年都沒錯"。對於往後自己的發展方向，將會是向果汁市場的上游方向發展，會專注於果汁的供應，樹苗的種植、生產基地的發展以及銷售的瓶子回收等工作。

　　而商務部專家白明也表示，匯源被收購並不涉及民族品牌事宜，買企業並不等於賣國，只是在可口可樂併購匯源需過外資檻、反壟斷的檻和國家安全的檻這三道檻。

　　而在商務部宣佈收購審查不通過，該收購失敗之後，可口可樂公司並未提出任何異議，表示該事對公司影響甚小。

　　2009年，商務部發佈了該部門的公告2009年第22號，即商務部關於禁止可口可樂公司收購中國匯源公司審查決定的公告，商務部以如下三點作為該收購案審查不通過的依據：

　　1、集中完成後，可口可樂公司有能力將其在碳酸軟飲料市場上的支配地位傳導到果汁飲料市場，對現有果汁飲料企業產生排除、限制競爭效果，進而損害飲料消費者的合法權益。

2、品牌是影響飲料市場有效競爭的關鍵因素，集中完成後，可口可樂公司通過控制"美汁源"和"匯源"兩個知名果汁品牌，對果汁市場控制力將明顯增強，加之其在碳酸飲料市場已有的支配地位以及相應的傳導效應，集中將使潛在競爭對手進入果汁飲料市場的障礙明顯提高。

3、集中擠壓了國內中小型果汁企業生存空間，抑制了國內企業在果汁飲料市場參與競爭和自主創新的能力，給中國果汁飲料市場有效競爭格局造成不良影響，不利於中國果汁行業的持續健康發展。

對於可口可樂收購匯源失敗的原因，經濟學家郎咸平認為是由於可口可樂在收購時過於高調、動作過快，沒有像其他外資在收購中國啤酒行業般以低調逐漸滲入進行。並指出"外資大舉收購，不是正在發生，而是正在完結。眾多行業已經被外資瓜分殆盡。"鳳凰衛視評論員阮次山亦認同可口可樂敗在過於高調。

《法制日報》評論說，該收購案的被否決，暴露出了一些問題，其中以否決收購案的界定標準、依據判斷不明確，以及公眾能否參與、如何參與維護消費者利益等法律保障的缺失最為明顯。

子承父業，李志群將升任副部長？

雖然外資司在商務部是個肥缺，但在李志群擔任司長這幾年發生如此之多的事件，據說，也讓現任部長陳德銘對如何重新安排李志群很頭痛。據商務部內部人士說，陳德銘非常清楚，當初"老領導"李嵐清讓兒子進商務部，目的只有一個，至少得讓李志群當上副部長。

　　到了 2009 年年底，商務部進行了新一輪調整，對李志群的工作有了新的安排。有消息指，此輪調整主要集中在外資司、對外合作司等涉外司局，此外，政策研究室、研究院這兩大商務部智囊機構的一把手亦有變動。

　　在這輪調整中，原投資促進局局長劉亞軍出任外資司司長，主要工作由促進中外雙向投資交流轉向專注單向的外資在華投資的系列工作，而原外資司司長李志群則調任至國際合作司擔任司長，主要工作對象由來華外資轉為推動中國企業走出去，原國際合作司司長吳喜林則另有任用。

　　此外，掛職廣州市委常委、副市長逾一年的李榮燦，也在 12 月結束掛職，出任商務部政策研究室主任。在赴廣州掛職前，李榮燦擔任的是商務部財務司司長。此次李榮燦接任政策研究室主任後，原政策研究室主任廖建成將另有安排。

　　商務部的另一大智囊機構研究院的一把手也出現變動。原中國食品土畜進出口商會會長霍建國出任院長，霍建國在擔任食品土畜進出口商會會長前，一直擔任商務部外貿司副司長職務。原商務部研究院院長柴海濤將另有任用。

　　消息人士指出，對於李志群的工作變動，並未引起內部轟動，畢竟這幾年外資司出的事兒太多了，而且都給商務部造成很大的負面影響。另外，從長遠角度看，把李志群由一個曝光率很高的職位，調到一個曝光率相對較少的國際合作司，部領導這樣做也是保護他，有利於升遷。

　　不過，熟悉商務部內部運作的分析人士認為，雖然李志群是平級調動，但其權力和前景卻不被外界看好，畢竟國際合作司在商務部是個小司，其重要程度和職權都遠不能和外資司相比。再者說，這些年來從國際合作司升到部級領導的寥寥無幾，但從外資司等大司獲得升遷機會卻很大。從這一點看，李的仕途前景未必像外界所說的那樣。

國際合作司的主要職能是：擬訂並執行對外經濟合作政策；依法管理和監督對外投資、對外承包工程、對外勞務合作和設計諮詢

李志群

等對外經濟合作業務；擬訂公民出境就業的管理政策；承擔外派勞務和境外就業人員的權益保護相關工作；審核境內企業對外投資開辦企業（金融企業除外）、對外經濟合作企業經營資格；承擔對外直接投資、對外承包工程和勞務合作統計工作。

國際合作司下設八處一室，分別是：辦公室，綜合處，政策統計資訊處，對外投資處，對外投資合作促進處，境外資源合作處，對外承包工程處，服務貿易出口處，權益保護處。

我們可以從合作司網站公佈的“商務部關於印發《對外承包工程、勞務合作和設計諮詢業務統計制度》的通知”中，看到這個司

的職能和職權：

商合發（2004）690 號

各省、自治區、直轄市及計畫單列市商務主管部門，各有關企業：

為科學、有效地組織全國對外承包工程、勞務合作和設計諮詢業務統計工作，全面、準確地反映我國對外承包工程、勞務合作和設計諮詢業務的開展情況，經商國家統計局同意，商務部對《國外經濟合作業務統計制度》（外經貿合發 [2002]571 號）進行了修改，現將修改後的《對外承包工程、勞務合作和設計諮詢業務統計制度》印發你們，請認真學習並遵照執行。

本制度自 2005 年 1 月 1 日起執行，我部《國外經濟合作業務統計制度》（外經貿合發 [2002]571 號）同時廢止。

知情人士和分析人士強調說，國際合作司在商務部的地位其實很低，出差的機會，出國的機會都不多，絕對是個清水衙門，肯定與外商都想巴結的外資司沒法比。

那麼，李志群的仕途前景會如何？真的會像分析人士所說的那樣不再被看好麼？

據知情人士講，無論工作崗位如何變動，但有一點是可以想見的，李志群很可能在幾年內升為副部長，也許有關部門早已商定好了。"李志群將子承父業，當上副部長。此外，他在商務部的人際關係不錯，業務水準和口才等都不錯， 2009 年才 48 歲，肯定前途無量，"知情人士說。

後 記

　　本書在編寫過程中得到數位專家學者、官員、知情者及媒體人士幫助，特此致謝。本書引用眾多媒體資料，並儘量加以說明。由於部分資料流傳於網絡，難以分辨來源。如有遺漏，特表歉意，請來函說明，若有機會再版，定會更正。

　　另外特別需要說明的是：本書採用的信息，凡是本書首次披露的，多作了反復求証。但有部分信息，引用國內外媒體，有的找不到可求証的人，有的可能仍待更深入查核，如當事人或知情者發現有誤或不妥，請來信 mirrorpublishing@yahoo.com 轉我，以便校正。

于石坪

2010 年 1 月

《中國掌權者》系列(35)

書　　　名：新太子商

編　　著：于石坪

出 版 人：何　頻

責任編輯：彭見月

校　　對：斯美泫

封面設計：一　劃

出　　　版：明鏡出版社

網　　　址：www.mirrorbooks.com

電子郵件：mirrorpublishing@yahoo.com

通訊地址：P. O. Box 366, Carle Place, NY11514-0366, USA.

　　　　　電話：(516)338-6976

國際統一書號：978-962-8744-32-9

定　　　價：HK$ 118

版　　　次：2010 年 2 月第一版

明鏡出版社　書目

51.	公共情婦—中共官場「色無戒」	楊韻 方延鴻	100	21
52.	中國反恐大佈兵	雷亦鋒 伊傑衛	118	22
53.	西藏之亂：掩蓋與扭曲的真相	吳靜怡、張燕秋	120	22
54.	胡溫難關	何頻 高伐林 主編	128	26
55.	中國：重建「中央帝國」	弗郎克·澤林 著 強朝暉 譯	120	23
56.	中南海十面埋伏—胡溫面臨的困難、分歧和潛在衝突	賴清源	108	25
57.	2009 中國本命年——中共應對動亂危機	章仲威 伊傑衛	120	25
58.	中國民變	黃小芹	117	25
59.	新疆之亂	焦鬱鑒	129	25
60.	大閱兵：中國正成爲軍事強國	相江宇	99	21
61	中共高幹情婦檔案	曾凡建 方延鴻	99	23
62	中共正在輸掉的戰爭	劉天笙	89	21

(二) 掌權者系列

序號	書 名	作者 / 編者	香港平郵 HKD	海外空郵 USD
1.	中國新諸侯	何頻	98	20
2.	中國政府領導者	何頻	115	22
3.	解放軍現役將領名錄	何頻	89	19
4.	中共最高決策層	何頻	95	20
5.	江澤民的權力之路	高新	105	23
6.	跨世紀接班人胡錦濤	任知初	97	20
7.	中共最高決策層(修訂版)	中國局勢分析中心	98	21
8.	中南海七巨頭	伊銘	99	21
9.	誰領導中國	高新 何頻	125	24
10.	朱鎔基的內閣	寧鄉漢 文思詠	108	23
11.	鐵面宰相朱鎔基大傳	高新 何頻	106	23
12.	中國情報系統	艾夫援麥爾德(著) 李豔(譯)	77	18
13.	江澤民傳	杜林(著) 楊鳴鏑(譯)	105	23
14.	中國黨政軍中央領導層	高新	95	20
15.	第四代	宗海仁	125	24
16.	胡錦濤傳	文思詠 任知初	118	22
17.	領導中國的新人物	高新	158	42
18.	溫家寶傳	高新	88	20
19.	胡錦濤傳(修訂版)	文思詠 任知初	129	25
20.	胡錦濤團隊 (原名:團隊照耀中國—中共政壇的明星和黑馬)	艾仰樺 陳曉銘	98	21
21.	內閣新三角——溫家寶－李克強－王岐山迎戰危機	楊韻 方延鴻	125	24
22.	中國新權貴之 孫子世代	文子 武姬	98	22
23.	官商竊國錄	杜知根、沈雋	118	23
24.	官夫人	吳南鷹 程玉霞	118	23
25.	諸侯爭鋒	王耀華	115	24
26.	六虎相爭十八大	宗多吉	127	26
27.	習近平李克強合傳	相江宇	129	28
28.	諸侯治亂	陸翔橋	110	24
29.	諸侯腐敗	吳玲	110	24
30.	雙規前後	海舟	129	26
31.	共青團勢力	艾仰樺 陳曉銘	119	25
32.	俞正聲和他的家族	高原鵬	115	25
33.	中國政壇那匹狼 汪洋傳	竇柠稼	105	24
34.	新太子黨	于石坪	138	28
35.	新太子商	于石坪	118	28
36.	新太子軍	于石坪	118	25
37.	他領導中國: 胡錦濤新傳	文思詠 任知初	129	27

(三)真相系列

序號	書 名	作者 / 編者	香港平郵 HKD	海外空郵 USD
1.	真假毛澤東	趙無眠	100	20
2.	文革大字報精選	譚放 趙無眠	145	26
3.	紅衛兵與嬉皮士	任知初	83	18
4.	文革大年表	趙無眠	113	22
5.	中國大逆轉	華民	125	24
6.	天安門	卡瑪 高富貴	100	20
7.	胡耀邦下臺的背景	王若水	115	23
8.	真假周恩來	趙無眠	96	20
9.	從華國鋒下臺到胡耀邦下臺	胡績偉	99	20
10.	天葬：西藏的命運	王力雄	123	24

(五)浮華世界系列

序號	書　名	作者／編者	香港平郵 HKD	海外空郵 USD
1.	推動美國二十五雙手	柳食野 季思聰	80	18
2.	糊塗學	李夢悟	92	20
3.	美國商務法律引導	張辛欣(譯)	88	20
4.	情義無價	劉丹紅	105	23
5.	中國怪狀	伊銘	85	20
6.	古玩談舊聞	陳重遠	129	24
7.	文物話春秋	陳重遠	125	24
8.	不朽的謊言	賈鴻彬	109	23
9.	摧毀亞洲：索羅斯風暴	季思聰 丁中柱	88	20
10.	美加簽證移民引導	奚蒙	96	21
11.	「鐵達尼號」的漂浮與沈沒	季思聰 季思亮	77	18
12.	中國當代民謠	陸非琅	76	18
13.	總統情色報告	理察德·泰格	77	18
14.	婦女解放的神話	安·休利特(著) 馬莉 張昌耀(譯)	99	20
15.	葛林斯潘傳	季思聰 季思亮	84	19
16.	法輪功創始人李洪志評傳	張微晴 喬公	95	20
17.	投資理財高招	林平	98	21
18.	偷渡美國	陳圓霖 著 李艷波 譯	89	20
19.	網上股票之喜悅	趙璽德 湯詩墨	88	20
20.	西藏是我家—紮西次仁自傳	楊和晉(譯)	95	20
21.	911 人性輝煌	施雨等	91	20
22.	離開商學院—MBA 離巨富有多遠	楊鳴鏑	95	21

(六)超級女人系列

序號	書　名	作者／編者	香港平郵 HKD	海外空郵 USD
1.	白宮武則天希拉蕊	史敏 梁芬	69	16
2.	黛安娜走出童話	陳越	75	17
3.	黃金時段的無冕女王	季思聰	78	18
4.	尋找梅娘	張泉	113	22

(七) 金牌系列

序號	書　名	作者／編者	香港平郵 HKD	海外空郵 USD
1.	NBA 十大好漢	王遊宇	70	16
2.	世界網壇十大風流	王遊宇	78	17
3.	拳王，拳王—從阿裏到泰森	王遊宇	78	17

(八) 大家小說系列

序號	書　名	作者／編者	香港平郵 HKD	海外空郵 USD
1.	白雪紅塵	閻真	108	21
2.	黃禍(修訂版)	保密	140	26
3.	務虛筆記	史鐵生	115	22
4.	上海小姐	張翎	96	20
5.	天誅	利蘭錦	79	17
6.	塵埃落定	阿來	105	21
7.	嫁得西風	李彥	97	20
8.	中南海最後的鬥爭	李劼	99	20
9.	西元二〇二〇：兩岸大統一	北方劍	98	20
10.	遺囑	沙士	88	20
11.	中國地圖	汪建輝	108	21
12.	紅色漩渦	餘良	108	22
13.	北京植物人	馬建	118	25
14.	穿過十八歲的子彈	更的的	95	22

(九) 文化情理系列

序號	書　名	作者／編者	香港平郵 HKD	海外空郵 USD
1.	沈默的大多數	王小波	109	21
2.	公平報復	馬悲鳴 賀文	94	20
3.	廢話的力量	趙無眠	94	20
4.	一面之詞	胡平	55	14
5.	鋼絲上的中國	鄢烈山	96	20
6.	中國當代學者散文選	周國平	108	21
7.	黃翔禁毀詩選	黃翔	65	16
8.	中國人看中國人	高伐林	84	18

網上信用卡訂購：www.mirrorbooks.com　　E-mail: mirrorpublishing@yahoo.com

香港平郵價，付港幣支票，支票抬頭請寫：明鏡有限公司，寄：G.P.O.Box 5281Hong Kong

其他地區郵購計海外空郵價，不另收郵費，請付美元支票，支票擡頭請寫 Mirror Books,

寄：P.O.Box 366, Carle Place, NY 11514, USA .